E. Haenchen/F. Haenchen
Das neue Rosenbuch

Eckart Haenchen
Fritz Haenchen

Das neue Rosenbuch

Mit 50 Zeichnungen von
Hans Preuße
und 84 Farbbildern

Verlag J. Neumann-Neudamm
Melsungen · Berlin · Basel · Wien

Als Warenzeichen registrierte Sortennamen sind
nicht gekennzeichnet, Patent- und Schutzrechte
an Sorten nicht angegeben. Nicht in jedem Falle
sind also die in diesem Buch genannten
Sortennamen freie Warennamen.

Farbfotos Dr. Eckart Haenchen, Cossebaude

1. Lizenzausgabe des Verlages
J. Neumann-Neudamm
03508 Melsungen
© 1983 by Deutscher Landwirtschaftsverlag
DDR — 1040 Berlin
Printed in the German Democratic Republic
Satz: (140) Druckerei Neues Deutschland, Berlin
Druck und Buchbinderei:
Grafische Werke Zwickau
Grafische Gestaltung: Waltraut Schramm
Verlagslektor: Christine Margraf
ISBN 3—7888—0383—5

Vorwort

Es gibt heute kaum noch Gärten, Grünanlagen oder Naherholungsgebiete, die nicht mit Rosen gestaltet sind. Denn Rosen sind ein vielseitiger Werkstoff des Gartenarchitekten, und sie werden Jahr für Jahr zu Millionen herangezogen und in zahlreichen Sorten angeboten. Auch gibt es viele Garten- und Blumenfreunde, die sich in ihrer Freizeit mit Rosen beschäftigen. Sie haben die Technik des Veredelns gelernt und streben nun mit Eifer nach Neuheiten, und wissensdurstig besuchen sie Baumschulen, Rosarien, Rosensichtungsgärten und Sondergärten, die den Rosen in manchen Städten und besonders auf Gartenbauausstellungen eingeräumt werden.

Das Bedürfnis nach neuen Informationen über die Rose, nach Verbreitung neuer Sorten und nach praktischer Anleitung ist bei diesem ständig zunehmenden Interesse allerorts gewachsen; verlangt wird nach neue Literatur, auch Literatur spezieller Art. Das vorliegende Buch soll dieses Bedürfnis befriedigen helfen. Es wendet sich besonders an den ernsthaften Rosenfreund, der mehr über die Rose wissen will, als in allgemeinen Gartenbüchern zu finden ist. Es bietet ihm genaue Auskunft über die natürlichen Vorkommen, die züchterische Entwicklung und die Einteilung der Rosen, die Entstehung der Sorten, aber auch über die Anzucht der Busch- und Stammrosen, die Pflanzung und Pflege, über Krankheiten und Schädlinge, über die Schnittrosenbehandlung, die Verwendung der Rose in Medizin und Kochkunst und vieles andere.

Bei der Erarbeitung des Stoffes wurden neben eigenen Erfahrungen wissenschaftliche Erkenntnisse aus aller Welt verarbeitet. Unser Buch ist so abgefaßt, daß neben dem schon erfahrenen Rosenfreund auch der Anfänger die gewünschten Hinweise findet und selbst der gut unterrichtete Fachmann neue Anregungen bekommt. Unser Buch will also vor allem das Wissen mehren und den Rosenfreund mit der Arbeit der Züchter und Gärtner vertraut machen. Es wird hierbei gewiß die Freude an Gestalt, Farbe und Duft der Rose erhöhen und der Königin der Blumen neue Freunde gewinnen.

Dr. Eckart Haenchen
Fritz Haenchen

Inhaltsverzeichnis

Kulturgeschichtliches

Tagtäglich begegnet uns die Rose in mannigfacher Form: Wir finden sie als natürlichen Strauch in Wald und Flur, veredelt in städtischen und ländlichen Grünanlagen, Parks und Gärten, als Schnittblume in Sträußen und Gebinden und selbst als Einzelblüte in schmaler Vase.

Wir sehen sie täglich in vielfältiger Weise und für die unterschiedlichsten Zwecke abgebildet, künstlerisch und naiv oder zum Symbol vereinfacht.

Wir lesen und hören von ihr und nennen ihren Namen, manchmal ohne an seinen Ursprung zu denken. Denn im Laufe der Geschichte wandelte sich die Bedeutung des Namens, er ging auf die Farbe über, auch auf andere ähnliche oder ähnlich aussehende Dinge und schließlich, von der Farbe Rosenrot nicht mehr getrennt, auf das Weib und alles Weibliche, die Geliebte, das Mädchen, die Jugend.

Damit wurde die Rose auch zu einem Symbol der Liebe und der hervorragenden Eigenschaften der Jugend, wie der Kraft und des Mutes und der Wahrheitsliebe. Warum erlangte gerade die Rose eine derartig große Bedeutung im Leben der Völker, warum nicht eine andere Pflanze? Um diese Frage zu beantworten, braucht man sich nur eine Rose näher anzusehen, am besten eine wilde Rose, etwa *Rosa canina*, die einfachblühende Heckenrose. Denn die Rose hat ihre Bedeutung nicht erst mit den züchterischen Erfolgen erlangt, schon die wilde Rose erregte die Aufmerksamkeit des Menschen. Da ist die Form der Blüte, schalenförmig, fünfblättrig, klar und ausgewogen in den Proportionen, schön in der Wölbung der Blütenblätter, die den Kranz der Staubblätter und die Stempel eben freigegeben haben. Zur Form gehören die Farben, die zartrosa Tönung, das Goldgelb der Staubbeutel und das Grün der Kelchblätter und des umgebenden Laubes. Das sind reizende Kontraste.

Als drittes ist der Duft zu nennen: Wenn wir ihn atmen, wird die Empfindung der Form und Farbe gesteigert. Wir spüren und erkennen dann all die Reize der Blüte als eine natürliche Einheit von Formen, Farben und Duft. In uns wird dann der Wunsch wach, eine solche Blüte zu pflücken, sie nach Hause zu tragen, einem uns lieben Menschen zu schenken.

Doch nun wird uns ein weiterer besonderer Reiz der Rose bewußt. Die begehrenswerte schöne Blüte ist in einen Dornenbusch, in ein wildes Verhau von bestachelten Zweigen eingebettet. Das zarte, duftende Gebilde ist von Stacheln umwehrt. Wir können uns ihm nicht ohne weiteres nähern, die Blüten nicht einfach brechen.

Diese Kontraste haben gewiß schon den Menschen früherer Jahrhunderte und älterer Zeiten zu denken gegeben. In der Rose fanden sie, die allein die Sprache der Bilder verstanden, den bildhaften Ausdruck ihrer Lebenserfahrung, daß Schönes, Wertvolles, Begehrenswertes nur unter Einsatz zu gewinnen ist, aber auch, daß Genuß oft mit Gefahr und Leiden verknüpft ist. Denken wir nur an das „Heidenröslein", das Volkslied aus dem 16. Jahrhundert, dem später GOETHE die vollendete Form gegeben hat, und an die Volksmärchen, die die Brüder GRIMM sammelten.

In der Rosenknospe sah man schon in jenen vergangenen Jahrhunderten ein Gleichnis des jungen Lebens, das sich entfalten will. Und wer kennt nicht die bildhaften Wörter des 17. und 18. Jahrhunderts, wie Rosenwangen und Rosenlippen? – Wir verwenden sie nicht mehr. Wir denken abstrakt und lieben nicht den Überschwang des Gefühls. Auch dichterischer Ausdruck wie „rosenfingrige Morgenröte" erreicht nicht mehr unser Empfinden. Wohl aber versteht es BRECHT, uns das Erlebnis der Rosenblüte nachempfinden zu lassen, indem er nicht neue Wörter prägt oder gar alte verwendet, sondern uns das Empfinden des einfachen Menschen als eigenes erleben läßt.

Wie im Volkslied schwingt es zwischen den Zeilen:

Uns hat ein Ros ergetzet
Im Garten mittenan
Die hat sehr schön geblühet
Haben sie im März gesetzt
und nicht umsonst gemühet.
Wohl denen, die ein Garten han.
Sie hat so schön geblühet

(Mutter Courage)

Diese Zeilen sind auch ein Beweis, daß das Erlebnis einer Rosenblüte von uns modernen Menschen tief empfunden wird.

Verschiedene Zeugnisse aus historischer Zeit lassen auf die Wertschätzung der Rose bei unseren Vorfahren schließen. In Sagen und Legenden sind Rosen Zeichen der Zuneigung, aber auch der Furcht und des Todes, sie erscheinen als Retter aus Gefahr. Im Mittelalter ließ der Aberglaube einfältige Menschen Ruten, Blüten und Blütenblätter der Rose zu allerlei Weissagungen und Deutungen gebrauchen.

Die natürlichen Hauptverbreitungsgebiete der Gattung *Rosa* sind, bis auf wenige Ausnahmen, Asien und Europa. So ist es nur allzu verständlich, daß wir in den Ländern dieser Gebiete auch die Verehrung und Verwendung der Rose bin ins Altertum verfolgen können. Hier seien einige markante Daten genannt.

Asien ist das Heimatgebiet vieler Rosenarten. In China wurden schon 1500 Jahre v. u. Z. verschiedene Rosen kultiviert, und schon 500 v. u. Z. war dort die Herstellung von Rosenöl und Rosenwasser bekannt. Die Rosen blühten aber nur in den kaiserlichen Gärten, und allein dem Adel war die Verwendung des Rosenöles erlaubt. Daß die Rosenkultur zu keiner Entfaltung gekommen ist, mag aber auch andere Gründe haben; in der chinesischen Kultur sind die baumartige Päonie und die Chrysantheme volkstümliche Pflanzen. Bevor die Teerose und die Chinarose Anfang des 19. Jahrhunderts nach Europa kamen, wurden sie schon seit Jahrhunderten in chinesischen Gärten angepflanzt.

In der Literatur Japans wird die Rose in einer Gedichtsammlung aus dem 8. Jahrhundert erstmals erwähnt. Die Rosenliebhaberei war jedoch wie in China den höheren Gesellschaftsschichten vorbehalten. Erst in der Mitte des 19. Jahrhunderts konnte sich diese Liebhaberei ausbreiten.

Im alten Indien spielte die Rose in der Mythologie eine bedeutende Rolle. Lakschmi, die Göttin der Schönheit, Liebe und Ehe, soll aus einer vielblättrigen Rose geboren worden sein. Die Stadt Kaschmir war ein Zentrum des Rosenanbaues. Mit Rosenblüten wurden die fürstlichen Schlafräume bestreut. Mit dem Islam kam die mohammedanische Rosenverehrung nach Indien.

Das alte Persien wird als ein Rosenland geschildert. Hier sollen schon Rosengärten in Terrassen angelegt worden sein. Die Bereitung von Rosenwasser war bekannt; Rosenöl wurde erst seit dem 17. Jahrhundert im großen gewonnen. Rosenwasser gehörte zu den kostbarsten Geschenken. Den Frauen der Herrschenden wurden die Füße mit Rosenwasser gewaschen. Bei großen Festen sprühte ein rosenduftender Regen auf die Feiernden. Die Rosenfeste der Perser zur Frühlings-Tagundnachtgleiche wurden mit besonderem Gepränge gefeiert. Dabei spielte neben der Rose die Nachtigall als Botin des Frühlings eine Hauptrolle. Denken wir nur an die Liebeslieder des Scheichs HAFIS, der im 14. Jahrhundert in Schiras lebte, einer auch wegen ihrer Rosengärten berühmten Stadt. Die Verehrung der Rose läßt sich in der persischen Lyrik über Jahrhunderte verfolgen. Auch in persischen Romanen wird die Rose oft als Gleichnis der Geliebten behandelt. In einem dieser Romane nennt der Jüngling sein Mädchen „Rosenblatt", ihre Wange „Rosenstreuerin", ihre Lippen ein „Rosenfeuer". Der Rosenreichtum Persiens wird noch im 19. Jahrhundert in Reiseberichten erwähnt. In einem dieser Berichte heißt es: „In den Bädern von Täbris bedeckten abgepflückte Rosen überall den Boden. Eine solche Verschwendung der lieblichen Blume in den Häusern und auf allen Wegen, allen Plätzen, muß den Fremden bei jedem Schritt daran erinnern, daß er sich im Lande der Nachtigallen und Rosen befindet." Und GOETHE sagt im Westöstlichen Diwan, daß Rosen und Nachtigall diesem Volk die fehlende Mythologie ersetzen, und wirklich ist die Rose dem Perser Sinnbild der Gottheit, zu der er betet.

Die Gartenrose entstand wahrscheinlich in Asien. Aus einfachen Wildrosen wurden die vielblättrigen, heute sagen wir die gefüllten Rosen, die wir kurz als Gartenrosen bezeichnen. Sie wurden in den damaligen Gärten Asiens, später Griechenlands und Italiens kultiviert. Die Römer brachten sie nach Mitteleuropa. Auf Grund von Forschungen können wir den Weg der Gartenrose nach Mitteleuropa ungefähr aufzeichnen.

Es wird angenommen, daß die Sumerer bei ihren Eroberungszügen im 2. bis 3. Jahrtausend v. u. Z., die sie bis nach Kleinasien führten, die Rose kennenlernten. Die Nachfolger der Sumerer, die Babylonier, sollen, schenkt man den Berichten HERODOTS Glauben, die Rose als Amtssymbol verwendet haben. Die Israeliten haben die Rosen wahrscheinlich in der Verbannung in Babylon kennengelernt. Im Talmud wird bereits ein Rosengarten beschrieben, der sich in der Nähe von Jerusalem befunden haben soll. Brautpaare trugen Rosenkränze.

Aus dem Ägypten der Pharaonen fehlen Beweise für das Vorhandensein der Rosen. Die Verwendung von Rosen als Schmuck und zu Festen ist erst zur Zeit der Ptolemäer (323 bis 30 v. u. Z.) nachweisbar. Zu jener Zeit war die Gartenrose aber schon den Griechen bekannt. Bei HOMER, im 9. Jahrhundert v. u. Z., lesen wir, welche große Wertschätzung die Rose bei den Griechen genoß. Sie wird als etwas Entzückendes und Köstliches dargestellt. In der Ilias und Odyssee ist der Rosenstrauch zwar nicht erwähnt, doch enthalten diese Bücher schon Vergleiche, die sich auf die Rose beziehen. Wir lesen auch, daß der Schild des heimkehrenden Achilleus mit Rosen geschmückt war. Die Dichter der nachhomerischen Zeit besingen die Rosen in neuer Weise. Die Rose wird nun den Göttern zugeordnet. So heißt es von Aphrodite, der Schaumgeborenen, daß weiße Rosen aus dem von ihr abfallenden Meeresschaum erwuchsen. Durch das Blut, das einmal ihrem verletzten Fuß entquoll, wurde die weiße Rose rot gefärbt. Die Rose wurde also dieser Göttin geweiht und ging später auch auf ihren Sohn Eros über. Bei Festen zu Ehren der Aphrodite schmückten sich die Verehrer der Göttin mit Rosen. Den Göttern wurden Rosenkränze geweiht, bei den Opferfesten und bei fröhlichen Gelagen wurden Rosenkränze getragen. Rosen wurden auf den Weg eines zu verehrenden Menschen gestreut. Aber auch zum Sinnbild der Vergänglichkeit wurde die rasch verblühende Rose. Mit ihr wurden die Gräber geschmückt. Griechische Kolonisten brachten die Gartenrosen und mit ihnen die Rosenkultur nach Rom. Der Rosenkult für Aphrodite galt nun auch der römischen Göttin Venus.

Um die Zeitenwende gab es neben den wilden Rosen schon verbesserte Formen. Das Okulieren, die Anzucht aus Samen und Stecklingen war bekannt, ebenso das Verfrühen. In einem treibhausähnlichen Gebäude will man die Rosen durch das Begießen mit warmem Wasser zu früherer Blüte gebracht haben, und es wurde beschrieben, wie man Rosen konservieren kann.

Die Griechen wie die Römer bauten Rosen in der Nähe ihrer Häuser an. In den überlieferten Schriften lesen wir von Rosengärten und Rosenpflanzungen. Für das Pflanzen wurden Hinweise gegeben. Die Kranzbinderin wird als Beruf erwähnt. Die Anzucht von Rosen hatte sich zu Beginn unserer Zeitrechnung in Italien, besonders in der Nähe von Rom, konzentriert. Getreide dagegen wurde importiert. Dies führte zu einer Verteuerung, unter der besonders die ärmeren Volksschichten zu leiden hatten. Dieser Verfall des Ackerbaues wurde von mehreren Schriftstellern beklagt. Während des Winters wurden Rosen aus Ägypten und Spanien nach Rom gebracht.

In der Verfallszeit des römischen Reiches trieben die Herrschenden mit den Rosen eine sinnlose Vergeudung. Die Schönheit der einzelnen Rose galt nichts mehr. Man schwelgte in Rosenmassen. Die Tische der Schlemmer am Kaiserhof wurden unter von der Decke herabfallenden Rosen begraben. Zu jener Zeit wurde natürlich auch in der Kosmetik von Rosenwasser und Rosenblattpuder reger Gebrauch gemacht, und Speisen wurden mit Rosenwasser zubereitet. Die Quacksalberei blühte. Die Rose wurde zu einem Zaubermittel, das Gebrechen heilen sollte. Schließlich kommen mit dem Untergang Roms und seiner Kultur die Rosenliebhaberei und damit die Rosenanzucht zum Erliegen.

Welche Bedeutung die Rose bei den heidnischen Germanen hatte, wissen wir nicht genau. Wahrscheinlich herrschte die Vorstellung, daß sie mit dem Hades, dem Reich des Todes, in Verbindung stand. Denn die Opferstätten waren von Heckenrosen (Rosa canina) umgeben, und diese wuchsen auch an den Hünengräbern. In Märchen und Sagen germanischen Ursprungs wird die Rose oft genannt, aber nie wird sie mit der Liebe und der Frau in Verbindung gebracht. Solche Anschauungen kamen vermutlich erst mit dem Erscheinen der Gartenrose und des Rosengartens nach Mitteleuropa.

Die junge christliche Kirche mußte sich mit den heidnischen Bräuchen auseinandersetzen. Sie distanzierte sich von der Rose, die dem übertriebenen Genuß diente und den Liebesgöttinnen Aphrodite und Venus geweiht war. Der Rosenkult wurde bekämpft. Aber das Volk trennte sich nicht von den ihm liebgewordenen Bräuchen. So blieb der Kirche nach einigen Jahrhunderten nichts anderes übrig, als die Rose in ihre eigene Kultur einzubeziehen. Das geschah, und bald stiftete die Kirche eine „Goldene Rose", die verdienten Frauen als Tugendrose vom Papst verehrt wurde. Das Rosenkranzgebet wurde eingeführt. In der Mariendichtung und in den Marienliedern wird die Rose wieder Sinnbild der Reinheit und Unschuld. Malerei und Plastik stellten nun die Maria mit der Rose dar.

Aber schon früher ist die Gartenrose nach dem Nordwesten gebracht worden. Die Merowinger übernahmen sie von den römischen Statthaltern in Gallien. Um 550 soll König CHILDEBERT einen Rosengarten für seine Gemahlin in Paris angelegt haben. KARL der Große (742 bis 814) schrieb den Anbau von Rosen in den Gärten der Burgen und Schlösser vor. Eine genauere Zeitangabe, wann die Gartenrose in Mitteleuropa Verbreitung fand, läßt sich nicht bringen. Die Beschreibungen der Rosen aus jener Zeit geben uns keinen exakten Aufschluß. Es waren Rosen, die in den Garten gepflanzt oder dort kultiviert wurden; meist werden es gefüllte Rosen gewesen sein. Wahrscheinlicher ist die Annahme, die Gartenrosen seien erst während der Kreuzzüge etwa um 1250 nach Mitteleuropa gebracht worden. ALBERTUS MAGNUS (1193 bis 1280) beschreibt neben einer Anzahl Wildrosen auch eine Gartenrose, welche 50 oder 60 weiße Blütenblätter hat.

Aus den Klostergärten und den Arzneigärten der Burgfrauen holten sich die Bauern die Rose in ihre Nutzgärten. Die Rosengärten der damaligen Zeit waren von Wildrosen umhegte Gartenteile oder auch nur ein einziger Rosenstrauch. Dichter und Sänger lobpreisen diese Gärten. Die Madonna im Rosengarten war Thema der bildenden Kunst.

Im Mittelalter entfaltete sich allenthalben eine leidenschaftliche Liebe zur Rose, die vielfach Parallelen zum persischen Rosenkult erkennen läßt. Die Rose ist ein Sinnbild der Liebe und ein Gleichnis der Frau. Der Verbrauch an Rosen stieg an. In Frankreich hatte der Rosenanbau um 1300 u. Z. schon eine gewisse Ausdehnung angenommen. Damals soll auch eine Rosenanzucht in Thüringen und eine in Hessen bekannt gewesen sein. Im späteren Mittelalter ist der Rosengarten bereits ein besonderer Gartenteil, in dem überwiegend Rosen stehen.

Während der Renaissance, also in der Zeit vom 14. bis zum 16. Jahrhundert, als die Menschen die Antike wieder entdecken, setzt sich ein neues gesellschaftliches Bewußtsein durch. Jetzt legen sich auch Bürger, besonders die im Handel mit Venedig reich gewordenen Kaufherren, Gärten an. Sie wollten möglichst viele und schöne, aber auch möglichst seltene und neue Rosensorten besitzen. Von Hans von FUGGER in Augsburg wird berichtet, er habe nicht weniger als 775 Rosenstöcke in seinem Garten. Mit Rosenhecken wurden die beliebten Labyrinthe geschaffen. Die Rosenhecke diente aber auch weiterhin zur Umfriedung des Gartens und Trennung einzelner Gartenteile. In der Kunst finden wir jetzt die Rose auf den Gemälden berühmter Maler wie MICHELANGELO, Leonardo da VINCI, BOTTICELLI und RAFFAEL. Im 14. Jahrhundert wird in Frankreich bereits eine Hochkonjunktur der Rosenanzucht vermerkt. In Paris ist die Rosenkranzbinderei bereits ein Beruf. Es wurde aber nicht jedermann erlaubt, Rosen zu ziehen. Die Privilegierten mußten Rosen zur Bereitung von Rosenwasser abliefern. Das Tragen von Rosenkränzen war ein Vorrecht der Vornehmen. Lediglich zur Hochzeit durfte sich das Mädchen mit Rosen schmücken. Große Rosengärten gab es damals in Paris und Rouen.

In den fürstlichen Gärten der Barockzeit war nur für Pflanzen Platz, die sich mit Schere und Messer in Form halten ließen. Die Beete im Gartenparterre waren mit farbigem Sand, Schlacke und Glasperlen belegt. Der Bürger aber pflegte die Rose in seinem Garten. Auch in der Kunst fehlte sie nicht. Die Maler jener Zeit nahmen jede Gelegenheit wahr, die Rose darzustellen, etwa im Bildnis einer Frau oder im Interieur. Bei Liebes- und Schäferszenen darf die Rose als Liebessymbol nicht fehlen. Seit der Renaissance wird die Rose auch wieder in der Küche verwendet. Noch in den Kochbüchern des 18. Jahrhunderts finden wir Rezepte für Rosenpuddings und -konfitüren sowie Rosengewürze. Auf Stadtwappen und Münzen erscheint die Rose als Symbol. Auch die Sprache der Liebenden und Dichter kennt wieder die Rose als Symbol und Gleichnis.

Im 18. Jahrhundert wird der Garten im Sinne ROUSSEAUS als „köstliche Wildnis" aufgefaßt. Es entstehen die Landschaftsgärten, die Englischen Gärten. In diesen Parks gab es keinen Platz für Blumen und Rosen. Wohl aber in den Gärten der Bürger, sie wurden blumenreicher und farbiger. Schon wird die Rosenzüchtung in vielen Ländern intensiv betrieben, und der Anbau der Rose weitet sich mehr als der anderer Pflanzen aus.

Mit Beginn des 20. Jahrhunderts tritt ein Wandel in der Gartengestaltung ein. Auf den Wällen der alten Städte entstehen Parkanlagen, es werden sogenannte Volksgärten eingerichtet, Grünanlagen, die der Erholung dienen sollten. Heute ist in allen Städten eine großzügige und weiträumige Grünflächengestaltung selbstverständlich. Die Rose ist dort die beherrschende Pflanze geworden, und sie erfüllt die Anforderungen, die an sie gestellt werden. Durch Züchtung hat sie ein anderes Gesicht bekommen; der Mensch hat sie seinen Wünschen entsprechend geformt.

Neben den Fortschritten der Züchtung war für die Entwicklung der Rose zum „Massenartikel" Voraussetzung, daß sie in großen Mengen vermehrt werden konnte, d. h. Anzucht der Unterlagen durch Aussaat und die Okulation zur Veredlung. Die heute allein in Europa jährlich gepflanzten Rosen sind nach Hunderten von Millionen, die der gekauften Schnittrosen nach Milliarden zu rechnen. Und obwohl die Rose auf diese Weise nichts Besonderes oder kaum Erreichbares mehr darstellt, hat sie sich nach wie vor ihre Stellung als „Königin der Blumen" erhalten, vielleicht sogar in neuer Weise gefestigt.

Die Vielseitigkeit ihrer Verwendung ermöglicht es, auch mit wenigen Pflanzen im Hausgarten interessante Höhepunkte zu schaffen. Ihre Verwendung als Schnittblume ist fast ebenso unerschöpflich: die einzelne Blume als Aufmerksamkeit überreicht bis zum repräsentativen Strauß, vom Tischschmuck über den Brautstrauß bis zum kunstvollen Arrangement. In vielen Städten werden der Rose in Form von Sondergärten als Rosarien oder Rosengärten Sonderstellungen eingeräumt. Diese dienen der Sammlung und Erhaltung von Rosensorten, werden zur Prüfung von Sorten genutzt, in ihnen werden Möglichkeiten der Verwendung erprobt und demonstriert.

Die größte Rosensammlung mit mehr als 6500 Rosensorten und -arten befindet sich im Rosarium Sangerhausen, das 1903 vom Verein deutscher Rosenfreunde ins Leben gerufen wurde.

In zahlreichen Ländern haben sich die Rosenliebhaber zu Vereinigungen zusammengeschlossen. Einige können bereits auf eine Tradition von 100 und mehr Jahren zurückblicken. Die älteste und die größte Gesellschaft, die sich auf eine Pflanzengattung spezialisiert hat, ist die Royal National Rose Society in Großbritannien, die im Jahre 1867 gegründet wurde. Der Umfang der Organisationen in den einzelnen Ländern, ihre Organisationsform, die Aktivitäten sind sehr unterschiedlich. Teilweise werden eigene Veröffentlichungen herausgegeben, Rosenprüfungen und Wettbewerbe organisiert, Rosenschauen sowie Tagungen und Kongresse durchgeführt.

Verarbeitete Rose

Ölrosen

Nicht nur als Zierpflanze hat die Rose Bedeutung. In einigen Ländern mit entsprechenden klimatischen Voraussetzungen ist der Rosenanbau für industrielle Verwertung und Gewinnung von Rosenöl mindestens ebenso wichtig oder sogar noch bedeutender. Was wären wohl Kosmetik- und Parfümindustrie, gäbe es kein Rosenöl!

Über den ersten Nachweis einer Rosendestillation gehen die Meinungen auseinander. Sie soll entweder von einem indischen Arzt um 100 nach der Zeitenwende oder von AVICENNA um 1000 u. Z. durchgeführt worden sein.

Ausgangsland der Rosenölgewinnung in größerem Maße ist jedoch Persien, wo diese vom 10. bis zum 17. Jahrhundert betrieben wurde. Von dort aus dehnte sie sich über die arabischen Länder und Nordafrika bis Spanien aus.

Eins der bedeutendsten Gebiete des Rosenanbaues für die Ölgewinnung liegt in der Volksrepublik Bulgarien, wo sich der Anbau hauptsächlich im sogenannten Tal der Rosen im Gebiet von Kasanlak konzentriert und wo mehr als 3500 Hektar Rosenpflanzungen vorhanden sind. In diesem klimatisch besonders begünstigten Gebiet, das vom Balkangebirge und dem Sredna-Gora-Gebirge eingeschlosen wird, ist die Ölrose seit dem 17. Jahrhundert bekannt. Das Tal hat eine Ausdehnung von etwa 130 km Länge und 5 bis 30 km Breite.

Der Anbau von Ölrosen in der Sowjetunion hat einen noch größeren Umfang. Etwa 4000 ha werden angebaut, davon allein auf der Krim über 1600 ha. Weitere Anbaugebiete liegen in der Ukrainischen SSR, der Moldauischen SSR und im Gebiet von Krasnodar.

Anbauzentren befinden sich ferner in Marokko,

mit etwa 1500 ha, in der Türkei, mit etwa 1400 ha, in Frankreich, im Gebiet von Grasse, etwa 250 ha, sowie in Indien in mehreren Gebieten des Landes.

An der Weltproduktion von Rosenöl sind heute die UdSSR mit 35 %, die VR Bulgarien mit 30 %, Marokko mit 18 %, die Türkei mit 14 % und Frankreich mit etwa 2,5 % beteiligt.

Ende des vergangenen Jahrhunderts wurden Versuche unternommen, die Ölrose auch in Deutschland anzubauen. So standen 1886 in Miltitz bei Leipzig etwa 10 ha Ölrosen, von denen 23 000 kg Blüten geerntet und 4,5 kg Öl gewonnen wurden. 1889 sollen sogar 45 ha mit Ölrosen bepflanzt gewesen sein. Auf den Rieselfeldern bei Berlin und auch in Karlsruhe ist ein Anbau ebenfalls versucht worden. In einem Bericht aus dem Jahre 1893 wird jedoch darüber geklagt, daß die Kulturen auf den Berliner Rieselfeldern nur eine Ernte von 230 Pfund Blütenblättern ergeben hätten, von denen 15 g Rosenöl gewonnen wurden. Bessere Ergebnisse wurden bei Karlsruhe erreicht. 1911 wird von einer Ernte von 40 000 kg Blüten berichtet. Nach dem ersten Weltkrieg hatte man in Dresden und Hamburg versucht, aus normalen Gartensorten Öl zu gewinnen, mußte es jedoch wegen der zu geringen Ausbeute wieder aufgeben.

Neuere Untersuchungen beschäftigten sich wieder mit dem Ölgehalt von Rosensorten. Wie unterschiedlich er sein kann, soll an einigen Beispielen aus den insgesamt 267 untersuchten Sorten verdeutlicht werden. Der höchste Gehalt wurde ausgewiesen für:

'Kasanlak-Rose' 0,189 %
'Gruß an Teplitz' (Geschwind 1897) 0,113 %.

Zwischen 0,06 bis 0,1 % bewegten sich die Werte für:
'Mrs. H. Winnet' (Dunlop 1917)
'Letitia' (Bees 1949)
'Westfield Star' (Morse 1922)
'Jules Margottin' (Margottin 1853)
'Frau Karl Druschki' (Lambert 1901)
'Ophelia' (Paul 1912)
'Märchenland' (Tantau 1951)

0,04 bis 0,06 % wurden gefunden bei:
'Buccaneer' (Swim 1952)
'C. F. Meyer' (Dr. Müller 1899)
'Super Star' (Tantau 1960)

0,02 bis 0,04 % betrugen die Werte für:
'Baccara' (Meilland 1954)
'Gloria Dei' (Meilland 1945)

'Josephine Bruce' (Bees 1949)
'Condesa de Sastago' (Dot 1932)
'Kordes' Sondermeldung' (W. Kordes' Söhne 1950)
'President Herbert Hoover' (Coddington 1930)
'Poinsettia' (Howard & Smith 1938)

Weniger als 0,02 % enthalten die Sorten:
'Baby Chateau' (W. Kordes' Söhne 1936)
'New Dawn' (Bösenberg 1930)
'Paul's Scarlet Climber' (Paul 1916)

Für die Ölrosenkultur wurden solche Rosenarten und -sorten ausgewählt und ausgelesen, die ertragreich sind und einen hohen Ölgehalt der Blütenblätter aufweisen. Am meisten verbreitet ist die Kasanlakrose, *Rosa damascena* 'Trigintipetala', die vor allem in Bulgarien die Hauptsorte ist. Die Pflanzen werden 150 bis 200 cm hoch. Die Blüten sind rosa, haben etwa 30 Blütenblätter und duften stark. Auch hinter der Bezeichnung 'Rose von Schiras' oder 'Ölrose von Cypern' verbirgt sich dieselbe Art. *Rosa alba* wird ebenfalls zur Ölgewinnung, wenn auch nur in geringem Umfang, kultiviert. Der Ertrag und die Qualität des Öles sind zwar nicht so hoch wie bei *Rosa damascena* 'Trigintipetala', die weiß blühende Rose bietet jedoch im Anbau einige Vorteile in bezug auf Frosthärte, bei Temperaturschwankungen und durch ihre geringere Anfälligkeit gegenüber Blattkrankheiten. In der Sowjetunion wird auf der Krim besonders die 'Rote Krimrose' *(Rosa gallica)* angebaut. Sie wurde 1926 im Botanischen Garten von Nikita ausgelesen. Sie ist sowohl unter den Bedingungen der Krim wie auch des nördlichen Kaukasus winterhart und bringt gute Erträge. In Frankreich und Nordafrika wird auch die hellrosa blühende *Rosa centifolia* zur Ölgewinnung genutzt. Daneben existieren noch eine ganze Anzahl Auslesen und Züchtungen, die sich teils noch in der Erprobung befinden oder aber sich nicht behaupten konnten.

Die Blütezeit der Ölrosen beginnt etwa in der zweiten Maihälfte — im Tal der Rosen in Bulgarien etwa um den 20. bis 24. Mai — und dauert bis Mitte Juni. In dieser sehr kurzen Zeit muß sich die gesamte Ernte und Verarbeitung abspielen. Die Zeit ist oft noch wesentlich stärker begrenzt; es geht dabei sozusagen um Stunden.

Wer die Rosenernte miterleben will, muß zeitig aufstehen, denn sie beginnt schon früh 4 Uhr und dauert höchstens bis 11 Uhr vormittags. Es werden dabei immer nur die am jeweiligen Morgen halbgeöffneten Blüten gesammelt. Die Beschränkung der Ernte auf wenige Stunden liegt daran, daß der Ölgehalt der Rosenblüten im Laufe des Tages sehr stark schwankt. Den höchsten Gehalt haben die Blüten früh bis etwa 9 Uhr. Mit zunehmender Temperatur sinkt der Gehalt durch Verflüchtigung der Öle. Mittags sind nur noch 60 bis 70 % der Menge vom Morgen vorhanden. Die Ausbeute ist dementsprechend geringer.

Während der kurzen Blütezeit werden von einem Hektar durchschnittlich etwa 3000 kg Rosenblüten geerntet. Bedenkt man dabei, daß die einzelne Blüte etwa zwei bis fünf Gramm wiegt, müssen also 1 bis 1,5 Millionen Blüten vom Hektar gesammelt werden. Da die Anbaufläche aber nach Tausenden von Hektar zählt, kann man sich einen Begriff davon machen, welchen Arbeitsaufwand die Ernte in den drei Wochen der Blütezeit erfordert. Eine Pflückerin erntet am Tag etwa 35 kg Blüten. Um die Ernte zu bewältigen, werden etwa 10 000 Arbeitskräfte benötigt.

Nach der Ernte kommt es darauf an, die Rosen schnell zu verarbeiten, um die Stoffe, die das Rosenöl bilden, zu gewinnen. Die Verbindungen, aus denen das Rosenöl besteht, werden später im Abschnitt über Farbe und Duft genannt. Die Gewinnung des Rosenöls geschieht durch mehrfache Destillation, Enfleurage, d. h., durch Entziehen des Öls mit Hilfe von Fett, oder, wie vor allem im Gebiet von Grasse, durch Extraktion mit Lösungsmitteln wie Petroläther.

Für ein Kilogramm Rosenöl werden mindestens 3000 kg Rosenblüten benötigt. In ungünstigen Jahren, in denen die Blüten einen geringeren Ölgehalt aufweisen, werden bis 5000 kg benötigt, an anderer Stelle werden sogar Werte bis 12 000 kg Rosenblüten für 1 kg Rosenöl genannt. So dürfen wir uns auch nicht wundern, daß Rosenöl dementsprechend teuer ist.

Rose in der Medizin

Schon von alters her nutzten die Menschen die Rose in der Heilkunde. Rosenwasser und Rosenöl spielen bereits im alten Ägypten und später bei den Griechen und Römern eine Rolle. Das Öl wurde benutzt zum Einbalsamieren der Leichen, bei Kopfschmerzen, Augen- und Lungenleiden. In den folgenden 1500 Jahren, bis in das Mittelalter hinein, gab es auf diesem Gebiet

praktisch keine Weiterentwicklung. Das Wissen um die Heilkraft der Pflanzen wurde mündlich überliefert; Aberglauben vermischte sich mit richtigen Erkenntnissen.

In den Kräuterbüchern des 16. und 17. Jahrhunderts können wir nachlesen, in welch vielfältiger Weise die Rose in der Medizin verwendet wurde. So ist von Rosensaft, Rosensirup, Rosenzucker, Rosenwasser, Rosenöl und dergleichen die Rede. Die Stärke der Wirkung muß offensichtlich von der Farbe abhängen, denn wir lesen bei MATTIOLUS um das Jahr 1600:

„Die Sattroten haben das beste lob / darnach die Leibfarben. Die gantz weissen Rosen sindt die geringsten / außgenommen die / welche im Herbst / vnd bißweilen biß mitten in Winter blüen/ eines gar freundlichen lieblichen geruchs. Solche gute weisse Rosen hat man an viel orten deß Welschen landes / man nennet sie Damaschken oder Muscatenrosen. Ja sie sindt die allerköstlichsten / nicht allein wegen ihres edlen Geruchs / sondern auch daß sie mehr den Stulgang fertig machen / so man ihrer drey oder vier vor der Mahlzeit isset."

Worauf die Wirkung beruht, erfahren wir auch ganz genau; denn bei jeder Pflanze in solchen Kräuterbüchern wird ein besonderer Abschnitt der „Natur/Krafft/vnd Wirckung" gewidmet:

„Die Rosen haben nicht einerley Natur und substantz / wegen vngleicher vnd vnterschiedlicher mischung der Element eusserlich und innerlich. Von dem Wasser vnd Erden haben sie eine kalte / zusammenziehende krafft / von der Lufft einen süßlechten und wolriechenden geschmack / von dem Fewer einer geringe bitterkeit vnd die rote farbe/ dan die roten Rosen sind wermer in ihrer Natur / dann die weissen. In den frischen vnd newen Rosen ist mehr bitterkeit / dan zusammenziehung / derhalben purgieren (abführen) *sie mehr. Aber die dürren ziehen mehr zusammen / vnd stopffen eher / dann sie purgieren sollten."*

Die unterschiedliche Wirkung der verschiedenfarbigen Rosen beruht also auf einer unterschiedlichen Mischung der damals angenommenen vier Elemente Wasser, Erde, Luft und Feuer. Es ist hier nicht möglich, alle Krankheiten, die mit Rosenarzneien geheilt werden sollen, aufzuzählen. Der Rosensirup, für dessen Herstellung mindestens 14 Tage benötigt werden, hilft schon gegen die verschiedensten Gebrechen:

„… denn er öffent / lediget ab / reiniget das Blut

von der Gallen / vnd treibet die durch den stulgang. Er hillft wider die Geelsucht / verstopffung deß Magens vnd der Leber. Er sterckt das Hertz / dienet wider sein zittern / denn er benimpt und treibt auß die bösen feuchten / so dem hertzen gedrange thun. Auch ist er gut wider die Cholerische oder dreytägliche Feber."

Vielleicht benötigte der damalige Leser auch Rosenhonig:

"…dieser Honig sterckt / vertreibt Melancholische und Phlegmatische materi/…" Das Rosenwasser dagegen ist unter anderem *"…gut wider die flüssige Augen…"*. Gegen die verschiedensten Schmerzen läßt sich natürlich auch etwas tun: *"Dürre Rosen in Wein gesotten lindern das wehethumb des Haupts / der Ohren / Augen / deß Zahnfleisches / Hintern / Mastdarm…"*

Im Kräuterbuch von TABERNAEMONTANUS (1664) ist ein Rezept zu finden, das die Herzen all derer höher schlagen lassen wird, deren Haarpracht sich merklich lichtet:

"Die frischen Rosenblättlein von Heckrosen wol zerflossen mit Schweinenschmaltz / auff die kalen Plätz des Haupts gestrichen/macht widerumb Haar wachsen."

Aber auch der Rosenschwamm, die von der Rosengallwespe hervorgerufenen sogenannten Schlafäpfel, werden genutzt. Die Schlafäpfel

"zerstossen vn mit Wein getruncken / sol ein sonderliche Eigenschafft haben / den Stein auß dem Leib zu treiben/…".

Dann wird es aber wenig appetitlich, denn: *"Noch kräfftiger sollen seyn zum Stein die Würmlein / so in demselben Schwamm gefunden werden. Man braucht es auch zu den Kröpffen: vnd das Würmlein darin gepulvert / gibt man ein / wider die Wurm im Leib."*

Die Wirkungskraft der Rose scheint unerschöpflich, so daß man fast geneigt ist, in Abwandlung des Sprichwortes zu sagen: Gegen jede Krankheit ist das Kraut Rose gewachsen. In der modernen Medizin ist von der Vielfalt dieser alten Zeit kaum etwas übriggeblieben. Das für den Apotheker bindende DAB (Deutsches Arzneibuch) stellt unter der Bezeichnung *Fructus Cynosbati*, wozu wir einfach Hagebutte sagen, fest, daß es sich hier um die getrockneten Sammelfrüchte verschiedener Arten der Gattung *Rosa* handelt, die einen Mindestgehalt von

0,30 % Askorbinsäure, d. h. Vitamin C, aufweisen. Das ist alles, was dazu zu finden ist. Auf die Hagebutte als Vitamin-C-Träger werden wir noch besonders eingehen.

In der Volksheilkunde sind die Hagebutten stärker verbreitet. Neben dem Vitamin C finden sich in der Hagebutte noch weitere wirksame Bestandteile. Sie enthält Karotin, die Vorstufe des Vitamins A, weiter Vitamin B_1 und B_2, Nikotinsäureamid, Vitamin K, Vitamin P, Flavone, Zitronensäure, Apfelsäure, Invertzucker, Pektine, Gerbstoffe, Öle, Vanillin und Lycopin, in den Samen findet sich auch noch Vitamin E. Das sind eine ganze Anzahl wirksamer Bestandteile. Es werden sowohl die gesamten Hagebutten, die fleischigen Schalen ohne Samen als auch die Samen genutzt. Wegen des Vitamingehaltes werden sie in Tees verwendet; Hagebuttentee ist bekanntlich sehr schmackhaft und erfrischend. Da Hagebutten auch harntreibend wirken, werden sie Blasen- und Nierentees zugesetzt. Die Rosenblüten enthalten Gerbstoffe. Aufgüsse von Rosenblütenblättern werden deshalb bei Durchfall genommen. Auch als Gurgelwasser werden sie verwendet. Die grünen Rosenblätter enthalten Tannin und Glykoside. Daraus hergestellter Tee wird ebenfalls bei Durchfall angewendet.

Neuerdings widmet man sich der Heilwirkung der Rose wieder etwas intensiver. In Bulgarien wurden Untersuchungen mit der Kasanlaker Ölrose durchgeführt und Möglichkeiten ihrer Verarbeitung und Verwendung als entzündungshemmendes Mittel, zur Schmerzlinderung, als Wurmmittel für Kinder und des Rosenöls gegen Gallensteine gefunden. Ob diese Untersuchungen einen neuen Aufschwung in der Anwendung der Rose als Heilmittel auf wissenschaftlicher Grundlage bedeuten, wird die Zeit lehren.

Es wird aber auch berichtet, daß die Rose nicht nur heilende, sondern auch krankheitsauslösende Wirkung haben kann. So ist bereits schon im vergangenen Jahrhundert der Hinweis zu finden, daß bei Personen durch den „Duft" der Blüten Nasenkatarrh mit Schleimhautabsonderung, Entzündung der Schleimhäute, Fieber ausgelöst werden können, d. h., daß es auf Rosen allergisch reagierende Personen gibt.

Hagebutte als Vitamin-C-Träger

Daß die Hagebutte einen beträchtlichen Gehalt an Askorbinsäure, d. h. an Vitamin C, aufweist, hatten wir bereits festgestellt. Die Bedeutung des Vitamins C für unsere Gesundheit können wir an der sogenannten Frühjahrsmüdigkeit spüren, die sich bemerkbar macht, wenn der Körper nicht genügend frisches Obst und Gemüse bekommt. Auch die Anfälligkeit gegenüber Infektionskrankheiten nimmt bei mangelnder Vitamin-C-Versorgung zu.

Viele Menschen halten die Zitrone für das beste Mittel, um dem Körper das Vitamin C zuzuführen. Die Zitrone enthält im Durchschnitt in 100 g Frischsubstanz 60 mg Vitamin C, die höchsten Werte liegen bei 100 mg oder 0,1 %. Der Tagesbedarf des Menschen liegt bei 75 mg; für die gute Versorgung eines erwachsenen Menschen sind täglich 125 mg Vitamin C nötig. Wenig bekannt ist, daß die Südfrüchte nicht den höchsten Vitamin-C-Gehalt haben. In heimischen Früchten ist er oft wesentlich höher. So hat die Schwarze Johannisbeere etwa doppelt soviel Vitamin C; je 100 g enthält sie etwa 125 mg; die Schwankungswerte liegen zwischen 100 und 150 mg. Ähnlich hoch liegt der Gehalt des Paprika, er kann bis 200 mg je 100 g erreichen. Diese Vitaminträger werden vom Sanddorn übertroffen. Hier liegen die untersten Werte bei 200 mg, sie können maximal bis 900 mg Vitamin C je 100 g ansteigen.

Die Rose steht konkurrenzlos weit über diesen Werten. Das bereits zitierte DAB verlangt einen Mindestgehalt von 0,3 %, das sind 300 mg je 100 g Substanz. Diese Werte sind aber für die Rose die unteren Grenzwerte, obwohl sie schon das Fünffache der Zitrone betragen. Bei den verschiedenen Rosenarten treten große Unterschiede im Gehalt auf. An der „unteren" Grenze, d. h. bis 1000 mg Vitamin C, sind beispielsweise die Hagebutten von *Rosa canina, Rosa rugosa, Rosa rubiginosa, Rosa pimpinellifolia*. Zwischen 1000 und 1500 mg Askorbinsäure je 100 g Substanz enthalten die Hagebutten von *Rosa alba, Rosa britzensis, Rosa coriifolia, Rosa gallica und Rosa villosa* var. *pomifera*. Darüber, bis zu 2000 mg, liegen *Rosa blanda, Rosa cinnamomea, Rosa moyesii, Rosa multibracteata* und *Rosa pendulina*.

Im Institut für Gartenbau Dresden-Pillnitz wurden Rosen auf hohen Vitamingehalt ausgelesen. Bei der Verarbeitung der Hagebutten geht zwar ein großer Teil des Vitamin-C-Gehaltes verloren, da es leicht oxydiert, in den aus Hagebutten hergestellten Erzeugnissen sind jedoch noch erhebliche Mengen enthalten.

Bei der Verarbeitung muß darauf geachtet werden, daß die Früchte nicht mit Metall in Berührung kommen und die Bearbeitungszeit möglichst kurz ist, vor allem muß vermieden werden, daß die Früchte lange dem Luftsauerstoff ausgesetzt sind.

Rose in der Kochkunst

Die alten Griechen und Römer bereiteten schon Marmeladen und Gelees und kandierte Blütenblätter. Über die Verwertung der Rose gab es spezielle Kochbücher. Wir wissen heute, welche Inhaltsstoffe in der Hagebutte zu finden sind: In 100 g Hagebutten sind 4,1 g Gesamteiweiß enthalten. Dieser Wert ist relativ hoch, denn die meisten Obstarten weisen nur Werte zwischen 0,4 und 1,5 % auf. Dazu kommen 24,6 g Kohlenhydrate, davon 11,8 g Invertzucker und 1,6 g Saccharose, und ein Gehalt von 549 kJ (= 131 kcal). Neben dem bereits besprochenen hohen Vitamin-C-Gehalt übertrifft auch der Anteil an Karotin mit 5 bis 7 mg% und der Mineralstoffgehalt von 3,25 % andere Obstarten weit. Für die einzelnen Mineralstoffe ergeben sich diese Werte:

Kalium	512 mg%
Natrium	47 mg%
Kalzium	50 mg%
Magnesium	122 mg%
Eisen	10 mg%
Phosphor	54 mg%

Einige Verwendungsmöglichkeiten seien hier aufgeführt.

Tee: Für Tee lassen sich sowohl das getrocknete Hagebuttenfleisch als auch die Kerne verwenden. Die Hagebutten werden dazu vom Stiel und den Kelchblättern befreit, aufgeschnitten, die Samen und Haare entfernt und dann getrocknet. Sollen auch die Kerne verwendet werden, so müssen die Haare, die übrigens auf der Haut ein intensives Jucken verursachen können, durch Waschen entfernt werden. Für den Hagebuttentee werden 1 bis 2 Teelöffel getrocknete Früchte in 1/2 Liter Wasser einige Zeit, jedoch nicht länger als 10 Minuten, gekocht. Dann läßt man den Tee gut ziehen. Er ist sehr schmackhaft und stillt den Durst. Tee aus den Kernen, der Kernlestee, wird aus zerquetschten, besser noch gepulverten Kernen hergestellt. Dieser Tee wird etwa 10 Minuten lang gekocht. Für Teemischungen werden auch die Blütenblätter, vor allem zur Farbgebung, und manchmal die Laubblätter verwendet.

Hagebutten-Auflauf: 500 g Hagebutten werden geteilt, ausgeputzt, gewaschen und mit 0,1 l Weißwein und 50 g Zucker weichgedünstet. Dann werden 125 g Butter schaumig geschlagen, 6 Eigelb, 125 g Zucker, 60 g gestoßene Mandeln, Zimt und 200 g geriebene Semmel, danach die Hagebutten und der Schnee des Eiweißes dazugegeben und der Auflauf 1 Stunde lang gebacken.

Hagebutten-Eis: 500 g Hagebuttenmark werden mit 125 g Zucker verrührt. Weitere 125 g Zucker werden in 0,4 l Wasser aufgekocht, der Saft von 3 Zitronen dazugegeben und die Flüssigkeit mit dem Hagebuttenmark gemischt und gefroren.

Hagebutten-Gelee: 1 l getrocknete Äpfel werden über Nacht eingeweicht, dazu kommen 1 l Hagebutten. Wasser wird aufgefüllt, bis alles bedeckt ist. Nach dem Weichkochen wird die Masse durch eine Filtertuch gestrichen. Je Liter Saft werden 500 g Zucker zugegeben und nochmals 20 bis 30 Minuten gekocht.

Hagebutten-Koch: Dünne Weißbrotscheiben ohne Rinde werden in Butter gelbgebacken, mit Hagebutten-Marmelade bestrichen und je zwei übereinandergelegt. Sie kommen in eine Glasform und werden mit 0,5 l Rotwein übergossen, der zuvor mit Zucker und Zimt aufgekocht wurde. Weiter werden 125 g Hagebutten-Marmelade mit 125 g Puderzucker und dem Schnee von 8 Eiweiß verrührt, die Masse über die Schnitten gegossen und langsam bei mäßiger Hitze gebacken. Es wird heiß serviert.

Hagebutten-Likör: Eine Weinflasche wird zu drei Vierteln mit Hagebutten gefüllt, die zuvor gewaschen und von Stielen und Kelchblättern befreit wurden. Nach Zugabe von Korn wird die Flasche verschlossen, 4 bis 6 Wochen an einem sonnigen Ort aufgestellt und ab und zu geschüttelt. Nach dieser Zeit wird filtriert, nach Geschmack gesüßt, auf kleinere Flaschen abgefüllt und noch 2 bis 3 Wochen zum Entwickeln stehengelassen.

Hagebutten-Mark: 1 kg Hagebutten wird mit einem Viertelliter Wasser 20 bis 30 Minuten lang gekocht und anschließend durch ein feines Haarsieb passiert. Zum Haltbarmachen ist das Mark 30 Minuten bei 90 °C zu pasteurisieren.

Hagebutten-Marmelade: 1 kg Hagebutten-Mark wird 20 Minuten gekocht, 750 g Zucker zugefügt und noch einmal aufgekocht. Nach Zugabe des Saftes von einer Zitrone in Gläser füllen und verschließen. Es kann auch eine wohlschmeckende Marmelade mit je der Hälfte der angegebenen Menge Hagebutten-Mark und Apfelmus hergestellt werden.

Hagebutten-Milch-Getränk: Zu einem halben Liter Milch werden 3 Eßlöffel Hagebutten-Mark gegeben und mit Zucker und Zitronensaft abgeschmeckt.

Hagebutten-Suppe: 150 g Hagebutten-Mark werden mit Stärkemehl gebunden, ein Viertelliter Wasser und ein Viertelliter Milch zugegeben und mit Zucker, Zimt, Weißwein und Zitronensaft abgeschmeckt.

Hagebutten-Tunke: 1 Eßlöffel Stärkemehl, in wenig Wasser kalt angerührt, wird in einen halben Liter Wasser gegeben, aufgekocht und mit 300 g Hagebutten-Mark verrührt. Abgeschmeckt wird mit Zucker, Salz, Zitronensaft, Senf und Rotwein. Die Tunke wird zu Wild- oder Kaninchenbraten gegeben.

Hagebutten-Wein: 3,5 kg Hagebutten werden zerdrückt oder halbiert und mit 2 l kochendem Wasser übergossen. Nach Abkühlen auf 25 °C wird Weinhefe zugesetzt. Von der Maische wird nach 2 bis 3 Tagen der Saft abgezogen, abgepreßt und in einen Gärballon abgefüllt. Insgesamt 1600 g Zucker werden entsprechend dem Gärvorgang in 3 Gaben in etwas Saft gelöst und zugegeben. Nach Abschluß der Gärung wird der Wein filtriert und auf Flaschen abgezogen.

Rosen-Bowle: Die Blütenblätter von drei voll erblühten duftenden Rosenblüten mit 1 Glas Weinbrand und etwas Weißwein ansetzen. Zur Geschmacksvariation kann der Ansatz neben den Rosenpetalen auch mit Orangenscheiben durchgeführt werden. Die Blütenblätter werden entfernt und der Extrakt mit 1 Flasche Weißwein und 1 Flasche Sekt aufgefüllt und je nach Geschmack mit Zucker nachgesüßt. In das Bowlengefäß kommen noch einige frische Blütenblätter.

Gebackene Rosen: 3 Eigelb werden mit 1 Eßlöffel Öl und ebensoviel Zucker verrührt, dazu kommen 3 Eßlöffel Mehl und 1 Eßlöffel Weinbrand und so viel Wasser, daß eine dicke Creme entsteht. Dazu wird steifgeschlagenes Eiweiß gegeben. Aufgeblühte Rosenblüten werden abgespült, in den Teig eingetaucht und in heißer

Butter gebacken. Mit Zimt und Zucker bestreut, wird sofort serviert.

Kandierte Rosenblätter: Duftende rosa oder rote Blütenblätter von Rosen werden allseitig mit schaumig, aber nicht steif geschlagenem Eiweiß umhüllt und mit Kristallzucker bestreut. Auf Wachspapier werden sie ohne Wärme getrocknet und anschließend bis zur Verwendung in einem dicht schließenden Gefäß aufbewahrt.

Rosen-Marmelade: Von 500 g Rosen-Blütenblättern werden die unteren weißen Spitzen abgeschnitten. 1 Tasse Wasser und 100 g Zucker werden zugegeben und in einer flachen, zugedeckten Glasform 8 Stunden in die Sonne gestellt. Danach wird bei schwacher Hitze unter ständigem Rühren 20 Minuten gekocht und anschließend in Gläser abgefüllt.

Rosen-Pudding: 200 g frische, duftende, feingehackte Blütenblätter werden mit 200 g gestoßenem Zwieback gemischt. 12 Eigelb werden mit 200 g Puderzucker zu Schaum geschlagen, dazu nach und nach ein Viertelliter süße Sahne, die Rosenmasse sowie Zimt und Salz gegeben und der Eiweißschnee daruntergezogen. In einer gebutterten, mit Zwieback ausgesiebten Form wird er 90 Minuten im Wasserbad gekocht.

Rosen-Suppe: Ein Teller feingehackter Blütenblätter, von denen zuvor das Weiße des Blattgrundes entfernt wurde, wird mit 6 bis 7 Eßlöffeln Weißbrot in 1,5 Liter kalter Milch eingeweicht, etwas Zucker und Salz dazugegeben und unter Umrühren zum Kochen gebracht. Danach durch ein Sieb streichen und nochmals aufkochen lassen, mit Eigelb legieren und über zerbrochenen Makronen anrichten.

Aus dem griechischen Altertum ist eine als besonders lieblich duftend bezeichnete Speise, „Rhodonia", überliefert: Bei ihrer Zubereitung wurden im Mörser zerriebene Rosenblätter mit Gehirn von Hühnern und Schweinen, Eigelb, Olivenöl, Fischbrühe, Pfeffer und Wein gemischt und bei schwachem Feuer gekocht.

Rose auf der Briefmarke

Es gibt kaum noch ein Gebiet, auf dem nicht in irgendeiner Form die Rose eine Rolle spielt. So hat sie sich auch die Briefmarke erobert, und es lohnt sich, diesem Motiv etwas Aufmerksamkeit zu widmen. Wir finden die Rose als Beiwerk zu anderen Motiven, als Symbol, aber auch selbständig, stilisiert und exakt, als Einzelmarke und sogar in ganzen Sätzen. Die Anzahl der Marken mit Rosen als Hauptmotiv geht inzwischen in die Hunderte. Es ist sehr interessant, einmal zu überprüfen, in welcher Art und aus welchen Anlässen die Postverwaltungen der verschiedenen Länder zum Rosenmotiv greifen und wie unterschiedlich die Häufigkeit der Verwendung ist.

Die erste Überraschung ist, daß häufig Wildarten als Motiv erscheinen. Die auch bei uns wild vorkommende Hundsrose, *Rosa canina,* erschien in den verschiedensten Ländern bisher weit über zehnmal. Eine DDR-Emission weist auf ihren Wert als Heilpflanze hin, auch Bulgarien, die ČSSR, Jugoslawien, Polen, Rumänien und Schweden erinnern mit ihren Marken an die Heilkraft der Rose. Ungarn stellt den Rosenkäfer auf einer *Rosa-canina*-Blüte dar. Die Sowjetunion stellt die Hundsrose als typisch für die Flora des europäischen Teiles ihres Landes heraus, auch Schweden weist ihr einen entsprechenden Platz zu. Finnland und Österreich verwenden das Motiv im Zusammenhang mit der Tuberkulosebekämpfung. Kuba verwendet aus gleichem Anlaß die Rose, hier aber *Rosa damascena.* In Großbritannien dient *Rosa canina* sogar als Motiv bei Marken zu Ehren der Krönungsfeierlichkeiten und als Symbol für einen internationalen Botanischen Kongreß. Aber auch andere Wildarten sind auf Briefmarken zu finden. So nahm sich Äthiopien der *Rosa abyssinica* (= *Rosa moschata abyssinica*) an. *Rosa acicularis* ist auf Marken der Mongolei und Kanadas zu finden, *Rosa pendulina* wurde von der Schweiz und Polen verwendet, *Rosa × richardii* von Ungarn. Die Zusammenstellung von Wildrosen läßt sich weiterführen, so wurde *Rosa rubiginosa* von Großbritannien, *Rosa gallica* von Ungarn, *Rosa laevigata* von Vietnam oder *Rosa davurica* von der Mongolei auf der Briefmarke dargestellt. Kuba steuert einen ganzen Satz verschiedener Arten bei.

Die auch bei uns häufig verwendete *Rosa rugosa* wurde nicht etwa von einem europäischen Land herausgegeben, sondern von Korea und die Apfelrose *Rosa villosa* var. *pomifera* von Jemen. Daß auf bulgarischen Marken mehrfach die Damaszenerrose erscheint, ist bei der Bedeutung der Rosenölproduktion nicht verwunderlich. Bulgarien symbolisiert sich mit dieser Rose, so z. B. in einer Ausgabe, die auf die Zusammenarbeit mit den skandinavischen Ländern hinweist.

Vielfältig ist die Zahl der Briefmarken mit Abbildungen von Teehybriden. So erinnern sie in Ausgaben der DDR und der ČSSR an die Zerstörung von Lidice im zweiten Weltkrieg, das heute ein Ort der Begegnung beider Völker geworden ist. Die Rose dient auch in anderen Ländern bei politischen und gesellschaftlichen, nationalen und internationalen Anlässen als Symbol und zur Verdeutlichung eines friedlichen Anliegens.

Mehrfach erscheinen Rosen in der Ungarischen VR auf Marken, die aus Anlaß des 1. Mai emittiert wurden. Togo bringt das Rosenmotiv aus Anlaß der Einweihung des neuen Gebäudes der Weltgesundheitsorganisation und zur Weltausstellung in Montreal. Auf einer ungarischen Marke symbolisiert die durch eine Skeletthand bedrohte Rose die Bedeutung des Umweltschutzes. Auf einer DDR-Marke zum Internationalen Jahr der Frau wird mit der Rose die Bedeutung der Solidarität symbolisiert. Es liegt nahe, aus Anlaß der Eröffnung von Gartenbauausstellungen, wie etwa der iga in Erfurt im Jahre 1961 und 1972, oder bei speziellen Rosenausstellungen, wie in Ungarn, Polen und Frankreich, Marken mit Rosen herauszugeben.

Die Deutsche Bundespost und parallel die Deutsche Bundespost Berlin gaben 1982 je 4 Motive heraus, auf denen verschiedene Rosenklassen dargestellt sind.

Neben solchen Ausgaben, bei denen die Rose ohne nähere Angabe abgebildet wird, gibt es auch eine ganze Reihe Marken und sogar ganze Sätze, bei denen die Darstellung sortengenau erfolgt. Die Abbildungen sind meist so exakt, daß ein Rosenkenner mit großer Sicherheit auf den Namen der Sorte schließen kann, oder auf der Marke ist sogar der Sortenname angegeben. Die Sowjetunion stellt z. B. auf einer Marke die Sorte 'Jasnaja Poljana' (Schtanko 1958) vor, die VR Polen widmet eine Marke der Sorte 'Monique' (Paolino 1949), Monaco der 'Princesse Grace'. Ganze Sätze mit Sortenangaben emittierten z. B. die DDR, Großbritannien, Luxemburg, die SR Rumänien, die Schweiz, Neuseeland, die Südafrikanische Union, Paraguay, Vietnam, Sharjah, Umm-al-Quiwain, Khor Fakkan, Ras Al Khaima. Der Himalajastaat Bhutan brachte sogar Rosenmotive mit Duft heraus. Auch Reliefmarken und sogenannte dreidimensionale Briefmarken weisen Rosenmotive auf. Selbst Rosenbilder von P. J. REDOUTÉ erleben auf Briefmarken weite Verbreitung.

Erwähnenswert ist die Verwendung eines Rosenzweiges als Wasserzeichen auf einer 1867 emittierten Ein-Schilling-Marke in England. Es ist anzunehmen, daß dies überhaupt die erste Verwendung des Rosenmotivs auf einer Briefmarke ist.

Die erste Verwendung der Rose als Hauptmotiv dürfte auf einer 1925 emittierten niederländischen Marke zu finden sein, als Nebenmotiv war sie schon 1911 auf einer bulgarischen Marke.

Ein Kuriosum ist, daß sich die Kamelie nicht nur einmal in Rosensätze einschmuggelte!

Ein Liebhaber von Rosenmotiven kann sich auch mit dem Sammeln von Stempeln beschäftigen. Das Rosenmotiv findet sich z. B. in einem Poststempel der Städte Sangerhausen, Forst und Steinfurth. Auf zahlreichen englischen Stempeln steht das Rosenmotiv neben der Distel. Ein Sonderstempel der DDR weist sogar die Form einer Rose auf. Ein Sonderstempel der Flora Olomouc (ČSSR) enthält eine Rosenknospe. Ein weites Feld sind Absenderfreistempel großer Rosenbaumschulen verschiedener Länder.

Aber auch der Numismatiker braucht nicht vergebens zu suchen. Da das Geld viel älter als die Briefmarke ist, läßt sich hier die Geschichte viel weiter zurückverfolgen. Schon eine silberne Zweidrachmenmünze aus Rhodos, die um 80 vor der Zeitenwende geprägt wurde, weist die Rose auf. Am häufigsten ist das Rosenmotiv wahrscheinlich auf englischen Münzen. So sind Münzen aus dem 15. Jahrhundert von Henry VII. und Edward IV. bekannt, auch aus dem 16. Jahrhundert, aus der Elisabethanischen Zeit, und natürlich aus unserem Jahrhundert, die die Rose in Prägung zeigen. Amerika benutzte das Motiv 1722 und 1856 auf einer 3-Dollar-Note. Auch in Kanada und Bulgarien wurden Münzen mit Rosenmotiv herausgeben.

Und da wir uns gerade beim Sammeln befinden, soll daran erinnert werden, daß die Rose auch als Motiv für Orden und Ehrenzeichen gewählt worden ist. In Finnland, den USA, Mexiko und Brasilien wurden mehr oder weniger stilisierte Rosen verwendet, und selbst beim englischen Hosenbandorden ist die Rose zu finden.

In der Heraldik ist die Verwendung der Rose fast unübersehbar. Angefangen bei der englischen Kombination von Rose und Distel über das finnische Staatswappen zu den zahlreichen Städten, die die Rose im Wappen führen, bis hin zu den Familienwappen, bei denen in mehr als 7000 die Rose als Bestandteil zu finden sein soll.

Zur Botanik der Rose

So wie in allen anderen Bereichen hat der Mensch auch im Pflanzenreich versucht, System und Ordnung einzuführen, um einen besseren Überblick zu haben. Seit LINNÉ gilt zur Kennzeichnung der Pflanzenarten die sogenannte binäre Nomenklatur, d. h., jede Pflanzenart wird durch zwei Namen gekennzeichnet. Ähnlich wie bei den Menschen gibt es sozusagen Vornamen und Familiennamen, nur daß hier der „Vorname" erst an zweiter Stelle erscheint und nicht das Individuum, sondern die Art näher bezeichnet; er wird deshalb Artname oder spezifisches Epitheton genannt. An erster Stelle steht die Gattungsbezeichnung. So finden wir bei allen Rosen als Gattungsbezeichnung *Rosa* und als spezifisches Epitheton *canina, multiflora, rugosa* usw. Wie viele Rosenarten es gibt — nicht zu verwechseln mit Sorten — ist schwer zu entscheiden, da in jedem Buch eine andere Zahl angegeben wird. Das liegt daran, daß die Unterschiede häufig sehr gering sind und man sich nicht einig ist, ob eine Art oder vielleicht nur eine Varietät vorliegt. Außerdem treten viele natürliche Hybriden auf, die die Entscheidung noch mehr erschweren. Die Anzahl der Rosenarten beträgt jedoch mehr als 100, bis etwa 200. Im botanischen System werden verwandte Gattungen zu Pflanzenfamilien zusammengefaßt. So bilden die Rosen mit einer Vielzahl anderer Gattungen der großen Familie *Rosaceae*, die über 2 000 verschiedene Arten umfaßt. In der Verwandtschaft der Rose befindet sich eine Vielzahl recht prominenter Arten, die jedem bekannt sind und teils auch eine große Bedeutung haben. So zählen zu den *Rosaceae* vor allem die wichtigsten Obstarten, wie Apfel, Birne, Kirsche, Pflaume, Pfirsich und Aprikose, aber auch vom Beerenobst beispielsweise Erdbeere, Himbeere, Brombeere. Ebenso finden wir im Bereich der Ziergehölze zahlreiche bekannte Namen wie *Spiraea* (Spierstrauch), *Cotoneaster* (Zwergmispel), *Chaenomeles* (Zierquitte), *Pyracantha* (Feuerdorn), *Crataegus* (Weißdorn) oder *Sorbus* (Eberesche).

Diese Beispiele zeigen, wie vielseitig und umfangreich die Familie der Rosaceen ist und wie viele Pflanzen mit unserer Rose nahe verwandt sind.

Die Gattung *Rosa* hat schon eine lange Entwicklungszeit hinter sich. Eine ganze Anzahl von Funden beweist, daß es Rosen schon seit rund 25 Millionen Jahren auf der Erde gibt. Diese Zeit gehört noch zum Tertiär. Während dieser Epoche wurden die großen Braunkohlelager gebildet. Die ersten gehäuften Nachweise der Rosen fallen in dieser Zeit in das Jungtertiär, genauer das Pliozän. Es gibt aber auch wahrscheinliche Reste von Rosen, die in Alaska gefunden wurden, die aus dem älteren Tertiär, dem Eozän, stammen.

Heute sind Rosenarten vorwiegend in den gemäßigten bis subtropischen Klimazonen der nördlichen Halbkugel zu finden. Nur wenigen wird bewußt sein, daß bei uns nicht nur *Rosa canina*, die Hundsrose, wild vorkommt. Einer ganzen Anzahl Arten können wir auf Wanderungen durch unsere Heimat begegnen. Die folgende Aufstellung gibt Aufschluß über Arten und ihr Vorkommen (nach ROTHMALER).

Rosa agrestis Savi,	Acker-Rose
Rosa arvensis Huds.,	Kriechende Rose
Rosa blanda Ait.,	Labrador-Rose
Rosa caesia Sm. ex Sow.,	Lederblättrige Rose
Rosa canina L.,	Hunds-Rose
Rosa corymbifera Borkh.,	Hecken-Rose
Rosa dumalis Bechst.,	Graugrüne Rose
Rosa elliptica Tausch,	Elliptische Rose
Rosa gallica L.,	Essigrose
Rosa glauca Pourr.,	Rotblättrige Rose
Rosa jundzillii Besser,	Rauhblättrige Rose
Rosa lucida Ehrh.,	Spiegel-Rose
Rosa majalis Herrm.,	Mai-Rose, Zimt-Rose
Rosa micrantha Borrer ex. Sm. in Sow.,	Kleinblütige Rose
Rosa obtusifolia Desv.,	Stumpfblättrige Rose
Rosa pendulina L.,	Alpen-Hecken-Rose
Rosa pimpinellifolia L.,	Pimpinell-Rose

Rosa rubiginosa L.,	Wein-Rose
Rosa scabriuscula	Kratz-Rose
Sm. em. H. Braun,	
Rosa sherardii H. Davies,	Sherards-Rose
Rosa tomentosa Sm.,	Filz-Rose
Rosa turbinata Ait.,	Frankfurter Rose

Neben diesen Arten kommen nicht selten auch
noch andere vor, die angepflanzt wurden und
später verwilderten.

Wie jede Blüte der höheren Pflanzen ist auch
die der Rosen so aufgebaut, daß sie die Bestandteile Kelchblätter, Blütenblätter, Staubblätter
und Fruchtblätter besitzt. Bei den einfachblü-
henden Wildarten ist die für Rosen typische
Fünfzähligkeit noch gut zu erkennen. Allein
Rosa sericea pteracantha mit nur vier Blüten- und
Kelchblättern bildet eine Ausnahme.

Bei Kultursorten mit zum Teil starker Füllung
ist eine Vielzahl von fünf Blütenblättern meist
kaum noch zu zählen, vor allem weil sich meist
in der Mitte noch eine ganze Anzahl nicht voll
ausgebildeter Blütenblätter befindet. Ab und zu
kann man sogar den Übergang von Blütenblatt
zu Staubblatt finden. Solche Blätter sind meist
als Blütenblätter ausgebildet und haben an einem Rand ein, meist allerdings mißgebildetes,
Staubgefäß.

Sieht man sich die Kelchblätter einmal genauer
an, die anfangs die Knospe schützen und während der Blütezeit meist mehr oder weniger
nach unten gebogen sind, so fällt auf, daß sie
unterschiedlich ausgebildet sind. Zu dieser Besonderheit gibt es schon sehr lange einen lateinischen Vers:

Quinque sumus fratres, et eodem tempore nati.
Sunt duo barbati. Duo sunt sine barba creati.
Unus et e quinque non est barbatus utrinque.

Sinngemäß übersetzt, werden die fünf Kelchblätter mit fünf Brüdern verglichen, von denen
zwei einen Bart haben, zwei ohne Bart geboren
wurden, und einer hat nur einseitig einen Bart.
Und tatsächlich kann man sich praktisch jede
Rosenblüte hernehmen und die Kelchbläter betrachten: Zwei sind am Rande ganz glatt, zwei
Kelchblätter haben auf jeder Seite kleine Aus-
wüchse, also einen Bart, und das fünfte Blatt
weist nur auf einer Seite dieses Merkmal auf.

Die Blätter sind unpaarig gefiedert, d. h., das
Gesamtblatt setzt sich aus einer ungeraden Zahl
einzelner Fieder zusammen; bei den Gartensorten sind es meist 5, sonst finden wir 7, 9 und

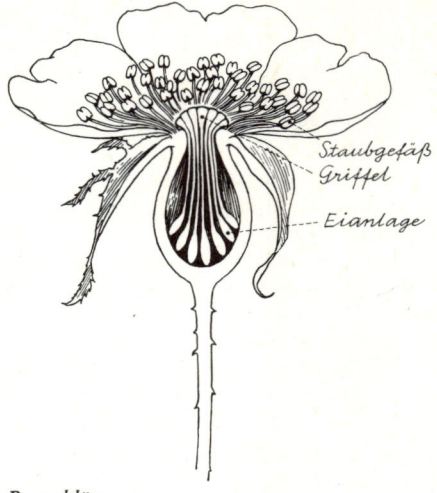

Rosenblüte

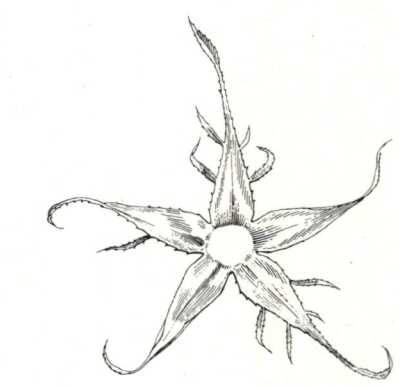

Kelchblätter

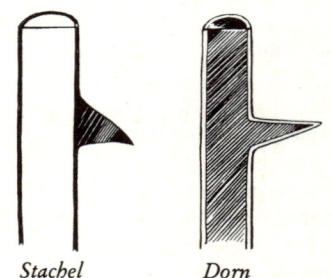

Stachel   Dorn

mehr Fiederblätter. Die Blätter stehen am Trieb
in sogenannter 2/5 Stellung. Jedes Blatt ist gegenüber dem vorangegangenen um 2/5 Dre-
hung oder 144° versetzt.

Auch mit der Hagebutte hat es seine eigene Bewandtnis. Wohl jeder wird behaupten, daß die Hagebutte die Frucht der Rose ist. Und trotzdem stimmt das so nicht. Botanisch gesehen ist die Hagebutte eine Scheinfrucht. Bereits während der Blüte ist bei den meisten Sorten und Arten unter den Kelchblättern deutlich eine Verdickung der Blütenachse, die oft schon einer kleineren Hagebutte ähnlich sieht, zu sehen. Nach dem Verblühen verdickt sich diese und wird fleischig. Der eigentliche Blütenboden ist krugförmig eingesenkt und schließt die eigentlichen Rosenfrüchte, die Nüßchen, in sich ein. Nicht die Hagebutte, sondern die darin enthaltenen Samenkörner sind also die Früchte der Rose.

Nun gibt es aber noch mehr Irrtümer bei der Rose. Schon in GOETHES Heidenröslein muß der wilde Knabe, der das Röslein brechen will, spüren, wie sich das Röslein wehrt und sticht. Das bekannte geflügelte Wort „Keine Rose ohne Dornen" ist aber trotzdem falsch, weil die Rose gar keine Dornen hat. Dornen sind nämlich umgebildete Sprosse oder Blätter, wie wir sie von Weißdorn, Schlehe oder der Berberitze kennen. Die unangenehm spitzen Gebilde der Rosen, an denen man sich erheblich verletzen kann, sind dagegen Stacheln. Im Gegensatz zu den Dornen sind die Stacheln Pflanzenteile, die nur aus den äußersten Gewebeschichten, d. h. der Rinde, gebildet werden. Aus diesem Grunde lassen sie sich im Gegensatz zu den Dornen auch relativ leicht abbrechen und das, ohne tiefe Gewebeschichten zu verletzen. Insofern ist auch der häufig geäußerte Wunsch nach Rosensorten ohne Dornen als erfüllt zu betrachten, da keine Rose Dornen, sondern „nur" Stacheln hat.

Es lohnt sich, über mögliches Alter und Größe der Rosen einmal nachzudenken. So soll *Rosa gigantea* in ihrer Heimat in China bis zu 30 m hoch werden können. Als größte bekannte Rosenpflanze wird eine im Jahre 1885 gepflanzte ‘Lady Banksia' in den USA genannt, für die ein Stammumfang von etwa 1,5 m angegeben wird. Sie soll eine Fläche von mehr als 550 m² überdecken. Vom Alter her sei an den „Tausendjährigen Rosenstock" in Hildesheim erinnert. Auch wenn sich das genaue Alter hier nicht rekonstruieren läßt und 1 000 Jahre wahrscheinlich nicht erreicht werden, ist doch sicher, daß diese Pflanze mehrere hundert Jahre alt ist.

Noch eine ganz besondere Eigenart, die allerdings nicht mit bloßem Auge zu beobachten ist, findet man bei *Rosa canina*. Lange Zeit hat die Wissenschaft die Frage bewegt, warum die aus Samen aufgehenden Pflanzen in auffallend großer Gleichmäßigkeit der Mutterpflanze ähneln, auch wenn das Saatgut aus gemischten Beständen stammt. Lange Zeit versuchte man, diese Erscheinung damit zu erklären, daß bei den Rosen Apomixis auftrete. Darunter ist die Tatsache zu verstehen, daß manche Pflanzen in der Lage sind, in den Samenanlagen lebensfähige Embryonen zu bilden, ohne daß eine Befruchtung stattgefunden hat. Da in diesem Falle keine fremden Erbanlagen durch den Pollen übertragen werden können, wäre die Erklärung der Gleichmäßigkeit der Nachkommen gegeben. Verschiedentlich scheint die Apomixis auch tatsächlich aufzutreten, so bei den Sorten ‘Le Rêve' (Pernet-Ducher 1923) und ‘Donald Prior' (Prior 1934).

Weitere Forschungen haben jedoch etwas ganz Ungewöhnliches ergeben. Bei der pentaploiden *Rosa canina* mit einem fünffachen Chromosomensatz von $2 n = 35$ bringt der Pollen nur 7 Chromosomen beim Befruchtungsvorgang mit, und von der Eizelle werden 28 Chromosomen beigesteuert. Die Folge ist, daß die Nachkommen, die vier Fünftel der Chromosomen der Mutterpflanze besitzen, dieser weitgehend ähneln. Diese eigenartige Erscheinung, die als Heterogamie bezeichnet wird, ist nur von den *Caninae* bekannt, und sie konnte natürlich erst mit der Verfeinerung der Forschungsmethoden der Chromosomenbotanik gefunden werden.

Die Ansichten, ob bei den Rosen Apomixis oder Heterogamie auftreten, wechselten mehrfach. Offensichtlich treten beide Erscheinungen nebeneinander auf. Zur Erläuterung des Vorangegangenen einige Ausführungen zu den Chromosomen bei Rosen. Die Grundzahl, auf der sich der Chromosomensatz der Rosen aufbaut, beträgt $n = 7$, und im Pflanzengewebe finden wir ein Vielfaches von 7. Unsere Gartensorten sind überwiegend tetraploid, sie haben 28 Chromosomen. Es gibt Wildarten mit bis zu achtfachem Chromosomensatz, künstlich entstand als bisher höchste Ploidiestufe ein elffacher Satz mit 77 Chromosomen. Neben dem regelmäßigen Vielfachen von $n = 7$ tritt aber bei Rosen auch sogenannte Aneuploidie auf, das sind Abweichungen vom normalen Satz, fehlende oder zusätzliche Chromosomen.

So wurden anstelle der erwarteten 28 Chromosomen bei ‘Talisman' (Montgomery 1929) nur 26, bei ‘Margaret McGredy' (McGredy 1927) dagegen 29 und bei 'McGredy's Sunset' (McGredy 1936) gar 30 Chromosomen gefunden.

Um auch keine Besonderheit auszulassen, treten unter den Rosen schließlich noch sogenannte Chromosomenmosaike auf, d. h., daß in der gleichen Pflanze unterschiedliche Chromosomenzahlen im Gewebe zu finden sind. Als Beispiele können 'Cocorico' (Meilland 1951) mit 26 und 18 Chromosomen neben den üblichen 28, 'Concerto' (Meilland 1953) mit 24 und 26 Chromosomen und 'Fashion' (Jackson & Perkins 1949) mit 26 Chromosomen neben der normalen Anzahl von 28 genannt werden.

Anzucht der Rose

Verfolgen wir die Entstehung einer Rosenpflanze, bis sie verkauft bzw. gekauft werden kann, die Schwierigkeiten bei der Aufzucht, die viele nötige Arbeit und die jahrelangen Bemühungen!

Alle im Handel erhältlichen Rosen, Busch- und Stammrosen, sind veredelt. Es besteht also jede Pflanze aus zwei Pflanzen: die Sorte, die wir haben möchten, stellt den oberirdischen Teil dar; unter der Erde befindet sich eine andere, aber ebenso wichtige Pflanze, die Unterlage.

Es ist nicht ganz einfach, den Kulturablauf der Rose zu beschreiben. Die Grundlagen sind zwar in allen Betrieben dieselben, die verschiedenen Arbeitsgänge werden aber von Baumschule zu Baumschule oft stark variiert, oder es bestehen unterschiedliche Auffassungen über die beste Methode. Oft sind mehrere berechtigt, und die Unterschiede beruhen auf unterschiedlichen objektiven Voraussetzungen. Teils sind es auch Ansichten, die nicht bewiesen sind oder nicht ohne weiteres bewiesen werden können. So können z. B. verschiedene technische Mittel unter bestimmten Verhältnissen mit gutem Erfolg eingesetzt werden, unter anderen bewähren sie sich nicht.

Es kann auch nicht im Rahmen eines Buches eine Technologie der Rosenzucht dargestellt werden, da diese dann nur noch den Fachmann interessiert und dem Liebhaber praktisch nichts mehr sagt. Diese Dinge können also hier nur angedeutet werden, sie bleiben einem speziell den Baumschulgärtner ansprechenden Werk vorbehalten.

Rosenunterlagen

Als Veredlungsunterlagen für die Rosen werden verschiedene Arten und Selektionen verwendet. Allein diese Tatsache zeigt, daß keine Unterlage so gut geeignet ist, daß auf die übrigen verzichtet werden kann. Jede hat bestimmte Vor-, aber auch Nachteile, wird für bestimmte Verwendungszwecke oder in klimatisch unterschiedlichen Gebieten bevorzugt. Denn verschiedene Voraussetzungen müssen erfüllt sein.

Die Grundvoraussetzung ist natürlich, daß die Veredlungsunterlagen die Augen der Edelsorten sicher annehmen, ja, nicht nur annehmen, sondern auch nach dem Verwachsen sicher weiterernähren, daß sich eine kräftige Pflanze daraus entwickeln kann, die lange Jahre lebensfähig ist, ein gutes Wachstum garantiert und einen positiven Einfluß auf die Blütenbildung ausübt. Für die Erleichterung der Arbeit mit den Unterlagen ist es von Vorteil, wenn sie möglichst wenig Stacheln haben, und die Veredlung ist verständlicherweise bei einem langen, geraden Wurzelhals leichter und besser als bei kurzem, krummem durchzuführen. Auch die Rindenstärke spielt dabei eine Rolle. Bei zu dünner Rinde besteht die Gefahr des Ausreißens der Rindenlappen, zu starke Rinde erschwert ebenfalls die Arbeit. Für die Verminderung von Arbeitsspitzen soll sich die Unterlage über lange Zeit veredeln lassen. Beim Verpflanzen sollen möglichst nur geringe Verluste auftreten. Eine Voraussetzung hierfür ist ein gutes Wurzelsystem. Zahlreiche kleine Wurzeln sind wertvoller als wenige starke.

Ein Problem sind die am Wurzelhals oder den Wurzeln gebildeten Wurzelschosse, die „Wildtriebe". Sie treten bei den verwendeten Unterlagen unterschiedlich stark auf. Es gibt Typen, die nur selten Unterlagentriebe und solche, die sehr stark aus der Unterlage austreiben. Gesucht sind Unterlagen, die nur wenige oder noch besser keine Wurzelschosse entwickeln, denn die Entfernung der Unterlagentriebe erfordert einen erhöhten Arbeitsaufwand sowohl in der Baumschule als auch am späteren endgültigen Standort. Da die Rosen keineswegs immer unter den besten Umweltbedingungen stehen, sollen die Unterlagen möglichst auch Trockenheit und Winterkälte vertragen. Daß sie gegen Krankheiten gefeit sein sollen, braucht nicht näher erläutert zu werden. Für die Anzucht von Stammrosen erweitern sich die Wünsche noch um die

Ausbildung langer, gleichmäßiger Stämme, auf die dann veredelt werden kann. Die Stämme müssen eine gewisse Stärke haben, um die Veredlung überhaupt zu ermöglichen, sie sollen aber andererseits lange biegsam und elastisch bleiben, um das Niederlegen der Stammrosen zu ermöglichen.

Bei dieser Vielzahl von berechtigten Wünschen wird schon deutlich, daß es eine Veredlungsunterlage, die alle Forderungen erfüllt, nicht gibt. Deshalb wird eine große Anzahl verschiedener Arten und Typen benutzt, die alle bestimmte positive Merkmale aufweisen, aber auch Mängel haben. Die meisten zum Rosenanbau verwendeten Unterlagen sind schon mehr als fünfzig Jahre in Kultur. Meist sind sie ursprünglich für die Anzucht von Stämmen ausgelesen worden, und später wurden sie auch für Buschrosen verwendet. Einige werden heute für die Stammrosenanzucht nicht mehr verwendet. Verschaffen wir uns also einen Überblick über die wichtigsten Rosenunterlagen und ihre Haupteigenschaften.

Rosa canina

Rosa canina, aus der eine ganze Anzahl Selektionen hervorgegangen sind, wird teilweise auch noch so, wie sie aus den wild wachsenden Beständen anfällt, benutzt. In einigen Ländern ist diese aus dem Saatgut entstehende Mischung mit allen möglichen Eigenschaften auch heute noch die hauptsächliche Unterlage. Durch die Ungleichmäßigkeit des Materials ist aber auch keine Voraussetzung für gleichmäßige Bestände gegeben, so daß die einfache *Rosa canina* allgemein als Unterlage abgelehnt wird. Sie wird praktisch nicht mehr verwendet; die Selektionen sind ihr überlegen.

Rosa canina 'Brög' (Brögs Stachellose), eingeführt 1902 von Robert Brög, Reckenbach bei Lindau

Die Pflanzen wachsen kräftig mit bogigen, hellgrünen Trieben, die zur Spitze gelblichbraun gefärbt und wenig bestachelt sind. Sie bilden lange, aber nur wenige Wurzeln. Die Blüten sind weiß. Die lange Wachstumszeit, die zwar lange eine Veredlung ermöglicht, bewirkt andererseits, daß sie nicht immer genügend winterhart ist. Zu frühes Veredeln kann ein Überwallen der Edelaugen bewirken. Dieser Unterlage wird häufig Kurztriebigkeit der darauf veredelten Sorten nachgesagt. Sie bildet einen guten

Wurzelhals, die Rinde ist jedoch dünn. Starke Unterlagentriebbildung ist als negative Eigenschaft zu nennen.

Rosa canina 'Inermis', eingeführt 1905 von Gamon, Lyon

Diese stark wachsende Unterlage bildet lockere Pflanzen mit langen grünen bis bräunlichroten, wenig bestachelten Trieben. Die relativ kleinen Blätter sind graugrün, die Blüten blaßrosa bis weiß. Eine lange Wachstumszeit ermöglicht Veredlung von Juni bis September. Die Pflanzen bilden ein gutes Wurzelsystem und nur relativ wenige Wurzelschosse. *Rosa canina* 'Inermis' gilt als eine der besten Typen von *Rosa canina* und wird in großem Umfang verwendet.

Rosa canina 'Inermis Grona', eingeführt in Großnaundorf

Eine Auslese aus *Rosa canina* 'Inermis', die sehr wüchsig ist, lange, schlanke Triebe aufweist und gegenüber der Ausgangsform ein besseres und gleichmäßigeres Keimverhalten zeigt. Die Mehltauempfindlichkeit ist vor allem im Sämlingsstadium mindestens ebenso hoch wie bei der gewöhnlichen *Rosa canina* 'Inermis'.

Rosa canina 'Pfänder', eingeführt von Jakob Pfänder, Beuren/Württ.

Starkwüchsiger Typ mit bogigen Trieben, die ziemlich stark mit scharfen Stacheln besetzt sind. Die Blätter sind graugrün, die Blüten weiß, die großen Früchte reifen sehr zeitig. Die Winterhärte ist gut, im Sommer stellt sich Mehltau an den Unterlagen ein. Sie bildet lange und nur dünne Wurzeln. Sie darf nicht zu spät veredelt werden. Die Unterlagentriebbildung ist relativ stark.

Rosa canina 'Schmids Ideal', eingeführt 1912 von Robert Schmid, Bad Köstritz

Eine mittelmäßig bestachelte Unterlage mit langen, dunkelgrünen, gebogenen Trieben. Sie ist gesund, sehr winterhart. Während diese Selektion im Binnenland recht gut zu verwenden ist, versagt sie oft im Seeklima. Nachteilig ist eine relativ starke Wurzelschoßbildung.

Neben diesen Unterlagentypen gibt es noch eine ganze Anzahl weiterer Selektionen von *Rosa canina*, die zwar nur noch selten verwendet werden, doch sollen zumindest die häufiger noch genannten mit aufgeführt werden.

Rosa canina 'Deegen', eingeführt von F. Deegen, Bad Köstritz

Rosa canina 'Heinsohns Rekord', eingeführt um 1935 von Gebr. Heinsohn, Wedel/Holstein

Rosa canina 'Jägerbataillon', eingeführt 1915 von J. Klinke, Frankenstein

Rosa canina 'Kokulinski', eingeführt vor 1927 von der Baumschule Kokulinski, Berlin

Rosa canina 'Schmids Findling', eingeführt um 1932 von Robert Schmid, Bad Köstritz

Rosa canina 'Senff', eingeführt 1919 von Senff, Zerbst

Auch eine Anzahl von Unterlagen, die nicht zum Formenkreis von *Rosa canina* gehören, werden in der gärtnerischen Praxis, teils in erheblichem Umfang, verwendet.

Rosa × pollmeriana, eingeführt 1904 von Pollmer, Großenhain

Lange wurde diese Unterlage als Bastard zwischen *Rosa canina* und *Rosa setigera* angesehen. Sie wird jetzt zu *Rosa coriifolia* gestellt und auch als identisch mit *Rosa coriifolia froebelii* bezeichnet. Der Wuchs ist kräftig und steil mit langen, relativ dünnen, aber elastischen, rötlichbraunen Trieben. Dieser Wuchscharakter ließ sie zu einer Hauptunterlage für die Stammrosenanzucht in bestimmten Gebieten werden. Sie eignet sich jedoch ebenso für Buschrosen. Sie wird vor allem im sächsischen Rosenanbaugebiet, speziell im Elbtal, viel benutzt, auf leichten Böden und im Seeklima versagt sie dagegen. Da diese Unterlage zeitig mit dem Wachstum abschließt, muß sie mit als erste veredelt werden.

Rosa dumetorum 'Laxa', eingeführt um 1890 von Fröbel, Zürich

Auch mit der Bezeichnung dieser Unterlage gab es ein paar Schwierigkeiten. Im gärtnerischen Sprachgebrauch wird sie einfach als *Rosa* 'Laxa' geführt, bis 1964 wurde allgemein *Rosa coriifolia* var. *froebelii* als richtiger botanischer Name angesehen. Nun soll sie aber doch zu *Rosa dumetorum* gehören. Die Unterlage bildet gedrungene Pflanzen mit wenig Stacheln und graugrünen Blättern, sie blühen weiß und bilden zeitig reifende längliche Hagebutten. Die langen geraden Wurzelhälse erleichtern das Veredeln sehr, die Wurzelschoßbildung ist gering. Das Wachstum schließt sehr zeitig ab, so daß früh veredelt werden muß. Sie verlangt schwere Böden mit guter Kalk- und Kaliversorgung, sonst tritt sehr leicht Rostbefall auf. Obwohl diese Unterlage bereits in den dreißiger Jahren als überholt an-

gesehen wurde, hat sie sich als wichtige Veredlungsunterlage in den ihr zusagenden Gebieten gehalten und scheint sogar an Bedeutung zu gewinnen.

Rosa multiflora

Rosa multiflora bildet kräftig wachsende Büsche mit langer Vegetationszeit und dementsprechend langer Veredlungsmöglichkeit. Nachdem *Rosa multiflora* lange Zeit als Unterlage für Beetrosen wegen der Förderung der Verzweigung und der Vielblütigkeit kritiklos als ideal angesehen wurde, zeigen sich zunehmend empfindliche Nachteile. Da es sich um ein Typengemisch handelt, sind von vornherein verschiedene Eigenschaften vorhanden, die einer Großproduktion, die einheitliche Bestände als Voraussetzung hat, entgegenstehen. Die Lebensdauer der Edelsorten soll kürzer sein, die Gefahr des Ausbrechens der Veredlung ist höher, Ausfälle durch Auswinterung sind stärker als bei anderen Unterlagen. Vielfach wird die Meinung einer negativen Beeinflussung der Blütenfarbe geäußert, von anderer Seite wird dem jedoch widersprochen. Starke Wurzelbildung am Wurzelhals erfordert zusätzliche Putzarbeit und erschwert das Veredeln. Bei der Kultur ist zu beachten, daß *Rosa multiflora* weniger kalkbedürftig als *Rosa canina* ist, der optimale pH-Bereich des Bodens liegt niedriger. Für Topfrosen ist *Rosa multiflora* von Bedeutung. Bei entsprechender Auslesearbeit werden sich auch bei dieser Art wertvolle Typen finden lassen, die *Rosa multiflora* in ihrem Ansehen als Unterlage wieder steigen lassen. Einige bereits vorhandene Typen sind allgemein nicht genügend winterhart.

In Ländern mit wärmerem Klima werden teils vollkommen andere Unterlagen verwendet, die meist durch Steckholz vermehrt werden, bei uns jedoch nicht ausreichend winterhart sind. So wird *Rosa × noisettiana* 'Manettii' in Südfrankreich und Nordafrika, *Rosa odorata (Rosa chinensis* 'Major') in den USA und an der Riviera verwendet. Hauptunterlage in den USA ist die Sorte 'Dr. Huey', die auch unter der Bezeichnung 'Shafter' läuft. In Holland wird die *Rosa rugosa* 'Hollandica', auch als Boskooper Rugosa bezeichnet, verwendet. Sie hat aber eine starke Wurzelschoßbildung. Sie ist eine Kreuzung zwischen *Rosa rugosa* und *Rosa × noisettiana* 'Manettii' und benötigt hohe Bodenfeuchtigkeit. Verschiedentlich spielt auch *Rosa rubiginosa* unter dem Begriff 'Sweet Briar' eine Rolle als Unterlage. Die Art bildet sehr stark bestachelte Büsche, die die Bearbeitung erschweren.

Anzucht der Unterlagen

Die Vermehrung der Veredlungsunterlagen ist der Ausgangspunkt der Rosenanzucht. Sie erfolgt unter unseren klimatischen Bedingungen fast ausschließlich durch Aussaat. So beginnt die Entstehung der Rose mit der Ernte der Hagebutten von entsprechenden Mutterpflanzen. Die verschiedenen Unterlagentypen erfordern saubere Bestände an Mutterpflanzen. Die Ernte von irgendwelchen Wildrosenbüschen ist mit einer modernen Produktion von vornherein nicht zu vereinbaren. Die Ernte wird im September durchgeführt, wenn die Hagebutten kräftig rot gefärbt und ausgereift sind, und zwar noch, bevor sie weich werden. Dabei ist zu beachten, daß die verschiedenen Typen sehr unterschiedlich reifen. Sehr zeitig reifen die Früchte von *Rosa dumetorum* 'Laxa' und *Rosa canina* 'Pfänder', sehr spät die von *Rosa canina* 'Inermis'. Die Differenz kann drei bis vier Wochen betragen. Die kleinen Früchte von *Rosa multiflora* werden als vollständiger Fruchtstand abgeschnitten. Nach der Ernte werden die Früchte zerkleinert. Während der gesamten Bearbeitungszeit des Saatgutes muß streng darauf geachtet werden, daß Vögel und Mäuse keine Gelegenheit finden, ausgerechnet dort ihren Hunger zu stillen. Anschließend wird das Saatgut ein Jahr lang stratifiziert. Unter Stratifikation versteht man im gärtnerischen Sprachgebrauch eine Maßnahme, bei der Samen feucht und bei niedrigen Temperaturen eingelagert wird, um die Keimung zu fördern. Im allgemeinen wird die Stratifikation so durchgeführt, daß das Saatgut in feuchten Sand eingeschichtet wird. Während der gesamten Zeit ist darauf zu achten, daß der Sand stets feucht gehalten wird und nicht austrocknet. Damit nicht durch unterschiedliche Bedingungen während der Lagerung Verluste entstehen, wird mehrfach umgeschaufelt. Diese langwierige Verfahrensweise ist bei Rosensaatgut nötig, da die Samen nicht im ersten Jahr, sondern erst im Frühjahr, nachdem sie ein Jahr übergelegen haben, also 18 Monate nach der Ernte, keimen. Nur *Rosa multiflora* macht eine Ausnahme, die Samen keimen bereits im ersten Frühjahr. Die Tatsache des Überliegens be-

reitet den Praktikern und auch den Wissenschaftlern großes Kopfzerbrechen. Die Keimung der Samen ist auch im zweiten Jahr oft sehr unterschiedlich, und es ist bisher nicht bekannt, worauf dies zurückzuführen ist. Bekannt ist, daß sich in den Samen während der Zeit der Stratifikation bestimmte Vorgänge abspielen. So nimmt das Wasserabsorptionsvermögen zu, die Aktivität der Enzyme steigt, und komplizierte unlösliche Verbindungen werden zu einfacheren und löslichen abgebaut, jedoch wurden noch keine greifbaren Anhaltspunkte gefunden, um die Keimung wirklich fest in die Hand zu bekommen. Die Schwierigkeiten vergrößern sich, da die verschiedenen Unterlagentypen unterschiedlich reagieren und wahrscheinlich bereits Faktoren während des Reifeprozesses der Hagebutte an der Mutterpflanze eine Rolle spielen. So soll sich die Durchschnittstemperatur des letzten Monats vor der Ernte auf das Keimergebnis auswirken; in welcher Weise dieser Wirkungsmechanismus funktioniert, ist aber nicht bekannt. Viele Versuche wurden unternommen, die Samen von *Rosa canina* bereits im ersten Jahr zur Keimung zu bringen. Die Schwierigkeit besteht darin, daß der Ausgangspunkt, nämlich die Ursachen des Überliegens und ihre Wirkungsweise, bisher nicht eindeutig geklärt sind. Die Keimverzögerung ist vor allem auf zwei Faktoren zurückzuführen. Die Rosensamen haben eine sehr harte und dicke Samen- bzw. Fruchtschale. Sie kann die Keimung verhindern, indem der Samen diese Schale nicht sprengen kann, oder sie verhindert den Wasser- und Gasaustausch. Erst während der Stratifikation wird die Schale durchlässig und ermöglicht die Keimung.

Sehr wichtig ist bei Rosen die Frage keimungshemmender Substanzen. Solche Substanzen konnten sowohl im Fleisch der reifen Hagebutten als auch in der Frucht- und Samenschale nachgewiesen werden. Wahrscheinlich spielt hier Abscisinsäure im Saatgut (in Pericarp und Testa) in Verbindung mit Gibberellinsäure eine Rolle.

Im Hagebuttenfleisch entwickeln sich diese Verbindungen erst mit der Reife der Früchte, in unreifen sind sie noch nicht vorhanden. Vielfach sind die Keimergebnisse von grün geernteten Hagebutten besser als von voll ausgereiften. Die keimungshemmenden Substanzen des Hagebuttenfleisches wirken sehr stark auf die Keimung ein. Wenn die Samen nicht restlos vom Fruchtfleisch getrennt werden, ist diese Wirkung noch nach der Stratifikation im zweiten Jahr spürbar. So konnte in einem Versuch das Keimungsergebnis allein durch die Trennung von Fruchtfleisch und Samen nach der Ernte verdoppelt werden.

Die meisten Versuche, die Keimung bereits im ersten Jahr zu erreichen, konzentrieren sich auf das Abtragen der dicken Samenschale. Dazu werden vielfach schleifende Mittel wie Korund, Glasscherben, Quarzsand und Eisenspäne benutzt, die mit den Samen vermischt werden und in einer Trommel die Samenschale abschleifen. Aber auch Chemikalien werden verwendet, besonders konzentrierte Schwefelsäure oder Zinkchlorid in konzentrierter Salzsäure. Dabei werden die Samen für eine Stunde mit der fünffachen Menge Säure übergossen. Mit solchen Methoden wurden zwar in manchen Jahren gute Erfolge erreicht, in anderen aber wurde nichts damit ausgerichtet.

Bessere Möglichkeiten für die Keimung im 1. Jahr scheinen sich zu ergeben, wenn die Rosensamen einer Wärme-Kälte-Behandlung unterworfen werden. Das Saatgut wird vom Hagebuttenfleisch getrennt, feucht eingelagert und zuerst für zwei Monate Temperaturen von 18 bis 20 °C ausgesetzt und anschließend drei Monate bei 2 bis 4 °C gelagert. Wenn nach dieser Behandlung ausgesät wurde, konnten im Versuch durchschnittlich 70 % Keimergebnis im ersten Jahr erreicht werden, ein Wert, der bei normaler Stratifikation im zweiten Jahr bei weitem nicht erzielt wird. Aber auch hier bestehen zwischen den Typen erhebliche Unterschiede, die möglicherweise durch differenzierte Anwendung der Wärme-Kälte-Behandlung ausgeglichen werden können. Interessant ist dabei, daß die Kälteperiode unbedingt Bestandteil der Behandlung sein muß. Teilweise werden die Temperaturwechsel auch kürzer gehalten und mehrmals wiederholt. Bei einer anderen Methode wird das vom Fruchtfleisch getrennte Saatgut zusätzlich 14 Tage bei 35 °C getrocknet, dann 4 Tage mit 20 °C warmem Wasser gespült.

Lagert man die Samen nur warm, wird die Keimung vollkommen verhindert. Bei der üblichen Stratifikation kann man beobachten, daß jedes Jahr einige Samen bereits im ersten Jahr nach der Ernte keimen. Diese Erscheinung war Anlaß zu versuchen, durch Auslese über viele Jahre den Anteil zu erhöhen und auf diese Weise eine Keimung im ersten Jahr zu erreichen. Tatsäch-

lich lassen sich in jahrelanger Arbeit damit auch Erfolge erreichen.

Wie vielfältig die Probleme der Stratifikation sind, soll abschließend noch an einem Beispiel verdeutlicht werden. Das übliche Stratifikationsmedium ist Sand. Da dies immer und überall so gehandhabt wird, liegt es nahe, Sand dementsprechend als das richtige und ideale Substrat hinzunehmen. Es konnte aber bereits mehrfach nachgewiesen werden, daß andere Medien, wie zum Beispiel Torf, wasseraufnehmende Kunststoffe und mikrobiologisch aktive Medien, Voraussetzungen für wesentlich bessere Keimungsergebnisse schaffen können. Die Ursachen liegen wahrscheinlich in der größeren Wasseraufnahmefähigkeit dieser Stoffe und der dementsprechend gleichmäßigeren Feuchtigkeit, der die Samen ausgesetzt sind.

Da viele Probleme noch nicht oder nicht restlos geklärt sind, vor allem weil sie sich vielfach auch gegenseitig beeinflussen, ist die Keimung der Rosen zur Zeit noch ein Problem, das von den Gärtnern noch nicht restlos beherrscht wird, und es gibt Jahre mit guten und solche mit weniger guten Auflaufergebnissen der Saat, ohne daß man immer eine eindeutige Ursache dafür erkennen kann.

Nachdem das eingelagerte Saatgut ein Jahr gelegen hat, wird es getrocknet, das Saatgut gut abgesiebt, und es kommt zur Aussaat. Die Aussaat kann im Herbst oder im Frühjahr durchgeführt werden. Im Frühjahr besteht die Gefahr, daß bei zu nassem Boden nicht ausgesät werden kann, obwohl das Saatgut bei warmer Witterung bereits zu keimen beginnt. Besteht dann nicht die Möglichkeit, die Keimung etwa durch Lagerung im Kühlhaus zurückzuhalten, „verkeimt" das Saatgut und ist wertlos. Wird das bereits gekeimte Saatgut gesät, bekommen die Pflanzen krumme Wurzeln und sind als Veredlungsunterlagen nicht zu verwenden. Die Aussaat erfolgt auf gut vorbereitetem Boden in Beete. Die Aussaatmenge je Hektar ist bei den verschiedenen Typen unterschiedlich, da sie durchschnittlich in unterschiedlicher Menge keimen und die Samenzahl je kg ebenfalls variiert. So werden von Rosa canina 'Jägerbataillon' und Rosa canina 'Schmids Ideal' allgemein weniger als von Rosa canina 'Brög' oder Rosa canina 'Inermis' ausgesät. Die Mengen variieren zwischen etwa 600 und 1200 bis 1400 kg Hagebutten bzw. etwa 400 bis 500 kg reinem Saatgut je Hektar. Bei Rosa multiflora mit ihren zahlreichen kleinen Samenkörnern, die relativ gut keimen, genügen 300 kg Hagebutten bzw. 100 kg reines Saatgut je Hektar. Nach der Aussaat muß darauf geachtet werden, daß die Bodenoberfläche nicht verkrustet, da die keimenden Sämlinge sonst krumm und damit wertlos werden.

Die durch verschiedene Pilze hervorgerufene Umfallkrankheit kann in Sämlingsbeständen erhebliche Schäden anrichten. Sie befällt die Pflanzen vor allem bei ungünstigen Wachstumsbedingungen, sie werden am Wurzelhals dunkelbraun bis schwarz, schrumpfen ein, kippen um und sterben ab. Die Krankheit kann sich sehr schnell ausbreiten, deshalb muß auf Befallsanzeichen sehr genau geachtet werden. Sind die Pflanzen erst größer und ist der Wurzelhals verholzt, werden sie nicht mehr befallen.

Die weitere Pflege der Pflanzen besteht im Lockerhalten der Bodenoberfläche, Unkrautbekämpfung, Düngung, Beregnung und der Krankheits- und Schädlingsbekämpfung, vor allem des Mehltaus mit Schwefelmitteln.

Durch Herbizide läßt sich der Aufwand für die Unkrautbekämpfung stark mindern, trotzdem bleibt meist noch ein erheblicher Teil vor allem an Handarbeit.

Im November werden die Pflanzen ausgepflügt und in frostfreien Schuppen so eingelagert, daß sie nicht vertrocknen können, daß sie sich aber auch nicht durch zu hohe Stapelung erhitzen und verbrennen. Die nächste Arbeit ist das Sortieren der Unterlagen. Sie werden nach dem Durchmesser des Wurzelhalses, d. h. der Strecke zwischen Wurzelsystem und oberirdischen Trieben, in verschiedene Stärken sortiert.

Dabei werden folgende Stärken unterschieden:

3—4 mm	6— 8 mm
4—6 mm	8—12 mm

Daneben wird von den Rosenveredlungsunterlagen gefordert, daß sie einen geraden, glatten Wurzelhals von mindestens 25 mm Länge haben. Der oberirdische Teil der Pflanzen muß mindestens 15 cm lang sein. Geringer Mehltaubefall sowie etwas zurückgestockte Spätherbstschosse sind nicht qualitätsmindernd.

Die Stärke der Rosensämlinge wird in der Mitte des Wurzelhalses gemessen.

Der Anfall der verschiedenen Unterlagenstärken ist auch von Jahr zu Jahr unterschiedlich und außerdem typenabhängig, im Mittel fallen sie in folgendem Verhältnis an:

3...4 mm	25 %	über 6... 8 mm	20 %
über 4...6 mm	50 %	über 8...12 mm	5 %.

Unterlagen mit weniger als 3 mm Wurzelhalsdurchmesser sind für die weitere Kultur nicht verwendbar. Auch die Stärke 3 bis 4 mm ist nicht beliebt, da sie im allgemeinen keine guten Ergebnisse während der weiteren Kultur bringt, bedingt durch Ausfälle und geringere Qualität. Bei den Baumschulen sind die Stärken 6 bis 8 mm und auch 4 bis 6 mm am meisten gesucht. Sämlinge mit 8 bis 12 mm Wurzelhalsdurchmesser sind bereits wieder zu stark und meist nicht allzugern gesehen.

Die Anzucht der Veredlungsunterlagen für Rosen führt schon seit Jahrzehnten nicht mehr jede Baumschule, die sich mit der Anzucht von Rosen beschäftigt, selbst durch. Hier hat sich schon frühzeitig eine vertikale Spezialisierung durchgesetzt. Die Unterlagen werden in speziellen Unterlagenbaumschulen kultiviert, die sich nur mit diesem Kulturabschnitt befassen. Diese Baumschulen sind in Gebieten konzentriert, die die entsprechenden Voraussetzungen bieten. Wenn die Unterlagen sortiert und gebündelt sind, treten sie ihre Reise in die Baumschulen an, wo sie die Grundlage für die weitere Produktion bilden.

Anzucht in der Baumschule

Vorbereitung und Pflanzung

Während der Wintermonate werden die Veredlungsunterlagen in der Baumschule geputzt und pflanzfertig geschnitten. Das Putzen ist vor allem bei *Rosa multiflora* nötig, weil die Pflanzen am Wurzelhals eine Vielzahl von kleinen Wurzeln bilden. Sie müssen sauber beseitigt werden, um glatte Veredlungsstellen zu erhalten. Beim Pflanzfertigschneiden werden Triebe und Wurzeln etwa auf Handbreite zurückgeschnitten. Meist wird allerdings nicht mehr geschnitten, sondern das Bund wird mit dem Beil oder auch der Bandsäge auf die erforderliche Länge eingekürzt. Das Kürzen dient dazu, die Anwachssicherheit zu erhöhen und die Pflanzarbeiten zu erleichtern. Andererseits verliert die Pflanze mit jedem Zentimeter, der ihr genommen wird, Reserven, die ein schnelles Wachstum ermöglichen. So ist der Schnitt ein Kompromiß zwischen „soviel wie nötig und so wenig wie möglich". Die fertig geputzten Unterlagen werden wieder eingeschlagen, entweder bei frostfreiem Wetter im Freien oder besser in Schuppen, die in der Baumschule als Japan bezeichnet werden. Muß im Freiland eingeschlagen werden, so wird der dafür vorgesehene Platz bereits im Herbst mit Laub o. ä. abgedeckt, damit die Erde nicht einfrieren kann. Beim Einschlag im Japan werden die Pflanzen in feuchten Torf eingeschlagen. Dabei wird entweder jeweils eine Schicht Pflanzen liegend an den Wurzeln mit Torf eingefüttert oder aber schrägstehend in Kisten mit Torf eingeschichtet. Die letzte Methode hat den Vorteil, daß die Unterlagen beim Pflanzen in der Kiste gleich bis auf Feld kommen können und die Austrocknungsgefahr weitgehend herabgesetzt ist. Für Rosen, gleichgültig ob Unterlage oder fertige Pflanze, gilt der Grundsatz, daß sie, solange sie sich nicht gepflanzt oder eingeschlagen in der Erde befinden, keinem Frost und der Möglichkeit der Austrocknung ausgesetzt sein dürfen.

Sofern vorhanden, können die fertigen Unterlagen auch in einem Kühlraum bei Temperaturen wenig über dem Nullpunkt und hoher relativer Luftfeuchtigkeit gelagert werden. Der besondere Vorteil der Kühllagerung liegt darin, daß der Austrieb durch die niedrigen Temperaturen im Frühjahr lange zurückgehalten werden kann, was vor allem bei ungünstiger Witterung von Bedeutung ist, wenn also die Temperaturen bei der üblichen Lagerung die Rosenunterlagen aus den Reserven austreiben lassen, zu nasser Boden aber ein Pflanzen nicht zuläßt.

Vor dem Aufschulen sind noch einige wichtige Dinge zu beachten und Arbeitsgänge durchzuführen.

Gleichgültig ob bei der Anzucht oder am späteren Standort stellt die Rose einige Ansprüche an den Boden. Sie gedeiht am besten auf tiefgründigem, humosem Boden ohne Verdichtungen mit einer Bodenwertzahl von 50 aufwärts. Extreme Böden, vor allem mit stauender Nässe sind nicht geeignet. Da die Rosen einen relativ hohen Wasserverbrauch haben, soll die jährliche Niederschlagsmenge 700 bis 800 mm betragen. Ein großer Teil davon wird besonders im Frühjahr und Frühsommer während der Hauptwachstumsperiode gebraucht, später können hohe Niederschlagsmengen das Ausreifen verzögern. Auch eine entsprechende Luftfeuchtigkeit ist von Bedeutung. Zu hohe Luftfeuchtigkeit ohne entsprechende Luftbewegung fördert allerdings den Pilzbefall.

Vielen Baumschulen bereitet der bei Rosen nötige Landwechsel Schwierigkeiten. Im allgemeinen können Rosen nicht mehr als zweimal hintereinander auf das gleiche Land gebracht werden, ohne daß sich Qualitätseinbußen oder Ausfälle durch Bodenmüdigkeit bemerkbar machen. So sind der ständige Wechsel und die Suche nach Neuland ein großes Problem. Zu diesem Zweck führen die meisten Baumschulen mit benachbarten landwirtschaftlichen Betrieben Landtausch auf vertraglicher Basis durch. Es gehört jedoch in den meisten Fällen viel Verständnis und Entgegenkommen dieser Betriebe dazu, die für landwirtschaftliche Verhältnisse relativ kleine, meist nur wenige Hektar beanspruchende Fläche der Baumschule im Tausch in die landwirtschaftliche Kulturfolge einzugliedern und für beide Seiten befriedigend zu gestalten. Es ist dabei für die Rosenanzucht auch nicht gleichgültig, welche Kulturen vorher auf dem Land gestanden haben. Wegen der Bodenmüdigkeitserscheinungen dürfen es keine Rosaceen gewesen sein. Aber auch landwirtschaftliche Kulturen sind nicht ohne weiteres gute Vorkulturen. Luzerne wird z. B. wegen des starken Nährstoffentzuges abgelehnt. Recht gut sind im allgemeinen Hackfrüchte, besonders wegen des allgemein dadurch verringerten Unkrautbestandes. Aber auch hier sind Bedenken anzumelden. Rüben schaffen die Grundlage für den Befall mit Wurzelkropf und Rübennematoden. Kartoffeln bringen die Gefahr der *Verticillium*-Welke und ebenfalls des Nematodenbefalls mit sich. Am besten hat sich bisher eine dreijährige Vorkultur mit Kleegrasgemisch erwiesen, die jedoch in den seltensten Fällen vorhanden sein wird.

In diesem Zusammenhang ist es auch für die Baumschulen zunehmend von Bedeutung, welche chemischen Mittel während der Vorkultur ausgebracht wurden. Es werden auch immer mehr spezielle Herbizide (Unkrautbekämpfungsmittel) verwendet, die nur für bestimmte Kulturen entwickelt wurden. Während sie diesen Kulturen nicht schaden, ist es aber möglich, daß noch vorhandene Reste im Boden von den Rosen nicht vertragen werden.

Schon die Vorbereitung des Bodens ist von großer Bedeutung. Der Boden wird im Herbst mit dem Tiefenlockerer kreuz und quer bearbeitet, so daß eventuelle Verdichtungen, die die Wurzelentwicklung behindern können, beseitigt werden. Eine gute, tiefe Winterfurche ist für den Bodenzustand wichtig. Ein großes Problem ist die Versorgung mit organischer Masse. In allen Kulturbeschreibungen finden wir als selbstverständlich Anweisungen über Stallmistgaben im Herbst vor dem Aufschulen oder zur Vorkultur. Die empfohlenen Mengen betragen zwischen 60 bis 400, ja sogar bis 1 200 dt/ha, wobei besonders abgelagerter Rinderdung vorteilhaft ist. So leicht sich diese Empfehlung auch schreibt und liest, so steht doch Stalldung nur in den wenigsten Fällen ausreichend, wenn überhaupt, zur Verfügung. Viele Betriebe versuchen, diesen Mangel durch verschiedene andere Materialien, Komposterde, Torf, Tierhaare, Rindenkomposte usw., wenigstens teilweise auszugleichen.

Im Frühjahr wird der Boden, sobald er genügend abgetrocknet ist, abgeschleppt und pflanzfertig gemacht.

Die Unterlagen werden aus dem Einschlag genommen und auf das Feld transportiert. Stets muß dabei darauf geachtet werden, daß die Pflanzen nicht trocken werden, da die Rosen, wie bereits betont, sehr empfindlich sind. Sie werden stets feucht gehalten; gegen Sonne und Wind werden sie in den Vorratskörben abgedeckt.

Gepflanzt wird mit der Pflanzmaschine, in eine vom Furchenzieher gezogene Rille oder kleine Mengen mit der Pflanzhacke nach der Schnur. Der Reihenabstand beträgt zwischen 62,5 und 83,3 cm, der Abstand in der Reihe etwa 15 cm. Dementsprechend schwankt der Pflanzenbedarf je Hektar etwa zwischen 70 000 bis 100 000 Stück. Exaktes Pflanzen ist gerade bei Buschrosen sehr wichtig: Der Wurzelhals muß über der Bodenoberfläche bleiben, damit später die Veredlungsstelle frei ist. Selbstverständlich müssen die Wurzeln gerade in den Boden kommen. Werden sie beim Pflanzen umgebogen, können sie sich nicht mehr selbst geraderichten, und es wird ein Jahr später eine Rose mit krummen und verbogenen Wurzeln geerntet. Nach Handpflanzung werden die Pflanzen mit dem Absatz fest angetreten, so daß keine Hohlräume bleiben, die das Anwachsen verhindern können. Sofort nach der Pflanzung müssen die Unterlagen angehäufelt werden, um das Austrocknen zu verhindern und damit das Anwachsen zu fördern und zum anderen für die Veredlungszeit einen weichen Wurzelhals zu erhalten.

Veredlung und Folgearbeiten

Nachdem die Pflanzen angewachsen sind und sich entsprechend entwickelt haben, beginnt im Sommer die Veredlung. Diese Arbeit benötigt in kürzestem Zeitraum einen sehr hohen Arbeitszeitaufwand. Mehr als ein Drittel des gesamten in der zweijährigen Kulturperiode notwendigen Arbeitszeitaufwandes fällt in diese Periode von Ende Juni bis Anfang September, also etwa 10 Wochen. Gibt es in dieser Zeit Schlechtwetterperioden, verkürzt sich die Spanne noch mehr. Bei der Veredlung überwiegt bis heute die Handarbeit, Möglichkeiten der Mechanisierung mit befriedigenden Ergebnissen gibt es bisher noch nicht und wird es in absehbarer Zeit nur dann geben können, wenn Möglichkeiten gefunden werden, den gesamten Prozeß anders durchzuführen.

Voraussetzung für den Beginn des Veredelns ist, daß sich die Rinde des Wurzelhalses der Unterlagen lösen läßt und daß ausgereifte Edelreiser zur Verfügung stehen. Sind genügend starke Unterlagen vorhanden und konnte im Frühjahr rechtzeitig genug gepflanzt werden, ist das Lösen meist nicht das ausschlaggebende Problem. Danach könnte von Ende Mai bis Anfang Juni mit dem Veredeln begonnen werden, wenn die Witterung entsprechend günstig ist.

Schwieriger wird es mit der zeitigen Bereitstellung von Reisermaterial. Die Okulate, d. h. die Veredlungen des Vorjahres, blühen nicht vor Ende Juni, so daß kaum vor Anfang Juli davon Reiser geschnitten werden können. Um diesen Zeitpunkt vorzuverlegen, haben die meisten Baumschulen Standquartiere angelegt, in denen die zu veredelnden Sorten aufgepflanzt sind. Die Standpflanzen blühen eher als die Okulate, und dementsprechend kann auch früher Veredlungsmaterial gewonnen werden. Der Zeitvorsprung beträgt dabei immerhin etwa 14 Tage. Das Standquartier ist auch noch aus anderem Grund empfehlenswert. Hier wird immer wieder von den gleichen Pflanzen geschnitten. Damit ist die Gefahr des sogenannten Abbauens der Sorten verringert. Im Standquartier stehen die Pflanzen schon allein durch die jahrelange Beobachtung stärker unter Kontrolle als die einjährigen Okulate. So wird das Auftreten negativer Eigenschaften bei Einzelpflanzen auch mit größerer Wahrscheinlichkeit bemerkt, und die Gefahr der Weitervermehrung solcher Pflanzen ist geringer.

Die Sorteneigenschaften spielen, wenn es um den Beginn der Veredlungsperiode geht, ebenfalls eine Rolle. Einige Sorten blühen etwas früher als andere. So stehen zum Beispiel von 'Sutter's Gold' einige Tage eher ausgereifte Reiser zur Verfügung als von vielen anderen. Dagegen kann man meistens erst extrem spät Veredlungsmaterial von den sogenannten 'Koster'-Sorten gewinnnen. Hier lassen sich ausreichend Reiser häufig erst vom zweiten Trieb schneiden, da beim ersten Trieb kaum Augen anfallen.

Es gibt aber noch weitere Möglichkeiten, zeitig Reiser zu erhalten. Für die Veredlung werden Reiser von Rosen aus dem Gewächshaus verwendet. Dazu besteht einmal die Möglichkeit, Material von Pflanzen aus der Kultur unter Glas bzw. Folie zu benutzen. Der begrenzende Faktor besteht hierbei aber vor allem darin, daß nur wenige Sorten, die unter Glas angebaut werden, auch im Freiland eine größere Rolle spielen, so daß diese Quelle sehr schnell erschöpft ist, wenn man nicht nur diese Sorten vermehren will. Die andere Möglichkeit ist die, speziell Mutterpflanzen von den gewünschten Sorten für die Reisergewinnung unter Glas aufzupflanzen. Das kann besonders für die Vermehrung wertvoller Neuheiten von Bedeutung sein. Da aber Gewächshausfläche sehr teuer ist, kommt die letzte Variante nur in Ausnahmefällen in Frage. Die Kosten sind dafür zu hoch.

Eine andere Möglichkeit besteht für Baumschulen, die über einen Kühlraum verfügen. Hier können im Herbst von Mutterpflanzen oder Okulaten Reiser geschnitten werden. Sie müssen ganz besonders gut auf richtigen Reifezustand und Gesundheit ausgelesen sein. Sie werden zwar möglichst spät geschnitten, dürfen aber noch keinem starken Frost ausgesetzt worden sein, der das Reis schädigen könnte.

Diese Reiser werden feucht in Folie eingeschlagen, so daß sie nicht austrocknen können, und dann in den Kühlraum mit Temperaturen knapp über dem Nullpunkt gebracht oder auch eingefroren. Dort lagern sie dann sechs bis sieben Monate und können Anfang Juni, wenn noch kein anderes Veredlungsmaterial zur Verfügung steht, für die Veredlung verwendet werden. Wickelt man ein solches Reiserpaket aus, so hat sich an den Schnittstellen eine starke Schicht Kallus gebildet, die Reiser sind jedoch, wenn sie gesund und im richtigen Reifezustand eingelagert wurden, frisch und grün. So verlockend die Methode ist, ist sie doch unter mitteleuropä-

ischen Klimaverhältnissen nicht sicher. Neben den sortenbedingten Unterschieden in der Lagerfähigkeit setzt die Überlagerung von Reisern einwandfrei ausgereiftes Material voraus, das nur in trockenem Herbst gesichert ist.

Im Herbst gibt es keine Möglichkeit der Verlängerung der Veredlungsperiode. Es hat nicht viel Sinn, die Veredlungszeit weit über Anfang September hinaus zu verlängern, da später durchgeführte Veredlungen nicht mehr oder nicht mehr genügend anwachsen.

Bisher ist mehrmals der Reiserschnitt und die Bedeutung ausgereifter Veredlungsreiser erwähnt worden, ohne näher darauf einzugehen.

Der Schnitt der Reiser für die Veredlung ist eine sehr verantwortungsvolle Aufgabe, die einen großen Einfluß auf das Veredlungsergebnis und die Qualität der Pflanzen haben kann. Sie setzt Gewissenhaftigkeit, gute Sortenkenntnis und Erfahrung voraus. Werden die Reiser zu weich geschnitten, sind die Augen unreif, so schrumpfen sie nach der Veredlung, wachsen nicht an und werden schwarz. Zu hart geschnittene Reiser lösen nicht mehr aus, d. h., der Holzteil löst sich nicht mehr. Wird es trotzdem versucht, so reißt man gleichzeitig das Auge oder die Markbrücke mit. Aus einer solchen Veredlung kann ebenfalls nie eine Pflanze werden. Es gibt eine Reihe von Anhaltspunkten, den richtigen Reifezustand zu erkennen. Bei Teehybriden muß die Blüte im allgemeinen weit entfaltet bzw. im Verblühen sein, bei Beetrosen ist die richtige Zeit meist etwas eher, nämlich vom Aufblühen bis zur Vollblüte. An ausgereiften Trieben läßt sich der Stachel leicht lösen, er springt auf Druck ab. Bei zu weichen Reisern biegt er sich um, bei zu harten haftet er ebenfalls wieder fest und verfärbt sich außerdem dunkelbraun bis schwarz. Ein Reis im richtigen Reifezustand läßt sich auch nicht mehr so wie ein zu weiches biegen, beim Querschnitt ist das Mark fest und weiß bis gelblich gefärbt. Diese Erkennungsmerkmale sind aber nur allgemeine Kennzeichen, die stark sortenabhängig sind. So gibt es Sorten, die sehr zeitig geschnitten werden müssen, andere benötigen sehr lange bis zum richtigen Reifepunkt. Oft bleiben auch nur die Spitzen lange weich, oder verschiedene Sorten treiben sofort aus den Augen wieder durch, so daß der richtige Zeitpunkt ganz genau abgepaßt werden muß. Auch die Witterungsbedingungen haben einen großen variierenden Einfluß. Bei langen Regenperioden dauert das Ausreifen oft sehr lange. Andererseits verblühen bei plötzlich auftretender Hitze die Blüten sehr schnell, ohne daß daraus geschlossen werden kann, daß der Trieb schon genügend ausgereift ist.

Es sind auch nicht alle Augen gleichwertig. Die oberen Augen am Trieb, bei denen die zugehörigen Laubblätter nicht die volle Fiederzahl ausgebildet haben, sind im allgemeinen nicht vollwertig. Verwendet man sie zum Veredeln, entwickeln sich daraus nur schwache Pflanzen, die außerdem im Winter besonders leicht erfrieren. Diese Augen werden deshalb bei der Reisergewinnung sofort weggeschnitten. Die Augenwahl wirkt sich in bestimmten Grenzen auch auf das Wuchsbild der Pflanzen aus. Augen vom oberen Triebteil verursachen einen mehr aufrechten, solche vom unteren Teil einen breiteren Wuchs der sich daraus entwickelnden Pflanzen. Dieser Einfluß ist allerdings nicht so stark, daß die Sorteneigenheiten überdeckt werden.

Wie stark die Reiserwahl sich auf die Qualität der Fertigpflanzen auswirken kann, wurde an Kletterrosen nachgewiesen. Wurden Augen von Blühtrieben verwendet, erreichten die daraus gewachsenen Pflanzen gegenüber solchen von nicht blühenden Trieben zwar nur etwa Dreiviertel der Pflanzenhöhe, sie entwickelten aber die zehnfache Blütenmenge! Und dieser Unterschied verwischt sich auch bei älteren Pflanzen nicht.

Beim Schnitt der Reiser werden die ausgereiften Triebe ausgewählt. Dabei ist es aber nicht möglich, zumindest wenn aus den Okulaten geschnitten wird, von einer Pflanze mit vier Trieben, die gerade den richtigen Zustand aufweisen, auch alle vier zu schneiden. Es kann immer nur so viel geschnitten werden, daß für den Herbst, wenn die Pflanzen gerodet werden, die Qualität erhalten bleibt. Und die Qualitätsbestimmungen verlangen drei Triebe für A-Qualität. Am Anfang der Veredlungsperiode und wenn abzusehen ist, daß noch ein guter Nachtrieb erfolgt, kann etwas stärker geschnitten werden. Am besten gleich an Ort und Stelle werden die Blüten und Blätter bis auf einen kleinen Blattstiel entfernt, die Augen gezählt und die Triebe gebündelt. Bis zur Verwendung werden die Reiser feucht in Folie und möglichst kühl gelagert.

Vor dem Veredeln werden die Reiser geputzt. Dabei werden die Stacheln mit einem Lederhandschuh oder maschinell mit rotierenden Gummiwalzen abgestreift. Springen die Stacheln bei einigen Sorten nicht durch das Abstreifen von der Rinde ab, müssen sie abgeschnitten werden, weil sonst Verletzungen der Rinde auftreten. Die Unterlagen werden freigehackt oder maschinell abgebürstet oder freigeblasen, so daß die Wurzelhälse freiliegen, und mit einem Lappen wird die Veredlungsstelle sauber abgewischt. An der Veredlungsstelle darf kein Schmutz mehr haften, andererseits darf nicht so rigoros abgewischt werden, daß etwa die Rinde verletzt wird.

Die bei der Rose durchgeführte Veredlung wird als Okulation auf das schlafende Auge bezeichnet. Der Begriff Okulation leitet sich von dem lateinischen Wort oculus = Auge ab. Bei der Okulation wird jeweils ein Auge des Edelreises in die Unterlage eingesetzt. Die Bezeichnung schlafendes Auge rührt daher, daß die ruhenden Augen eingesetzt werden, die nicht sofort nach dem Anwachsen, sondern erst im folgenden Jahr austreiben.

Für die Veredlung gibt es spezielle Okulationsmesser, die für Rosen kleiner als beispielsweise für Obstgehölze sind. Sie haben eine geschwungene Klinge und an dem anderen Ende des Griffes einen Löser. Es gibt auch Okulationsmesser, bei denen sich der Löser am Klingenrücken befindet, sie werden jedoch weniger verwendet.

Beim Veredeln entnimmt er der Veredler dem Reiservorrat ein Reis, hält nach Entfernung der Blattstielreste mit der Triebspitze in Körperrichtung und schneidet, mit dem oberen Auge beginnend, die Augen aus. Dabei wird das Messer etwa 1 cm unterhalb des Auges angesetzt und der Schnitt so unter dem Auge entlanggeführt, daß eine dünne Holzschicht mitgeschnitten wird. Voraussetzung für einen einwandfreien Schnitt ist ein haarscharf geschliffenes Messer. Das Auge wird seitlich angefaßt und der Holzteil mit dem Messer herausgelöst. Die Augen wachsen zwar auch an, wenn der Holzteil nicht herausgelöst ist, da aber immer nur Kambiumschicht mit Kambiumschicht verwächst, ist die Fläche bei nicht ausgelöstem Holzteil wesentlich geringer und die Gefahr des Ausbrechens im Folgejahr wesentlich größer. Anschließend wird am Wurzelhals der Unterlage ein Schnitt in T-Form ausgeführt, die Rinde mit dem Löser nach rechts und links angehoben und das Edelauge vorsichtig unter die Rinde geschoben. Dabei kann zwar mit dem Messer nachgeholfen werden, das Auge darf aber nicht verletzt werden.

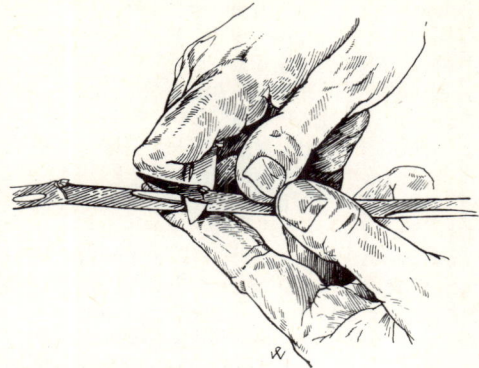

Schnittführung

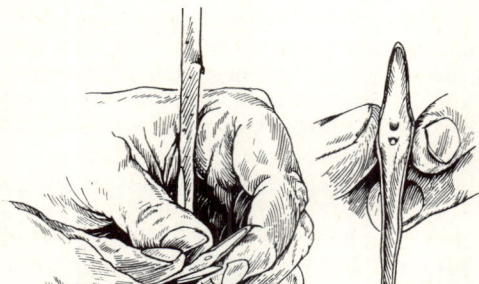

Herauslösen des Holzteiles

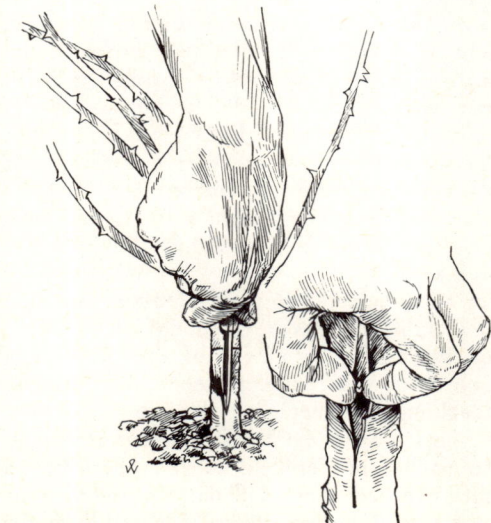

T-Schnitt; das Auge wird eingeschoben.

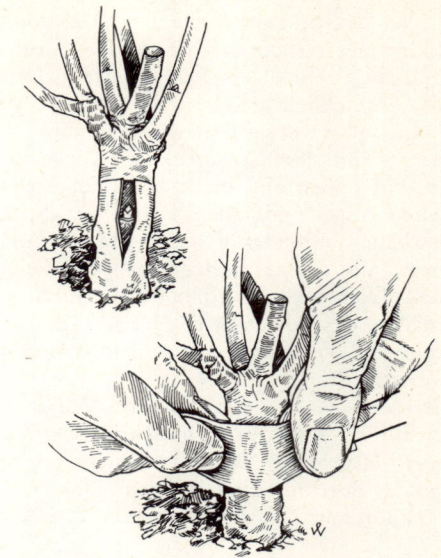

Anlegen des Schnellverschlusses

Der herausragende Rindenteil des Auges wird sauber am Querschnitt des T-Schnittes abgeschnitten und die Rindenlappen der Unterlage mit den Fingern noch einmal angedrückt. Damit der Veredler besser an den Wurzelhals der Unterlagen heran kann, werden diese zur Seite gedrückt. Verschiedentlich wird das durch Auflegen einer Latte bewerkstelligt, meist tritt aber der Veredler nur auf die Triebe der Pflanze, wodurch die gleiche Wirkung erreicht wird. Die Veredlung wird allgemein in der Hauptwindrichtung ausgeführt. Der Sinn liegt darin, daß die im nächsten Jahr austreibenden Pflanzen durch den Wind gegen die Unterlage und nicht von ihr fortgedrückt werden. Die Ausbruchgefahr wird dadurch geringer. Andere vertreten die Ansicht, es sei besser, in Richtung der Reihe zu veredeln, um so die Ausbruchgefahr bei der mechanischen Bearbeitung der Reihen zu vermindern.

Der ganze Arbeitsvorgang geht schneller vor sich, als er sich beschreiben läßt. Gute Veredler führen in der Stunde 150 bis 200 Veredlungen aus. Spitzenveredler schaffen auch 300 Stück. Unmittelbar nach dem Veredeln muß verbunden werden. Das Verbinden mit Bast ist vollkommen durch das Verbinden mit Okulationsschnellverschlüssen ersetzt worden. Diese Verschlüsse bestehen aus einem rechteckigen Stück Kautschuk, an dessen einer Seite eine U-förmige Metallklammer durchgestoßen ist. Der Vorteil der Okulationsschnellverschlüsse besteht darin, daß sie sehr schnell anzubringen sind und vor allem von selbst verwittern, wenn sie der Luft ausgesetzt sind. Sie werden nach einiger Zeit spröde und reißen ein, meist zuerst über dem veredelten Auge, und fallen schließlich ab. Sie werden beim Verbinden gedehnt, auf das Auge aufgelegt, um die Unterlage herumgezogen, und schließlich wird die Klammer so durch die andere Seite des Verschlusses gedrückt, daß das Blättchen die Veredlung fest andrückt und sicher verschließt.

Sauberes und exaktes Arbeiten sind Voraussetzungen für ein gutes Anwachsergebnis der Veredlungen. Eine ganze Reihe von Fehlerquellen können das Ergebnis mindern, wenn ihnen nicht die gebührende Aufmerksamkeit gewidmet wird.

Beginnen wir bei den Unterlagen. Es ist verständlich, daß zuerst die starken Unterlagen veredelt werden, damit den schwächeren mehr Zeit zur Entwicklung und zum Dicken des Wurzelhalses bleibt und so die Veredlung erleichtert wird. Wichtig ist die richtige Reihenfolge der verschiedenen Unterlagenarten und -typen. Einige schließen schon sehr zeitig mit dem Wachstum ab, die Rinde löst dann nicht mehr und das Veredeln wird unmöglich, andere haben eine sehr lange Wachstumsperiode und lassen sich dementsprechend auch lange veredeln. So müssen vor allem *Rosa × pollmeriana* und *Rosa dumetorum* 'Laxa' als erste veredelt werden, ebenso die Stammrosen. Es folgen *Rosa canina* 'Pfänder', die weniger verwendeten *Rosa canina* 'Heinsohns Rekord', *Rosa canina* 'Schmids Rekord' und die wieder bekanntere *Rosa canina* 'Schmids Ideal'. Sehr spät können noch *Rosa canina* 'Brög', *Rosa canina* 'Inermis', *Rosa canina* 'Senff', *Rosa rubiginosa* und *Rosa multiflora* veredelt werden.

Ein Hinauszögern des vorzeitigen Wachstumsabschlusses läßt sich durch regelmäßige Spritzungen des Bestandes mit Harnstoff in geringer Konzentration erreichen.

Es ist verständlich, daß unabhängig von dieser Reihenfolge bei Unterlagen, die sich in gutem Kulturzustand befinden, ein besseres Anwachsergebnis erwartet werden kann als von solchen, die sich vielleicht gar kaum selbst am Leben halten können oder ungenügend mit Nährstoffen versorgt sind. Um späteres Veredeln zu ermöglichen, kennt man das Zurückschneiden der Unterlagen zur Veredlungszeit. Es wird jedoch sehr selten angewandt, da andererseits dadurch der vorzeitige Austrieb der Augen stimuliert und damit wiederum die Gefahr des Erfrierens im Winter größer wird, denn diese Triebe reifen nicht mehr rechtzeitig aus.

Ganz andere Möglichkeiten können sich aus Erkenntnissen ergeben, die über den Enzymhaushalt der Pflanzen gewonnen werden. So steigt während der Veredlungszeit die Aktivität des Fermentes Katalase und die anderer nimmt ab. Wenn sich herausstellen sollte, daß zwischen dieser Fermentaktivität und der Dauer des Verwachsungsprozesses ein unmittelbarer Zusammenhang besteht, könnten sich in Zukunft Möglichkeiten der Bestimmung des optimalen Veredlungszeitpunktes oder gar Möglichkeiten der Beeinflussung ergeben. Es sind ebenso Wirkungen von Auxinen und Kinetinen bekannt, ohne daß diese Kenntnisse bisher praxiswirksam werden konnten, also ist das vorläufig noch Zukunftsmusik. Halten wir uns vorerst an die Realitäten.

Für den Veredler ist neben den bereits erwähnten Faktoren wichtig, daß die Augenrückseite nicht mit den Fingern angefaßt wird, ganz besonders können Ausfälle bei Veredlern mit Schweißhänden entstehen. Weder an das Auge noch in die Veredlungsstelle dürfen Schmutz gelangen. Der Reiservorrat muß so gelagert werden, daß er nicht austrocknen kann. Vielfach wird zum Einpacken der Reiser Folie benutzt. Abgesehen davon, daß die Reiser sowieso nicht der Sonne ausgesetzt sein dürfen, ist bei einem Foliepaket doppelte Vorsicht geboten, denn hier kann durch den weitgehenden Abschluß ohne die Möglichkeit eines Luftaustausches sehr schnell ein enormer Wärmestau entstehen, in dem die Reiser verbrennen. Das Foliepaket soll daher mindestens noch einmal abgedeckt sein, damit die Wärme nicht direkt einwirken kann.

Vor allem beim Auslösen des Holzteiles besteht die Gefahr, daß das Auge gebogen wird und es zur Verletzung kommt. Auf der Rinde sind dann weiße Querlinien zu sehen, die durch die Stauchung entstehen.

Es wurde bereits die Notwendigkeit betont, sofort nach dem Veredeln zu verbinden. Einmal muß man bedenken, daß das eingesetzte Auge nur ein ganz dünnes Stück Rinde und Kambium mitbringt. Die Gefahr des Austrocknens ist sehr groß. Diese Gefahr steigt naturgemäß mit zunehmender Lufttemperatur, Sonneneinstrahlung und dem Wind. So ist es auch nicht verwunderlich, wenn sich Ungenauigkeiten bei der Arbeit in dieser Abhängigkeit zunehmend auswirken. Sobald das Auge zu trocknen beginnt, wölbt es sich, und die Gefahr, daß es beim Verbinden nicht die richtige Verbindung mit der Unterlage bekommt, wird größer. Nicht zu vergessen ist die Okuliermücke *(Clinodiplosis oculiperda)*, die besonders bei ungenauem Verbinden Gelegenheit hat, ihre Eier an die Veredlungsstelle abzulegen. Hier sei noch bemerkt, daß sich Sternrußtau auf das Veredlungsergebnis negativ auswirkt. Pflanzenschutz ist also sowohl für das Aussehen der Pflanzen als auch für den ökonomischen Erfolg wichtig.

Neben dem straffen Anlegen des Verbandes ist für den Verbinder wichtig, darauf zu achten, daß der Okulationsverschluß bereits in gedehntem Zustand über das Auge gelegt wird. Wird er erst angelegt und dann nach einer Seite gezogen, besteht die Gefahr, daß ein Rindenlappen umgestülpt und das Auge verschoben wird. Ist der Verband nicht gleichmäßig fest angelegt worden, wachsen die Augen vielfach nur an einer Stelle an. Durch starke Kallusbildung wird zwar auch die Verbindung mit dem ganzen Auge hergestellt, die Augen kommen aber nicht durch den Winter und zum Austrieb.

Die Möglichkeiten von Fehlerquellen sind, wie wir sehen, sehr groß. Das heißt aber nicht, daß für ein gutes Ergebnis etwa erst jahrelange Erfahrungen nötig wären. Bei gewissenhafter Durchführung kann auch ein Anfänger die gleichen guten Anwachsergebnisse erzielen wie ein Spitzenveredler. Ist die Veredlung richtig durchgeführt worden, wächst sie bei einer Mindesttemperatur von 12 °C, die in den Sommermonaten wohl immer gegeben ist, in etwa 10 Tagen an. Bei warmer Witterung wird sie beschleunigt, bei kühler verzögert. Unterhalb 10 °C sinkt der Okulationserfolg stark ab, bei 6 °C wächst das Auge nicht mehr an. Bei sehr heißem Wetter kann es geschehen, daß die Verwitterung der Gummiblättchen zu schnell vor sich geht und sie sich lösen, bevor die Verwachsung erfolgt ist. Um das zu verhindern, wird die Veredlung wieder mit Erde angehäufelt. Dadurch unterbleibt der Zerfall des Schnellverschlusses. Ob angehäufelt wird oder nicht, wird in den Betrieben unterschiedlich gehandhabt; meist wird die Frage nach den Gegebenheiten

entschieden, wobei auch die Pflanzengröße und damit die Beschattung der Veredlungsstelle von Einfluß sind.

Für den Veredlungserfolg sind der unterschiedliche Einfluß von verschiedenen Unterlagen und Sorten und die gewählte Sorten-Unterlagen-Kombination von Bedeutung. Schon lange gibt es hierfür Hinweise auf Grund von Erfahrungen. Diese alten Empfehlungen und Warnungen werden jedoch in der Literatur immer wieder kritiklos übernommen, und oft ist es heute unbekannt, woher sie eigentlich stammen. Überprüft worden sind sie wohl kaum. Erst in den sechziger Jahren begann man darüber in einigen Ländern Untersuchungen anzustellen und gewann Ergebnisse, die sich z. T. widersprechen. Diese Widersprüche überraschen aber nicht, denn die Voraussetzungen und Umweltbedingungen dieser Versuche waren auch sehr unterschiedlich.

Als Beispiel seien *Rosa dumetorum* 'Laxa' und *Rosa × pollmeriana* genannt. Diese Unterlagen bringen dort, wo sie die ihnen entsprechenden Bedingungen vorfinden, sehr gute Ergebnisse. An anderen Stellen versagen sie. Sehr gut wird allgemein *Rosa canina* 'Inermis' beurteilt. Auch bei diesem Typ gibt es bestimmte Unterschiede in der Sicherheit des Anwachsens. Einige Sorten bringen fast regelmäßig gute Ergebnisse auf der Unterlage, andere weniger gute.

Aber auch hier treten, wahrscheinlich auf Grund unterschiedlicher Boden- und Klimabedingungen, bei verschiedenen Versuchsanstellern keineswegs immer die gleichen Sorten positiv oder negativ hervor.

Die Frage der Sorten-Unterlagen-Kombination beschränkt sich nicht nur auf die Anzucht. Vor allem von den Obstgehölzen ist bekannt, daß die gegenseitige Beeinflussung sehr stark sein kann. Sie reicht dort von einer Wachstumsbeeinflussung bis zur Unverträglichkeit und dem Abstoßen der Veredlung. So liegt es nahe, bei Rosen, die eine noch weit größere Vielfalt an Sorten und Unterlagen aufweisen, ähnliche Verhältnisse anzunehmen. Diese Vielfalt und vor allem der ständige Sortenwechsel erschweren derartige Untersuchungen, die nicht in einem Jahr abgeschlossen sein können. Ausgesprochene Unverträglichkeitserscheinungen, die zum Abstoßen führen, werden zwar verschiedentlich aufgeführt, sind aber bisher sehr selten wissenschaftlich nachgewiesen worden. Auch solche leichten Unverträglichkeitserscheinungen, wie die auffälligen Wucherungen an der Verbindungsstelle von Edelsorte und Unterlage, wie sie verschiedentlich bei älteren Pflanzen der alten 'Maréchal Niel' zu finden sind, treten selten auf. Bei einigen Sorten wird an der Unterlage ungewöhnlich starke Wurzelschoßbildung beobachtet. Dies wird als Reaktion auf leichte Unverträglichkeit gedeutet.

Exakt nachgewiesene Unverträglichkeitserscheinungen sind von der Sorte 'Fire King' (Meilland 1958) auf verschiedenen Unterlagentypen bekannt. Bei dieser als „Brittleness" bezeichneten Erscheinung lebten zwar zu Beginn der Wachstumsperiode 90…97 % der Veredlungen, im Herbst konnten aber nur 25…30 % geerntet werden. Der Verwachsungsprozeß dauerte wesentlich länger als normal, und auch im mikroskopischen Bild zeigten sich an der Kontaktstelle zwichen Unterlage und Edelauge Absterbeerscheinungen.

Sehr schwer ist es, für die einzelnen Sorten bestimmte Unterlagen zu empfehlen. Bei der Kultur unter Glas ist das in manchen Fällen möglich, nicht jedoch bei Freilandkultur, von einigen Ausnahmen abgesehen. So wird man allgemein vermeiden, Teehybriden auf *Rosa multiflora* zu veredeln, da mit Verwendung dieser Unterlage unter anderem Mehrblumigkeit gefördert wird, die aber bei Teehybriden unerwünscht ist. Von einzelnen Sorten, wie 'Gloria Dei', ist bekannt, daß sie auf allen Unterlagen recht gute Ergebnisse zeigen können. In keiner der uns bekannten Untersuchungen konnten bisher die vielfach zu findenden Empfehlungen einer Unterlage für bestimmte Farbgruppen, wie besondere Eignung für rote oder gelbe Sorten, untermauert werden. Bei der unterschiedlichen Abstammung der Sorten einer Farbgruppe wäre dies auch äußerst verwunderlich. Verschiedentlich wird die Vermutung geäußert, daß die Chromosomenzahl oder genauer die Übereinstimmung bzw. Unterschiede der Chromosomenzahl zwischen Sorte und Unterlage einen Einfluß auf Anwachsergebnis und Lebensdauer haben könnte. Die modernen Sorten sind überwiegend tetraploid, d. h., sie haben einen Chromosomensatz von $2 n = 4 x = 28$, einige, wie die 'Koster'-Sorten, sind diploid mit $2 n = 2 x = 14$, auch einige triploide Sorten, wie 'Orange Triumph' mit $2 n = 3 x = 21$, sind im Sortiment vertreten. Vergleicht man die Chromosomensätze der Veredlungsunterlagen, so finden sich folgende Werte:

Rosa canina	35, 42, 34
Rosa canina 'Brög'	35, 42
Rosa canina 'Pfänder'	42, 35
Rosa canina 'Schmids Ideal'	35
Rosa canina 'Senff'	34
Rosa canina 'Inermis'	42, 35
Rosa canina 'Jägerbataillon'	35
Rosa × *pollmeriana*	35
Rosa dumetorum 'Laxa'	35
Rosa multiflora	14, 28

Danach sind die meisten Typen penta- oder hexaploid, und davon kommen sogar noch Abweichungen vor (Aneuploidie), so daß höchstens bei Veredlung von diploiden Sorten auf *Rosa multiflora* die Möglichkeit der Übereinstimmung der Zahl der Chromosomen zwischen Sorte und Unterlage besteht. Da aber nicht nachgewiesen werden kann, daß etwa diploide Sorten auf *Rosa multiflora* bessere Anwachsergebnisse als andere Kombinationen ergeben, ist eine praktische Bedeutung aus dieser Sicht nicht anzunehmen.

Insgesamt gesehen zeichnet sich ab, daß, sofern es sich nicht um Spezialzwecke handelt, der Problematik der Sorten-Unterlagen-Kombination bei Rosen zumindest vorläufig bei weitem nicht die Bedeutung wie bei Obstgehölzen zukommt. Es kristallisieren sich für bestimmte Bedingungen die besten Unterlagen heraus, und auch bei verschiedenen Sorten werden Abhängigkeiten nachweisbar sein. Im Normalfall werden jedoch diese Einflüsse die durch sauberes Arbeiten möglichen Erfolge keinesfalls zunichte machen können. Die Einflüsse durch Sorte, Unterlage und ihre Kombination bleiben also bei der Veredlung der Qualität der Arbeit untergeordnet.

Die Zahl der Veredlungen wird nie mit der der gepflanzten Unterlagen übereinstimmen. Immer wird ein gewisser Prozentsatz fehlen. Das liegt daran, daß ein Teil Pflanzen nicht anwächst oder bei der Bearbeitung bis zur Veredlung beschädigt oder herausgerissen wird. Die Anwachsverluste der Unterlagen können auch durch äußere Einflüsse von Jahr zu Jahr schwanken. So werden die Ausfälle größer sein, wenn während und nach der Pflanzung heiße und windige Witterung herrschte und vielleicht auch der Boden schon sehr trocken war. Kühles Wetter mit hoher Luftfeuchtigkeit und ausreichend Niederschlag fördert dagegen das Anwachsen. Auch der Einfluß der Unterlagenstärke selbst ist nicht zu unterschätzen. So kann man regelmäßig beobachten, daß die Ausfälle bei schwachen Unterlagen, vor allem der Stärke 3 bis 4 mm, wesentlich größer als bei stärkeren sind. Diese schwachen Pflanzen können widrigen Umwelteinflüssen weniger Kraft und Reserven entgegensetzen, und die Folge sind dann die größeren Verluste.

Nach dem Veredeln werden die Rosen erst einmal sich selbst überlassen. Im Spätherbst erhalten sie den Winterschutz, indem die Pflanzen hoch angehäufelt werden, so daß der Wurzelhals mit der Veredlungsstelle gut mit Erde bedeckt ist. Das Anhäufeln schützt die Veredlung weitgehend vor dem Erfrieren. Sind die Rosen nicht oder nicht ausreichend angehäufelt, können im Winter vor allem Barfröste, d. h. Fröste ohne schützende Schneedecke, verheerende Wirkung haben. Das Anhäufeln soll aber andererseits nicht zu zeitig durchgeführt werden. Einigen Minusgraden kann die Pflanze ruhig ausgesetzt sein, dadurch wird das Ausreifen und Abhärten gefördert. Man wird deshalb erst dann anhäufeln, wenn mit stärkeren Frösten gerechnet werden muß. Im allgemeinen also von Anfang bis Mitte November an. In einigen Baumschulen wird im Winter nicht mehr angehäufelt. Wie sich diese Maßnahme in extremen Wintern mit Barfrost auswirkt, ist jedoch noch nicht bekannt, so daß sie nicht allgemein empfohlen werden kann.

Sobald keine starken Fröste mehr zu erwarten sind, ungefähr Anfang März, wird wieder abgeerdet. Der hierbei zwischen den Pflanzen stehenbleibende Damm wird mit rotierenden Bürsten oder einem Gebläse entfernt. Dabei muß allerdings auf der von der Veredlung abgewandten Seite gearbeitet werden, um Verletzungen zu vermeiden. Danach wird die gesamte Wildkrone mit einem Schnitt durch den Wurzelhals kurz über dem Edelauge abgeworfen. Zur Erleichterung dieser Arbeiten wird vielfach bereits im Winter mit dem aus der Landwirtschaft bekannten Schlegelhäcksler die Masse der Wildkronentriebe entfernt. Das Abwerfen muß möglichst bald nach dem Aberden durchgeführt werden, nicht erst, wenn die Augen etwa schon ausgetrieben haben. Auch hierbei ist sehr gewissenhaftes Arbeiten nötig. Oft sind die Augen nur sehr schwer zu erkennen, bedingt durch weitgehendes Überwallen oder anhaftende Erde, so daß man sehr genau hinsehen muß, um das Auge zu finden, um es nicht mit abzuschneiden. Zum anderen darf auch der Schnitt nicht zu

hoch ausgeführt werden, weil sonst die Unterlage an dem Wurzelkopf eine Vielzahl von Trieben entwickelt, die dem Edelauge die Nährstoffe entziehen und deren Entfernung zusätzlichen Arbeitsaufwand erfordert.

Da das Rosenholz sehr hart ist und die Unterlagen vor allem nach feuchten Jahren eine ansehnliche Stärke von 20 mm und mehr Durchmesser erreichen, ist das Abwerfen für die Handmuskulatur sehr anstrengend und kann bei empfindlichen Menschen leicht zu Sehnenscheidenentzündungen führen, wenn es lange ohne Pause durchgeführt werden muß. Der Ausweg liegt in pneumatischen Scheren. Das sind Geräte, deren Schneidmechanismus durch hohen Luftdruck ausgelöst wird. Nach dem Abwerfen müssen die Wildkronen vom Feld entfernt werden.

Die Veredlungsaugen treiben bald mit einem oder auch mehreren Trieben aus. Auch hierbei muß man wieder feststellen, daß nicht alle Veredlungen austreiben, eine mehr oder minder große Zahl ist abgestorben. Auf die zahlreichen möglichen Ursachen wurde schon bei der Veredlung hingewiesen. Dazu kommen noch die in der Zwischenzeit möglichen Verluste, die beim Bearbeiten, durch das An- und Abhäufeln, das Abwerfen und durch Frost verursacht werden.

Die nächste Arbeit an der Pflanze ist das sogenannte Pinzieren. Darunter versteht man das Entfernen der Triebspitze, bei den Rosen über dem 3. bis 5. Blatt. Das Pinzieren muß mehrmals durchgeführt werden, um möglichst das richtige Stadium zu erfassen. Die Triebe sollen noch vollkommen weich sein. Einmal läßt sich die Arbeit dann wesentlich schneller durchführen, die Triebe lassen sich sogar mit dem Fingernagel abknipsen, zum anderen bedeutet die Maßnahme in diesem Stadium für die Pflanze keinen so großen Eingriff, und sie treibt sofort wieder durch. Ist der Trieb erst verhärtet oder gar schon verholzt, dauert es sehr lange, bis ein Neutrieb erfolgt.

Warum ist das Pinzieren überhaupt nötig? Die Veredlungsstelle ist anfangs oft noch nicht sehr fest verwachsen. Läßt man den Trieb zu voller Länge wachsen, ist die Gefahr des Windbruchs viel größer, als wenn der Trieb erst zurückgesetzt wird und sich die Veredlungsstelle noch weiter festigen kann. Der Hauptgrund liegt aber darin, daß aus der Veredlung eine buschige Pflanze mit möglichst vielen sich von unten verzweigenden Trieben entstehen soll. Bei den meisten Sorten entwickeln sich aus dem Veredlungsauge aber nur ein, vielleicht auch zwei Triebe. Durch das Pinzieren wird die Pflanze angeregt, sich zu verzweigen. Daraus ist auch bereits abzuleiten, daß Sorten, die sich sehr schlecht verzweigen, beim Pinzieren wesentlich mehr Aufmerksamkeit geschenkt werden muß als solchen, die von sich aus schon sehr schnell buschige Pflanzen bilden, wie es besonders bei einigen Polyantha- und Polyantha-Hybrid-Sorten der Fall ist. Wird nicht pinziert, entwickeln sich die wenigen Triebe bis zur Blüte, und dann erfolgt der Neutrieb meist von den Augen aus, die kurz unter der Blüte liegen. Diese Triebe helfen aber nicht mehr, das Grundgerüst der Pflanzen aufzubauen und können daher auch die Qualität der Pflanzen nicht mehr verbessern. Versuche, gut verzweigte Pflanzen ohne mechanisches Pinzieren durch den Einsatz von Chemikalien zu erzielen, sind nicht neu. Bei einer Anzahl Zierpflanzen und Gehölzen liegen Erfahrungen mit verschiedenen Alkylestern bestimmter Fettsäuren vor, die das Terminalgewebe der Pflanzen zerstören, alle anderen Teile der Pflanze aber nicht schädigen. Die Wirkung kommt dem mechanischen Entfernen der Triebspitze gleich. Bei Rosen unter Glas wurde nachgewiesen, daß durch Trijodbenzoesäure die Bildung von Grundtrieben verstärkt wird. Die Methode ist jedoch so aufwendig, daß die Anwendung im Freiland kaum möglich ist.

Besonders aus den Niederlanden, der BRD und der DDR sind in den letzten Jahren positive Ergebnisse bei der Anwendung von Ethephon bekannt geworden. Die diesen Wirkstoff enthaltenden Mittel spalten Äthylen ab, das in der Pflanze eine Hemmung der Auxinwirkung in der Spitzenregion bewirkt und damit die Apikaldominanz vermindert. Die Folge ist ein verstärkter Austrieb tieferliegender Knospen, besonders von Grundtrieben.

Haben die Okulate 4 bis 5 voll entwickelte Blätter, erfolgt die erste Spritzung des Bestandes unter Zusatz von Netzmittel mit einem Wirkstoffaufwand von 0,5 l/ha. (Entsprechend dem Wirkstoffgehalt der Handelspräparate ist die Umrechnung vorzunehmen.) Der Zeitpunkt liegt meist in der zweiten Maihälfte. Etwa 3 Wochen später wird eine zweite Spritzung mit etwas vermindertem Aufwand von 0,35 l/ha Wirkstoff durchgeführt.

Bei den meisten Sorten wurden mit dieser Methode bisher positive Ergebnisse erzielt. Die beste Wirkung wird bei Sorten erreicht, die sich von sich aus nur wenig verzweigen. Der Austrieb nach Ethephonanwendung erfolgt vorwiegend aus der Okulationsstelle, er ist gleichmäßiger und häufig kräftiger als beim üblichen Pinzieren. Als Nebenwirkung wurde festgestellt, daß vielfach aus diesen Pflanzen früher Reisermaterial für die Veredlung zur Verfügung steht und daß scheinbar die Wildtriebbildung vermindert wird. Sorten, die von sich aus sehr stark mit vielen schwachen Trieben verzweigen, neigen bei dieser Methode allerdings dazu, zu viele und damit auch zu schwache Triebe zu bilden.

Unkrautbekämpfung

Sehr zum Leidwesen aller, die gern saubere Pflanzungen, sowohl bei der Anzucht als auch später auf dem Beet, haben möchten, macht sich sehr bald das Unkraut bemerkbar. Und da die Rosen im allgemeinen auf recht gutem Boden stehen, gedeiht es dort kräftig. Die althergebrachte Methode war der Griff zur Handhacke, mit der dem Unkraut zuleibe gerückt wurde. Das ist heute gewiß noch zumutbar, wenn ein Gartenfreund 20, 50 oder auch 100 Rosen sauberhalten will, sonst aber nicht mehr.

Die Chemie hat uns nun einen wesentlichen Schritt vorangebracht, ja ohne sie wäre heute eine ordnungsgemäße Kultur gar nicht mehr möglich. Die chemische Industrie hat Mittel entwickelt, um das Unkraut zu vernichten, ohne daß die Kulturpflanzen darunter leiden. Man spricht bei diesen Unkrautvernichtungsmitteln in der Fachsprache von Herbiziden mit selektiver Wirkung. Es gibt viele Herbizide, welche aber alle in besonderer Weise wirksam werden. Deshalb darf auf keinen Fall das eine durch ein anderes ersetzt werden. Für Rosen werden allgemein Unkrautbekämpfungsmittel verwendet, deren wirksamer Bestandteil das Simazin ist. Es ist ein Wirkstoff mit sehr geringer Wasserlöslichkeit. Es wird deshalb im Boden nicht ausgewaschen, sondern in den obersten Schichten festgehalten. Daraus leitet sich auch die Wirkungsweise des Mittels ab. Es wirkt gegen ein- und zweikeimblättrige Samenunkräuter im Keimlingsstadium, später nicht mehr. Ausgebracht wird das Mittel vor dem Auflaufen der Unkräuter. Die Keimpflanzen, deren Wurzeln sich in der obersten Bodenschicht befinden, nehmen das Mittel auf, es verhindert die Photosynthese der Unkräuter, die als Folge davon absterben. Durch Simazin wird also nicht die Keimung selbst verhindert, die Keimlinge können sich aber nicht weiterentwickeln. Größere Unkräuter und auch die Rosen befinden sich mit ihren Wurzeln tiefer im Boden und damit außerhalb des Wirkungsbereichs des Herbizids und können daher nicht geschädigt werden. Solche lästigen Unkräuter, wie Vogelmiere, Franzosenkraut, Ackersenf, Kleine Brennessel, Hirtentäschel u. a., lassen sich durch Simazin recht gut bekämpfen. Tiefwurzelnde Unkräuter, wie Quecke oder Distel, werden nicht erfaßt, was nach dem Wirkungsmechanismus des Mittels auch nicht zu erwarten ist. Manche Baumschulen klagen allerdings über schlechtes Anwachsen, leichtes Ausbrechen und geringe Wüchsigkeit der Okulate nach Simazinanwendung.

Für eine ausreichende Wirkung gegen die Keimlinge ist es wichtig, daß der Boden genügend feucht ist. Bei trockenem Boden kann die Wirkung ungenügend sein. Sehr wichtig ist ein genaues Einhalten der vorgeschriebenen Menge je Flächeneinheit. Die zugelassene Anwendungsspanne erlaubt es, die verschiedenen Bodenverhältnisse zu berücksichtigen. Auf leichtem, sandigem Boden reicht die geringe Menge voll aus, die höhere Aufwandmenge kann schon zu Schäden führen. Auf schweren, humusreichen Böden ist die Wirkung geringer, weil die Sorption größer ist, so daß die höhere Aufwandmenge erforderlich wird. Die Menge wird allgemein in 600 l bis 1000 l Wasser gelöst, um einen Hektar zu behandeln. Für kleinere Flächen werden die entsprechenden Mengen verwendet.

Beim Spritzen muß streng darauf geachtet werden, daß das Mittel gleichmäßig ausgebracht wird und keine Überschneidungen der Spritzbahnen auftreten. Unterdosierungen wirken ungenügend, Überdosierungen können Schäden an den Rosen bewirken.

Das Unkrautbekämpfungsmittel wirkt sehr lange im Boden nach, man rechnet mit einer Wirkungsdauer von 6 bis 7 Monaten. Um die Wirkung in der obersten Bodenschicht nicht zu stören, darf nach der Spritzung keine tiefe Bodenbearbeitung erfolgen, weil sonst eine Verlagerung in tiefere Schichten erfolgt. Stark scholliger Boden muß vor dem Spritzen eingeebnet und vorhandene große Unkräuter müssen selbstverständlich beseitigt sein. Nachbarpflanzungen oder -saaten sollten beim Spritzen nicht getroffen werden, sonst kann es zu unerwünschten Schäden kommen.

Man wird die Rosen nicht sofort nach dem Pflanzen spritzen, sondern mindestens 2 bis 3 Wochen vergehen lassen, um ihnen erst einmal die Möglichkeit der Wurzelbildung zu geben. Viele Empfehlungen sprechen sogar erst von einer Anwendung im 2. Standjahr, um Schäden zu vermeiden. Bei sachgemäßer Anwendung sind aber auch im 1. Jahr keine Schäden zu befürchten.

Neben den Simazinpräparaten besteht die Möglichkeit, Mittel mit anderen Wirkstoffen einzusetzen, auch hier unter genauer Beachtung der speziellen Anwendungsvorschriften, wie Behandlung vor dem Austrieb, Unterblattspritzung usw. Einige dieser Wirkstoffe werden im Boden schneller abgebaut, die Gefahr der Wirkstoffanreicherung bei Verwendung nur eines Mittels wird geringer und die Wahrscheinlichkeit, daß sich von einem Präparat nicht erfaßte Unkräuter übermäßig und ohne Konkurrenz vermehren und ausbreiten, vermindert. So kommen Mittel auf der Grundlage von Alachlor, Chloroxuron, Metribuzin und Prometryn zur Verwendung.

Wir sehen bereits, daß die Anwendung chemischer Unkrautbekämpfungsmittel uns zwar sehr viel Arbeit ersparen kann, sie erfordert aber eine genaue Kenntnis der Eigenschaften der Mittel, exakte Anwendung und Wissen um die Faktoren, die die Wirkungsweise positiv oder negativ beeinflussen können.

Im Haus- und Kleingarten werden Unkrautbekämpfungsmittel nur selten angewendet. Sie sind hier auch nicht zu empfehlen, weil auf den kleinen Flächen die Gefahr einer falschen Dosierung sehr groß ist. Über die biologische Unkrautbekämpfung speziell in Rosen liegen bisher noch keine brauchbaren Erfahrungen und Erkenntnisse vor, die der Praxis empfohlen werden könnten.

Düngung

Die Rose benötigt für das Wachstum, für den Aufbau ihrer Gewebe Nährstoffe, die sie zum größten Teil aus dem Boden aufnimmt. Sie kann das aber nur, wenn die benötigten Stoffe auch wirklich zur Verfügung stehen, wenn sie ausreichend vorhanden und für die Pflanzen auch aufnehmbar sind. Das scheint selbstverständlich zu sein, jedoch zeigt die Praxis, daß diese Voraussetzungen nicht immer gegeben sind. Neben dem Wasser und dem aus der Luft aufgenommenen Kohlenstoff sind die Elemente Stickstoff, Phosphor, Kalium, Magnesium, Schwefel und Eisen entscheidend. Dazu kommen noch eine Reihe sogenannter Spurenelemente, die zwar gebraucht werden, jedoch in so geringen Mengen, daß der Bedarf der Pflanze aus jedem Boden gedeckt werden kann. Solche Spurenelemente sind beispielsweise Bor, Mangan, Kupfer, Zink, Molybdän. Alle diese Stoffe sind für ein gutes Wachstum unentbehrlich. Wichtig ist außerdem, daß alle Nährstoffe in einem bestimmten Verhältnis zur Verfügung stehen, denn die Pflanze benötigt unterschiedliche Mengen. Fehlt ein Nährstoff, oder ist er nicht genügend verfügbar, dann nimmt die Pflanze auch von den übrigen nur die Mengen auf, die sie im entsprechenden Verhältnis zu dem nur ungenügend angebotenen Element verarbeiten kann. Deshalb müssen auch alle Düngungsmaßnahmen „harmonisch" abgestimmt sein, d. h., der Rose müssen alle nötigen Nährstoffe in dem von ihr benötigten Verhältnis angeboten werden.

Warum jederzeit alle Nährstoffe zum Wachstum zur Verfügung stehen müssen, wird einleuchtend, wenn man sich vor Augen hält, daß jeder Nährstoff ganz bestimmte Aufgaben in der Pflanze erfüllt. So ist der Stickstoff ein wesentlicher Bestandteil der Eiweißmoleküle und Voraussetzung für das Massenwachstum. Der Phosphor spielt eine große Rolle im Energiestoffwechsel der Pflanze, er wirkt als Energieüberträger. Auch im Zelleiweiß und in Fermenten ist er unentbehrlich. Er ist von Bedeutung für die generative Phase der Entwicklung, d. h. für Blüten- und Samenbildung. Kalium ist für den Wasserhaushalt wichtig. Es wirkt auch auf die Ausbildung der Blütenfarbe, auf die Gewebefestigkeit und spielt bei der Ausbildung der Frosthärte eine Rolle.

Kalzium ist im Boden von Bedeutung für den Säurezustand, aber auch in der Pflanze spielt es als Gegenspieler des Kaliums beim Quellungszustand des Plasmas eine Rolle.

Die Pflanze entnimmt dem Boden die von ihr benötigten Stoffe. Durch Düngung muß für Ausgleich gesorgt werden. Wird dies nicht rechtzeitig getan, und fehlen der Rose zum Wachstum ein oder mehrere Nährstoffe, dann läßt die Pflanze im Wachstum und in ihrer Entwicklung nach, und es kommt zu Mangelerscheinungen. Dabei treten ganz bestimmte Symptome auf.

Stickstoffmangel: Die Pflanze läßt im Wachstum nach, die Triebe bleiben kurz, die Blätter klein und hellgrün. Die Blüten sind schlecht ausge-

färbt und bringen keine reinen Farben hervor. Teilweise werden auch Blindtriebe gebildet, d. h., die Triebe schließen das Wachstum ab, ohne daß sich eine Blüte entwickelt.

Phosphormangel: Die Blätter verfärben sich tiefgrün bis blaugrün. Bei starkem Mangel bilden sich auf den Blättern unregelmäßig verteilte nekrotische Flecke, d. h., im Blattgewebe sterben einzelne Stellen ab. Der Trieb läßt nach, teilweise werden keine Blüten ausgebildet. Der Neuaustrieb ist rötlich-violett gefärbt, im Gegensatz zu dem meist kräftig rötlichen Trieb ausreichend ernährter Pflanzen.

Kaliummangel: An den Blättern der Triebspitze erscheinen zwischen den Blattadern chlorotische Aufhellungen, die sich später über das ganze Blatt ausdehnen und zu Nekrosen führen können (Chlorose = mangelnde Ausbildung des Blattgrüns). Die Blütenbildung ist schlecht und die Färbung nur blaß, teils unterbleibt die Blütenbildung. Die Pflanzen sind nicht ausreichend winterhart, und es kommt zu vermehrten Ausfällen durch Frost.

Eisenmangel: Zuerst an den jungen Blättern bilden sich Chlorosen, die anfangs in den Interkostalfeldern (zwischen den Blattnerven) auftreten und sich im weiteren Verlauf auf das ganze Blatt ausdehnen. Bei starkem Mangel kann es zu Nekrosen kommen.

Die folgenden Mangelerscheinungen treten relativ selten auf und haben daher geringere Bedeutung.

Bormangel: Die Blätter bleiben klein und schmal und sind oft abwärts gebogen, an den Blattspitzen teilweise gekräuselt. Der Vegetationspunkt stirbt ab, und es werden zahlreiche Seitentriebe gebildet, die aber keine oder nur mißgebildete Blüten hervorbringen. Die Ränder der Blütenblätter werden braun, sind nicht typisch geformt und haben vielfach ein gefranstes Aussehen. Die Blütenfarbe verblaut, und die Haltbarkeit ist stark herabgesetzt.

Manganmangel: An alten Blättern beginnend treten Aufhellungen besonders in den Interkostalfeldern auf. Um diese Verfärbungen bleibt ein dunkelgrüner Saum erhalten.

Kupfermangel: Randaufhellungen, beginnend an den jüngeren Blättern. Im späteren Stadium stirbt der Vegetationspunkt ab, das gleiche geschieht mit den in der Folge gebildeten Seitentrieben.

Molybdänmangel: Die Blätter bekommen Aufhellungen und trocknen später von der Spitze und vom Rande her ein, sie fallen jedoch nicht ab. Die Pflanzen wachsen nur schwach, und es werden kaum Blüten gebildet. Kommen sie doch zur Entwicklung, sind sie mißfarbig und haben nur schwache Stiele.

Die Möglichkeit eines Nährstoffmangels darf nun aber nicht zu der Auffassung führen, die beste Vorbeugungsmaßnahme wäre, viel zu düngen nach dem Prinzip „Viel hilft viel!". Denn wie zu geringes Angebot an Nährstoffen kann auch das Überangebot nur schaden. Auch bei Überdüngung treten typische Schäden und Symptome auf.

Stickstoffüberdüngung: Die Pflanze wächst mastig mit aufgeschwemmten Trieben und Blättern, denen die notwendige Festigkeit fehlt. Die Folge ist eine erhöhte Gefahr des Befalls mit Pilzkrankheiten, im Herbst beenden die Rosen außerdem ihr Wachstum zu spät und können nicht ausreifen; sie werden so ein Opfer des Winters. Das Laub ist dunkelgrün gefärbt. Da die Düngung mit Stickstoff die auffälligste Wirkung hervorruft, wird oft zu viel gegeben, und es kommt häufig zu Überdüngungen.

Phosphorüberdüngung: Eine Überdüngung mit Phosphorsäure tritt kaum auf, da Phosphor im Boden stark gebunden wird.

Kaliumüberdüngung: Auch durch Kali werden relativ selten Schäden auftreten, da die Rose einen hohen Kalibedarf hat. Überdüngung wirkt sich in blaßgrünem Laub aus und kann zu Verbrennungserscheinungen führen.

Kalziumüberdüngung: Zu hohe Kalkversorgung wirkt vor allem indirekt, indem im Boden andere wichtige Stoffe, vor allem Spurenelemente festgelegt werden. Als Folge davon kommt es zu Chlorosen.

Chlorschäden: Chlor spielt bei der Rose eine gefährliche Rolle, da sie in dieser Hinsicht sehr empfindlich ist. Durch häufige Anwendung chlorhaltiger Düngemittel, vor allem von Kalisalzen, kommt es zu einer Anreicherung von Chlorionen, die zu Schäden führen kann, die sich in Verbrennungen und Absterbeerscheinungen äußern.

Neben der Versorgung des Bodens mit den benötigten Nährstoffen spielt noch ein Faktor eine große Rolle, die Bodenreaktion, die im pH-Wert ihren zahlenmäßigen Ausdruck findet.

Dieser Wert gibt an, ob und wie stark der Boden sauer oder basisch reagiert. Der pH-Wert 7,0 wird als neutral bezeichnet, Werte über 7,0 kennzeichnen alkalische, Werte unter 7,0 saure Bodenreaktion.

Durch die Pflanzen, durch Düngemittel und Regen verändert sich dieser Wert und muß korrigiert werden. Einfach ausgedrückt gibt der pH-Wert den Kalkzustand des Bodens wieder. Sinkt die Bodenreaktion zu stark in den sauren Bereich ab, muß gekalkt werden. Jede Pflanze hat ihren optimalen pH-Wert, den sie für gutes Wachstum benötigt. Für die Rose liegt dieser Wert im schwach sauren Bereich. Dabei spielt jedoch nicht nur unmittelbar der Kalk eine Rolle. Durch eine Verschiebung des pH-Wertes des Bodens ändern sich zahlreiche chemische Bedingungen, so daß der Pflanze bestimmte Nährstoffe unzugänglich werden können. So wird beispielsweise Phosphor bei stark saurer Bodenreaktion festgelegt, und auch eine Düngung mit Phosphor kann der Pflanze dann nur wenig helfen. Eisen wird dagegen im Boden für die Pflanze immer weniger verfügbar, wenn sich die Bodenreaktion nach der alkalischen Seite hin verändert.

Und noch etwas dürfen wir bei allen Maßnahmen der Düngung nicht übersehen: Alle Mineraldünger sind Salze, und alle enthalten neben den Nährstoffen teils recht erhebliche Mengen Ballaststoffe, die für die Pflanze keinen Wert haben. Durch zu hohe Düngung oder bei laufend sehr starker Düngung kann sich im Laufe der Jahre die Salzkonzentration im Boden so weit erhöhen, daß die Pflanzen geschädigt werden. Die Rose hat zwar einen hohen Nährstoffbedarf, ist jedoch nur mäßig salzverträglich. Die Schadgrenze ist je nach Bodenart und Humusgehalt unterschiedlich. Die Salzkonzentration im Boden soll optimal bei 0,25 %, jedenfalls unter 0,4 % liegen, schon bei Konzentrationen von etwa 0,7 % ist mit Schäden an den Rosenpflanzen zu rechnen.

In der Praxis gehen die gärtnerischen Betriebe, aber auch viele Rosenfreunde bei allen Düngungsmaßnahmen von der Untersuchung des Bodens auf seinen Nährstoffgehalt aus. An Hand der Ergebnisse können die Düngermengen bestimmt werden, die optimales Wachstum erwarten lassen.

Die Bodenreaktion soll bei humusreichen Böden im Bereich von pH (KCl) 5,5 bis 6,5 liegen, sie soll jedoch nicht über pH 7,0 ansteigen. *Rosa multiflora* fühlt sich mehr im sauren Bereich wohl, während *Rosa canina* der obere Grenzwert mehr zusagt.

Ein gutes Wachstum ist zu erwarten, wenn in mineralischem Boden das Nährstoffangebot etwa so aussieht:

N   10 … 30 mg/100 g Boden
P   25 … 35 mg/100 g Boden
K   65 …125 mg/100 g Boden
Mg   12 … 15 mg/100 g Boden
Mn 150,0…200,0 ppm
Cu   10,0… 40,0 ppm
B   0,3… 2,0 ppm

Da durch die unterschiedliche Zusammensetzung des Bodens je Volumeneinheit unterschiedliche Masse entsteht, werden die Nährstoffe auf jeweils 1 Liter Substrat bezogen. Je Liter Humusboden sollen die folgenden Nährstoffe pflanzenverfügbar sein (Angaben für Kultur unter Glas):

N	150…350 mg	Fe	0,8…1,0 mg
P	100…200 mg	Cu	1,3…2,6 mg
K	350…700 mg	Mo	0,8 mg
Mg	120…180 mg		

Die Rose benötigt für ihre Entwicklung ein Verhältnis der Hauptnährstoffe von
N:P:K = 1:0,35:1,25.
Eine Rosenpflanze nimmt im Jahr etwa 24 g Salze auf.
Für 1 m² Rosen unter Glas werden folgende Entzugsmengen an Nährstoffen angegeben:

N	40,0 g	Na	3,00 g	B	0,04 g
P	5,0 g	Mg	8,00 g	Cu	0,02 g
K	37,0 g	Fe	0,31 g	Ni	0,02 g
Ca	14,0 g	Mn	0,12 g	Mo	0,002 g
S	6,5 g	Zn	0,08 g		

Diese Werte können schon sehr gut als Grundlage für eine Düngung dienen, wenn dabei berücksichtigt wird, daß vor allem in Abhängigkeit von Boden und Witterung, aber auch der Sorte entsprechende Zu- oder Abschläge gemacht werden müssen.
Nun gibt es viele, sicher sind es sogar die meisten Rosenliebhaber, die nicht die Möglichkeit haben, so exakt an die Düngung heranzugehen. Auch sie brauchen deshalb nicht auf die Schönheit der Rosenblüte zu verzichten. Mit einigen Faustzahlen und unter Berücksichtigung der gegebenen Verhältnisse lassen sich ebenfalls ausgezeichnete Ergebnisse erzielen.

Vielen Rosenliebhabern geht es mit den Rosen in Hinsicht auf die Düngung wie Kindern mit einem neuen Spielzeug. Solange es neu ist, wird es beachtet und soll alles Gute und alle Pflege erhalten. Später ist das Interesse nicht mehr so groß. Das wirkt sich so aus, daß die Rose bei der Pflanzung eine anständige Menge Dünger bekommt und sich nun damit zurechtfinden soll. Und genau das ist falsch. Aus der obigen, etwas theoretisch erscheinenden Einführung können wir uns die richtigen Düngungsmaßnahmen ableiten. Die Rose ist, wie bereits gesagt, nur mäßig salzverträglich. Ganz besonders empfindlich ist sie natürlich, wenn sie frisch gepflanzt wird und noch nicht fest mit dem Erdreich verwachsen ist. Haben wir also festgestellt, daß der Boden wirklich Nährstoffe zur ausreichenden Ernährung der Rose benötigt, so wird eine Vorratsdüngung gegeben. Aber nicht erst, wenn die Rose gepflanzt wird, sondern schon 6 bis 8 Wochen vorher. So können die Salze in der Zwischenzeit im Boden verteilt und teils umgesetzt werden. Sie verlieren ihre Gefährlichkeit für die Pflanzenwurzel. Als Vorratsdüngung können in Reinnährstoffen ausgedrückt je m² 5 g P und 10 g K gegeben werden. Die Düngung zum Zeitpunkt der Pflanzung ist auch aus einem anderen Grund wenig sinnvoll. Was soll die Pflanze mit dem Dünger anfangen. Sie muß doch erst einmal Wurzeln bilden und dann langsam, entsprechend der Menge der gebildeten Wurzeln beginnen, oberirdisch auszutreiben. Sie kann also die angebotenen Nährstoffe vorerst gar nicht verwerten. Ist sie voll angewachsen und gut im Trieb, hilft ihr eine Düngergabe mit schnell wirkenden Düngern viel mehr als die zur Pflanzzeit, die dann vielleicht schon ausgewaschen oder auch vom Unkraut aufgezehrt worden ist. Das einfachste Prinzip der Düngung bei der Rose ist daher, daß die Pflanze um so mehr Dünger gebrauchen kann, je stärker sie im Wachstum ist. So wird man nach der Vorratsdüngung vor der Pflanzung im Pflanzjahr nur sehr wenig düngen und erst im darauffolgenden Jahr die Düngergaben steigern. Schon das Anwachsen der frisch gepflanzten Rosen kann durch die Düngergabe beeinflußt werden. So konnten in einem Versuch die Ausfälle bei Düngergaben von 10 g Reinstickstoff je m² im Pflanzjahr am geringsten gehalten werden, bei niedrigeren und auch bei höheren Gaben werden die Ausfälle größer. Steht ein Volldünger, der die Hauptnährstoffe N, P und K enthält, zur Verfügung, so kann man vom zweiten Standjahr an bei entsprechenden Bodenbedingungen und guter Wasserversorgung etwa 60 bis 80 g je m² einmal im Frühjahr und dann noch einmal nach der ersten Blüte geben, um den zweiten Durchtrieb zu fördern. Später sollte nicht mehr gedüngt werden, damit das Wachstum rechtzeitig im Herbst abschließt. Wird noch eine Düngergabe zu spät, beispielsweise im August gegeben, werden die Rosen im Herbst durch die neuen Nährstoffe noch einmal zum Wachstum angeregt und die ersten Fröste treffen eine im Wachstum befindliche Pflanze mit noch weichem Gewebe, das keine Widerstandskraft besitzt. Frostschäden, wenn nicht sogar der Verlust der Pflanze, sind die Folge. Auch eine überhöhte Düngung wirkt sich in der gleichen Weise aus.

Wer sich seinen Dünger selbst mischt, wird anfangs die Stickstoffmenge etwas erhöhen, um das Wachstum zu fördern, später im Jahr jedoch herabsetzen und dagegen den Kalium-Anteil etwas anheben, um das Ausreifen der Rosen im Herbst und ihre Winterfestigkeit zu fördern.

Betrachten wir noch die Frage, welche Dünger sich für die Rose besonders eignen.

Allgemein werden Vorrats- und Kopfdünger unterschieden. Langsam und über längere Zeit wirkende Dünger werden als „Vorrat" gegeben. Kopfdünger sollen schnell zur Wirkung kommen, auf eine lang anhaltende Wirkung kommt es dabei weniger an. Nach dieser Wirkung wird auch die Anwendung verschieden sein. Vorratsdünger werden vor der Pflanzung oder im Frühjahr gegeben, Kopfdünger vor allem für die Nachdüngung und als Ersatz der verbrauchten Nährstoffe in der laufenden Vegetationsperiode.

Stickstoffdünger: Ein langsam und nachhaltig wirkender Dünger ist schwefelsaures Ammoniak, das 21 % Reinstickstoff enthält. Dieser Stickstoffdünger kann gut bei Rosen verwendet werden. Hierbei ist jedoch zu beachten, daß die Bodenreaktion durch schwefelsaures Ammoniak nach der sauren Seite beeinflußt wird und auf versauerten Böden daher Vorsicht geboten ist. Sehr gern wird bei Rosen Kalkammonsalpeter verwendet. Dieser Dünger enthält sowohl den langsam wirkenden Ammoniumstickstoff als auch den schnell wirkenden Salpeterstickstoff, und durch den Kalkanteil wird die Bodenreaktion alkalisch beeinflußt. Durch diese Kombination der beiden Stickstofformen ist die Wirkung schnell und außerdem anhaltend, so daß er sich auch gut als Kopfdünger eignet. Der Reinstickstoffgehalt liegt bei 24 %. Für seine Lagerung und Verwendung sind bestimmte Arbeitsschutzmaßnahmen festgelegt.

Phosphorsäuredünger: Von den Phosphorsäuredüngern werden die beiden hauptsächlich benutzten Düngemittel Thomasmehl und Superphosphat verwendet. Thomasmehl mit 5 % P (14 bis 16 % P_2O_5) wirkt langsam und nachhaltig und wird deshalb vor allem als Vorratsdünger gegeben. Superphosphat mit etwa 8 % P (18 % P_2O_5) wirkt relativ schnell und kann auch als Kopfdünger verabreicht werden.

Kalidünger: Schwieriger wird es mit der Kalidüngung. Da die Rose chlorempfindlich ist und die meisten Kalidüngesalze einen sehr hohen Chloranteil haben, sollten diese möglichst nicht zur Verwendung kommen. Am besten ist für Rosen deshalb schwefelsaures Kali geeignet, das keine Chloridbestandteile enthält. Es enthält 42 % K (50 % K_2O) und wirkt langsam und anhaltend. Der Chlorgehalt der Kalidüngemittel ist auch der Faktor, auf den bei Verwendung von Mehrnährstoffdüngern oder „Volldüngern", die im Handel angeboten werden, besonders geachtet werden muß. Grundsätzlich lassen sich solche Mehrnährstoffdünger auch für Rosen verwenden, nur sollte man darauf achten, daß der Kalium-Bestandteil möglichst nicht an Chlor gebunden ist.

Obwohl bisher immer nur von mineralischen Düngern gesprochen wurde, soll keineswegs der Eindruck entstehen, daß organische Dünger bei Rosen nicht zu empfehlen wären. Meist stehen sie jedoch nicht in ausreichenden Mengen zur Verfügung. Neben der Nährstoffzuführung steht hier besonders die Humusanreicherung des Bodens im Vordergrund. Am bedeutendsten ist die Verwendung von Mist. Steht genügend Mist zur Verfügung, so können je 100 m² bis zu 1000 kg eingearbeitet werden. Nur in den seltensten Fällen wird diese Möglichkeit jedoch gegeben sein. Der Mist muß jedoch schon rechtzeitig vor der Pflanzung eingearbeitet werden. Völlig falsch ist es, frischen Mist bei der Pflanzung einzubringen. Die Rosenwurzeln dürfen auf keinen Fall mit frischem Mist in Berührung kommen, Schäden sind sonst unausbleiblich. Im Durchschnitt enthält Mist etwa 18 bis 20 % organische Masse, an Nährstoffen 0,50 % N, 0,10 % P (0,25 % P_2O_5) und 0,55 % K

(0,65 % K$_2$O). Aber auch die Komposterde ist sehr gut verwendbar. Je nach Ausgangsmaterial schwanken die Anteile der Nährstoffe sehr stark. Im Durchschnitt kann man mit etwa 0,3 % N, 0,065 % P (0,15 % P$_2$O$_5$) und 0,12 % K (0,15 % K$_2$O) rechnen.

Auch andere organische Düngemittel, wie Blutmehl, Hornspäne, Knochenmehl usw., können, sofern sie zur Verfügung stehen, ohne Bedenken für Rosen verwendet werden.

Bei den meisten im Handel angebotenen organischen Mehrnährstoffdüngern ist der Stickstoffanteil relativ gering, so daß bei ihrer überwiegenden Verwendung eine zusätzliche Stickstoffgabe zumindest im Frühjahr zu empfehlen ist.

Nicht unmittelbar zur Düngung, jedoch für die Humusanreicherung von Bedeutung ist die Verwendung von Torf. Vor allem bei tonigen Böden läßt sich der Boden durch Torfzusatz auflockern und für die Rose besser geeignet machen. Auf sandigen Böden läßt sich damit die Wasserhaltkraft erhöhen.

Sommerarbeiten

Während des Sommers muß der Boden mehrmals flach bearbeitet werden, um ihn ständig locker zu halten und eventuell auflaufende Unkräuter zu vernichten.

Eine weitere, mehrmals durchzuführende Arbeit ist das sogenannte Wildern. Auch wenn das Edelauge ausgetrieben hat, versucht die Unterlage selbst auszutreiben, sei es aus dem Rest des Wurzelhalses über oder unter der Veredlungsstelle oder aus der Wurzel. Die „Wildtriebe" sind sehr wüchsig und an ihren von der Edelsorte abweichenden Blättern am leichtesten zu erkennen. Bei einigen kleinlaubigen Kletter- und Strauchrosensorten ist allerdings das Erkennen nicht ganz so einfach, dort muß man schon sehr genau hinsehen. Mit dem Begriff „Wildtrieb" ist es so eine Sache. Eigentlich ist der Trieb aus der Unterlage gar nicht wild, ebensowenig wie die Unterlage, da die meisten Veredlungsunterlagen ausgelesene Typen mit ziemlich fest fixierten Eigenschaften sind und von „wild" kaum noch die Rede sein kann. Wir benutzen besser die Bezeichnung Unterlagentrieb.

Die Unterlagentriebe werden unmittelbar an ihrer Entwicklungsstelle sauber weggeschnitten. Bleibt etwa ein Stummel stehen, wirkt der Schnitt wie ein Pinzieren, und bald treiben mehrere Triebe daraus wieder aus. An die Entstehungsstelle der vom Wurzelhals ausgehenden

Unterlagentriebe ist leicht heranzukommen, schwieriger ist das bei den aus der Wurzel entspringenden. Hier muß ein Handspaten nachhelfen und der Trieb vollkommen freigegraben werden.

Die Bildung der Unterlagentriebe ist keineswegs immer und überall gleich. Wie stark sie auftritt, hängt von einer ganzen Reihe Faktoren ab. Da ist zuerst einmal natürlich die Unterlage selbst. Es gibt Arten und Typen, die von sich aus sehr wenig Unterlagentriebe bilden, andere dagegen sehr viele. Auf Grund der vielen anderen Faktoren ist es schwierig, eine absolute Reihenfolge in der Intensität der Bildung von Unterlagentrieben aufzustellen. Es fällt aber immer auf, daß sehr wenig bei *Rosa dumetorum* 'Laxa', *Rosa × pollmeriana* und *Rosa canina* 'Inermis' gebildet werden. Sie nimmt zu über *Rosa multiflora, Rosa canina* 'Pfänder', ziemlich stark ist sie bereits bei *Rosa canina* 'Brög' und Rosa canina 'Schmids Ideal', während als Beispiel *Rosa canina* 'Senff' allgemein sehr stark aus der Unterlage treibt. Diese Unterschiede machen sich sehr stark im Arbeitszeitaufwand, der für das Wildern benötigt wird, bemerkbar.

Nicht nur die Unterlage, auch die Sorte beeinflußt die Bildung von Unterlagentrieben sehr stark, ein Zeichen für die vorhandene Sorten-Unterlagen-Wechselwirkung. Je stärker die Wüchsigkeit der Sorte ist, um so mehr Unterlagentriebe werden gebildet. So sind beispielsweise bei 'Gloria Dei' wesentlich mehr Triebe aus der Unterlage zu erwarten als bei 'Ena Harkness' und bei dieser wieder mehr als bei 'McGredy's Yellow'.

Neben den unmittelbar von der Pflanze abhängigen Beeinflussungen gibt es auch noch von außen einwirkende. Ein Wirkungsfaktor in dieser Hinsicht ist der Standort. Auf leichtem, sandigem Boden ist die Ausbildung von Trieben der Unterlage merklich geringer als auf schwerem Standort. Ebenso konnte nachgewiesen werden, daß in trockenen Jahren weniger Unterlagentriebe als in solchen mit hohen Niederschlagsmengen gebildet werden. Die Unterschiede können dabei ganz beträchtlich sein. Die beiden letztgenannten Faktoren lassen sich wahrscheinlich mehr oder weniger auf den oben erwähnten Zusammenhang mit der Wuchsstärke zurückführen, denn sowohl auf leichten Böden als auch in trockenen Jahren ist die Wüchsigkeit der Rosen allgemein nicht so stark wie in nassen Jahren und auf schweren Böden.

Neben dem Wildern ist während des ganzen Jahres auch an die Bekämpfung von Krankheiten und Schädlingen zu denken. Vor allem gegen Echten Mehltau und Sternrußtau sowie gegen Blattläuse wird mehrmals mit den entsprechenden Fungiziden und Insektiziden gespritzt.

Schließlich wird in der Baumschule während der Blütezeit der Okulate ein genauer Kontrollgang durch alle Reihen durchgeführt, um die Sortenreinheit zu kontrollieren. Sollte es trotz aller Aufmerksamkeit doch einmal geschehen sein, daß ein Reis einer anderen Sorte beim Veredeln dazwischengekommen ist, sind diese Pflanzen zur Blütezeit am leichtesten zu finden und werden sofort gekennzeichnet, da man sie sonst im Herbst kaum wiederfindet.

Ernte

Im Spätherbst sind die Rosen so weit, daß sie geerntet werden können. In der Baumschule spricht man vom Roden. Vorbedingung dafür ist, daß das Holz gut ausgereift ist, d. h., das Wachstum ist weitgehend abgeschlossen, und die Triebe sind fest, in ihrer natürlichen Farbe, nicht etwa noch rötlich, wie es bei vielen Sorten bei frischen Trieben der Fall ist. Die Rosen reifen sehr spät aus, außerdem variiert der Zeitpunkt noch je nach der Witterung. In einem feuchten, warmen Spätsommer und Herbst dauert das Ausreifen länger als bei trockener Witterung. Das gute Ausreifen ist unbedingt nötig, damit die Pflanzen die nun auf sie zukommenden Belastungen, das Roden, Lagern, womöglich sogar noch das Überwintern, bis zum erneuten Pflanzen ohne Schaden überstehen können. Eine nicht genügend ausgereifte Pflanze ist diesen Beanspruchungen nicht gewachsen, sie verliert zu schnell Wasser und schrumpft, die Triebe faulen, sie sind nicht genügend gegen Fröste gefeit, und möglicherweise stirbt die ganze Pflanze ab. So ist es keinesfalls böser Wille, sondern Verantwortungsbewußtsein, wenn die Baumschulen zu zeitigen Wünschen nach Rosen, vielleicht schon im September, nicht nachkommen.
Meist erst Mitte Oktober bis Anfang November wird das Roden der Rosen durchgeführt.
Zum Roden wird ein Rodepflug benutzt, der an den Schlepper angebaut wird. Das Schar führt unter der Reihe entlang, zerschneidet die Wurzeln in einer gewissen Tiefe – garantiert damit eine ausreichende Länge – und hebt die Pflan-

zen an. Eine Rütteleinrichtung befreit die Pflanzen weitgehend von Erde. Die Rosen werden von Hand aus dem gelockerten Erdreich gezogen, auf Haufen gelegt, zu großen Bunden zusammengeschnürt und jeweils mit dem Sortenetikett gekennzeichnet. Es gibt aber auch Maschinen, die das Roden, Aufnehmen der Pflanzen aus dem Boden und Bündeln in einem Arbeitsgang durchführen.
Um die Verdunstung der Pflanzen und damit die Gefahr des Austrocknens herabzusetzen bzw. in Stapeln die Möglichkeit des Erhitzens und der Brandschäden zu vermeiden, müssen die Rosen sobald wie möglich entblättert werden. Hierbei wird in den Betrieben unterschiedlich verfahren, obwohl die Art der Entblätterung immer die gleiche bleibt. Das Entblättern wird mit einer Entblätterungsmaschine durchgeführt. Sie besteht aus einer Welle, auf der zahlreiche Riemen angeordnet sind. Durch die Umdrehung der Welle stehen die Riemen ab und schlagen die Blätter von den Rosen, ohne die ausgereiften Triebe zu beschädigen.
Bei den gerodeten Rosen wird an einer stationären Entblätterungsmaschine entblättert. Die Problematik besteht hierbei in einem relativ hohen Arbeitsaufwand. Jede Rose muß nach dem Roden nur für diesen Arbeitsgang noch einmal in die Hand genommen werden. Weniger Aufwand erfordert das Entblättern bereits auf dem Feld. Am Geräteträger oder einem Schlepper wird an die Zapfwelle eine Entblätterungswelle angeschlossen und damit der Bestand überfahren, entweder in einem Arbeitsgang mit dem Roden oder auch gesondert vorher. Bei dieser Methode entfällt die „individuelle" Behandlung der Rosen, bis wirklich alle Blätter abgeschlagen sind. Bei nassem Laub und Sorten, bei denen die Blätter auch im Herbst noch sehr festsitzen, kann unter Umständen ein gewisser Teil der Blätter nicht erfaßt werden. Dabei spielt allerdings auch die Konstruktion und Anbringung der Welle eine Rolle. Eine quer über die Reihe laufende Welle erfaßt meist die Blätter nicht so gut wie eine, die in der Reihe läuft und seitlich in die Pflanzen schlägt. Besser noch sind zwei parallel laufende Wellen, die von beiden Seiten schlagen. Um die Entblätterung zu verbessern, besteht auch die Möglichkeit, vorher mit dem Mähbalken über den Bestand zu fahren und die Pflanzen bis auf eine bestimmte Höhe zurückzuschneiden. Dadurch werden die unteren Pflanzenteile besser beim Entblättern erfaßt, die

oberen werden sowieso später abgeschnitten. Von den USA ist beispielsweise bekannt, daß dort auf den großen Rosenfeldern das Entblättern von Schafherden bewerkstelligt wird, die vor der Rodung in die Rosen getrieben werden. Die Bemühungen konzentrieren sich aber auf die Suche nach Möglichkeiten der Entblätterung durch chemische Mittel.

Die Rosen sind sehr empfindlich, und meist wurden Schäden an den Pflanzen bei Anwendung entsprechender Mittel festgestellt. So bequem wie bei der Kartoffelentkrautung geht es bei Rosen bisher leider noch nicht. Mehrfach wird darauf hingewiesen, daß Ammoniumsulfat in 20 %iger Lösung gute Erfolge ohne Pflanzenschäden erwarten lasse. Die Wirkung reicht jedoch offensichtlich bei Sorten mit sehr festsitzendem Laub, wie 'Gloria Dei', nicht aus. Außerdem ist bei der Großanwendung die Handhabung der großen Salzmengen fast unmöglich. Es gibt Erfahrungen mit Kaliumjodid in Konzentrationen von 0,3 bis 0,4 %, mit Bromodin in Konzentrationen von 1 bis 2 %. Präparate auf der Grundlage von Ethephon, die Äthylen abspalten und so einen beschleunigten natürlich Blattfall auslösen sollen, sind ebenfalls mehrfach angewendet worden. Sie erweisen sich zumindest bei Rosen als unsicher, temperaturabhängig, und unter ungünstigen Bedingungen traten auch Schäden auf.

Gerade die Anwendung chemischer Mittel ist in den letzten Jahren sprunghaft vorangekommen. Aus diesem Grunde können wir in diesem Zusammenhang einmal vorausschauen, um zu erkennen, welche Möglichkeiten sich vielleicht in Zukunft zur Anwendung chemischer Verbindungen in der Rosenanzucht ergeben. Da wäre einmal das Problem des bereits diskutierten späten Wachstumsabschlusses und seine Folgen. Findet man Möglichkeiten, den Wachstumsabschluß und das Ausreifen des Holzes durch chemische Mittel zu fördern, könnte man die Rodung und den Verkauf im Herbst vorverlegen und damit diese Arbeitsspitze vermindern. Bei Veredlungsunterlagen kann die Anwendung bestimmter Chemikalien interessant werden, mit denen Pflanzenhöhe und Wurzelhalsstärke beeinflußt werden, wodurch sich Erleichterungen beim Veredeln ergeben können.

Auch für gerodete Pflanzen deuten sich Möglichkeiten an, die Wasserabgabe zu verringern und damit die Gefahr von Trockenschäden herabzusetzen. So gibt es Verbindungen, die auf die oberirdischen Pflanzenteile gespritzt werden, wodurch ein Überzug entsteht, der die Wasserverdunstung stark mindert, ohne die Lebenstätigkeit der Pflanze dabei zu behindern. Andere Mittel, die bei Forstpflanzen erprobt wurden, regen die Pflanze zur Wasserspeicherung in den Wurzeln an und lassen sie auf diese Weise die Belastungen durch Trockenheit besser überstehen.

Eine ganze Reihe Wachstumsregulatoren beeinflussen verschiedene Prozesse in der Pflanze. So ist die Wechselwirkung von Gibberellinen und Cytokininen sowie Auxinen bei der Steuerung des Wachstumsprozesses bekannt. Die ersten beiden erhöhen den Blütenertrag, Cytokinin verringert aber die Stiellänge. Benzyladenin und Benzylaminopurin fördern die Bildung neuer Triebe. Chlorcholinchlorid erhöht den Blütenertrag. Die Kombination der verschiedenen Regulatoren ruft jedoch wieder neue Wirkungen hervor, so daß vielfältigste Beeinflussungsmöglichkeiten entstehen.

Die hier angedeuteten Möglichkeiten sind bisher keineswegs für Rosen spruchreif und sollen auch nur Möglichkeiten herausstellen. Selbst wenn bestimmte Verbindungen die beabsichtigte Wirkung ohne Nebenwirkungen hervorrufen, bleibt immer noch die Frage der leichten Ausbringungsmöglichkeit und vor allem die Frage der Kosten. Die Suche nach neuen Methoden kann nicht Selbstzweck sein, sie hat nur Sinn, wenn dadurch Arbeitszeit und Kosten eingespart werden können, die Pflanzenqualität erhalten bleibt oder, wenn möglich, sogar noch verbessert wird. Wir müssen immer davon ausgehen, daß die Bedingungen der Baumschule wesentlich anders als etwa im Zierpflanzenbau sind. Bei dem dichten Stand der Pflanzen im Zierpflanzenbau unter Glas wird ein Wirkstoff fast ohne Verluste verwertet, in der Baumschule mit ihren breiten Reihen trifft nur ein geringer Teil der ausgebrachten Mittel die Pflanzen, die überwiegende Menge geht selbst bei Streifenspritzung verloren.

Der kurze Ausblick in eine mögliche Zukunft soll uns aber nicht abhalten, den Weg der entblätterten Rose weiter zu verfolgen.

Sortierung

Die entblätterten Pflanzen müssen nun sortiert werden. Es ist verständlich, daß bei den vielen Einflüssen, denen die Rosen während der langen Zeit der Anzucht ausgesetzt sind, nicht eine

1 'Atoll', (Meilland 1972),
  Teehybride

2

4

2 'Ambassador', (Meilland 1977),
  Teehybride

4 'Adolf Horstmann', (W. Kordes' Söhne 1971),
  Teehybride

3 'Aalsmeer Gold', (W. Kordes' Söhne 1978),
  Teehybride

5 'Anne-Marie Trechslin', (Meilland 1969),
  Teehybride

3

5

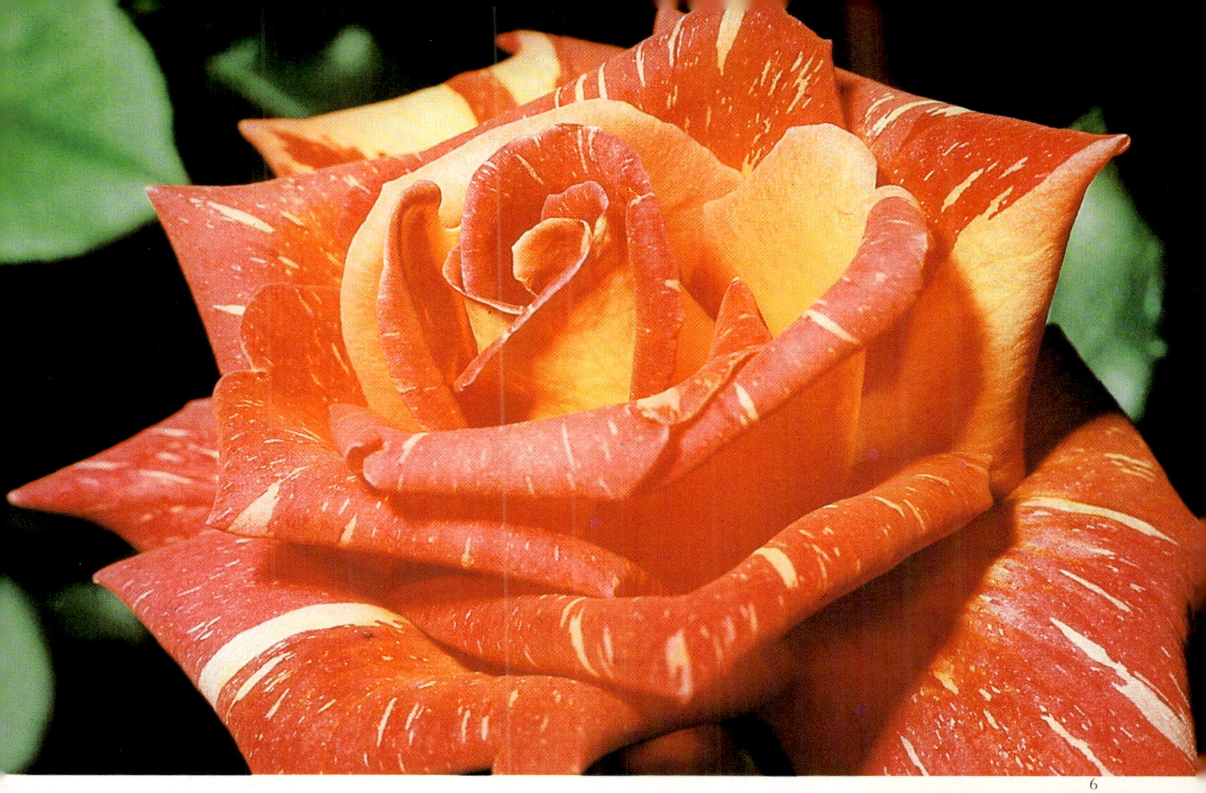

6

7

8

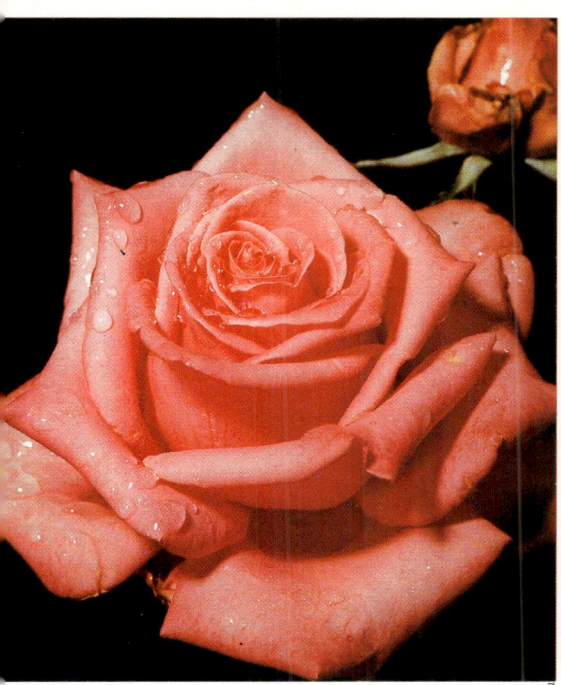

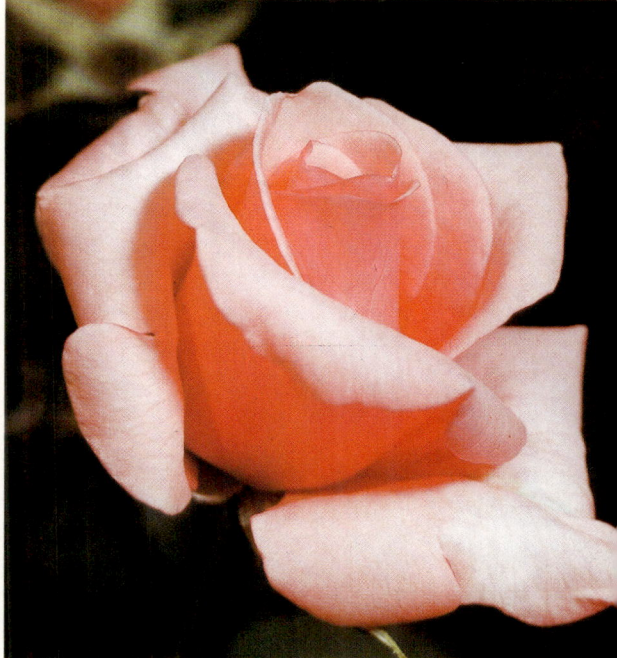

6 *'Caribia', (Wheatcroft 1972), Teehybride*

7 *'Ballet', (W. Kordes' Söhne 1958), Teehybride*

8 *'Carina', (Meilland 1963), Teehybride*

9 'Duftwolke', (Tantau 1963), Teehybride

11 'Fortuna', (W. Kordes' Söhne 1977), Teehybride

10 'Eiffelturm', (Armstrong 1963), Teehybride

12 'Erotika', (Tantau 1968), Teehybride

13

15

14

16

13 'Gloria Dei', (Meilland 1945),
   Teehybride

14 'Ilona', (Verbeek 1973),
   Teehybride

15 'Königin der Rosen', (W. Kordes' Söhne 1964),
   Teehybride

16 'Landora', (Tantau 1970),
   Teehybride

17 'Lustige', (W. Kordes' Söhne 1973),
    Teehybride

18

19

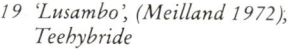

20

18 'Maria Callas', (Meilland 1966),
   Teehybride

19 'Lusambo', (Meilland 1972),
   Teehybride

20 'Melina', (Tantau 1973),
   Teehybride

21

22

23

21 'Prima Ballerina', (Tantau 1957),
   Teehybride

22 'Pascali', (Lens 1963),
   Teehybride

23 'Peer Gynt', (W. Kordes' Söhne 1968),
   Teehybride

wie die andere aussieht und sich stärkere und schwächere Pflanzen entwickeln, auch wenn alle an der Anzucht Beteiligten sich bemühen, nur möglichst starke Pflanzen zu erzielen. Handelsfähig sind die Güteklassen A und B. Die Gütebestimmungen bei niedrig veredelten Rosen lauten für:

Güteklasse A

„Hierunter versteht man einjährige, durch Sommerokulation erzielte Pflanzen mit mindestens 3 normal entwickelten, gut ausgereiften Trieben, von denen mindestens 2 aus der Veredlungsstelle kommen müssen, während der dritte Trieb bis 5 cm darüber entspringen darf."

Güteklasse B

„Hierunter versteht man gut entwickelte Pflanzen mit zwei kräftigen, gut ausgereiften, aus der Veredlungsstelle entspringenden Trieben."

Diese Bestimmungen klingen in ihrem Wortlaut sehr einleuchtend und eindeutig. Wer aber einmal vor einem zu sortierenden Stapel Rosen gestanden hat, weiß, daß dazu sehr viel Sorgfalt und auch Erfahrung gehört. Nicht eine Pflanze sieht wie die andere aus. Der Sortierer muß auf Grund seiner Kenntnisse entscheiden können, was ein „normal entwickelter" Trieb ist. Dazu muß er aber gute Sortenkenntnis besitzen. Bei 'Gloria Dei' mit ihren relativ starken Trieben ist ein normaler Trieb anders zu beurteilen als beispielsweise bei 'Sultane'.

Beim Sortieren fällt auch ein gewisser Anteil Pflanzen an, die so schwach sind, daß sie nicht in die Anforderungen der Güteklassen A und B fallen. Diese, meist als Güteklasse C bezeichneten Pflanzen sind nicht handelswürdig und werden nicht angeboten. Sie können auch nicht aufgepflanzt werden, um dann im nächsten Jahr, wenn sie kräftiger geworden sind, verkauft zu werden. Die Bestimmungen verlangen ausdrücklich nur einjährige Kronen.

Noch ein Wort zur Güteklasse B. Die Ansicht, daß es sich dabei um Pflanzen handelt, die wegen der Bezeichnung B und des geringeren Preises beim Käufer nicht wachsen würden, ist nicht richtig. Aus den Gütebestimmungen geht hervor, daß es sich lediglich um eine schwächere Ware handelt, die von der Triebzahl her nicht die Anforderungen der Güteklasse A erfüllt.

Während des Sortierens werden die Pflanzen noch einmal auf Unterlagentriebe oder stehengebliebene Reste von Unterlagentrieben kontrolliert und diese entfernt. Ebenso werden Triebe, die nicht genügend ausgereift sind, herausgeschnitten.

Anschließend an das Sortieren werden die Rosen gebündelt. Ein gut gebundenes Bündel erkennt man daran, daß die Wurzelhälse in einer Höhe liegen und immer nach innen zeigen, die Triebe nach außen. So wird die Bruchgefahr beim Zusammenziehen des Fadens weitgehend herabgesetzt. Gebunden wird in sogenannten Bindeböcken, bei denen das Bund über einen Fußhebel zusammengedrückt wird, so daß die Hände zum Binden frei sind. Schneller und einfacher, allerdings nicht so fest, erledigt diese Arbeit eine Bündelmaschine. Anschließend werden die Triebe im Bund eingekürzt und auf gleiche Länge geschnitten, soweit das nicht bereits durch den Mähbalken auf dem Feld geschehen ist. Nach dem Etikettieren sind die Rosen fertig, um für den Verkauf zusammengestellt zu werden.

Überwinterung

Ein Teil der im Herbst gerodeten Rosen bleibt den Winter über in der Baumschule und wird erst im Frühjahr verkauft. Die Gründe für einen Rosenkauf im Frühjahr sind verschieden, sei es, daß der Käufer das Land, wohin die Rosen gepflanzt werden sollen, im Herbst noch nicht zur Verfügung hat, oder wenn er das Risiko der ersten Überwinterung im Garten nicht tragen will.

Die Spezialbetriebe, die große Mengen Rosen heranziehen, haben für die Überwinterung sogenannte Japans, große, frostfreie Einschlagräume. Wenn der Herbstversand abgeschlossen und der Boden in den Überwinterungsräumen

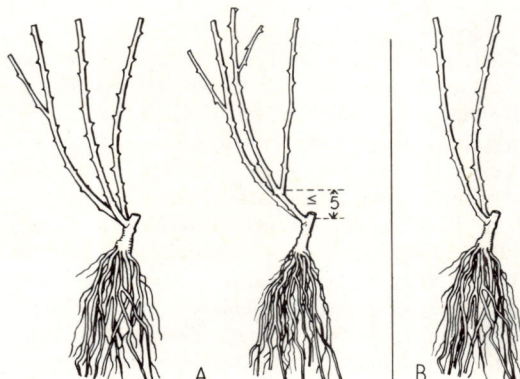

Qualitätsmerkmale bei den Güteklassen A und B

gut gewässert ist, wird mit dem Einschlagen begonnen. Dazu werden Gräben ausgehoben, die Rosen eingestellt und mit dem Aushub für den nächsten Graben so mit Erde zugeschüttet, daß die Wurzeln vollkommen mit Erde bedeckt sind. Zusätzliches Antreten und Angießen sorgen dafür, daß ein Austrocknen nicht möglich ist. Soweit es die Witterung erlaubt, wird während des Winters gelüftet, um für Luftbewegung im Raum zu sorgen und die Luftfeuchtigkeit herabzusetzen, die sonst bei Abkühlung schnell zu Niederschlag führt. Stehende Luft fördert den Pilzbefall. Im Einschlag zeigt sich sehr schnell, ob die Rosen gut ausgereift in den Winter gehen. Zu weiche Triebe werden schwarz, und der Grauschimmel *(Botrytis cinerea)* umhüllt sie mit seinem grauweißen Pilzbelag. Auch bei ausgereiften Pflanzen läßt sich, vor allem wenn durch kalte Witterung lange nicht gelüftet werden konnte, Pilzbefall auf die Dauer nicht ganz vermeiden. Zur Vorbeugung sind Luftumwälzer im First des Japans einzubauen. Bereits eine langsame Umwälzung der Luft setzt den Pilzbefall stark herab. Das Stäuben mit Fungiziden unterstützt diese Maßnahmen. Empfohlen werden Stäubemittel auf der Grundlage von Captan oder Metiram und Schwefel. Beim Einsatz von Spritzmitteln ist darauf zu achten, daß die Pflanzen möglichst bald wieder abtrocknen, um dem Pilzbefall nicht zusätzlichen Vorschub zu leisten.

Im Frühjahr erwärmt sich allerdings die Luft im Japan. Der Rosenversand muß deshalb in möglichst kurzer Zeit abgeschlossen werden, da die Pflanzen sonst zu weit austreiben. Ein Zurückhalten ist kaum möglich. Eine, wenn auch begrenzte Möglichkeit, den vorzeitigen Austrieb zu bremsen, besteht darin, die Rosen mit entsprechenden austriebhemmenden Mitteln zu behandeln. Die Hemmung darf aber nicht so stark sein, daß die ausgepflanzten Rosen erst nach langer Zeit austreiben. Recht gute Erfolge können mit auf der Grundlage von Chlorpropham hergestellten Mitteln erzielt werden, die vor allem bei Kartoffeln verwendet werden. Damit kann eine recht gute Austriebshemmung erreicht werden, ohne daß nach der Pflanzung nachteilige Wirkungen zu beobachten sind. Als positive Nebenwirkung wird eine geringere Befallsstärke mit Grauschimmel an den behandelten Pflanzen festgestellt.

Bessere Möglichkeiten, den vorzeitigen Austrieb der Rosen bei der Überwinterung zurückzuhalten und den Versand zu erleichtern, bietet ein Kühlhaus. Im Kühlhaus werden die Rosen gebündelt in Regale eingeschichtet und so überwintert. Voraussetzung für eine erfolgreiche Lagerung sind allerdings konstante Lagerbedingungen mit Lufttemperaturen zwischen 0 und + 2°C und einer relativen Luftfeuchte von mindestens 96 %, möglichst aber 98 %. Während die Regelung der Lufttemperatur wenig Schwierigkeiten bereitet, führen die Forderungen nach 98 % Luftfeuchte bei Projektanten und Baumschulen immer wieder zu Problemen. In Kühlhäusern oder Räumen mit Mantelkühlung, bei der der geschlossene Raum von außen, über einen Mantel, gekühlt wird, ist die gewünschte Luftfeuchte noch einigermaßen zu halten. Diese Bauweise ist aber sehr teuer. Deshalb haben die meisten Kühlhäuser eine Direktkühlung, bei der das Kühlaggregat direkt auf den Kühlraum einwirkt. Die Folge ist wie im Kühlschrank, daß sich die Feuchtigkeit am Kühlaggregat absetzt und damit der Luft, letztlich also den Pflanzen entzogen wird.

Können die nötigen Temperatur- und Feuchtigkeitswerte konstant gehalten werden, ist das Kühlhaus dem üblichen Einschlag auf jeden Fall überlegen. Abgesehen vom geringeren Arbeitsaufwand durch Wegfall des Einschlagens ist nachgewiesen, daß die Anwachsergebnisse der überwinterten Pflanzen mindestens ebenso gut, nach sehr langer Lagerung sogar besser sind. Dazu sind aber mindestens 96 % Luftfeuchte nötig, wenn es nicht zu Qualitätsverlusten kommen soll. Selbst dann geben die Rosen noch Wasser ab, so daß Gewichtsverluste von 6 bis 8 % bei sechsmonatiger Lagerung auftreten können. Diese Werte sagen an sich nicht viel, wenn der Zusammenhang fehlt und die Auswirkungen nicht dagegenstehen. Deshalb an dieser Stelle einige Ausführungen zur Feuchtigkeit bei Rosen. Sicher ist es dem Leser schon aufgefallen, daß immer wieder, sobald es um Rosen geht, die nicht in der Erde stehen, und irgendwie gelagert werden müssen, betont wird: feucht halten, nicht austrocknen lassen! Die Rose reagiert auf Feuchtigkeitsverluste empfindlich. Diese können eintreten, wenn die Pflanze an der Luft liegt. Beim Trockenwerden kommt es sehr schnell zu irreversiblen Schäden, und die Pflanzen können verlorengehen. Bereits bei 10 bis 11 % Gewichtsverlust fallen mehr als 20 % aus. Als geringster zulässiger Wert nach der Lagerung wurden in Rosentrieben 60 % Wassergehalt gemessen. Sinkt der Wassergehalt auf 50 %, dann sterben bereits 50 % der Triebe ab.

Die Wasserverluste sind aber um so höher, je niedriger die Luftfeuchte ist. Außerhalb des Kühlraumes werden nie so hohe Luftfeuchtewerte erreicht. Aber auch während des Versandes liegen die Rosen oft tagelang mit bloßen Wurzeln. Hier wurden bei 62 % relativer Luftfeuchte im Versandraum, das ist unter normalen Verhältnissen relativ hoch, je Tag mehr als 2 % Gewichtsverlust gemessen. Unter solchen Verhältnissen ist jeder Luftzug zu vermeiden, sonst können die gefährlichen Werte innerhalb weniger Stunden erreicht werden. Aus diesen Zahlen geht hervor, wie wichtig gerade bei Rosen eine sorgfältige Pflege, vor allem regelmäßiges Überbrausen ist, solange sie sich nicht im Boden befinden.

Doch noch einmal zurück zum Kühlraum. Es ist verständlich, daß sich bei den hohen Luftfeuchtewerten auch sehr leicht Pilzbefall, vor allem *Botrytis,* einstellt. Es kommt deshalb hier ganz besonders darauf an, nur gesunde, einwandfrei ausgereifte Pflanzen einzustapeln. Gegen trotzdem auftretenden Befall wird Behandlung mit entsprechenden Fungiziden (Mittel zur Bekämpfung von Pilzen) empfohlen.

Weitere Vermehrungsmöglichkeiten

Hier soll nicht etwa auf das vor vielleicht 200 Jahren übliche Absenken oder ähnliche Methoden hingewiesen werden, sondern auf die Vermehrung durch Stecklinge, die unter neuem Aspekt wieder mehr von sich reden macht, und die Anzucht durch die sogenannten Winterhandveredlungen, die für die Schnittrosenkultur unter Glas durchgeführt werden.

Vermehrung durch Stecklinge

Rosen aus Stecklingen finden Fürsprecher und Gegner. Beide führen Wüchsigkeit, Blütenreichtum, Frostresistenz, Verzweigung und Lebensdauer an, um dafür oder dagegen zu argumentieren. Leider werden die Begründungen selten durch exakte Versuche oder Zahlenmaterial untermauert, so daß über die künftige Bedeutung keine gesicherte Aussage möglich ist.

Bei einigen mehrjährigen Vergleichen zwischen stecklingsvermehrten und veredelten Pflanzen unter Freilandbedingungen blieben die stecklingsvermehrten Rosen bei den Merkmalen Pflanzenhöhe, Trieblänge je Pflanze und durchschnittliche Trieblänge im Mittel um etwa 20 %

hinter den veredelten zurück. Die Blühleistung erreichte nur etwa 75 % der veredelten Pflanzen. Dabei traten allerdings sehr starke Sortenunterschiede auf, so daß einzelne Sorten ohne weiteres in bestimmten Merkmalen auch die Leistung veredelter Pflanzen erreichen. Die Pflanzenausfälle waren bei Stecklingspflanzen höher, besonders im ersten Winter. Die Frosthärteprüfung ergab gesichert bessere Winterfrostfestigkeit der veredelten Pflanzen, dabei nimmt der Frosthärtegewinn durch die Veredlung ab, je frosthärter die Sorte an sich ist.

Bei der Kultur unter Glas wird von gleichen oder höheren Blumenerträgen stecklingsvermehrter Pflanzen berichtet; diese sollen aber kürzere Stiele bringen und bereits nach dem vierten Jahr im Ertrag deutlich zurückgehen. Sicher wird es bei Sortenvielfalt für die Stecklingsvermehrung besser und schlechter geeignete Sorten geben.

Für Zwergrosen ist die Vermehrung durch Stecklinge gewiß immer die bessere Methode, weil so der zwergige Wuchs erhalten bleibt und nicht durch die Unterlage beeinflußt wird.

Für das übliche Sortiment ist die Stecklingsvermehrung heute interessant geworden, weil Sprühvermehrung mit weitgehender Automatisierung und die Verwendung von Wuchsstoffen neue Möglichkeiten eröffnen. Bei der Sprühvermehrung wird in gewissen Abständen durch ein Steuergerät Wasser ganz fein auf die Stecklinge gesprüht, die dadurch ohne Schattierung bei voller Sonne und Wärme optimal assimilieren können. Der Erfolg sind gute Bewurzelungsergebnisse auch bei Arten, die früher nicht befriedigten, dazu gehörten auch die Rosen. Dazu kommt die Anwendung von Wuchsstoffen, die ebenfalls die Bewurzelung fördern. Ihre Anwendung ist sehr einfach und erfordert kaum zusätzlichen Zeitaufwand. Die Stecklinge werden mit er unteren Schnittfläche in Wuchsstoffpuder oder -lösung getaucht und anschließend gesteckt.

Der Wert der Verwendung von Wuchsstoffen wird bei Rosen unterschiedlich beurteilt. Es wird vor allem mit Indolylessigsäure, Indolylbuttersäure und Naphtylessigsäure als Grundlage von Wuchsstoffpudern in Konzentrationen von 0,5–1,0% gearbeitet. Wurden damit Erfolge erzielt, bewirkten sie eine Verkürzung der Zeit bis zur Bewurzelung und eine Erhöhung der gebildeten Wurzelzahl. Das Bewurzelungsergebnis wurde kaum verbessert. Die Wuchsstoffanwendung rückt für Rosen möglicherweise wieder stärker in den Vordergrund, indem sich bei Zusatz von Synergisten zu den Wuchsstoffen wesentlich bessere Ergebnisse abzeichnen. Dabei handelt es sich um verschiedene Stoffe, die selbst keine fördernde Wirkung haben, die aber in der Kombination mit Wuchsstoffen eine Erhöhung der Wirksamkeit zur Folge haben.

Die praktische Seite der Stecklingsvermehrung ist also weitgehend geklärt. Die durch Stecklinge vermehrten Rosen werden die von Okulationen stammenden nicht etwa ersetzen oder verdrängen. Ihre mögliche Bedeutung scheint sich im Zusammenhang mit neuen Verbrauchsgewohnheiten abzuzeichnen. Bisher beschränkt sich der Rosenverkauf und die Möglichkeit zur Pflanzung auf nur kurze Zeit im Jahr. Wer außerhalb dieser Zeit aus irgendwelchen Gründen den Wunsch hatte, Rosen zu pflanzen, konnte es einfach nicht. Das gilt übrigens nicht nur für Rosen, sondern für alle Gehölze. Den Ausweg bietet die Containerkultur. Hier interessieren jetzt nicht Vor- und Nachteile dieser Methode, sondern nur, was im Zusammenhang mit unseren Rosen und der Vermehrung durch Stecklinge von Bedeutung ist. Bei der Containerkultur werden Pflanzen in relativ großen Behältern, meist Foliebeuteln, kultiviert, die dann fast das ganze Jahr über, auch mit Blättern und Blüten, ohne Schaden verpflanzt werden können, da sie einen eigenen, festen Wurzelballen haben. Es ist natürlich, daß eine solche Rose, die wesentlich mehr Arbeit erfordert, teurer ist.

Die Rose aus der üblichen Anzucht bietet nun bei der Containerkultur einige Schwierigkeiten. Da ist einmal die Zeit, bis eine Rose im Container verkaufsfertig ist; denn die eigentlich verkaufsfertige Rose muß in den Container gepflanzt werden, dann einen festen Wurzelballen bilden und sich zu einer ansehnlichen Pflanze entwickeln. Außerdem ist die Rose aus dem Freiland nicht maßgerecht für dieses Behältnis gewachsen, und die Wurzeln passen oft nicht in den kleinen Raum. Das sind Gründe, weshalb man versucht, aus Stecklingen gezogene Rosen für die Containerkultur zu verwenden.

Ein weiteres Anwendungsgebiet zeichnet sich in der Verwendung solcher stecklingsvermehrter Rosen in der Kultur unter Glas ab. In einigen Ländern werden seit Jahren verschiedene in dieser Weise vermehrte Sorten in großen Mengen gepflanzt. Die Ertragsleistung wird über die weitere Anwendung entscheiden.

Eine Reihe verschiedener Faktoren wirkt sich auf das Ergebnis der Stecklingsvermehrung aus. Die Stecklinge sollten aus gut gepflegtem Mutterpflanzenbestand gewonnen werden. Bei Pflanzen von mehr als 10 Jahren Alter und durch starke Düngung der Mutterpflanzen sinkt das Ergebnis. Weiche Stecklinge bewurzeln schneller als harte. Verholzte Triebe bewurzeln zwar, treiben aber schlechter aus. Als bester Zeitpunkt zum Stecklingsschnitt wird das Stadium des Farbezeigens der Blüte empfohlen. Am besten sollen sich das 2. und 3. Auge unter der Blüte für die Stecklingsvermehrung eignen. Gegenüber Einaugenstecklingen bringen 2- und 3-Augenstecklinge zunehmend bessere Bewurzelungsergebnisse. Aus ökonomischen Gründen wird jedoch überwiegend mit Einaugenstecklingen gearbeitet. Das Laub ist Voraussetzung für die Bewurzelung. Versuche bewiesen, daß mit abnehmender Laubmasse die Bewurzelung der Rosenstecklinge schlechter war. Aus Platzgründen wird oft das Spitzenfiederblatt entfernt oder eingekürzt. Die Bewurzelungsergebnisse sind stark sortenabhängig. Unter guten Bedingungen sind im Mittel 60—90 % zu erreichen. Vor allem gelbe Sorten bewurzeln im allgemeinen wesentlich schlechter und kommen kaum für eine Stecklingsvermehrung in Frage.

Aus Freilandkultur werden die Stecklinge etwa im Zeitraum von Ende Juni bis August geschnitten, die untere Schnittfläche mit Wuchsstoffen — sofern sie zur Anwendung kommen — behandelt und in die Sprühvermehrung gesteckt. Als Substrat haben sich Mischungen, z. B. aus Torf und Sand im Verhältnis 3 : 1, bewährt. Bei Bodenwärme von 20 bis 24 °C bewurzeln die Stecklinge innerhalb von 3 bis 4 Wochen.

Die bewurzelten Stecklinge werden getopft, frostfrei überwintert und im Frühjahr in die Container gepflanzt. Sie werden im Freien aufgestellt und sollen bis zum Herbst verkaufsfertige Ware ergeben. Auch bei guter Kulturführung befriedigt hierbei die Stecklingskultur noch nicht immer, da ein sehr großer Teil der Pflanzen bis zum Herbst nicht die Anforderungen für die Güteklasse A erreicht. Dazu kommen noch die höheren Kosten für die Sprühvermehrung und frostfreie Überwinterung sowie die großen Anforderungen für die Containerkultur während der Vegetationsperiode durch laufendes Wässern, Düngen usw. und nicht zuletzt die Frage des Stecklingsmaterials.

Insgesamt gesehen ist über die zukünftige Bedeutung der Stecklingsvermehrung wohl noch nicht das letzte Wort gesprochen. Zur Zeit befriedigt sie noch nicht. Wenn es aber gelingt, die Kultur noch besser in den Griff zu bekommen, könnte sie, zumindest für bestimmte Verwendungszwecke, neben der Anzucht durch Okulation eine gewisse Bedeutung erlangen.

Neben der Stecklingsvermehrung mit sogenannten Grünstecklingen können auch ausgereifte Triebteile als Steckholz zur Vermehrung genutzt werden. Diese Vermehrungsart spielt bei Rosen nur unter Sonderbedingungen eine Rolle. Mit der alten Sorte 'The Fairy' (Bentall 1932), die sehr leicht bewurzelt und die heute wieder als bodendeckende Rose eine gewisse Rolle spielt, wurden mit 8 cm langem Kurzsteckholz Erfolge erzielt. Dabei werden Ende Februar 2 Steckhölzer in einen 7-cm-Topf gesteckt und frostfrei gehalten. Bei Kultur unter Glas oder Folie steht bereits im Juni im 11-cm-Topf eine verkaufsfertige, blühende Ware zur Verfügung. Bei Steckholz von Rosen ist häufig die Qualität der Bewurzelung nicht befriedigend. Eine Verbesserung in Hinsicht auf Wurzelzahl und -länge wurde erreicht, wenn es vor dem Stecken in 2n Schwefelsäure getaucht und anschließend mit einer Lösung von Naphthylessigsäure in einer Konzentration von 2 g/l behandelt wurde. Das Bewurzelungsergebnis selbst wurde dadurch allerdings nicht verbessert.

Winterhandveredlungen

Die Betriebe, die Schnittrosen unter Glas kultivieren, pflanzen zu einem großen Teil Rosen, die aus Winterhandveredlungen hervorgegangen sind. Damit wird ein Kulturjahr eingespart, und die Pflanzen können durch den Schnitt so aufgebaut werden, wie es für die Schnittrosenkultur am zweckmäßigsten ist.

Für die Winterveredlung werden starke Unterlagen, möglichst mit einem Wurzelhalsdurchmesser von 8 bis 12 mm benutzt. Die Unterlagen werden eingetopft, besser noch die Wurzeln in *Sphagnum* (Torfmoos) eingewickelt, so daß ein Ballen entsteht, und bei relativ niedrigen Temperaturen von etwa 5 bis 10 °C langsam zum Austreiben gebracht. Die benötigten Reiser werden meist beim Rückschnitt der stehenden Kulturen gewonnen. Die Veredlung wird als Kopulation, durch Anplatten oder als Geißfußveredlung durchgeführt. Bei der Geißfußveredlung, auch als Triangulation bezeichnet, werden an Unterlage und Edelreis keilförmige Schnitte

angebracht, die ineinanderpassen. Nach der Veredlung werden die Pflanzen in das Vermehrungsbeet gebracht, wo sie anfangs bei Temperaturen von 20 bis 25 °C stehen. Die Luft muß gespannt sein, es darf nicht zu Tropfenbildung kommen, da dann sofort die Gefahr von Pilzbefall gegeben ist. Deshalb muß ständig das Schwitzwasser entfernt werden. Schon bald beginnen die Augen zu schwellen und auszutreiben. Der junge Austrieb ist sehr empfindlich, und es gehört ein guter Kultivateur dazu, wenn keine wesentlichen Ausfälle auftreten sollen. Nach entsprechendem Abhärten werden die Veredlungen, sobald sie eine gewisse Austriebslänge erreicht haben, sofort an Ort und Stelle in das Gewächshaus gepflanzt.

Sterilvermehrung

Diese auch als In-vitro-Vermehrung, Sproßspitzenkultur oder ungenau Meristem- oder Gewebekultur bezeichnete Methode gewinnt bei vielen Pflanzenarten zunehmende Bedeutung. Es geht dabei darum, daß nur wenige Millimeter große Sproßteile unter sterilen Bedingungen auf ein Nährmedium gebracht werden und sich unter Laborbedingungen entwickeln. Dabei wird die Fähigkeit der Pflanzen genutzt, aus undifferenzierten Zellen vollständig lebensfähige Pflanzen zu regenerieren. Die sich entwickelnden „Pflanzen" im Reagenzglas werden geteilt und als Subkultur unter gleichen Bedingungen weiter vermehrt. So kann etwa eine dreifache Multiplikationsrate nach jeweils 5 bis 8 Wochen erreicht werden. Nach mehreren Subkulturen werden die Pflänzchen in Substrat überführt und müssen sich an normale Umweltbedingungen gewöhnen. Dieser Schritt ist häufig sehr kompliziert. Bei guter Kultur blühten solche Rosen unter Glas 5 Monate nach der Entnahme aus dem Reagenzglas.

Aus den Möglichkeiten der schnellen Vermehrung wurden nicht selten Rechnungen abgeleitet, die innerhalb kurzer Zeit astronomische Vermehrungsquoten möglich erscheinen lassen. Mit diesen Zahlenmanipulationen sollte man allerdings vorsichtig zu Werke gehen. Trotzdem bleiben unter diesen kontrollierten Bedingungen hohe Vermehrungsmöglichkeiten bestehen, die unabhängig von der Jahreszeit durchführbar sind und die z. B. für die schnelle Vermehrung neuer Sorten interessant sein können. Die Kosten solcher Pflanzen sind allerdings beträchtlich höher als bei der üblichen Anzucht.

Stammrosenanzucht

Für die Stammrose interessiert sich fast nur der Gartenfreund. Im öffentlichen Grün wird sie nur in Ausnahmefällen verwendet. Wir wollen uns nur des Begriffes Stammrose bedienen, da der häufig gebrauchte Ausdruck Hochstammrose Verwirrung stiften kann. Es läßt sich darüber streiten, ob beispielsweise eine Stammrose mit 50 cm Stammhöhe unbedingt als „Hoch"stammrose zu bezeichnen ist. Generell sind Stammrosen auf Stamm veredelte Rosensorten, bei denen insofern der einzige Unterschied gegenüber den Buschrosen darin besteht, daß sich die Krone nicht gleich von der Erdoberfläche an verzweigt, sondern erst auf einem mehr oder weniger hohen Stamm. Für die Sortenwahl spielt das keine Rolle. Eine 'Super Star' kann sowohl als Buschrose oder als Stammrose herangezogen und gepflanzt werden. Allerdings benutzt man für Stämme überwiegend nur Teehybridsorten, teils noch Floribundarosen, nur selten Polyantha-Hybriden.

In die Gruppe der Stammrosen fallen auch die sogenannten Trauerrosen oder Hängerosen. Hierbei handelt es sich um Kletterrosensorten, die auf besonders hohe Stämme veredelt werden, deren Triebe aber — ihrem Wuchscharakter entsprechend — später überhängen.

Die Stammrosenanzucht ist noch wesentlich aufwendiger und langwieriger als die der Buschrosen. Während die Anzucht der Buschrose in der Baumschule zwei Jahre oder von der Aussaat an gerechnet 4 Jahre dauert, brauchen wir für die Stammrose allein in der Baumschule vier Jahre, von der Aussaat an sechs Jahre. Die Anzucht der Unterlage ist jedoch dieselbe, so daß wir gleich mit der Weiterkultur in der Baumschule beginnen können.

Stammanzucht

Nicht alle Unterlagentypen eignen sich gleich gut für die Stammrosenanzucht.

Rosa × pollmeriana bildet gute, kaum bestachelte Stämme und ist gesund. Die Stämme sind zwar relativ dünn, bleiben dafür aber lange biegsam und elastisch, was für das spätere Niederlegen von großer Bedeutung ist. Für leichte Böden eignet sie sich nicht. *Rosa canina* 'Inermis' bildet auf guten Böden recht gute, anfangs dünntriebige Stämme mit wenig Stacheln. *Rosa canina* 'Pfänder' wird ebenfalls verwendet, sie hat sehr scharfe Stacheln.

Auch einige andere Unterlagen aus dem Formenkreis von *Rosa canina* werden verschiedentlich für die Stammanzucht benutzt. Für die Stammanzucht werden die stärksten Unterlagen ausgewählt, möglichst mit einem Wurzelhalsdurchmesser von 8 bis 12 mm, mindestens jedoch 6 bis 8 mm.

Nach der Bodenvorbereitung, die ebenso sorgfältig wie bei den Buschrosen erfolgt, werden die Unterlagen gepflanzt, im Gegensatz zu den Buschrosenunterlagen aber mit dem Wurzelhals nicht über dem Boden, sondern tief. Die tiefe Pflanzung ist Voraussetzung für die Stammbildung. Die Pflanzen bleiben zwei Jahre stehen. Auch hier erfolgt Unkrautbekämpfung, laufende Bodenlockerung, solange die Reihen noch nicht geschlossen sind, und Bekämpfung von Krankheiten, besonders von Echtem Mehltau und Rost. Einige Besonderheiten sind zu beachten. Die Pflanzen sollen im ersten Jahr nicht zu stark wachsen, erst im zweiten Jahr ist der kräftige Wuchs, wenn die Bildung der langen Triebe einsetzt, erwünscht. Danach muß sich die Düngung richten. So sehr eine Stallmistgabe bei den Buschrosen vor der Pflanzung erwünscht ist, bei der Anzucht der Wildstämme wird darauf verzichtet. Erst im zweiten Jahr wird stärker gedüngt. Die Pflanzen werden nach dem ersten Jahr auch nicht zurückgeschnitten. Die Hoffnung auf stärkeren Durchtrieb nach einer solchen Maßnahme erfüllt sich nicht. Nur wenn im ersten Jahr das Wachstum zu stark war, werden gelegentlich die stärksten Triebe, aber auch nur diese, herausgeschnitten. Im zweiten Jahr entwickeln sich von unten her starke, lange Triebe, die bei entsprechenden Boden- und Witterungsverhältnissen oft ohne weiteres 2 m Höhe erreichen können. Das Wachstum der Triebe darf nicht vorzeitig zum Stillstand kommen. In trockenen Jahren kann es geschehen, daß sie sehr kurz abschließen. Dann ist die Stammausbeute gefährdet. Wenn die Möglichkeit besteht, rechtzeitig zu wässern, läßt sich diese Gefahr überbrücken.

Besonderes Augenmerk muß bei der Wildstammanzucht einem Schädling, dem Rosentriebbohrer, gewidmet werden. Wenn er die Triebe befällt und in den Trieben seine Gänge frißt, sind sie nicht mehr zu gebrauchen. Laufende Beobachtungen und rechtzeitige Bekämpfungsmaßnahmen können diese Verluste verhindern. Am Ende des zweiten Standjahres wird der gesamte Bestand gerodet, sobald die Triebe ausgereift sind, meist erst gegen Mitte November. Für diese Arbeit wird wieder der Rodepflug eingesetzt. Es haben sich in den zwei Jahren sehr große und umfangreiche Büsche entwickelt. Da es gar nicht möglich ist, diese Mengen von einem Quartier zu transportieren, muß die erste grobe Bearbeitung gleich auf dem Feld durchgeführt werden. Bei jedem Busch wird der beste Stamm ausgewählt, der möglichst lang, gleichmäßig, gerade, gesund und unbeschädigt sein muß. Alle anderen Triebe werden mit der Schere grob abgeschnitten, wobei man, um keine Zeit zu verlieren, die Zapfen stehenläßt. Einige Unterlagentypen bilden an den langen Trieben auch schon Seitentriebe. Diese werden ebenfalls gekürzt. Die so bearbeiteten Stämme werden gebündelt und möglichst schnell, daß sie nicht austrocknen, in einen Japan gebracht. Es ist aber keineswegs so, daß aus jeder gepflanzten Unterlage ein verwendungsfähiger Stamm entsteht. Ein ganz beachtlicher Teil bildet zwar große Büsche, aber keine genügend langen Stämme. Diese Pflanzen werden als Wildbüsche verkauft oder, wenn kein Bedarf dafür vorhanden ist, mit dem aus der ersten Bearbeitung anfallenden Holz verbrannt. Die gebündelten Stämme werden vorerst frostsicher eingeschlagen. Im Laufe des Winters werden die Stämme wieder aus dem Einschlag geholt und geputzt. Jetzt werden alle stehengelassenen Triebreste mit der Schere oder, wenn die Ansatzstellen sehr stark sind, besser mit der Kreissäge weggeschnitten. Danach ist noch eine Nachbearbeitung nötig, wobei die bei der groben Bearbeitung verbliebenen Reste mit dem Messer sauber nachgeschnitten und gleichzeitig alle Augen, die sich am Wurzelhals befinden, mit der Messerrückseite entfernt werden. Sie würden anderenfalls nach dem Pflanzen im Frühjahr sofort austreiben und eine wesentliche Mehrbelastung beim Wildern bringen. Die Wurzeln werden ebenfalls eingekürzt und pflanzfertig geschnitten. Bei Stämmen, die Seitentriebe aufweisen, werden diese sauber bis zum Astring entfernt. Werden *Rosa canina*-Typen verwendet, deren Stämme mehr oder weniger bestachelt sind, ist noch das Entstacheln nötig. Es wird mit einem Lederhandschuh bewerkstelligt. Sind die Stämme fertig geputzt, werden sie sortiert. Auch hier gibt es bindende Qualitätsbestimmungen, die eingehalten werden müssen. Sie besagen: „Rosenwildstämme als Unterlagen für Stammrosen sind in der Regel dreijährige, teils auch

zweijährige, einmal verschulte Pflanzen von *Rosa canina* und ihren Sorten, den sogenannten Edelcanina, deren Triebe bis auf einen für die Veredlung geeigneten Stamm weggeschnitten wurden. Die Stämme selbst müssen einjährig, gerade und ausgereift sein. Eine leichte Biegung ist lediglich im untersten Teil des Stammes unmittelbar oberhalb des Wurzelhalses statthaft." „Der Mindeststammdurchmesser muß bei allen Höhen an der Veredlungsstelle 5 mm betragen." Daraus geht hervor, daß die Gesamtlänge des Stammes höher sein muß als die nötige Veredlungshöhe. Nur der angegebene Mindeststammdurchmesser in Veredlungshöhe gibt die Gewähr, daß unter normalen Bedingungen später auch in dieser Höhe veredelt werden kann.

Außerdem muß sich über der zukünftigen Veredlungsstelle noch eine Unterlagenkrone entwickeln können. Die Stämme dürfen also nicht etwa auf diese Veredlungshöhe zurückgeschnitten werden. Bei den Stammrosen gibt es verschiedene Veredlungshöhen, nach denen die Stämme unter Berücksichtigung der oben angeführten Forderungen sortiert werden. Sie betragen

80—100 cm	140—160 cm
100—120 cm	160—200 cm
120—140 cm	

Die geputzten und sortierten Wildstämme werden gebündelt und wieder eingeschlagen, wobei darauf zu achten ist, daß der Boden ausreichend feucht ist und keine Hohlräume im Boden verbleiben, die Wurzeln vielmehr allseitig mit Erde umgeben sind. Um bei den starken Bunden ganz sicherzugehen, wird nach dem Einschlagen und Antreten mit dem Schlauch kräftig eingewässert.

Weiterkultur

Im Frühjahr werden die Stämme gepflanzt. Der Boden wird in der gleichen Weise wie für die Buschrosenanzucht vorbereitet. Die Stämme werden aus dem Einschlag genommen und nochmals alle in der Zwischenzeit gebildeten Augen am Wurzelhals entfernt. Die Pflanzung erfolgt in eine vom Rillenzieher gezogene Furche oder auch mit dem Spaten. Die Reihenentfernung ist in den Betrieben unterschiedlich, je nachdem, wie die weitere Bearbeitung durchgeführt werden kann, etwa zwischen 100 und 125 cm, in der Reihe wird ein Abstand von

20 cm eingehalten. Das Pflanzen erfolgt in der Reihenfolge entsprechend der Stammhöhe. Besonders ist beim Pflanzen darauf zu achten, daß die beim Putzen entstandenen Zapfenstellen alle in eine Richtung, und zwar in Richtung der Reihe, weisen. Das ist von Bedeutung für das im Herbst nötige Niederlegen, um Bruch zu vermeiden. Wird von Hand niedergelegt, werden die Zapfenstellen bei den letzten 3 bis 4 m in entgegengesetzte Richtung gepflanzt. Nach dem Pflanzen wird fest angetreten. Bald nachdem die Stämme angewachsen sind, treiben sie am Stamm und am Wurzelhals aus. Es entwickeln sich Seitentriebe und Bodentriebe. Alle aus dem Wurzelhals kommenden Triebe werden restlos entfernt, dazu ist es nötig, den Wurzelhals mit dem Handspaten freizulegen. Sind die Stämme bereits stark genug, werden die Seitentriebe möglichst zeitig entfernt, indem mit einem Lederhandschuh der Stamm abgestreift wird. Junge Triebe brechen noch ohne Schaden leicht ab. Stärkere Triebe müssen mit dem Messer abgeschnitten werden, was wesentlich mehr Zeit erfordert. Sind die Stämme aber noch nicht stark genug, läßt man die Seitentriebe vorerst stehen, da sie das Dickenwachstum des Stammes fördern. Nur die stärksten Seitentriebe werden dann etwas zurückgeschnitten. Sind die Stämme genügend gedickt, werden die Seitentriebe bis zur Höhe der Veredlungsstelle an ihrer Entstehungsstelle entfernt. Die über der geplanten Veredlungsstelle vorhandenen Triebe werden als Unterlagenkrone bezeichnet und müssen stehenbleiben, sie dienen als sogenannte Zugtriebe. Durch sie wird der Saftstrom in Gang gehalten. Weil jeder Schnittvorgang einen erheblichen Eingriff in das Leben der Pflanze darstellt, der zu Stockungen und Umstellungen führt, müssen die letzten Schnittarbeiten spätestens 2 Wochen vor dem Veredeln beendet sein, andernfalls muß man mit Mißerfolgen beim Veredeln rechnen. Unkrautbekämpfung und Bodenbearbeitung stehen ebenfalls mit auf dem Programm der Pflegearbeiten.

Neben den Sämlingsstämmen für die Stammrosenanzucht werden auch Stammbildner verwendet. Hierbei werden wie bei der Buschrosenanzucht Unterlagen veredelt, allerdings nicht mit Sorten, sondern mit besonderen Auslesen von *Rosa canina*, die im kommenden Jahr Stämme bilden, auf welche dann die Sorten veredelt werden. Der Vorteil dieser Methode besteht vor allem darin, daß ein Kulturjahr ein-

gespart wird, der Nachteil, daß die Arbeitsspitze in der Veredlungszeit noch erhöht wird.

Veredlung und Pflege

Von Ende Juni/Anfang Juli an beginnt das Veredeln. Voraussetzung sind gutes Triebwachstum der Unterlagenkrone, das Lösen der Rinde am Stamm und natürlich die ausgereiften Edelreiser. Die Reiserbehandlung und Veredlung wird wie bei den Buschrosen durchgeführt. Der Unterschied besteht darin, daß der Stamm meist nicht so stark ist wie der Wurzelhals der Veredlungsunterlage für die Buschrosen und daß in der gewünschten Veredlungshöhe bei Stämmen zwei Augen eingesetzt werden, die sich fast auf gleicher Höhe gegenüberstehen. Das Verbinden geht nun allerdings in anderer Weise als bei den Buschrosen vor sich. Dazu werden bei Stammrosen überwiegend Foliebänder von 10 mm Breite und etwa 25 bis 30 cm Länge verwendet. Die Foliestärke liegt bei 0,15 mm. Mit diesen Bändern wird ein Verband angelegt, indem unterhalb der Augen beginnend der Stamm und die Veredlungen nach oben umwickelt werden, wobei jeweils die neue Wicklung die vorangegangene um einige Millimeter überlappt. Die Augen werden vollkommen mit eingewickelt. Oben wird der Verband durch einen einfachen Knoten abgeschlossen. Das Band ist etwas elastisch, so daß ein zwar straffer, aber nicht einschneidender Verband entsteht. Auch bei den Stammrosen gilt selbstverständlich, daß die frischen Veredlungen schnell verbunden werden müssen, um Austrocknen und den Befall durch die Okuliermücke zu verhindern.

Die Folie verwittert nicht von selbst, sie muß ge-

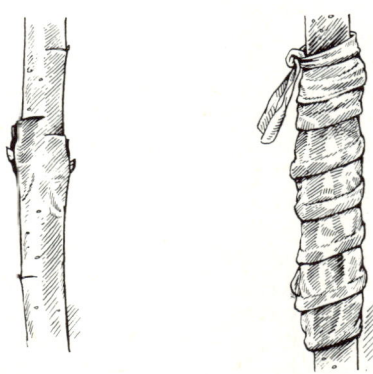

Stammrosenveredlung. Die Augen stehen sich etwa auf gleicher Höhe gegenüber; verbunden wird mit Folie.

löst werden. Nach etwa 3 bis 4 Wochen, wenn die Augen angewachsen sind, wird das Folieband entfernt. Durch die Dehnbarkeit des Bandes ist keine Gefahr vorhanden, daß mit weiterem Dicken des Stammes Abschnürungen eintreten. Bleibt der Verband aber zu lange um die Veredlung, kann es geschehen, daß die Augen von Kallus überwallt werden. Das Lösen wird möglichst bei trübem, kühlem Wetter durchgeführt, damit die Umstellung für die freiwerdenden Augen nicht zu stark ist.

Im Herbst werden die veredelten Stämme zum Schutz vor Frost niedergelegt. Zuvor werden alle Seitentriebe des Stammes und die Wurzeltriebe nochmals entfernt und die Unterlagenkronen auf 2 bis 3 Augen zurückgeschnitten. Ein restloses Entfernen der Unterlagenkronen im Herbst bringt die Gefahr des vorzeitigen Austreibens und damit Ausbrechens mit sich, zum anderen dienen die Augen im Frühjahr als Zugaugen. Danach werden die Stämme niedergelegt. Der Zeitpunkt ist etwa Ende Oktober. Um das Niederlegen zu erleichtern und die Bruchgefahr zu vermindern, werden die Stämme am Wurzelhals freigegraben. Das Niederlegen erfolgt vielfach noch mit der Hand. Die Stämme werden dabei über die Zapfenstelle gebogen. Da alle in eine Richtung gepflanzt wurden, können sie nun auch in eine Richtung umgelegt werden. Unten werden die Stämme zusammengebunden, um das Wiederaufrichten zu verhindern. Das Binden erfolgt jeweils möglichst nahe am Wurzelhals, da dort der Verband am sichersten hält. Für das Niederlegen mit der Hand wurden die letzten Stämme jeder Reihe in entgegengesetzter Richtung gepflanzt. So ist auch ihr Niederlegen und Festbinden möglich, indem sie zur Reihe hingebogen werden. Vor dem Eintritt starker Fröste werden die niedergelegten Stämme mit dem Häufelpflug so angehäufelt, daß sie vollkommen mit Erde bedeckt sind. Stellen, die dabei nicht oder nur ungenügend erfaßt wurden, müssen mit dem Spaten nachgehäufelt werden.

Im nächsten Frühjahr, wenn keine Fröste mehr zu befürchten sind, das ist kaum vor Anfang April, werden die Stämme wieder aufgenommen. Die Dämme werden abgefahren und die Stämme vorsichtig, ohne sie zu beschädigen, wieder aufgerichtet, festgetreten und dabei geradegerichtet. Die von den Wildkronen stehengebliebenen Zugaugen sichern den Austrieb. Wenn sie ihren Zweck erfüllt haben, wird die Wildkrone bis auf einen Zapfen, möglichst bis zu einem Seitentrieb, entfernt. Verbleibende Augen werden blindgeschnitten, damit sie nicht austreiben können. Der verbleibende Knoten erleichtert das folgende Aufhängen. Dies ist erforderlich, um gerade Stämme zu erreichen und die Bearbeitung zu ermöglichen. Dazu werden an den Enden und in gewissen Abständen in der Reihe starke Pfähle eingeschlagen und über die Reihe ein starker Draht gespannt, der durch die Pfähle gehalten wird. Jeder Stamm wird mit einem Faden oder dünnem Draht an dem Zapfen festgebunden und an dem Spanndraht „aufgehängt". Auch jetzt müssen wieder Unkrautbekämpfung und laufende Bodenlockerung sowie Krankheits- und Schädlingsbekämpfung durchgeführt werden. Problematisch ist jedoch bei Stammrosen das „Wie" der maschinellen Bearbeitung. Durch die außergewöhnliche Pflanzenhöhe können die Pflanzen nicht wie bei niedrigen Kulturen mit einem gewöhnlichen Schlepper oder Geräteträger überfahren werden. Die Reihenentfernung so weit zu gestalten, daß diese Maschinen durchfahren können, wäre eine untragbare Landverschwendung. So bleiben für die Bearbeitung im Normalfall das Pferd als Zugtier oder schmale Einachsschlepper, die zwischen die Reihen passen. In großen Baumschulen, die neben den Stammrosen noch andere hochwachsende Gehölze haben, lohnt sich der Einsatz eines Hochschleppers. Diese Maschine ist ein Traktor, der gleichsam auf Stelzen fährt. Die Maschine und der Bedienungsteil sind so angebracht, daß darunter eine ungewöhnlich große Bodenfreiheit von etwa 1,80 m Höhe bleibt und damit die Kulturen übergrätscht werden können. Mit diesem Portaltraktor, bei dem der Traktorist in der luftigen Höhe von rund 3 m sitzt, können die Arbeiten in den Kulturen, wie auch den Stammrosen, durchgeführt werden, bei denen ein Durchfahren der Reihen in normaler Höhe nicht möglich ist.

Bei der weiteren Bearbeitung ist auch den immer wieder entstehenden Seitentrieben aus den Stämmen Aufmerksamkeit zu schenken, die laufend entfernt werden müssen, solange man sie noch mit dem Handschuh abstreifen kann. Stärkere Triebe erfordern zeitraubende Schnittarbeiten.

Mehr noch als bei den Buschrosen ist das Pinzieren der austreibenden Edeltriebe von Bedeutung. Die Entwicklung der Kronen ist auf Stämmen, bedingt durch den langen Transport der

Nährstoffe, im allgemeinen nicht so stark wie bei Büschen. Um so mehr muß die Verzweigung durch mehrmaliges gewissenhaftes Pinzieren gefördert werden. Sehr oft läßt man die Stämme zur Erzielung buschiger Pflanzen gar nicht zur ersten Blüte kommen oder bricht die Blüten aus, um den Samenansatz zu verhindern, der die Krone unnötig schwer werden läßt und die Gefahr des Ausbrechens erhöht, ganz abgesehen davon, daß die Hagebuttenentwicklung der Pflanze Kraft abfordert, die der Entwicklung der Kronen verlorengeht.

Im Herbst werden die Stammrosen gerodet. Sie reifen etwas eher als die Buschrosen aus und können deshalb auch schon früher geerntet werden, etwa in der ersten Oktoberhälfte. Vorher wird jeder Stamm mit einem Sortenetikett versehen, am unempfindlichsten sind solche aus Folie. Danach werden die Rosen vom Gerüstdraht abgeschnitten und der Zapfen, an dem sie angebunden sind, ebenfalls entfernt. Das Gerüst wird abgebaut und die Rosen anschließend gerodet. Nun erfolgt die weitere Behandlung im Prinzip wie bei den Buschrosen. Die Pflanzen werden an der stationären Entblätterungsmaschine entblättert. Auch hier ist wieder darauf hinzuweisen, daß die Stammrosen nie austrocknen dürfen. Anschließend sortiert man die Pflanzen entsprechend den vorgeschriebenen Qualitätsmerkmalen. Hauptkennzeichen sind Stammhöhe und Triebzahl. Die Stammhöhen werden unterteilt nach den Höhen

Hochstämme	etwa 90 cm
Halbstämme	etwa 60 cm
Trauerrosen	etwa 140 cm

Für die Güteklassen wird gefordert:

Güteklasse A

„Der Stamm muß kräftig und gerade gewachsen sein und gute Faserbewurzelung haben. Er darf keine größeren überwallten Wunden oder Brandflecken aufweisen. Die Krone muß mindestens 3 stark entwickelte, aus 2 Veredlungsstellen entspringende Triebe haben. Der Stammdurchmesser muß unmittelbar unter der Veredlungsstelle gemessen mindestens 9 mm betragen.“

Güteklasse B

„Die Beschaffenheit muß, was Stamm und Bewurzelung angeht, der Güteklasse A entsprechen. Die Krone darf auch aus nur einer Veredlung gewachsen sein und muß mindestens zwei

normal entwickelte, aus der Veredlungsstelle entspringende Triebe haben.“

Nach dem Sortieren sind die Stammrosen fertig, um zu Aufträgen zusammengestellt zu werden und zum Verkauf zu gelangen.

Versand

Für die verkaufsfertigen Rosen interessieren sich verschiedene Abnehmerkreise. Großabnehmer wie die Verwaltungen der Städte und Gemeinden, Betriebe des Grünanlagenbaues oder Betriebe mit Schnittrosenkulturen im Freiland oder unter Glas haben großen Bedarf an Rosen. Sie kaufen große Posten, sowohl insgesamt als auch von den einzelnen Sorten.

Diese großen Mengen erreichen ihren Empfänger per Waggon, Container oder Lastkraftwagen. Im Waggon, der bei größeren Strecken oft einige Tage unterwegs ist und vor allem im Herbst, wenn leicht Nachtfröste auftreten, muß dafür gesorgt werden, daß die Rosen besonders durch die in der Nähe der Türen auftretende Zugluft nicht austrocknen können. Überbrausen nach dem Verladen und gutes Abdecken mit Stroh oder Holzwolle oder mit Folie lassen die Pflanzen den Bestimmungsort sicher erreichen. Weniger Aufwand erfordert das Verladen in Container. Durch die Einrichtung der speziellen Containerzüge ist gesichert, daß der Container innerhalb von 24 Stunden seinen Empfänger erreicht. Da er direkt in der Baumschule beladen und beim Empfänger entladen wird und der

Pflanze in Foliebeutel mit Farbbild und Pflanzanleitung

Container selbst vollkommen dicht ist, können ausreichend feucht geladene Rosen keinen Schaden nehmen.

Beim Transport durch Lastkraftwagen ist wieder mehr Aufmerksamkeit nötig. Die Zugluft wirkt über längere Strecken stark austrocknend, deshalb muß der Wagen mindestens mit Plane ausgerüstet sein. Die Rosen werden so geschichtet, daß die Wurzeln nach innen gepackt werden. Zusätzliche Abdeckung der Seiten und oben mit Folie oder anderem Material ist unbedingt zu empfehlen.

Tausende Rosenfreunde kaufen Rosen in kleinen Mengen und ziehen es vor, ihren Bedarf direkt beim Produzenten zu decken. Viele Baumschulen haben deshalb eine Selbstbedienungseinrichtung mit großer Auswahl. Bei entsprechender Beschriftung oder Bebilderung kann sich hier der Gartenfreund, auch wenn er keine Sorten kennt, leicht entscheiden und aus einer größeren Anzahl Pflanzen das gewünschte Exemplar entnehmen. Er erhält so seine Rosen an dem Tag, an dem er sie haben möchte. Um dem Gartenfreund den Kauf noch mehr zu erleichtern, werden die Pflanzen auch im Foliebeutel samt Farbbild und kurzer Pflanzanleitung angeboten. Die Wurzeln sind mit Torf gegen das Austrocknen geschützt. In dieser Weise werden die Rosen auch in Garten-Centern, Warenhäusern mit Gartenabteilung usw. angeboten.

Wer jedoch von einer Verkaufsstelle weit entfernt wohnt, ist auf den Versand angewiesen. Dieser Kleinversand erfordert besondere Einrichtungen. Entsprechend den erteilten Aufträgen werden dort die Positionen zusammengestellt, sicher verpackt und mit der Post oder der Bahn verschickt. Der Versand wird aber nicht von allen Baumschulen durchgeführt.

Zuletzt soll noch der Export erwähnt werden. Abgesehen davon, daß natürlich an die Qualität der Rosen für den Export besonders hohe Ansprüche gestellt werden, sind auch die Anforderungen an die übrige Behandlung und Verpackung anders. Neben einem Attest, daß die Freiheit von Krankheiten und Schädlingen, besonders von Quarantäneschädlingen, bestätigt, wird in verschiedenen Einfuhrländern noch eine besondere Behandlung der Pflanzen, etwa das Einstäuben mit bestimmten Pflanzenschutzmitteln, verlangt. Der Transport erfolgt allgemein durch Lastkraftwagen. Beim Verpacken und Verladen müssen ebenfalls die Vorschriften des Zolls und des Empfängers bzw. des Empfängerlandes berücksichtigt werden.

Rosenklassifikation

Die uns zur Verfügung stehenden Sorten weisen eine fast unübersehbare Vielfalt in Blütengröße und -form, Laub- und Blütenfarbe, in Wuchs- und anderen Eigenschaften auf. Zu einer allgemeinen Verständigung ist daher ein bestimmtes System der Einordnung notwendig. Die Klassifikation der Rosen ist aber im Laufe der Jahre zu einem Thema geworden, bei dem der Laie große Schwierigkeiten hat und auch der Fachmann sich nicht wohl fühlt. Wie ist das möglich? Im Abschnitt über die Züchtungsgeschichte wird auf die Entstehung der heute üblichen Rosensortengruppen eingegangen. Diese Gruppen haben aber keine festen Grenzen. Die intensive Züchtungsarbeit der letzten Jahrzehnte brachte es zwangsläufig mit sich, daß zahlreiche Züchter Sorten der verschiedensten Gruppen miteinander kreuzten und Sorten aus diesen Arbeiten in den Handel brachten. Die Folge ist natürlich, daß wir heute alle Übergänge zwischen den verschiedenen Gruppen vorfinden. Die Gruppen verfließen so ineinander, daß niemand mehr eine exakte Trennung durchführen kann. Dazu kommt noch, daß es keine international bindenden Vorschriften über die Klassifizierung gibt und demzufolge in verschiedenen Ländern unterschiedliche Einteilungen üblich sind. Das beginnt damit, daß einzelne Gruppen nicht überall geführt werden. So fassen beispielsweise die Züchter der USA die Gruppen der Floribunda- und Polyantha-Hybriden zu einer Gruppe zusammen. Wird nun eine solche Sorte bei uns eingeführt, so erscheint sie mit der Bezeichnung Floribunda, obwohl sie nach unseren Prinzipien etwa zu den Polyantha-Hybriden gehört. Eine einfache Umgruppierung ist aber auch nicht zulässig, da nach internationalen Vereinbarungen die Zuordnung durch den Züchter maßgebend ist. Das ist auch verständlich, da sonst die Verwirrungen noch größer würden. Als anderes Beispiel werden in Europa die Kletterrosen meist in einer Gruppe zusammengefaßt. Unterschiede im Wuchs, der Blüte usw. werden nicht gesondert ausgewiesen. Andere Gruppierungsschemata unterscheiden dagegen je nach Wuchstyp Ramblersorten mit biegsamen Trieben und Climber-Sorten mit mehr oder weniger festen Trieben. Aber auch in dieser Einteilung sind wieder nicht alle Sorten einwandfrei einzuordnen. So gibt es heute kein System, das wirklich in der Lage ist, einwandfrei Ordnung in die Vielfalt der Sorten zu bringen und gleichzeitig — das darf nicht vergessen werden — für den Laien verständlich ist.

In den letzten Jahren hat es Bemühungen gegeben, die Klassifikation der Rosen zu verbessern, aber das letzte Wort ist noch nicht gesprochen. Versuchen wir, das in den meisten europäischen Ländern übliche System etwas näher zu betrachten. Als Hauptgruppen werden die Teehybriden, zu denen die sogenannten großblumigen Sorten gehören, und die Beetrosen, zu denen alle vielblumigen Sorten zählen, unterschieden.

Teehybriden

Äußere Kennzeichen dieser Rosenklasse sind vor allem die großen, „edlen" Blüten, die sich aus einer meist mehr oder weniger spitz geformten Knospe entwickeln und gut gefüllt sein sollen. Eine nähere Bezeichnung der Füllung ist bereits schwierig, weil bei großen Blütenblättern durch eine geringere Anzahl der gleiche optische Eindruck hervorgerufen wird wie bei einer größeren Anzahl kleiner Petalen. Bei zu starker Füllung wirkt die Blüte plump. Die Blüten sitzen am Ende der Triebe meist einzeln, höchstens zu drei bis fünf an einem Stiel, wobei jedoch die Anordnung der Blüten nicht den Charakter der Einzelblütigkeit zerstören darf. Das häufig angegebene Merkmal der Höhe bis zu einem Meter ist mit Vorsicht zu betrachten, da viele der starkwüchsigen, modernen Sorten bei zusagenden Bedingungen diese Grenze spielend überwinden. Die Teehybriden werden hauptsächlich für den Blumenschnitt verwendet. Das Hauptaugenmerk liegt auf der einzelnen Blüte.

Teehybride

Polyantharose

Häufig werden für diese Gruppe noch die Bezeichnungen „Gartenrosen" und „Edelrosen" verwendet. Beide Begriffe sind aber nicht eindeutig. Denn auch die Beetrosen wachsen im Garten, sind also Gartenrosen, und alle Rosensorten sind „veredelt". Auch könnte man fragen, welche Sorten als unedel zu bezeichnen sind. Ebenso hartnäckig hält sich in vielen Erläuterungen, daß dieser Klasse die Teerosen, Remontantrosen und Pernetschen Rosen zugeordnet werden. Da aber diese drei Gruppen schon lange aus dem Sortiment verschwunden sind bzw. keine Grenzen mehr zu ziehen sind, stiften solche Hinweise nur Verwirrung.

Beetrosen

Unter dem Begriff der Beetrosen werden alle Rosensorten zusammengefaßt, die in den Gruppen der Polyantharosen, Polyantha-Hybriden, Floribunda und Floribunda-Grandiflora einzuordnen sind, deren Hauptmerkmal die Vielblütigkeit ist. Obwohl zwischen diesen Gruppen die Übergänge sehr fließend sind, sind die Hauptkennzeichen der Gruppen doch einigermaßen klar umrissen. Die eindeutige Zuordnung der Sorten zu den Gruppen ist dennoch häufig nicht leicht.

Polyantharosen (Pol)

Diese Gruppe hat ihre große Zeit schon hinter sich. Nur wenige Sorten sind im modernen Sortiment enthalten. Die Sorten haben kleine Blüten mit einem Durchmesser von allgemein weniger als 5 cm. Sie stehen in großen Blütenständen zusammen, die meist eine konische Grundform aufweisen. Sie werden für Beetpflanzungen verwendet, bei denen es auf die Farbwirkung ankommt, aber auch für die Kultur in Töpfen sind einige Sorten von Bedeutung.

Polyantha-Hybriden (Pol-H)

Die meisten Rosenfreunde, die von Polyantharosen sprechen, meinen dabei Polyantha-Hybriden. Im Bereich der Beetrosen nehmen die Polyantha-Hybriden einen beachtlichen, insgesamt jedoch an Bedeutung verlierenden Platz ein. Sie sind aus den Polyantharosen entstanden und weisen deren Merkmale der Vielblumigkeit auf, wobei jedoch die Einzelblüte bereits einen größeren Durchmesser hat. Die Blüten sind meist halbgefüllt. Es gibt aber auch einfachblühende und gefüllte Sorten. Eigenartigerweise stoßen die sich vollkommen öffnenden Sorten, bei denen die Staubgefäße zu sehen sind, bei einer Anzahl von Menschen auf Abneigung, da sie „leer" seien, obwohl gerade dadurch häufig eine besonders gute Wirkung entsteht. Bei den Polyan-

Polyantha-Hybride

Floribunda

tha-Hybriden kommt es auch im allgemeinen weniger auf die Form der Einzelblüte als auf die Massen- und Fernwirkung an. Sie werden meist in Gruppen und auf Beeten gepflanzt. Viele Sorten halten sich aber auch in der Vase sehr gut, oft viel länger als Teehybriden. Diese Gruppe umfaßt viele Beetrosensorten, beispielsweise 'Fashion' und 'Tantaus Überraschung'.

Floribunda (Fl)

Die Klasse der Floribunda ist noch nicht sehr alt, ihre große Verbreitung hat sie erst seit etwa 40 Jahren gefunden. Die Blüten sind mittelgroß, größer als bei den Polyantha-Hybriden, sie stehen zu mehreren zusammen. Die konische Blütenstandform der Polyantharosen hat sich hier zu einem flachen, in ziemlich gleicher Höhe stehenden Gebilde entwickelt. Die Blütenfüllung ist unterschiedlich, meist halbgefüllt bis gefüllt. Viele Sorten bilden Blüten aus, die vor allem in der Kospe wie eine kleine Teehybride aussehen. Auch diese Sorten werden viel für Massenpflanzungen benutzt. In der Vase zeigen sie meist eine sehr gute Haltbarkeit. Die Floribundarosen werden mit Sicherheit noch wesentlich an Bedeutung gewinnen und in den nächsten Jahren häufig dort gepflanzt werden, wo heute noch Polyantha-Hybriden eingesetzt werden. Zu die-

ser Gruppe gehört beispielsweise 'Lilli Marleen'. Eine Anzahl Sorten hat sich einen Anteil an der Schnittrosenproduktion, vor allem unter Glas, erobert. Da die ersten Sorten von 'Garnette' abstammten, wurde teilweise für diese Sorten der Begriff Garnetterosen verwendet. Auch unter den Begriffen Teenagerrosen, Babyrosen und Sweetheartrosen wurden sie geführt.

Floribunda-Grandiflora (Fl-Grandifl)

Aus weiteren Kreuzungen zwischen Floribunda und Teehybriden entstanden Sorten, die wieder sehr schwer in eine dieser Gruppen einzuordnen waren. So wurde als Zwischenstellung noch die Bezeichnung Floribunda-Grandiflora, Riesenblumige Floribunda, Floribunda-Hybriden oder Floribunda mit Teehybrid-Typ eingeführt. Die Blüten erreichen oft schon die Größe von Teehybriden, auch in der Form sind sie ihnen weitgehend ähnlich, sie stehen zu mehreren in Blütenständen. Der buschige, gedrungene Wuchs ist meist mehr dem der Floribunda ähnlich. Diese Sortengruppe ist international stark im Kommen und wird schon durch ihre Vielblütigkeit den Teehybriden sicher in naher Zukunft ein starker Konkurrent sein. Ein Vertreter dieser Gruppe ist 'The Queen Elizabeth-Rose'.

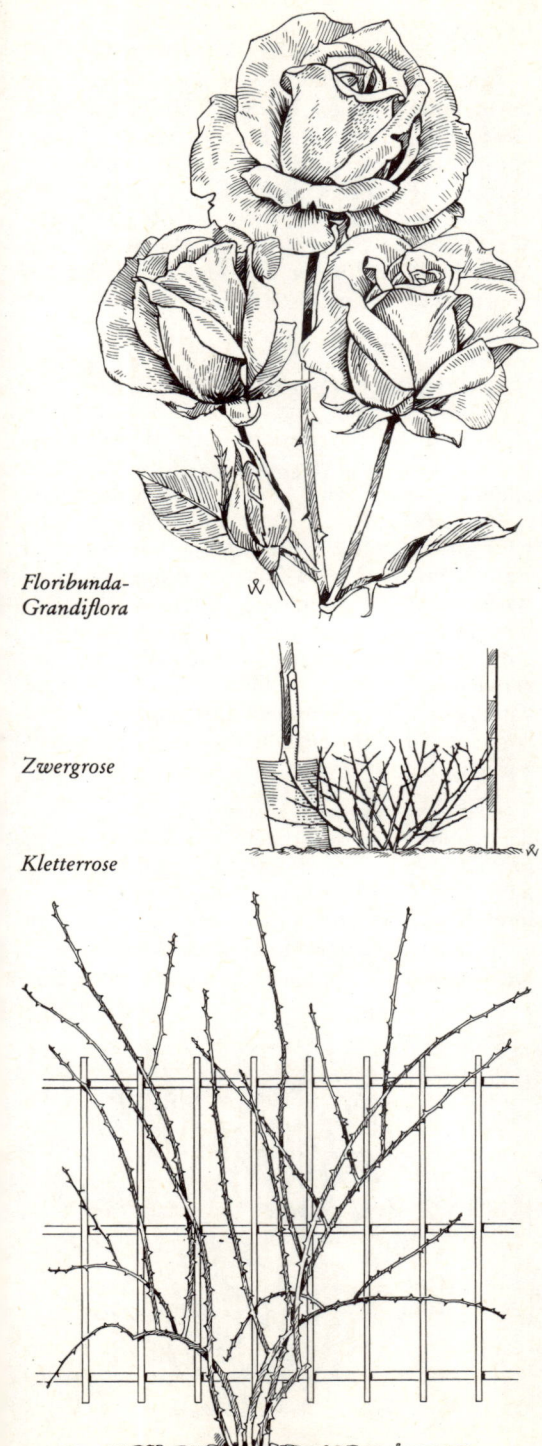

Floribunda-Grandiflora

Zwergrose

Kletterrose

Zwergrosen (Z)

Zwergrosen spielen, zumindest bei uns, im Verhältnis zu den anderen Gruppen nur eine untergeordnete Rolle. Es handelt sich dabei um Sorten mit sehr niedrigem, gedrungenem Wuchs, die meist höchstens 30 cm erreichen. Die Blüten sind klein, in der Füllung sehr unterschiedlich, sie stehen in Blütenständen zusammen. Das Laub ist klein und die Triebe dünn, mit kurzen Abständen zwischen den Blättern.

Kletterrosen (Kl)

Kletterrosen brauchen zur vollen Entfaltung eine Stütze. Da sie selbst bis auf die Stacheln keine Organe ausbilden, mit denen sie sich festhalten können, brauchen sie die entsprechende Hilfe. Aus diesem Grund sind es aber wirklich Kletterrosen und keine „Schlingrosen" oder „Rankrosen", wie sie oft genannt werden, die es aber nicht gibt und nicht geben kann. Denn sie schlingen weder wie eine Bohne noch ranken sie wie die Weinrebe. Der Begriff der „Heckenrose", der ebenfalls gebraucht wird, ist ebenso falsch, wenn er für Kletterrosen gebraucht wird. Unter·den Kletterrosen werden Sorten der verschiedensten Abstammung zusammengefaßt. Sie sind alle lediglich durch das gemeinsame Merkmal der Ausbildung langer Triebe, die eine Höhe von allgemein mindestens 2,5 m erreichen, gekennzeichnet. Die Eigenschaften der unterschiedlichen Ausgangsarten spiegeln sich vielfach noch in den Eigenschaften der Sorten wider. In den Sortenbeschreibungen wird bei allen Kletterrosensorten die Ausgangsart angegeben. Es ist bereits dadurch möglich, gewisse Rückschlüsse auf Wuchs, Winterhärte und Blüheigenschaften, wie einmal- oder öfterblühend, zu ziehen.

Die Kletterrosen des Sortiments lassen sich überwiegend auf fünf Ausgangspositionen zurückführen: die Abstammung von *Rosa wichuraiana*, *Rosa multiflora*, *Rosa setigera*, *Rosa kordesii* und Climbing-Formen.

Rosa wichuraiana (Wich). Sie ist in sehr vielen Kletterrosensorten mit ihrem Erbgut zu finden. Die Triebe dieser Art sind lang, biegsam und hängen deshalb stark über, bzw. sie kriechen, wenn sie keine Stütze erhalten. Das Laub ist stark glänzend und gesund. Die Sorten, die als

Hybriden aus dieser Art entstanden sind, blühen allgemein einmal, dafür aber sehr reich und lange. Eine Ausnahme bildet 'New Dawn', bei der die Eigenschaft des Remontierens als Sport aufgetreten ist.

Rosa multiflora (Mult). Diese Art spielt nicht nur als Veredlungsunterlage und bei der Entstehung unserer Polyantharosen eine Rolle, sondern ist auch bei einer Anzahl Kletterrosen an deren Entstehung beteiligt. Die Sorten dieser Abstammung blühen nur einmal, dafür aber in großen Rispen und sehr reich, mit meist kleinen Blüten. Die Pflanzen sind sehr starkwüchsig, sie wachsen mit kräftigen, aufstrebenden Trieben. Die Mehltauanfälligkeit geht auf das Erbgut der 'Crimson Rambler' zurück.

Rosa setigera (Set). Die Prärierose stammt aus Amerika und diente vor allem zur Züchtung winterharter Kletterrosen. Die meisten Sorten sind allerdings heute nicht mehr anzutreffen. Hybriden von *Rosa setigera* sind einmalblühend.

Rosa kordesii (Kord). Die Kordesii-Rosen haben ihren Ursprung in der Sorte 'Max Graf' (Bowditch 1919), die eine Hybride aus *Rosa rugosa* × *Rosa wichuraiana* darstellt. Aus dieser Sorte, die an sich steril ist, entstand 1940 bei KORDES durch Selbstung ein Sämling, der sich im Gegensatz zur Ausgangssorte als sehr fertil erwies; wie sich bei genauer Untersuchung herausstellte, durch eine spontane Chromosomenverdopplung. Während 'Max Graf' nur einen Chromosomensatz von $2 n = 14$ aufwies, war der neue Sämling mit $2 n = 28$ tetraploid. Dieser Sämling, der als *Rosa kordesii* bezeichnet wurde, war sehr gut als Vater- und auch als Muttersorte für die Züchtung zu verwenden. Die wertvollen Eigenschaften, wie Winterhärte, auffallend gute Gesundheit, kräftiger Wuchs, glänzendes Laub, wurden auf die Nachkommen gut vererbt, so daß nach 1950 sehr schnell eine ganze Reihe von Sorten in den Handel kam, von denen die meisten öfterblühend sind.

Climbing-Sporte. Bei vielen Sorten der Teehybrid- und Beetrosen treten spontan Formen auf, die sehr lange, kletterrosenartige Triebe bilden, in allen übrigen Eigenschaften jedoch weitgehend der Ausgangssorte entsprechen. Es gibt kaum eine Sorte, die in größerem Rahmen angebaut wurde, von der nicht irgendwo ein solcher Sport gefunden worden wäre. Kommen solche Sorten in den Handel, so wird nach internationaler Vereinbarung vor den Sortennamen der Ausgangssorte die Bezeichnung „Climbing" (= kletternd) gesetzt. So heißt die kletternde Form von 'Orange Triumph' eben 'Climbing Orange Triumph'. Die Eigenschaft des Öfterblühens überträgt sich auch auf die Climbing-Formen. Trotzdem befriedigen viele Sorten nicht in der Reichblütigkeit, da oft das starke Wachstum auf Kosten der Ausbildung der Blüten geht. Ganz besonders wirkt sich das bei Sporten der Teehybriden aus.

Strauchrosen (Str-R)

Auch in dieser Klasse sind Sorten der verschiedensten Herkunft vereinigt. Es handelt sich im allgemeinen um etwa 1 bis 2 m hoch werdende Sorten mit aufrechtem, dichtem Wuchs. Die häufig verwendete Bezeichnung Parkrosen ist irreführend und wird immer weniger benutzt, da Strauchrosen keineswegs nur in Parks, sondern auch mehr und mehr im Garten Verwendung finden. Sie können wie jedes Blütengehölz verwendet werden und sind bei wenig Pflege dankbarer als viele andere Gattungen. Es sind vor allem drei Arten, auf die unser Sortiment zurückgeht.

Lambertiana-Hybriden (Lamb). Die sogenannten Lambertiana sind nach dem Züchter Peter LAMBERT benannt, der um 1900 aus der Kreuzung von *Rosa moschata* × *Rosa multiflora* öfterblühende Sorten schuf, die stark wachsen und auch sehr winterhart sind. Diese Arbeiten griffen auch andere Züchter auf und erzielten eine

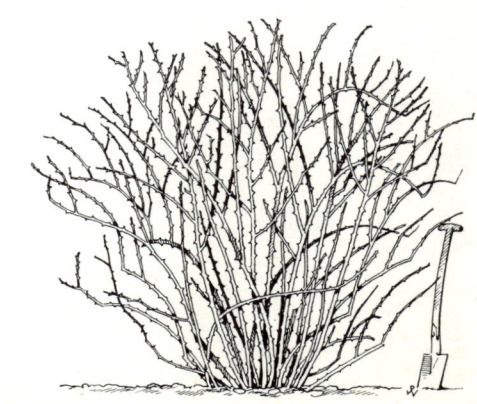

Strauchrose

große Zahl von Sorten, die ebenfalls heute noch das Strauchrosensortiment beherrschen.

Rosa rugosa (Rug). Auch die bekannte Kartoffelrose hat zur Entstehung einer Anzahl wertvoller Strauchrosensorten beigetragen. Weniger bekannt ist, daß die Nachkommen aus *Rosa-rugosa*-Hybriden mit Teerosen oder Teehybriden als *Rosa × bruantii* bezeichnet werden. Diese Sorten haben meist starke Triebe, die stark stachelig bis borstig sind, das Laub ist runzelig. Meist remontieren sie.

Rosa pimpinellifolia. Diese meist als *Rosa spinosissima* bekannte Art bzw. ihre Varietät *Rosa pimpinellifolia* var. *altaica* sind Ausgangspunkt einer Reihe von sehr schönen und widerstandsfähigen Strauchrosen. Mit dieser Art hat sich Wilhelm KORDES beschäftigt, und aus diesen Kreuzungen sind die sogenannten „Frühlingssorten" hervorgegangen, so benannt, weil alle Sorten den Frühling in ihrem Namen führen. Diese Sorten blühen alle einmal, aber sehr zeitig und reich.

Neben diesen Arten spielt noch eine ganze Reihe weiterer eine Rolle, die jedoch keine solche Bedeutung wie die vorstehenden erreichen.

Bodendeckende Rosen

Der Name dieser erst in jüngerer Zeit gesondert ausgewiesenen Gruppe sagt etwas über den Verwendungszweck der darunter geführten Rosen aus. Sie sind sowohl von der Abstammung, vom Habitus, von den Blüteneigenschaften als auch von den Ansprüchen sehr unterschiedlich. Es handelt sich um niedrigbleibende, teils kriechende, aber auch aufrechtwachsende Sorten, teils ausläuferbildend, deren gemeinsames Merkmal in der Fähigkeit besteht, den Boden zu bedecken. So werden in dieser Gruppe sowohl ältere, den Wildarten nahestehende Sorten als auch neuere mit höheren Ansprüchen geführt.

Wildrosen

An sich gehören die Wildrosen nicht in diese Klassifikation. Denn hier handelt es sich um tatsächlich botanische Arten, die ohne das Zutun des Menschen entstanden sind und sich verbreitet haben. Von den zahlreichen Arten haben nur relativ wenige in der gärtnerischen Praxis größere Verbreitung gefunden, obwohl es viele sehr ansprechende und gleichzeitig anspruchslose Arten darunter gibt.

Diese Roseneinteilung, die jedoch nirgends exakt und verbindlich festgelegt ist und die, wie bereits angeführt, in verschiedenen Ländern auch unterschiedlich gehandhabt wird, macht Fachleuten und Laien viel Kopfzerbrechen, da sie bei zahlreichen neueren Sorten einfach nicht mehr genügt. Es gibt deshalb viele Kritiker an diesem System, aber nur wenige, die ernsthaft den Versuch machen, ein besseres und für alle Belange akzeptables Ordnungsprinzip zu erarbeiten. Eine der Hauptschwierigkeiten besteht dabei wohl darin, daß sowohl der Fachmann als auch der Laie damit etwas anfangen können muß. So wäre es sinnlos, ein riesiges System zu erarbeiten, das vielleicht eine Einordnung aller Besonderheiten ermöglicht, aber für den Nichtfachmann nur noch mehr Verwirrung stiften würde. In verschiedenen Ländern erarbeitete neue Klassifikationen konnten sich nicht durchsetzen. Vielleicht kommt man besser zurecht, wenn die Gruppen so zusammengefaßt werden, daß alle großblumigen Sorten als Teehybriden und alle Beetrosen ebenfalls nur mit einem Namen, etwa als Floribunda, bezeichnet werden. In diese Richtung zielt auch der Vorschlag, in Zukunft nur noch „large-flowered" (großblumige) und „cluster-flowered" (büschelblütige) Sorten zu unterscheiden.

Die morphologischen Unterschiede der bisherigen Klassen würden dann in die Beschreibungen der Eigenschaften der einzelnen Sorten eingehen. Findet man keine Beschränkung, wird die Einführung neuer Klassen kein Ende nehmen. So hat man vor einigen Jahren versucht, eine Klasse „Flora-Tee" neu einzuführen, deren besonderes Merkmal in Teehybriden-Blüten gesehen wird, die in einem Blütenstand zusammenstehen, und zwar einzeln an kurzen Seitentrieben einer Hauptachse. Auch die Einführung der sogenannten „Compacta-" und der „Sub-Zero-Rosen", bei denen bestimmte gemeinsame Merkmale eine neue Klasse rechtfertigen sollten, kann die Verwirrung nur steigern. Der Rosenfreund möchte keine stärkere formale Differenzierung, sondern die Vielfalt sinnfällig geordnet sehen.

Rosensortiment

Für den Rosenfreund ist es nicht leicht, sich einigermaßen umfassend über das vorhandene Sortiment zu unterrichten. Viele Baumschulen führen Kataloge, aber auch dort sind ausführliche Beschreibungen schon aus Kostengründen kaum möglich, zum anderen führt jede Baumschule nur ein begrenztes Sortiment: die Sorten, die sie für besonders wertvoll hält.

Der beste Eindruck läßt sich natürlich von einer Sorte erreichen, wenn sie im Vergleich zu anderen als blühende Pflanze beurteilt werden kann. Aber auch da gibt es kaum eine Möglichkeit, das gesamte Sortiment beieinander zu finden.

Hier ist es ebenfalls nur möglich, ein beschränktes Sortiment herauszugreifen und näher zu beschreiben. Die von den Baumschulen angebotenen Sorten zählen nach Hunderten, jährlich kommen neue, wertvolle Sorten dazu, andere fallen dafür weg. Schon aus diesem Grunde soll die getroffene Auswahl als Anregung dienen, sie ist nicht als Wertung aufzufassen.

Die Rosen sind entsprechend ihrer Zugehörigkeit zu Teehybriden, Beetrosen, Kletterrosen, Strauchrosen, bodendeckenden Rosen und Zwergrosen eingeordnet. Bei den Beetrosen schien es erforderlich, die genauere Unterglieberung nach Floribunda, Polyantha-Hybriden und Polyantharosen anzugeben. Bei Kletter- und Strauchrosen wurde soweit als möglich die Gruppe oder Ausgangsart genannt.

Um eine Sorte eindeutig zu kennzeichnen und Verwechslungen auszuschließen, die durch Doppelbenennungen auftreten können, ist die Angabe von Züchter und Einführungsjahr von großer Bedeutung. Sind hierbei zwei Namen aufgeführt, so kennzeichnet der erste den Züchter, der zweite den Verbreiter, d. h. den Betrieb, der die Sorte in den Handel gebracht hat. Den ernsthaften Rosenliebhaber interessiert verständlicherweise die Abstammung einer Sorte. Soweit möglich, wurden die Eltern angegeben. Bei einigen Sorten besteht leider Unklarheit, und es sind unterschiedliche Angaben veröffentlicht worden. Da viele Sorten in verschiedenen Ländern unter anderen Namen im Handel sind, wurden alle bekannten Synonyme aufgeführt. Durch diese Angaben wird vor allem das Literaturstudium erleichtert.

Die Pflanzenhöhe spielt besonders bei der Pflanzung von Beetrosen, Kletter- und Strauchrosen eine große Rolle. Angaben dazu sind immer sehr vorsichtig zu gebrauchen, denn die Höhe kann sehr stark variieren. Sie wird beeinflußt durch Unterlage, Boden, Klima, Schnitt und vieles andere mehr. So wird eine Rose, die jedes Jahr durch ungünstigen Stand weit zurückfriert, nie so hoch wie eine nicht geschädigte, die vielleicht dazu noch sehr wenig geschnitten wird. Die Höhenangaben können daher nur etwa als Durchschnitt und als Vergleichsmöglichkeit zu Sorten, die unter den gleichen Bedingungen wachsen, gesehen werden. Eine Sortenbeschreibung ist immer sehr schwierig, da die meisten Eigenschaften sehr unterschiedlich ausgebildet werden können. Schon die Farbe (S. 130) ist je nach Ernährungszustand, Jahreszeit, Lichtverhältnissen unterschiedlich. Auch Form und Füllung der Blüte können beträchtlich variieren. So weichen sehr oft die späten Herbstblüten stark von der typischen Form der Hauptblütezeit im Sommer ab. Trotzdem bleibt aber die Grundtendenz erhalten. Nach der Füllung unterscheidet man einfache, halbgefüllte und gefüllte Blüten. Unter einfachen Blüten versteht man solche, die nur einen Blütenblattkranz mit fünf Blütenblättern ausbilden. Nicht nur sehr viele Wildarten, sondern auch einige sehr schöne Kultursorten blühen einfach. Als halbgefüllt werden Blüten mit mindestens zwei Blütenblattkreisen, also 10 Blütenblättern bezeichnet. Sogenannte gefüllte Blüten weisen durchschnittlich 30 bis 40 Blütenblätter auf, wobei allerdings auch die Größe der Blütenblätter einen großen Einfluß auf den optischen Eindruck des Füllungsgrades ausübt. Sorten mit noch stärkerer Blütenfüllung, die jedoch selten vorkommen und auch nicht so erwünscht sind, werden als stark gefüllt bezeichnet.

Sehr schwer ist der Duft zu erfassen. Wonach eine Sorte duftet, kann jeder Liebhaber selbst versuchen zu erraten, aber schon die Eingruppierung in verschiedene Abstufungen der Duftstärke bereitet Schwierigkeiten, da diese Eigenschaft sehr witterungsabhängig ist. Auch treten bei verschiedenen Sorten stärker und schwächer duftende Pflanzen auf. Deshab kommt es nicht selten vor, daß ein Autor einer Sorte einen starken Duft zuschreibt, ein anderer sie nur wenig duftend findet. Die meisten neueren Sorten sind durch Sortenschutz, Warenzeichen oder Patent geschützt und dürfen nur mit Genehmigung des Rechtsträgers vermehrt werden. Diese Sorten sind nicht besonders gekennzeichnet.

Teehybriden

Aalsmeer Gold
Züchter: W. Kordes' Söhne 1978
Abstammung: Berolina × Sämling
Höhe: 50—70 cm
Eine gelbe Schnittsorte mit zuweilen leicht rötlichem Anflug auf den Blütenblattspitzen. Die Blüten sind mittelgroß, einzeln oder auch zu mehreren, gut gefüllt. Die Pflanzen wachsen kräftig, aufrecht, gut verzweigt mit großem, glänzend dunkelgrünem, gesundem Laub. Duft gering.
(Farbbild 3)

Adolf Horstmann
Züchter: W. Kordes' Söhne 1971
Abstammung: Königin der Rosen × Dr. A. J. Verhage
Höhe: 70—90 cm
Die orangegelb gefärbten Blüten stehen einzeln auf kräftigen Stielen. Sie sind sehr groß und fallen durch ihre starke Füllung und paeonienähnliche Form auf. Der Wuchs der Sorte ist buschig, kräftig, robust, das reichlich vorhandene Laub groß, glänzend dunkelgrün. Duftend.
(Farbbild 4)

Alec's Red
Züchter: Cocker 1970
Abstammung: Duftwolke × Dame de Coeur
Höhe: 50—70 cm
Große, edle, stark gefüllte, kirschrote Blüten stehen einzeln und zu mehreren auf dicken, festen Stielen. Ihrer Abstammung verdanken sie

einen intensiven Duft. Die Pflanzen wachsen kräftig, aufrecht, das Laub ist glänzend mittelgrün und gesund.

Alexander
Züchter: Harkness 1972
Abstammung: Super Star × (Ann Elizabeth × Allgold)
Synonym: Alexandra
Höhe: 80—100 cm
Leuchtend zinnoberrote, edle, halbgefüllte Blüten stehen einzeln und zu mehreren. Sie duften etwas. Die Pflanzen wachsen stark. Das Laub ist glänzend dunkelgrün und sehr gesund.

Ambassador
Züchter: Meilland 1977
Abstammung: [(Zambra × Suspense) × King's Ransom] × Whisky
Höhe: 100—120 cm
Eine reichblühende Sorte mit aparten aprikosenfarbenen Blüten. Sie sind edel geformt, gut gefüllt, meist einzeln stehend und duften etwas. Die Pflanzen wachsen kräftig, aufrecht, buschig mit starken Stielen. Das Laub ist dunkelgrün, etwas glänzend.
(Farbbild 2)

Angelique
Züchter: W. Kordes' Söhne 1980
Abstammung: nicht angegeben
Höhe: 80—100 cm
Kräftiges Lachsorange kennzeichnet die großen, edlen, lange haltbaren Blüten, die auf langen, drahtigen Stielen stehen. Die sehr kräftig wachsende, gut verzweigte Sorte eignet sich gut für Blumenschnitt. Das Laub ist frischgrün, leicht glänzend. Die Blüten duften angenehm.

Anne-Marie Trechslin
Züchter: Meilland 1969
Abstammung: Sutter's Gold × (Demain × Gloria Dei)
Synonym: Anne Marie
Höhe: 60—80 cm
Die Blüten stehen meist einzeln, sind hochzentrisch, edel, gut gefüllt, duften, die Farbe ist hellscharlach mit karminrotem Einschlag. Die Pflanzen wachsen kräftig, gut verzweigt und haben reichlich festes und ledriges Laub.
(Farbbild 5)

Antonia Ridge

Züchter: Meilland 1976
Abstammung: (Chrysler Imperial × Karl Herbst)
× Sämling
Höhe: 60—80 cm

Aus dunkelpurpurroten Knospen entwickeln
sich kardinalrote Blüten, die edel geformt sind,
gute Füllung aufweisen und meist einzeln stehen. Sie duften etwas. Der Wuchs ist kräftig,
aufrecht, das Laub groß, dunkelgrün.

Atoll

Züchter: Meilland 1972
Abstammung: Super Star × (Zambra × Roman-
tica)
Synonym: Clarita
Höhe: 60—80 cm

Die Sorte hat leuchtend ziegelrote Blüten, die
bis zum Verblühen nicht verblassen. Sie sind
edel geformt, groß, gut gefüllt, meist einzeln am
Stiel, kaum duftend. Die Pflanzen wachsen
kräftig, aufrecht, das Laub ist mittelgroß, dunkelgrün, matt. (Farbbild 1)

Ave Maria

Züchter: W. Kordes' Söhne 1972
Abstammung: nicht angegeben
Höhe: 50—70 cm

Der anfangs lachsorange Farbton der Knospen
wird beim Aufblühen durch die Sonnenstrahlung intensiver bis zu kräftigem Lachsrot. Die
langen spitzen Knospen entfalten sich zu edlen,
gut gefüllten, duftenden Blumen. Die Pflanzen
wachsen buschig, sind gut verzweigt und haben
großes, dunkelgrünes Laub.

Baccara

Züchter: F. Meilland 1954
Abstammung: Rouge Meilland × Kordes' Son-
dermeldung
Synonym: Meger
Höhe: 80—100 cm

Diese Sorte ist gekennzeichnet durch stark gefüllte, kurze, fast plump wirkende Knospen, die
sich langsam zu geranienroten Blüten mit
schwarzen Schattierungen auf den äußeren Petalen öffnen. Der Wuchs ist kräftig, aufrecht,
das Laub dunkelgrün, mit guter Resistenz gegen
Krankheiten. Eine Sorte, die vor allem bei der
Kultur unter Glas eine Rolle spielt. Sie bringt
keine Massenerträge, aber langstielige, sehr gut
haltbare Blumen. Die Blüte duftet nicht.

Bad Nauheim

Züchter: S. McGredy 1970
Abstammung: Irish Wonder × King of Hearts
Synonyme: National Trust, Nationalstolz
Höhe: 50—70 cm

Die Petalen der leuchtend rubinroten Blüten
schlagen nach hinten über, so daß sie sternförmig erscheinen. Die Blüten stehen meist einzeln,
sind stark gefüllt, duften kaum. Die Sorte ist
reich- und dauerblühend und hat gesundes,
dunkelgrünes Laub, das sehr lange rötlich bleibt.

Ballet

Züchter: W. Kordes' Söhne 1958
Abstammung: Florex × Karl Herbst
Höhe: 50—70 cm

Die großen, gefüllten Blumen haben einen intensiven rosa Farbton, der kaum verblaßt. Die
Pflanzen wachsen buschig und bilden kräftige,
aber nicht sehr lange Triebe. Das Laub ist glänzend dunkelgrün, vor allem gegenüber Echtem
Mehltau sehr gut resistent. Eine früh- und reichblühende Sorte. Etwas duftend. (Farbbild 7)

Blue Parfum

Züchter: M. Tantau 1978
Abstammung: nicht angegeben
Höhe: 40—60 cm

Eine früh- und reichblühende Sorte in Lila-Vio-
lett mit großen, gut gefüllten und auffallend
stark duftenden Blüten. Die Pflanzen wachsen
buschig, gedrungen und haben reichlich glänzend dunkelgrünes Laub.

Burgund

Züchter: W. Kordes' Söhne 1977
Abstammung: Henkell Royal × Sämling
Höhe: 60—80 cm

Die schwarzroten Knospen entfalten sich zu
samtig blutroten, sehr großen, edel geformten,
duftenden Blüten, die auf kräftigen, dicken
Trieben stehen. Die Pflanzen sind wüchsig,
stark verzweigt, das lange rötliche Laub ist später matt dunkelgrün.

Caribia

Züchter: Wheatcroft 1972
Abstammung: Sport von Piccadilly
Synonym: Harry Wheatcroft
Höhe: 50—70 cm

Eine interessante Sorte, deren Blütenblätter auf

der Innenseite als Grundfarbe ein kräftiges Rot aufweisen, das durch ungleichmäßig verteilte gelbe Streifen und Sektoren unterbrochen wird. Die Blütenblattaußenseite ist kräftig gelb. Die Blüten sind groß, edel, duften etwas und stehen einzeln und zu mehreren auf straffen mittellangen Stielen. Die Sorte wächst buschig und besitzt bronze- bis mittelgrünes, glänzendes Laub. (Farbbild 6)

Carina

Züchter: A. Meilland 1963
Abstammung: Message × (Rouge Meilland × Kordes' Sondermeldung)
Höhe: 70—90 cm

Eine Sorte, die sich sowohl als Haus- als auch als Freilandschnittsorte bewährt hat. Die silbrigrosa, außen etwas dunkler gefärbten Blüten sind groß, edel geformt, gut gefüllt, leicht duftend und lange haltbar. Sie stehen überwiegend einzeln auf langen, kräftigen Stielen. Der Wuchs ist stark, aufrecht, das Laub ledrig, relativ hell. (Farbbild 8)

Die Welt

Züchter: W. Kordes' Söhne 1976
Abstammung: Sämling × Peer Gynt
Synonym: Mondaine
Höhe: 70—90 cm

Häufig zu mehreren stehen die großen, gut gefüllten, edlen Blüten an langen, kräftigen Trieben. Die Blüten sind gelblichorange mit hellerer Petalenrückseite, bei Sonneneinstrahlung zunehmend rötlich berandet. Etwas duftend. Der Wuchs ist aufrecht, breitbuschig, das Laub reichlich, glänzend, frischgrün.

Duftwolke

Züchter: M. Tantau 1963
Abstammung: Sämling × Prima Ballerina
Synonym: Fragrant Cloud
Höhe: 60—80 cm

Die Sorte fällt vor allem durch ihren überaus intensiven Duft auf, den sie auch an viele ihrer Nachkommen vererbt hat. Die dicken, rundlichen Knospen entfalten sich zu großen, gefüllten Blüten, die zuweilen einzeln, meist aber zu mehreren auf kräftigen Trieben stehen. Die dunkel korallenrote Farbe ändert sich bis zum Verblühen kaum. Die Pflanzen wachsen kräftig, aufrecht, das sehr große Laub ist dunkelgrün, gesund. (Farbbild 9)

Duftzauber

Züchter: W. Kordes' Söhne 1969
Abstammung: Prima Ballerina × Kaiserin Farah
Synonym: Fragrant Charme
Höhe: 50—70 cm

Leuchtendblutrote Blüten entwickeln sich aus etwas dunkleren Knospen, ohne jedoch zu verblauen. Sie sind edel geformt, groß, stehen meist einzeln und duften ausgesprochen stark . Der Wuchs ist aufrecht, gut verzweigt, mittelstark, mit mittelgrünem Laub.

Eiffelturm

Züchter: D. L. Armstrong und Swim — Armstrong Nurs. 1963
Abstammung: First Love × Sämling
Synonym: Eiffel Tower
Höhe: 80—100 cm

Die großen Knospen fallen durch ihre außergewöhnlich schlanke, langgestreckte Form auf. Die reinrosa Blüten sind groß, hochzentrisch, halbgefüllt und duften stark. Die Pflanzen wachsen kräftig, schlank aufrecht mit langen, starken Trieben, das Laub ist lederig, dunkelgrün, etwas glänzend. (Farbbild 10)

Erotika

Züchter: M. Tantau 1968
Abstammung: Sämling × Dr. A. J. Verhage
Synonym: Eroica
Höhe: 50—70 cm

Schlanke, elegante, meist einzeln stehende Knospen entfalten sich zu samtig dunkelroten Blüten mit leichtem Orangeschein. Sie duften stark und stehen auf kräftigen, aufrechten Stielen. Die Pflanzen sind gut verzweigt, das Laub glänzend dunkelgrün. (Farbbild 12)

Esmeralda

Züchter: W. Kordes' Söhne 1980
Abstammung: nicht angegeben
Höhe: 70—90 cm

Die duftenden, kräftig rosafarbenen Blüten sind sehr groß, edel und sehr gut haltbar. Sie stehen auf langen, kräftigen Stielen. Die Sorte wächst stark, gut verzweigt, mit glänzend frischgrünem Laub.

Evening Star

Züchter: Warriner — Jackson & Perkins 1974
Abstammung: Duftwolke × Sämling
Höhe: 60—80 cm

Die Sorte hat große, gefüllte, hochzentrische Blüten in Reinweiß mit leicht gelblichem Grund. Sie wächst kräftig, aufrecht, buschig, das Laub ist glänzend dunkelgrün, groß. Duftend.

Feuerzauber

Züchter: W. Kordes' Söhne 1974
Abstammung: Duftwolke × Sämling
Synonyme: Magie de Feu, Fuego Magico
Höhe: 60—80 cm

Einzeln und zu mehreren stehen die großen, gut gefüllten, etwas duftenden Blüten von leuchtendem Orange, das sich bis zum Verblühen nicht verändert. Der Wuchs ist kräftig, buschig, aufrecht und gut verzweigt, das reichlich gebildete Laub ist groß, glänzend dunkelgrün und gesund.

Flamingo

Züchter: W. Kordes' Söhne 1979
Abstammung: Sämling × Lady Like
Höhe: 60—80 cm

Zartrosafarbene, edle, hochzentrische, gut gefüllte und meist einzeln stehende Blüten stehen auf festen drahtigen Stielen. Duft und gute Haltbarkeit sind weitere Merkmale dieser Schnittsorte. Die Pflanze wächst üppig, robust, aufrecht, buschig, mit vielen Stacheln, das Laub ist lederartig, matt dunkelgrün.

Folklore

Züchter: W. Kordes' Söhne 1977
Abstammung: Duftwolke × Peer Gynt
Höhe: 60—80 cm

Eine Schnittrose in Lachsrosa mit gelblichen Tönen. Die Knospen sind lang und spitz, die Blüten gut gefüllt, sternförmig, haltbar und stehen auf drahtigen Stielen. Etwas duftend. Die Pflanzen wachsen kräftig, gut verzweigt, das Laub ist groß, dunkelgrün.

Fortuna

Züchter: W. Kordes' Söhne 1977
Abstammung: Sonia × Sämling
Höhe: 60—80 cm

Die Blütenblätter sind auf der Innenseite kräftig salmorange gefärbt, die Unterseite ist heller, in zartem Lachs. Die zum Schnitt geeigneten Blumen sind groß, edel, gut gefüllt, kaum duftend. Der Wuchs ist kräftig, das Laub frischgrün. (Farbbild 11)

Freude

Züchter: W. Kordes' Söhne 1975
Abstammung: Duftwolke × Peer Gynt
Synonyme: Decorat, Dekorat, Joie
Höhe: 60—80 cm

Die sehr großen, gefüllten, hochzentrischen, einzeln an langen Stielen stehenden Blüten sind lachsfarben auf der Petaleninnenseite, hellgelb auf der Unterseite und duftend. Der Wuchs ist kräftig, buschig, die Pflanze stark bestachelt, das große, lederige Laub dunkelgrün, gesund.

Galina

Züchter: Meilland 1979
Abstammung: Prominent × Carina
Höhe: 60—80 cm

Hellrote Blüten entwickeln sich aus langen, spitzen Knospen. Sie stehen meist einzeln auf drahtigen, langen Stielen und duften etwas. Die Farbe hält bis zum Verblühen ohne Veränderung. Der Wuchs ist kräftig, aufrecht, das Laub frischgrün. Die Sorte eignet sich gut als Schnittrose.

Gloria Dei

Züchter: F. Meilland 1945
Abstammung: Joanna Hill × [(Charles P. Kilham × *Rosa foetida* 'Bicolor'-Sämling) × (Charles P. Kilham × Margaret McGredy)]
Synonyme: Mme A. Meilland, Peace, Gioia
Höhe: 80—100 cm

Diese Rose hat sich nach ihrer Einführung sehr schnell zu einer Weltrose entwickelt und nimmt auch heute noch einen beachtlichen Platz ein. Die Knospen sind groß, rundlich, goldgelb mit roten Flecken. Die Blüten sind hellgelb mit kupferrotem Rand, je nach Witterungs- und Bodenbedingungen kräftiger oder weniger stark ausgebildet. Die Blüten sind ausgesprochen groß, sie haben sehr große Blütenblätter und sind gut haltbar. Die Pflanzen sind reichblühend, sehr kräftig wachsend mit dicken, langen Trieben, das Laub ist üppig, glänzend dunkelgrün, gesund. Wenig duftend. (Farbbild 13)

Helmut Schmidt

Züchter: W. Kordes' Söhne 1979
Abstammung: Mabella × Sämling
Höhe: 60—80 cm

Die leuchtend zitronengelben Blüten sind sehr

groß, edel, stark duftend, von guter Haltbarkeit. Sie stehen auf kräftigen, mittellangen Stielen. Der Wuchs ist kompakt, buschig, mit dicken Trieben, das reichlich gebildete Laub glänzend dunkelgrün.

Henkell Royal

Züchter: W. Kordes' Söhne 1964
Abstammung: Prima Ballerina × Salvo
Höhe: 50—70 cm

Das feurige Leuchtendrot der Blüten verblaut bis zum Verblühen nicht. Sie sind groß, gut geformt, gefüllt, duftend, gut haltbar und stehen auf langen Stielen. Der Wuchs ist kräftig, buschig, das Laub dunkelgrün, gesund.

Herzog von Windsor

Züchter: M. Tantau 1969
Abstammung: nicht angegeben
Synonym: Duke of Windsor
Höhe: 40—60 cm

Die Farbe der Blüten ist lachsrot bis zinnoberorange mit hellen Schattierungen. Sie sind mittelgroß, rundlich, meist einzeln am Stiel, gut gefüllt und stark duftend. Die Pflanzen wachsen buschig, gedrungen, gut verzweigt, das reichliche Laub ist glänzend dunkelgrün.

Hidalgo

Züchter: M. L. Meilland 1979
Abstammung: [(The Queen Elizabeth Rose- × Karl Herbst) × (MEIfiga × Pharaoh)] × (MEIcesar × Papa Meilland)
Höhe: 80—100 cm

Die sehr großen, gefüllten und stark duftenden Blüten weisen ein dunkles Johannisbeerrot auf. Die Pflanzen wachsen kräftig, aufrecht und sind reichblühend. Das Laub ist matt, bronzegrün und besonders mehltauresistent.

Ilona

Züchter: Verbeek 1973
Abstammung: Miracle × (Romantica × Edith Piaf)
Synonym: Varlon
Höhe: 70—90 cm

Eine Sorte, die vor allem im Anbau unter Glas genutzt wird, jedoch auch im Garten gut verwendbar ist. Die Blüten sind blutorange, groß, stehen auf straffen, langen Stielen und duften leicht. Der Wuchs ist kräftig, buschig, das lederige Laub glänzend dunkelgrün. (Farbbild 14)

Inka

Züchter: M. Tantau 1981
Abstammung: nicht angegeben
Höhe: 60—80 cm

Kräftig lachsrosa, sehr große, stark gefüllte und lange haltbare Blüten stehen auf kräftigen, straffen Stielen. Die Sorte ist wüchsig, verzweigt, das Laub ist üppig, mittelgrün und gesund.

Jessika

Züchter: M. Tantau 1971
Abstammung: Königin der Rosen × Piccadilly
Höhe: 60—80 cm

Das Pfirsichlachs der Blüten geht beim Aufblühen in einen Kupferton über. Sie sind mittelgroß bis groß, edel geformt, duftend und stehen häufig zu mehreren am Stiel zusammen. Der Wuchs ist kräftig, aufrecht, vielverzweigt und geschlossen, das Laub reichlich und dunkelgrün.

Karneol-Rose

Züchter: Institut für Zierpflanzenbau Berlin-Köpenick 1964
Abstammung: Charles Mallerin × Josephine Bruce
Höhe: 70—90 cm

Die Knospen sind ganz dunkel schwarzrot, die Blüten samtig schwarzrot mit glühendroter Mitte, groß, gefüllt, kaum duftend und haltbar. Sie sitzen auf langen, geraden, kräftigen Stielen. Der Wuchs ist aufrecht, buschig, das Laub etwas glänzend, dunkelgrün, mit guter Krankheitsresistenz.

King's Ransom

Züchter: Morey — Jackson & Perkins 1961
Abstammung: Golden Masterpiece × Lydia
Höhe: 70—90 cm

Von der Knospe bis zum Verblühen hält sich das kräftige Goldgelb. Die Knospen sind lang, spitz, die Blüten gut geformt, groß, meist einzeln stehend, duftend und gut haltbar. Die Sorte wächst straff aufrecht, gut verzweigt, das Laub ist glänzend frischgrün, gesund. Eine Sorte für den Blumenschnitt.

Königin der Rosen

Züchter: W. Kordes' Söhne 1964
Abstammung: Kordes' Perfecta × Super Star
Synonyme: Colour Wonder, Queen of Roses, Reine des Roses
Höhe: 60—80 cm

Eine interessante Farbenrose, deren Blütenblatt-innenseiten lachsorange, die Außenseiten hellgelb gefärbt sind. Die Blüten sind groß, stark gefüllt, lange haltbar und entwickeln besonders bei guter Witterung ihre volle Schönheit. Der Wuchs ist kräftig, buschig, die starken Triebe sind mit vielen Stacheln besetzt, das große, ledrige Laub ist dunkel olivgrün. Duftend. (Farbbild 15)

Königliche Hoheit

Züchter: Swim & Weeks — Conard Pyle 1962
Abstammung: Virgo × Gloria Dei
Synonym: Royal Highness
Höhe: 70—90 cm

Die Sorte hat ausgesprochen große, becherförmige Blüten in zartem, reinem Hellrosa, die stark duften und auf langen, aufrechten Stielen stehen. Der Wuchs ist straff aufrecht, hoch, das Laub glänzend mittelgrün.

Komet

Züchter: VEG Saatzucht Baumschulen Dresden 1977
Abstammung: nicht angegeben
Höhe: 60—80 cm

Eine wertvolle Schnittsorte mit mittelgroßen, gefüllten, kräftig zinnoberroten Blüten, die ihre Farbe bis zum Verblühen nicht verändern. Kaum duftend. Die Blüten stehen fast immer einzeln auf festen, mittellangen Stielen und haben eine sehr gute Haltbarkeit. Die Pflanzen wachsen buschig, mit etwas glänzendem, dunkelgrünem, gesundem Laub.

Lady Rose

Züchter: W. Kordes' Söhne 1979
Abstammung: Sämling × Träumerei
Höhe: 50—70 cm

Kräftige, haltbare lachsrote Blüten stehen einzeln und zu mehreren am Stiel. Sie sind sehr groß und gut geformt, etwas duftend und weisen eine gute Haltbarkeit auf. Die Pflanzen wachsen buschig, vieltriebig, blühen reich und lange. Das Laub ist groß, etwas glänzend, dunkelgrün.

Landora

Züchter: M. Tantau 1970
Abstammung: Sämling × King's Ransom
Synonym: Sunblest
Höhe: 50—70 cm

Die eleganten Knospen erblühen langsam zu edlen, gut gefüllten, haltbaren und duftenden kanariengelben, nicht verblassenden Blüten. Sie stehen häufig zu mehreren zusammen. Die Sorte ist wüchsig, gut verzweigt, auffallend winterhart, das frischgrüne Laub widerstandsfähig gegenüber Krankheiten. (Farbbild 16)

Lolita

Züchter: W. Kordes' Söhne 1972
Abstammung: Dr. A. J. Verhage × Königin der Rosen
Höhe: 50—70 cm

Als Kupferlachs mit Goldton wird der Farbton bezeichnet. Die Blüten sind sehr groß, edel, stark gefüllt, gut haltbar, stark duftend. Sie stehen auf dicken, kräftigen Stielen. Die Pflanzen wachsen robust, stark, das Laub ist frischgrün.

Lusambo

Züchter: Meilland 1972
Abstammung: (Royal Velvet × Chrysler Imperial) × Pharaoh
Synonym: Red Rock
Höhe: 50—70 cm

Das leuchtende Kirschrot verändert sich bis zum Verblühen nicht. Die Blüten sind groß, gut gefüllt, leicht duftend und stehen meist einzeln. Die Pflanzen wachsen kräftig, buschig, das mittelgroße Laub ist dunkelgrün und wird reichlich gebildet. (Farbbild 19)

Lustige

Züchter: W. Kordes' Söhne 1973
Abstammung: Gloria Dei × Brandenburg
Synonym: Jolly
Höhe: 60—80 cm

Eine zweifarbige Sorte, bei der die Blütenblatt-innenseiten kupferrot, die -außenseiten hellgelb gefärbt sind. Aus spitzen, langen Knospen entfalten sich große, gefüllte, meist einzelstehende und haltbare Blüten mit kräftigem Duft. Der Wuchs ist kräftig, aufrecht, gering bestachelt. Das reichlich vorhandene Laub ist groß, ledrig, glänzend frischgrün. (Farbbild 17)

Mabella

Züchter: W. Kordes' Söhne 1972
Abstammung: Roselandia × Arlene Francis
Synonym: New Day
Höhe: 50—70 cm

Gut für den Blumenschnitt geeignet sind die zitronengelben Blüten. Die Knospen haben eine lange, spitze Form, die Blüten sind groß, edel, hochzentrisch, gut haltbar und stehen meist einzeln an starken, kräftigen Stielen. Der Duft ist intensiv. Die kräftig, aufrecht wachsenden Pflanzen haben lederiges, matt dunkelgrünes Laub.

Mainzer Fastnacht

Züchter: M. Tantau 1964
Abstammung: Sterling Silver × Sämling
Synonyme: Blue Moon, Sissi
Höhe: 60—80 cm

Auf langen, kräftigen Stielen stehen große, gut gefüllte und stark duftende Blüten in einem aparten fliederfarbenen Ton, meist einzeln, aber auch zu mehreren zusammen. Der Wuchs ist kräftig, aufrecht, buschig, das etwas glänzende frischgrüne Laub gesund.

Maria Callas

Züchter: M. L. Meilland 1966
Abstammung: Chrysler Imperial × Karl Herbst
Synonym: Miss All American Beauty
Höhe: 60—80 cm

Die kräftig karminrosa Blüten sind groß, stark gefüllt und duften. Die Pflanze entwickelt kräftige Stiele und wächst buschig. Das Laub ist groß, lederig, dunkelgrün. (Farbbild 18)

Melina

Züchter: M. Tantau 1973
Abstammung: Inge Horstmann × Sophia Loren
Synonym: Sir Harry Pilkington
Höhe: 50—70 cm

Eine leuchtend blutrote Farbe mit leichtem Samtschimmer, die bis zum Verblühen erhalten bleibt. Die Blüten sind groß, gut gefüllt, duften etwas und stehen auf kräftigen, straffen Stielen. Die Sorte wächst kräftig, mit dunkelgrünem, gesundem Laub. (Farbbild 20)

Mildred Scheel

Züchter: M. Tantau 1976
Abstammung: nicht angegeben
Synonym: Deep Secret
Höhe: 60—80 cm

Aus großen, schwarzroten Knospen entfalten sich langsam tiefdunkelrote Blüten mit Samtschein. Sie sind groß, gefüllt, sehr haltbar und duften stark. Der Wuchs ist kräftig, buschig, das Laub üppig, glänzend dunkelgrün, gesund.

Neue Revue

Züchter: W. Kordes' Söhne 1962
Abstammung: Königin der Rosen × Freiheitsglocke
Höhe: 60—80 cm

Eine Farbenrose, bei der der gelblichweiße Grund mehr oder weniger von kräftigem Rot überzogen wird. Die Blüten sind groß, gut geformt, gefüllt, stark duftend, einzeln und zu mehreren an starken Stielen stehend. Die Pflanzen wachsen aufrecht, gut verzweigt, und sind stark bestachelt, das reichlich vorhandene Laub ist lederig, glänzend dunkelgrün.

Norita

Züchter: Combe 1966
Abstammung: Charles Mallerin × Sämling
Höhe: 60—80 cm

Die Sorte wird häufig mit dem Prädikat „Schwarze Rose" versehen. Die Blüten sind tief dunkelrot, groß, hochzentrisch, gefüllt, meist einzeln stehend und duften etwas. Der Wuchs ist aufrecht, buschig, das mittelgroße Laub lederig, dunkelgrün, gesund.

Papa Meilland

Züchter: A. Meilland 1963
Abstammung: Chrysler Imperial × Charles Mallerin
Höhe: 60—80 cm

Starker Duft und tiefdunkelrote Farbe, die durch den Samtschein noch verstärkt wird, kennzeichnen die Blüten. Sie sind groß, gut gefüllt, hochzentrisch. Der Wuchs kräftig, aufrecht, das Laub lederig, olivgrün. Die Sorte ist etwas mehltauanfällig.

Pariser Charme

Züchter: M. Tantau 1965
Abstammung: Prima Ballerina × Montezuma
Synonym: Charm of Paris
Höhe: 60—80 cm

Die kräftig rosafarbenen Blüten duften stark, sind groß, gut geformt, stark gefüllt und haltbar. Die Pflanzen wachsen buschig, das glänzend frischgrüne Laub ist gesund. (Farbbild 25)

Pascali

Züchter: Lens 1963
Abstammung: The Queen Elizabeth Rose × White Butterfly
Höhe: 50—70 cm

Das strahlende Weiß ist im Knospenstadium zuweilen etwas rosa getönt, am Grund der Blüten von einem leicht grünlichen Schein überzogen. Die Knospen sind lang, spitz, die Blüten groß, gefüllt, hochzentrisch, etwas duftend. Sie stehen meist einzeln auf straffen Stielen und sind gut für den Schnitt geeignet. Der Wuchs ist aufrecht, gut verzweigt, das Laub mittelgrün, matt, gesund.
(Farbbild 23)

Peer Gynt

Züchter: W. Kordes' Söhne 1968
Abstammung: Königin der Rosen × Goldrausch
Höhe: 70—90 cm

Aus rundlichen Knospen entwickeln sich sehr große, stark gefüllte, duftende Blüten in Goldgelb, das vor allem im Verblühen häufig einen leicht rötlichen Rand erhält. Die Blüten stehen einzeln und zu mehreren auf kräftigen, dicken, ziemlich stark bestachelten Trieben. Der Wuchs ist sehr stark, breitbuschig, gut verzweigt, das Laub dicht, lederartig, glänzend dunkelgrün und gesund.
(Farbbild 23)

Pharaoh

Züchter: M. L. Meilland 1968
Abstammung: (Rouge Meilland × Kordes' Sondermeldung) × Suspense
Synonym: Pharaon
Höhe: 60-80 cm

Das glühende Feuerrot der Blüten besitzt eine ausgezeichnete Leuchtkraft. Sie sind groß, gefüllt, rundlich, etwas duftend und stehen überwiegend einzeln auf langen Stielen. Die Pflanzen wachsen aufrecht, mäßig verzweigt, das Laub ist mittelgroß, lederig, etwas glänzend, dunkelgrün.

Piccadilly

Züchter: S. McGredy 1960
Abstammung: McGredy's Yellow ×
    Karl Herbst
Höhe: 50—70 cm

Ein auffallender Farbkontrast zwischen dem kräftigen Kupferrot der Blütenblattinnenseite und dem kräftigen Gelb am Grund und auf der Außenseite. Die Blüten sind groß, gefüllt, duftend, einzeln und häufig zu mehreren am Stiel. Wuchs kräftig, aufrecht, verzweigt, das Laub glänzend dunkelgrün, gesund.

Piroschka

Züchter: M. Tantau 1972
Abstammung: Duftwolke × Dr. A. J. Verhage
Höhe: 70—90 cm

Die kräftig rosafarbenen Blüten sind groß, edel, gut gefüllt, haltbar und duften. Die Pflanzen wachsen aufrecht, gut verzweigt, das Laub ist dunkelgrün.

Prima Ballerina

Züchter: M. Tantau 1957
Abstammung: Sämling × Gloria Dei
Synonym: Première Ballerine
Höhe: 60—80 cm

Die kirschrosa Blüten beeindrucken durch ihren intensiven Duft. Sie sind mittelgroß, halbgefüllt, öffnen sich bei warmem Wetter sehr schnell. Die Pflanzen wachsen kräftig, aufrecht, das Laub ist frischgrün, gesund. (Farbbild 21)

Prins Claus

Züchter: de Ruiter 1972
Abstammung: Mischief × (The Queen Elizabeth
    Rose × Scania)
Synonym: Rosalynn Carter
Höhe: 50—70 cm

Die Sorte hat große, gut gefüllte, hochzentrische, duftende Blüten von korallenroter Farbe mit orangelachsfarbener Tönung. Sie stehen einzeln und zu mehreren am Stiel. Der Wuchs ist kräftig, buschig, aufrecht, das Laub reichlich, dunkelgrün. (Farbbild 24)

Rebecca

Züchter: M. Tantau 1970
Abstammung: Konfetti × Piccadilly
Höhe: 60—80 cm

Warmes Rot überzieht die Petaleninnenseite, die Außenseite kontrastiert in kräftigem Gelb. Die Blüten sind groß, gefüllt, langsam erblühend, wenig duftend, einzeln und häufig zu mehreren am Stiel stehend. Der Wuchs ist kräftig, aufrecht, buschig, das große Laub glänzend dunkelgrün, gesund. (Farbbild 29)

Red Star

Züchter: A. Dickson 1976
Abstammung: Red Planet × Franklin Engelmann
Synonyme: Precious Platinum, Opa Pötschke
Höhe: 70—90 cm

Das leuchtende Dunkelrot der großen, stark gefüllten, edlen und leicht duftenden Blüten hält
unverändert bis zum Verblühen. Die Pflanzen
wachsen stark, gut verzweigt, das üppig gebildete Laub ist lederig, glänzend dunkelgrün und
sehr gesund.

Roter Stern

Züchter: Meilland 1958
Abstammung: nicht angegeben
Synonyme: Exciting, Excitement
Höhe: 60—80 cm

Diese Sorte, die wahrscheinlich ein Schwester-
sämling der Sorte 'Baccara' ist, ähnelt dieser von
der geraniumroten Blütenfarbe her sehr stark.
Die Blüten sind aber schlanker und daher ele-
ganter, nicht so stark gefüllt, gut haltbar. Sie ist
eine gute Freilandschnittsorte, die auffallend
reich und schnell folgernd blüht. Auch unter
Glas wird sie angebaut. Sie bildet kräftige, lange
Stiele und hat einen kräftigen Wuchs. Das Laub
ist dunkelgrün, etwas glänzend, mit guter
Krankheitsresistenz. Ohne Duft.

Royal Dane

Züchter: Poulsen 1972
Abstammung: Sämling × Super Star
Synonym: Troika
Höhe: 60—80 cm

Die braunroten Knospen färben sich beim Aufblühen je nach Strahlungsintensität bronzefar-
ben bis bronzekupfer. Sie sind groß, gefüllt, gut
haltbar, duftend, einzeln oder zu mehreren am
Stiel. Die Pflanzen wachsen kräftig, buschig,
aufrecht, das große Laub ist lederig, glänzend
dunkelgrün. (Farbbild 26)

Silver Jubilee

Züchter: Cocker 1978
Abstammung: (Highlight × Königin der Rosen)
× (Parkdirektor Riggers × Piccadilly) × Mi-
schief
Höhe: 50—70 cm

Anfangs karminrosa Knospen entwickeln sich
zu lebhaft rosafarbenen Blüten mit helleren und
dunkleren Schattierungen. Sie sind groß, edel,
haltbar, einzeln und häufig zu mehreren am
Stiel. Etwas duftend. Die Pflanzen wachsen
breitbuschig, verzweigt, das im Austrieb rötliche
Laub ist später glänzend dunkelgrün und gesund.

Silver Star

Züchter: W. Kordes' Söhne 1966
Abstammung: Sterling Silver × Magenta-Säm-
ling
Höhe: 60—80 cm

Die Blütenfarbe wird als Silberblau bezeichnet.
Die Blüten sind groß, gefüllt, von edler Form,
stark duftend, der Wuchs ist kräftig, buschig,
das Laub glänzend, dunkelgrün.

Simona

Züchter: M. Tantau 1979
Abstammung: nicht angegeben
Höhe: 60—80 cm

Die kupfergelben Knospen haben einen rötlichen Rand, sind groß, schlank; sie entfalten sich
zu großen, gut gefüllten, edlen Blüten in cog-
nacgelbem Farbton und stehen auf kräftigen,
langen Stielen. Wuchs kräftig, Laub glänzend
dunkelgrün. (Farbbild 27)

Sun King

Züchter: Paolino — Meilland 1974
Abstammung: (Soraya × Signora Piero Puricelli)
× King's Ransom
Höhe: 60—80 cm

Anfangs ockergelbe Knospen entwickeln sich zu
goldgelben, großen, gefüllten, hochzentrischen,
etwas duftenden Blüten. Die Pflanzen wachsen
buschig, kräftig, aufrecht, das Laub ist mittelgroß, mittelgrün.

Super Star

Züchter: M. Tantau 1960
Abstammung: ([(*Rosa multibracteata* × Crimson
Glory) × Danzig × (Tantaus Triumph ×
Käthe Duvigneau)] × Gloria Dei) × Alpen-
glühen
Synonym: Tropicana
Höhe: 70—90 cm

Der auffallende Farbton wird als Salmorange
bezeichnet. Die spitzen Knospen entfalten sich
langsam zu mittelgroßen, lange haltbaren, duftenden Blüten, die die Farbe bis zuletzt unverändert beibehalten. Sie sitzen an langen Trieben,
oder es werden — vor allem an mehrjährigen
Pflanzen — an einem Haupttrieb an mehreren
kurzen Stielen Blüten gebildet. Der Wuchs ist
kräftig, aufrecht, das Laub dunkelgrün, matt,
nicht sehr groß. Diese Sorte wird häufig vom
Echten Mehltau befallen. (Farbbild 28)

Sutter's Gold

Züchter: H. C. Swim — Armstrong 1950
Abstammung: Charlotte Armstrong × Signora
 Piero Puricelli
Höhe: 80—100 cm

Die schlanken, spitzen Knospen sind gelb mit
roten Streifen, die Blüten goldgelb mit rotorange, groß, leicht gefüllt und eröffnen mit das
Rosenjahr. Die Pflanzen wachsen kräftig, stark
aufrecht und bilden lange Stiele mit wenig Stacheln. Das Laub ist glänzend dunkelgrün, es ist
gegen Krankheiten sehr widerstandsfähig. Der
Duft ist sehr intensiv.
(Farbbild 30)

Sylvia

Züchter: W. Kordes' Söhne 1978
Abstammung: Carina × Sämling
Synonym: Congratulation
Höhe: 80—100 cm

Kräftig rosafarbene Blüten, groß, gut gefüllt,
meist einzeln, stehen auf langen, kräftigen Stielen. Leicht duftend. Der Wuchs der Sorte ist
straff aufrecht, mit reichlich leicht glänzendem,
dunkelgrünem Laub.

Tatjana

Züchter: W. Kordes' Söhne 1970
Abstammung: Liebeszauber × Dr. h. c. Schröder
Höhe: 60—80 cm

Aus schwarzroten Knospen entfalten sich feurig
blutrote Blüten mit Samtschein. Sie sind edel geformt, gut gefüllt, groß, gut haltbar, stark duftend und stehen meist einzeln. Die Pflanzen
wachsen kräftig, gut verzweigt, aufrecht, mit
dicken, stark bestachelten Trieben. Das mittelgroße Laub ist lederig, glänzend dunkelgrün
und gesund.

Virgo

Züchter: Mallerin 1947
Abstammung: Blanche Mallerin × Neige Parfum
Synonym: Virgo liberationem
Höhe: 50—70 cm

Die sehr langen, spitzen Knospen öffnen sich zu
locker gefüllten weißen Blüten, die oft zu mehreren auf einem Stiel sitzen. Durch einen leicht
grünlichen Einschlag wird die Farbe noch unterstrichen, sie wirkt fast etwas kalt. Die Pflanzen
sind mäßig wüchsig, buschig, reichblühend, das
Laub dunkelgrün, lederig, im Herbst leicht
Mehltaubefall. Duftend.

Whisky

Züchter: M. Tantau 1967
Abstammung: Sämling × Dr. A. J. Verhage
Synonym: Whisky Mac
Höhe: 40—60 cm

Die bronze- bis kupfergelben Blüten sind edel
geformt, groß, gefüllt, später offen, stark duftend, einzeln und zu mehreren am Stiel. Der
Wuchs ist aufrecht, buschig, das Laub groß,
glänzend dunkelgrün.

Beetrosen

Alain

Klasse: Polyantha-Hybride
Züchter: F. Meilland 1948
Abstammung: (Guinée × Wilhelm) × Orange
 Triumph
Höhe: 50—70 cm

Eine reichblühende, blutrote Sorte mit mittelgroßen, halbgefüllten, offenen Blüten, die in
großen Rispen erscheinen. Der Wuchs ist buschig, breit, das Laub dunkel, mittelgroß, die
Krankheitsresistenz mittel. Kaum duftend.
(Farbbild 31)

Allgold

Klasse: Floribunda
Züchter: le Grice 1957
Abstammung: Goldilocks × Ellinor le Grice
Höhe: 50—70 cm

Das kräftige, leuchtende Goldgelb verblaßt bis
zum Verblühen nicht. Aus spitzen Knospen entwickeln sich mittelgroße, halbgefüllte, kaum
duftende Blüten, die teilweise einzeln, meist
aber in großen Blütenständen stehen. Die Pflanzen sind kräftig, buschig, das Laub mittelgrün,
stark glänzend und ausgesprochen gesund.
(Farbbild 33)

Allotria

Klasse: Floribunda
Züchter: M. Tantau 1958
Abstammung: Fanal × Tantaus Triumph-
 Sämling
Höhe: 50—70 cm

Die orangeroten Blüten stehen in Rispen zusammen, sind mittelgroß und gefüllt. Die Sorte
wächst kräftig, aufrecht, gut verzweigt, mit
dichtem, glänzend dunkelgrünem Laub.

Amsterdam

Klasse: Floribunda
Züchter: Verschuren 1972
Abstammung: Europeana × Parkdirektor Riggers
Höhe: 60—80 cm

Rein orangerot sind die mittelgroßen, schwachgefüllten Blüten mit 12 bis 15 gewellten Petalen. Die reichblühende Sorte reinigt sich gut, ist wüchsig. Der Austrieb ist rot, das Laub glänzt und ist sehr lange rötlichgrün.

Anabell

Klasse: Floribunda
Züchter: W. Kordes' Söhne 1972
Abstammung: Zorina × Königin der Rosen
Höhe: 40—60 cm

Lange, spitze Knospen entwickeln sich zu großen, gut gefüllten lachsorangefarbenen Blüten, die etwas duften und zu mehreren zusammenstehen. Die Pflanzen wachsen buschig, gut verzweigt, mit mittelgroßem, dunkelgrünem Laub. (Farbbild 35)

Arthur Bell

Klasse: Floribunda
Züchter: S. McGredy 1965
Abstammung: Cläre Grammerstorf × Piccadilly
Höhe: 70—90 cm

Das kräftige Gelb der Blüten verblaßt im Verlauf der Blütezeit etwas. Besonders auffallend ist der starke Duft. Die Blüten sind groß, halbgefüllt, mit etwa 15 Petalen, sie stehen einzeln und zu mehreren zusammen. Der Wuchs ist sehr kräftig, aufrecht, das Laub glänzend dunkelgrün und stark geadert. (Farbbild 32)

Bad Füssing

Klasse: Floribunda
Züchter: W. Kordes' Söhne 1980
Abstammung: Gruß an Bayern ×
  Sämling
Höhe: 40—60 cm

Große, leuchtend blutrote Blüten stehen in großen Rispen zusammen. Nach dem Verblühen werden die Blütenblätter sauber abgeworfen. Leichter Wildrosenduft. Die Pflanzen sind buschig, gedrungen, gleichmäßig hoch, gut verzweigt und frosthart, das reichlich gebildete Laub dunkelgrün, leicht glänzend.

Belinda

Klasse: Floribunda
Züchter: M. Tantau 1972
Abstammung: Sämling × Zorina
Höhe: 40—60 cm

Vor allem für Kultur unter Glas wird die Sorte genutzt, deren Blüten als bronze-goldorange bezeichnet werden. Die edlen, mittelgroßen, gut gefüllten und duftenden Blüten stehen auf straffen Stielen, meist zu mehreren. Die Pflanzen wachsen buschig, mittelstark, das Laub ist dunkelgrün, etwas glänzend.

Chorus

Klasse: Floribunda
Züchter: Meilland 1975
Abstammung: Tamango × (Sarabande × Zambra)
Höhe: 40—60 cm

Die leuchtend zinnoberroten Blüten sind groß, gefüllt und stehen zu mehreren zusammen. Sie duften etwas. Der Wuchs ist kräftig, buschig, das Laub glänzend, dunkelgrün und sehr gesund.

City of Belfast

Klasse: Floribunda
Züchter: S. McGredy 1968
Abstammung: Evelyn Fison × (Circus × Korona)
Höhe: 40—60 cm

Ein leuchtendes Orangerot, das sich bis zum Verblühen nicht verändert. Die Blüten sind mittelgroß, gefüllt, schalenförmig. Eine reichblühende Sorte, die kompakt, gut verzweigt, breitbuschig wächst und großes, glänzend dunkelgrünes Laub hat.

Cordula

Klasse: Floribunda
Züchter: W. Kordes' Söhne 1972
Abstammung: Europeana × Marlena
Höhe: 30—50 cm

In leuchtendem Orangerot zeigen sich die mittelgroßen, gefüllten Blüten. Sie sind gut haltbar, duften etwas, stehen in Rispen zusammen und reinigen sich selbst. Als ausgesprochen niedrige Beetrose sind die Pflanzen kompakt, buschig und gut verzweigt. Das mittelgroße, lederige Laub ist anfangs rötlich, später glänzend dunkelgrün.

Dalli Dalli

Klasse: Floribunda
Züchter: M. Tantau 1977
Abstammung: nicht angegeben
Höhe: 40—60 cm

In großen Büscheln stehen die leuchtend dunkelblutroten Blüten zusammen. Sie duften etwas, sind mittelgroß, gut gefüllt, selbstreinigend. Die Pflanzen wachsen robust, buschig, aufrecht, sind gut winterhart und haben reichlich mittelgroßes, glänzend dunkelgrünes, gesundes Laub.

Edelweiß

Klasse: Floribunda
Züchter: Poulsen 1969
Abstammung: Pernille Poulsen × unbekannt
Synonym: Snowline
Höhe: 40—60 cm

Die cremeweißen Blüten sind rundlich, mittelgroß, gefüllt, duften etwas und stehen in Büscheln zusammen. Der Wuchs ist kräftig, kompakt, breitbuschig, das reichlich vorhandene Laub glänzend dunkelgrün.

Escapade

Klasse: Floribunda
Züchter: Harkness 1967
Abstammung: Pink Parfait × Baby Faurax
Höhe: 80—100 cm

Eine interessante Sorte, die aus dem üblichen Rahmen fällt. Die Blüten sind magentarosa, zur Mitte in Weiß übergehend, groß, halbgefüllt, offen, etwas duftend und stehen in großen Rispen. Dazu kontrastiert das glänzend hellgrüne und gesunde Laub. Die reichblühenden Pflanzen wachsen kräftig, breitbuschig, vielverzweigt.

Esther Ofarim

Klasse: Floribunda
Züchter: W. Kordes' Söhne 1970
Abstammung: Königin der Rosen × Zorina
Synonym: Matador
Höhe: 50—70 cm

Die Blüten weisen einen auffallenden Farbkontrast auf: Die Petaleninnenseite ist leuchtend scharlachorange, die Außenseite und der Petalengrund gelb gefärbt. Aus spitzen Knospen entwickeln sich mittelgroße, edel geformte, gut gefüllte, schwach duftende Blüten von guter Haltbarkeit. Die Pflanzen wachsen breitbuschig, gedrungen, gut verzweigt mit ledrigem,

leicht glänzendem, frischgrünem Laub. Verwendung im Freiland und unter Glas. (Farbbild 36)

Europeana

Klasse: Floribunda
Züchter: de Ruiter 1963
Abstammung: Ruth Leuwerik × Rosemary Rose
Höhe: 40—60 cm

Auffallend dunkelblutrot sind die großen, gefüllten Blüten, die vielfach in riesigen Blütenständen zusammenstehen. Unterstrichen wird die Farbe durch das große, glänzende und dunkel rötlichgrüne Laub, das im Austrieb tief braunrot ist und diesen Farbton lange beibehält. Die Pflanzen wachsen breit, buschig, kräftig und gut verzweigt. Auf Befall mit Echtem Mehltau muß geachtet werden.

Fanal

Klasse: Polyantha-Hybride
Züchter: M. Tantau 1946
Abstammung: (Johanna Tantau × Heidekind) × Hamburg
Höhe: 60—80 cm

Die Blüten sind leuchtend rot, groß, halbgefüllt, offen, ohne Duft. Sie stehen in großen Rispen zusammen. Die Pflanzen blühen sehr reich, wachsen kräftig, gedrungen. Das Laub ist dunkelgrün, gesund und deckt den Boden gut.

Fantasia

Klasse: Floribunda
Züchter: W. Kordes' Söhne 1977
Abstammung: Zorina × Sämling
Höhe: 50—70 cm

Das kräftige Hellrot der Petaleninnenseite steht in auffallendem Kontrast zum Weiß der Unterseite. Die Blüten sind edel geformt, gefüllt, groß, gut haltbar, ohne Duft. Sie stehen zu mehreren auf mittellangen, kräftigen Stielen. Der Wuchs ist gut verzweigt, buschig, kompakt, das reichlich vorhandene Laub etwas glänzend, mittelgrün. Eine Sorte für Freiland und Kultur unter Glas.

Frau Astrid Späth

Klasse: Polyantha-Hybride
Züchter: Wirtz und Eicke — Späth 1930
Abstammung: Sport von Joseph Guy
Synonym: Distinction
Höhe: 40—60 cm

Eine früh- und reichblühende leuchtendrosa

Sorte mit halbgefüllten Blüten in großen Blütenständen, die sich trotz ihres Alters noch immer
im Sortiment gehalten hat. Die Pflanzen sind
wüchsig, stark verzweigt, buschig, das Laub ist
hellgrün, gesund und deckt den Boden gut.

Friesia
Klasse: Floribunda
Züchter: W. Kordes' Söhne 1973
Abstammung: Friedrich Wörlein × Spanish Sun
Synonym: Sunsprite
Höhe: 50—70 cm

Die Leuchtkraft der goldgelben Blüten wird
durch einen ganz schwach grünlichen Einschlag
noch erhöht. Ohne zu Verblassen hält sich die
Farbe der mittelgroßen, gefüllten und stark duftenden Blüten bis zum Verblühen, wenn die Blütenblätter sauber abfallen. Die Sorte wächst buschig, aufrecht, kompakt, das mittelgroße und
reichlich vorhandene Laub ist glänzend frischgrün und gesund. (Farbbild 34)

Geisha
Klasse: Floribunda
Züchter: M. Tantau 1964
Abstammung: nicht angegeben
Synonym: Pink Elizabeth Arden
Höhe: 40—60 cm

Große, gut geformte, halbgefüllte, reinrosa Blüten ohne Duft stehen zu mehreren und in großen Büscheln zusammen. Die Pflanzen sind mit-
telhoch, sehr gleichmäßig, buschig, das Laub
dunkelgrün. (Farbbild 39)

Golden Times
Klasse: Floribunda
Züchter: W. Kordes' Söhne 1976
Abstammung: nicht angegeben
Höhe: 60—80 cm

Die großen, edlen, gut gefüllten Blüten haben
eine kräftige leuchtendgelbe Farbe. Sie stehen
einzeln und zu mehreren auf mittellangen, kräftigen Stielen und duften stark. Der Wuchs ist
kräftig, buschig, das Laub dunkelgrün. Für Kultur unter Glas und Freiland. (Farbbild 37)

Gruß an Bayern
Klasse: Polyantha-Hybride
Züchter: W. Kordes' Söhne 1971
Abstammung: Messestadt Hannover × Ham-
burg
Höhe: 40—60 cm

Ohne zu Verblauen hält sich die leuchtend blutrote Farbe mit leichtem Samtschein bis zum
Verblühen. Die Blüten sind mittelgroß, halbgefüllt und stehen in lockeren Rispen. Ein leichter
Wildrosenduft geht von ihnen aus. Der Wuchs
ist aufrecht, stark verzweigt, das mittelgroße, lederige Laub ist von dunkelgrüner Farbe und
glänzt.

Irish Beauty
Klasse: Floribunda
Züchter: S. McGredy 1964
Abstammung: Spartan × Highlight
Synonym: Elizabeth of Glamis
Höhe: 40—60 cm

Korallenlachsfarbene, edle, große, halbgefüllte,
stark duftende Blüten stehen in Rispen zusammen. Sie stehen auf buschigen, gleichmäßigen,
kompakten Pflanzen mit mittelgroßem, leicht
glänzendem, frischgrünem und gesundem Laub.
(Farbbild 38)

Irish Wonder
Klasse: Floribunda
Züchter: S. McGredy 1962
Abstammung: Moulin Rouge × Korona
Synonym: Evelyn Fison
Höhe: 40—60 cm

Das leuchtende Blutorange fällt in jeder Pflanzung auf und hält sich unverändert bis zum Verblühen. Die Blüten sind mittelgroß, gefüllt, duften sehr wenig und sind lange haltbar. Die
Pflanzen wachsen kompakt und buschig mit
reichlich mittelgroßem, frischgrünem und gesundem Laub.

Laminuette
Klasse: Floribunda
Züchter: Lammerts 1969
Abstammung: Gloria Dei × Rumba
Synonym: Minuette
Höhe: 50—70 cm

Die rundlichen, mittelgroßen, gefüllten Blüten
sind elfenbeinweiß und haben einen mehr oder
weniger stark ausgeprägten rosa bis hellroten
Rand. Die Blüten stehen zu mehreren auf mittellangen, kräftigen Stielen und sind gut haltbar,
sie duften etwas. Der Wuchs ist buschig, kräftig,
gut verzweigt, das Laub glänzend dunkelgrün.
Verwendung im Freiland und Kultur unter Glas.
(Farbbild 41)

Lapponia

Klasse: Floribunda
Züchter: M. Tantau 1978
Abstammung: nicht angegeben
Höhe: 40—60 cm

Leuchtend lachsrosa Blüten, die ihre Farbe bis zum Verblühen beibehalten, stehen auf niedrigen, buschigen, glänzend hellgrün belaubten Pflanzen. Die Blüten duften, stehen zu mehreren in Rispen zusammen, sind gefüllt und reinigen sich gut selbst.

Lavaglut

Klasse: Floribunda
Züchter: W. Kordes' Söhne 1979
Abstammung: Gruß an Bayern × Sämling
Höhe: 40—60 cm

Die schwarzroten Knospen entfalten sich zu tief dunkelblutroten Blüten. Sie sind mittelgroß, gefüllt, rundlich, duften, stehen einzeln und auch zu mehreren zusammen. Nach dem Verblühen gut selbstreinigend. Der Wuchs ist buschig, aufrecht, das gesunde Laub glänzend dunkelgrün.

Lilli Marleen

Klasse: Floribunda
Züchter: W. Kordes' Söhne 1959
Abstammung: (Our Princess × Rudolph Timm) × Ama
Synonyme: Lilli Marlene, Lili Marlene, Lilli
Höhe: 50—70 cm

Der leuchtende, samtigdunkelrote Farbton hat eine enorme Fernwirkung, er verbrennt oder verblaut nicht. Die Blüten sind mittelgroß, halbgefüllt, etwas duftend und sitzen in großen Rispen. Die Pflanze ist reich- und schnell nachblühend, wüchsig, gedrungen, gut verzweigt, das Laub dunkelgrün, gut bodendeckend, im Herbst etwas anfällig gegen Sternrußtau, zuweilen auch gegen Echten Mehltau. Eine Sorte, die nach wie vor einen Spitzenplatz behauptet. (Farbbild 42)

Märchenland

Klasse: Polyantha-Hybride
Züchter: M. Tantau 1946
Abstammung: Swantje × Hamburg
Höhe: 80—100 cm

Eine reichblühende Rose mit halbgefüllten, offenen, rosafarbenen Blüten in sehr großen Rispen. Der Wuchs ist kräftig, etwas überhängend, das Laub glänzend dunkelgrün, gesund. An günsti-

gen Standorten auch als Strauchrose zu verwenden. (Farbbild 44)

Marina

Klasse: Floribunda
Züchter: W. Kordes' Söhne 1975
Abstammung: Königin der Rosen × Zorina
Höhe: 50—70 cm

Das kräftige Lachsorange mit gelbem Grund der Blüten kontrastiert und ergänzt sich auffallend mit dem glänzend frischgrünen Laub. Die Blüten sind edel, gut gefüllt, haltbar. Sie stehen in Büscheln auf aufrechten, festen Stielen und duften etwas. Die Pflanzen wachsen sehr kräftig, aufrecht. Eine Sorte, die sowohl für das Freiland als auch für Kultur unter Glas geeignet ist. (Farbbild 40)

Marlena

Klasse: Polyantha-Hybride
Züchter: W. Kordes' Söhne 1964
Abstammung: Gertrud Westphal × Lilli Marleen
Höhe: 30—50 cm

Über niedrig, gedrungen und buschig wachsenden Pflanzen stehen Büschel mittelgroßer, gefüllter, offener Blüten. Die karmesin-scharlachrote Farbe ist orange überhaucht und hält sich bis zum Verblühen. Ohne Duft. Das Laub ist im Austrieb rot, später dunkelgrün, kaum glänzend.

Mercedes

Klasse: Floribunda
Züchter: W. Kordes' Söhne 1975
Abstammung: Anabell × Sämling
Höhe: 50—70 cm

Die auffallende Farbe wird als leuchtend granadarot bezeichnet. Die Blüten sind edel geformt, stark gefüllt und deshalb nicht zu zeitig zu schneiden; dann erreichen sie eine sehr lange Haltbarkeit in der Vase. Sie duften etwas. Die Pflanzen wachsen kräftig, gut verzweigt, das dichte Laub ist groß, lederig, frischgrün. Die Sorte wird vor allem für Kultur unter Glas genutzt, ist aber auch im Freiland einsetzbar.

Meteor

Klasse: Floribunda
Züchter: W. Kordes' Söhne 1959
Abstammung: Feurio × Gertrud Westphal
Höhe: 40—50 cm

Eine niedrigbleibende Sorte mit scharlachzin-

24 'Prins Claus', (de Ruiter 1972),
    Teehybride

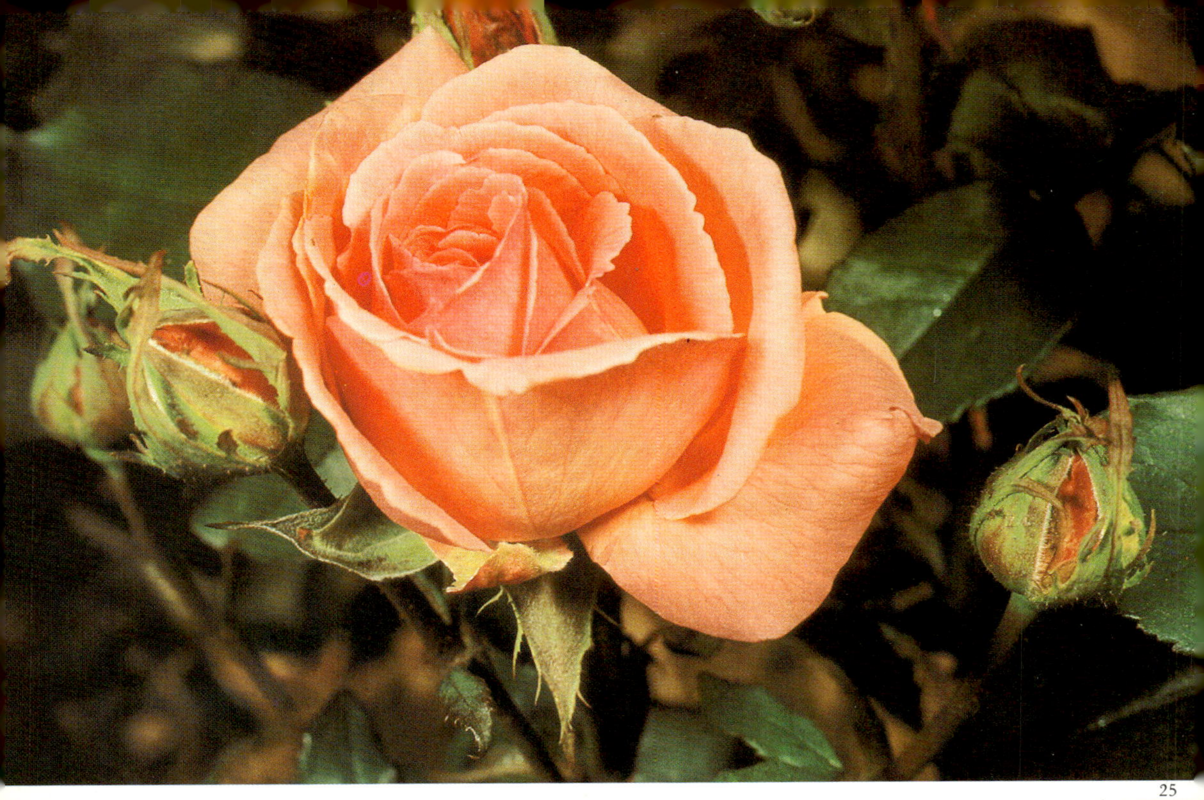

25

26

27

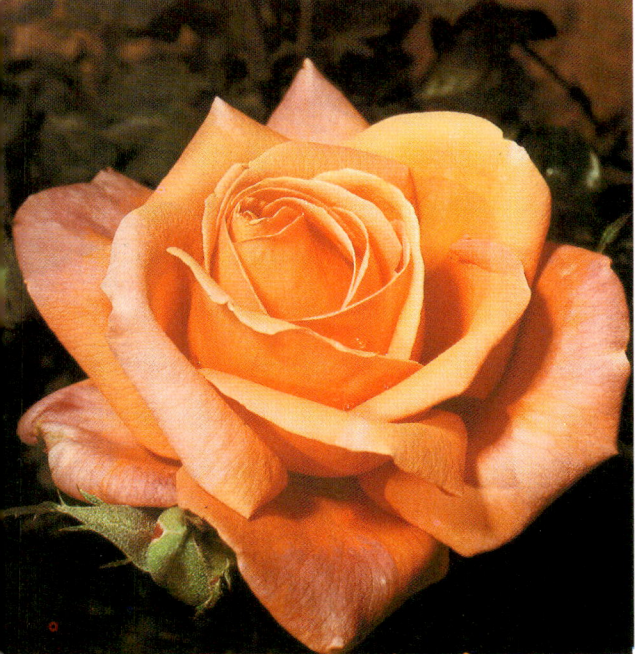

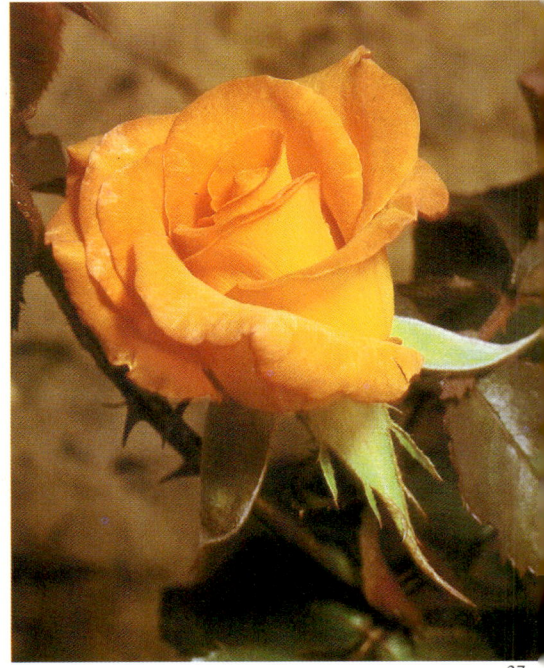

25 *'Pariser Charme', (Tantau 1965), Teehybride*

26 *'Royal Dane', (Poulsen 1972), Teehybride*

27 *'Simona', (Tantau 1979), Teehybride*

28

29

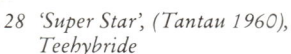

30

28 'Super Star', (Tantau 1960),
   Teehybride

29 'Rebecca', (Tantau 1970),
   Teehybride

30 'Sutter's Gold', (Swim — Armstrong 1950),
   Teehybride

31 'Alain', (Meilland 1948),
Polyantha-Hybride

32 'Arthur Bell', (McGredy 1965),
Floribunda

33 'Allgold', (le Grice 1957),
Floribunda

34 'Friesia', (W. Kordes' Söhne 1973),
Floribunda

35 ‘Anabell’, (W. Kordes’ Söhne 1972),
Floribunda

36 'Esther Ofarim', (W. Kordes' Söhne 1970),
Floribunda

37 'Golden Times', (W. Kordes' Söhne 1976),
Floribunda

38 'Irish Beauty', (McGredy 1964),
Floribunda

39 'Geisha', (Tantau 1964),
Floribunda

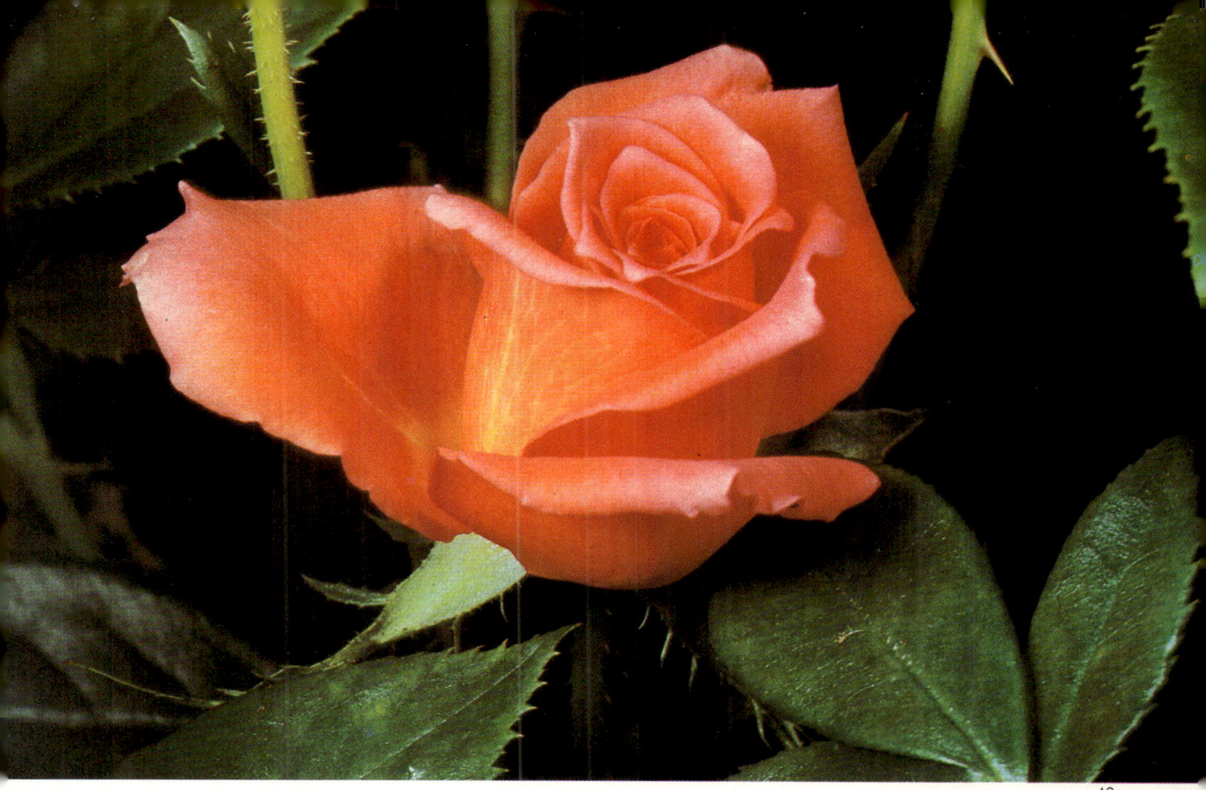

40

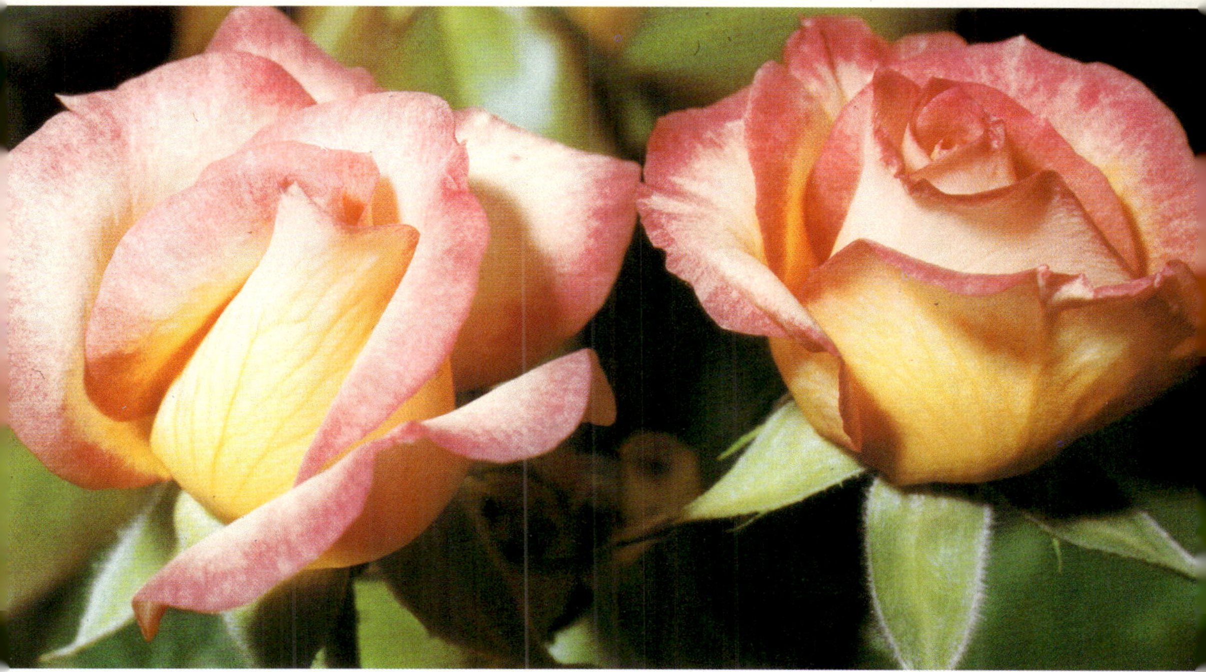

41

40 *'Marina', (W. Kordes' Söhne 1975), Floribunda*

41 *'Laminuette', (Lammerts 1969), Floribunda*

42 'Lilli Marleen', (W. Kordes' Söhne 1959),
    Floribunda

noberroten, etwas duftenden Blüten. Die Farbe verändert sich bis zum Verblühen nicht und wird auch durch ungünstige Witterung nicht beeinflußt. Die Blüten sind mittelgroß, edel, gut gefüllt. Die Pflanze wächst gedrungen, gleichmäßig. Das Laub ist groß, dunkelgrün. (Farbbild 45)

Molde

Klasse: Floribunda
Züchter: M. Tantau 1964
Abstammung: nicht angegeben
Synonym: Mistigri
Höhe: 40—60 cm

Auf kräftigen Stielen stehen die leuchtend geraniumroten Blüten in Rispen. Sie sind mittelgroß, gut gefüllt, haltbar. Der Wuchs ist buschig, stark verzweigt mit großem, glänzend dunkelgrünem Laub, das im Austrieb lange rötlich bleibt.

Montana

Klasse: Floribunda
Züchter: M. Tantau 1974
Abstammung: Walzertraum × Europeana
Synonym: Royal Occasion
Höhe: 50—70 cm

Die leuchtend blutorangefarbenen Blüten, die ihre Farbe bei jedem Wetter bis zum Verblühen halten, sind groß, gefüllt, duften etwas und stehen in Rispen zusammen. Die reichblühenden Pflanzen wachsen straff aufrecht mit großem, glänzend frischgrünem und sehr gesundem Laub.

Muchacha

Klasse: Polyantha-Hybride
Züchter: M. L. Meilland 1977
Abstammung: (MEIhigor × Prince Igor) × (MEIestho × Sangria)
Höhe: 40—60 cm

Die Fernwirkung der leuchtend geraniumroten Blüten wird zusätzlich durch die gute Reichblütigkeit unterstützt. Die Blüten sind mittelgroß, halbgefüllt, offen. Der Wuchs ist sehr kräftig, buschig, gleichmäßig, strauchartig mit robustem, dunkelgrünem Laub. (Farbbild 43)

Muttertag

Klasse: Polyantha
Züchter: Grootendorst 1950
Abstammung: Sport von Dick Koster
Synonyme: Mothersday, Morsdag, Fête des Mères
Höhe: 30—40 cm

Hellrote, kugelförmige Blüten stehen über kleinem, glänzend frischgrünem Laub. Sie duften nicht. Der Wuchs ist gedrungen, niedrig, breitbuschig. Vor allem für Topfkultur.

Neues Europa

Klasse: Floribunda
Züchter: W. Kordes' Söhne 1965
Abstammung: Miss France × Vendôme
Synonyme: Nouvelle Europe, New Europe
Höhe: 50—70 cm

Aus langen, edlen Knospen entwickeln sich große, gefüllte Blüten in leuchtendem Rotorange. Sie duften nicht und stehen in großen Rispen. Die sehr blühwilligen Pflanzen wachsen aufrecht, kräftig, kompakt und gut verzweigt, das große, lederartige Laub ist glänzend dunkelgrün und gesund.

Nina Weibull

Klasse: Floribunda
Züchter: Poulsen 1961
Abstammung: Fanal × Masquerade
Höhe: 60—80 cm

In teils riesigen Blütenständen stehen die mittelgroßen, gefüllten, kaum duftenden, dunkelblutroten Blüten, die ihre Farbe bis zum sauberen Verblühen nicht verändern. Der Wuchs ist gleichmäßig, robust, buschig, die Pflanzen sind sehr winterhart und zeichnen sich durch glänzend dunkelgrünes Laub aus. (Farbbild 46)

Nirvana

Klasse: Floribunda
Züchter: M. L. Meilland 1977
Abstammung: (MEIhartfor × Kalinka) × Centenaire de Lourdes
Höhe: 60—80 cm

Porzellanrosa, große, halbgefüllte Blüten kontrastieren mit glänzend dunkelgrünem Laub. Sie stehen zu mehreren auf kräftigen Trieben. Die Pflanzen wachsen buschig, robust, sehr kräftig. (Farbbild 47)

Olala

Klasse: Polyantha-Hybride
Züchter: M. Tantau 1956
Abstammung: Fanal × Crimson Glory
Höhe: 60—80 cm

Große, halbgefüllte, etwas duftende Blüten in kräftigem Blutrot mit etwas hellerer Mitte stehen in großen Rispen zusammen. Der Wuchs ist kräftig, buschig, aufrecht; mit dichtem, glänzend dunkelgrünem, gesundem Laub.

Orange Sensation

Klasse: Floribunda
Züchter: de Ruiter 1961
Abstammung: Amor × Fashion
Höhe: 40—60 cm

Die Blüten sind mittelgroß, halbgefüllt, offen, duftend und sehr haltbar. Das reine Orangerot bleibt bis zum Verblühen unverändert. Die sehr wüchsigen Pflanzen sind kräftig, gedrungen, das Laub etwas glänzend, dunkelgrün. (Farbbild 48)

Paprika

Klasse: Polyantha-Hybride
Züchter: M. Tantau 1958
Abstammung: Märchenland × Schweizer Gruß
Höhe: 40—60 cm
Eine reichblühende Sorte mit leuchtend paprikaroten Blüten in großen Rispen. Sie sind mittelgroß, leicht gefüllt, offen, ohne Duft. Die Pflanzen wachsen aufrecht, breitbuschig, gedrungen, mit reichlich gesundem, glänzend dunkelgrünem Laub. (Farbbild 49)

Polygold

Klasse: Floribunda
Züchter: M. Tantau 1978
Abstammung: nicht angegeben
Höhe: 30—40 cm

Eine ausgesprochen niedrigbleibende Sorte mit leuchtend goldgelben mittelgroßen, gefüllten Blüten. Der Wuchs ist gleichmäßig, buschig, niedrig mit glänzend hellgrünem, gesundem Laub.

Ponderosa

Klasse: Floribunda
Züchter: W. Kordes' Söhne 1970
Abstammung: Sämling × Marlena
Höhe: 40—60 cm
Kräftig rotorange sind die mittelgroßen, gefüllten, etwas duftenden Blüten gefärbt, die in teils großen Büscheln zusammenstehen. Die Farbe bleibt unverändert bis zum sauberen Abfallen der Blütenblätter nach dem Verblühen. Die Pflanzen sind kräftig, buschig, gedrungen, stark

bestachelt mit mittelgroßem, ledrigem, normalgrünem, gesundem Laub.

Prince Igor

Klasse: Polyantha-Hybride
Züchter: Meilland 1970
Abstammung: (Sarabande × Dany Robin) × Zambra
Synonym: Frenzy
Höhe: 40—60 cm

Ein feuriges Kapuzinerrot der Petaleninnenseite steht in interessantem Farbkontrast zur gelben Außenseite. Bei starker Strahlung wird der Rotanteil im Blühverlauf noch stärker. Die Blüten sind mittelgroß, halbgefüllt, duften etwas und stehen zu mehreren zusammen. Der Wuchs ist niedrig, kräftig, buschig mit mattem, dunkelgrünem Laub. (Farbbild 50)

Prominent

Klasse: Floribunda
Züchter: W. Kordes' Söhne 1971
Abstammung: Königin der Rosen × Zorina
Höhe: 60—80 cm

Aus langen, edlen Knospen entfalten sich große, gefüllte Blüten in leuchtendem Orangerot, das zum Grund in Gelblich übergeht. Die haltbaren Blüten stehen einzeln und zu mehreren auf langen, kräftigen Trieben. Etwas duftend. Die kräftigen, buschigen, aufrechten Pflanzen haben gesundes, mattgrünes Laub, das reichlich gebildet wird. Eine Sorte, die gut für Freilandschnitt geeignet ist. (Farbbild 51)

Pussta

Klasse: Floribunda
Züchter: M. Tautau 1972
Abstammung: Letkis × Walzertraum
Synonym: New Daily Mail
Höhe: 60—80 cm

Die leuchtend dunkelroten Blüten zeigen bis zum Verblühen keine Farbveränderung. Sie sind groß, gefüllt, leicht duftend und stehen meist in ausgesprochen großen Rispen. Der Wuchs ist kräftig, breit, vielverzweigt, das üppige Laub dunkelgrün, etwas glänzend.

Regensberg

Klasse: Floribunda
Züchter: S. McGredy 1979
Abstammung: Geoff Boycott × Old Master
Höhe: 30—40 cm

Auf der Petaleninnenseite zeigt sich ein helles Purpurrot bis kräftiges Rosa, das zur Mitte fast weiß wird, die Außenseite ist zartrosa. Die gefüllten Blüten sind mittelgroß, duften etwas und stehen in unterschiedlich großen Rispen zusammen. Die Pflanzen sind niedrig, gedrungen, buschig, mit glänzend dunkelgrünem Laub.

Rosi Mittermeier

Klasse: Floribunda
Züchter: W. Kordes' Söhne 1977
Abstammung: Hurra × Peer Gynt
Synonym: Luminion
Höhe: 50—70 cm

Die hell orangeroten Blüten leuchten weithin und verstärken bei starker Sonnenstrahlung den Rotanteil. Die Blüten sind groß, gefüllt, offen, kaum duftend und sauber verblühend. Die Sorte wächst buschig, gut verzweigt, aufrecht, kräftig mit reichlich mittelgroßem, glänzend dunkelgrünem Laub.

Rumba

Klasse: Polyantha-Hybride
Züchter: Poulsen 1960
Abstammung: Masquerade × (Poulsens Bedder × Floradora)
Höhe: 50—70 cm

Die kaum mittelgroßen Blüten sind gefüllt, schalenförmig und anfangs überwiegend kräftig gelb mit roten Schattierungen. Im Blühverlauf wird das Rot intensiver und überzieht zunehmend größere Anteile der Blütenblätter. Die Blüten duften nicht. Der Wuchs ist auffallend gleichmäßig, buschig, das reichlich gebildete Laub glänzend dunkelgrün, gesund. (Farbbild 52)

Samba

Klasse: Floribunda
Züchter: W. Kordes' Söhne 1964
Abstammung: Rumba × Sämling
Höhe: 50—70 cm

Die rundlichen Knospen sind goldgelb mit roten Streifen. Sie entfalten sich zu anfangs kräftig gelben Blüten, die je nach Strahlung unterschiedlich schnell leuchtend feuerrot werden. Die Blüten sind mittelgroß, halbgefüllt, offen, ohne Duft und stehen in Büscheln zusammen. Die reichblühenden Pflanzen wachsen gut verzweigt, buschig mit mittelgroßem, glänzend dunkelgrünem Laub. (Farbbild 57)

Sanktflorian

Klasse: Floribunda
Züchter: Meilland 1971
Abstammung: Tamango × (Fire King × Banzai)
Synonyme: Florian, Tender Night
Höhe: 40—60 cm

Aus gut geformten Knospen entwickeln sich große, gefüllte, offene und leicht duftende Blüten in Johannisbeer- bis Türkischrot mit guter Fernwirkung. Der Wuchs ist stark, buschig, aufrecht, das mittelgroße Laub matt dunkelgrün und gesund.

Sarabande

Klasse: Polyantha-Hybride
Züchter: Meilland 1957
Abstammung: Cocorico × Moulin Rouge
Synonym: Meirabande
Höhe: 40—60 cm

In den schwach gefüllten, offenen Blüten kontrastiert das Orangerot der Petalen mit dem Gelb der Staubgefäße. Die Blüten sind mittelgroß, flach, wenig duftend und stehen in großen Blütenständen zusammen. Die Pflanzen wachsen breit, gedrungen, niedrig mit großem, etwas glänzendem, frischgrünem und gesundem Laub.

Schloß Mannheim

Klasse: Floribunda
Züchter: W. Kordes' Söhne 1975
Abstammung: Marlena × Europeana
Höhe: 50—70 cm

In lockeren Rispen stehen mittelgroße, gefüllte, schalenförmige, wenig duftende Blüten, deren leuchtend rotorange Farbton bis zum Verblühen erhalten bleibt. Die Sorte wächst kräftig, aufrecht, buschig, gleichmäßig und gut verzweigt mit reichlich dunkelgrünem Laub.

Schweizer Gruß

Klasse: Polyantha-Hybride
Züchter: M. Tantau 1952
Abstammung: Karl Weinhausen × Tantaus Triumph
Synonyme: Red Favorite, Holländerin, Salut à la Suisse
Höhe: 40—60 cm

In Büscheln stehen die leuchtend samtigblutroten Blüten. Sie sind mittelgroß, halbgefüllt, offen, kaum duftend und stehen auf buschigen, kräftig wachsenden Pflanzen mit lederartigem, etwas glänzendem, dunkelgrünem und gesundem Laub.

Shocking Blue

Klasse: Floribunda
Züchter: W. Kordes' Söhne 1975
Abstammung: Sämling × Silver Star
Höhe: 50—70 cm

Starker Duft und magentalila Farbe sind Kennzeichen der Sorte. Knospen und Blüten sind edel, groß, gut gefüllt und stehen zu mehreren zusammen. Bei kräftigem, buschigem Wuchs zeichnet sich die Sorte durch reichlich großes, lederiges, glänzend dunkelgrünes Laub aus. Als Schnittrose für Kultur unter Glas und im Freiland geeignet. (Farbbild 54)

Sonia Meilland

Klasse: Floribunda
Züchter: Meilland 1970
Abstammung: Zambra × (Baccara × Message)
Synonyme: Sonia, Sweet Promise
Höhe: 50—70 cm

Eine Sorte, die beim Anbau unter Glas sehr weite Verbreitung gefunden hat und auch im Freiland verwendbar ist. Die langgestreckten Knospen entfalten sich zu großen, gut geformten, gefüllten Blüten in einer lachsrosa Farbe, die bis zum Verblühen immer ansehnlich bleibt. Sie stehen einzeln und zu mehreren zusammen und duften wenig. Die Pflanzen wachsen kräftig, aufrecht, gut verzweigt mit mittelgroßem, etwas glänzendem frischgrünem Laub. (Farbbild 55)

The Queen Elizabeth Rose

Klasse: Floribunda-Grandiflora
Züchter: Lammerts — Germain's 1954
Abstammung: Charlotte Armstrong × Floradora
Synonyme: Queen Elizabeth, Elizabeth-Rose
Höhe: 80—100 cm

Die großen, edlen, gut gefüllten, hell karminrosa Blüten stehen einzeln oder zu mehreren auf langen, kräftigen Stielen. Kaum duftend. Die Pflanzen sind sehr wüchsig, wachsen straff aufrecht und haben großes, gesundes, dunkelgrünes Laub. Eine sehr reichblühende Sorte. (Farbbild 53)

Tip Top

Klasse: Polyantha-Hybride
Züchter: M. Tantau 1963
Abstammung: nicht angegeben
Synonym: Joyfulness
Höhe: 30—50 cm

Rosafarbene Blüten mit Lachseinschlag entwickeln sich aus spitzen Knospen. Sie sind groß, gut geformt, gefüllt, duften etwas und stehen in vielblütigen Rispen zusammen. Der Wuchs ist niedrig, gedrungen und gut verzweigt, das bodendeckende Laub ist groß, glänzend dunkelgrün und gesund. Winterhart.

Topsi

Klasse: Floribunda
Züchter: M. Tantau 1971
Abstammung: Duftwolke × Signalfeuer
Höhe: 30—40 cm

Ein nicht verblassendes Geranienrot von starker Leuchtkraft zeichnet die mittelgroßen, halbgefüllten Blüten aus. Sie stehen zu mehreren zusammen und duften kaum. Der Wuchs ist ausgesprochen niedrig, gleichmäßig, breitbuschig, das Laub dunkelgrün. Eine früh- und dauerblühende Sorte. (Farbbild 56)

Tornado

Klasse: Floribunda
Züchter: W. Kordes' Söhne 1973
Abstammung: Europeana × Marlena
Höhe: 50—70 cm

Die orangeroten Blüten halten die Farbe bis zum Verblühen. Sie sind mittelgroß, halbgefüllt, offen, sehr haltbar, duften kaum und stehen in Rispen zusammen. Die reichblühende Sorte wächst kräftig, buschig mit lederigem, mittelgroßem, glänzend dunkelgrünem, gesundem Laub. (Farbbild 58)

Träumerei

Klasse: Floribunda
Züchter: W. Kordes' Söhne 1974
Abstammung: Königin der Rosen × Sämling
Synonym: Reverie
Höhe: 50—70 cm

Die Einzelblüte ähnelt den Teehybriden in Form, Größe und Füllung. Der lachsorange bis orangerosa Farbton verbleibt unverändert bis zum Verblühen. Die Blüten stehen einzeln und zu mehreren zusammen und duften. Der Wuchs ist kräftig, breitbuschig und stark verzweigt, mit wenig Stacheln, das dichte, mittelgroße Laub dunkelgrün. (Farbbild 60)

Travemünde

Klasse: Floribunda
Züchter: W. Kordes' Söhne 1968
Abstammung: Lilli Marleen × Ama
Höhe: 40—60 cm

Kräftig rote Blüten mit helleren Schattierungen stehen in großen Blütenständen zusammen. Sie sind mittelgroß, gefüllt. Die Pflanzen wachsen buschig, gut verzweigt mit reichlich dunkelgrünem Laub.

Vatertag

Klasse: Polyantha
Züchter: M. Tantau 1959
Abstammung: Sport von Muttertag
Synomyme: Jour des Pères, Father's Day, Fête des Pères
Höhe: 30—50 cm

Die kugeligen, halbgefüllten, kleinen, lachsorangen Blüten stehen in vielblumigen Rispen zusammen und duften nicht. Der Wuchs ist gedrungen, buschig, gut verzweigt, das Laub klein, hellgrün, glänzend und gesund. Wird zur Topfkultur verwendet, eignet sich aber auch für niedrigbleibende Pflanzungen. (Farbbild 59)

Yesterday

Klasse: Floribunda
Züchter: Harkness 1974
Abstammung: (Phyllis Bide × Shepherd's Delight) × Ballerina
Höhe: 40—50 cm

Die kleinen, halbgefüllten Blüten sind in großen Blütenständen vereinigt. Sie sind anfangs rosa, später mehr lavendelfarben und kontrastieren mit den gelben Staubgefäßen. Kaum duftend. Die Pflanzen wachsen dicht, kompakt, breit und werden deshalb auch als Bodendecker benutzt. Das kleine Laub ist glänzend frischgrün. (Farbbild 61)

Kletterrosen

Blaze superior

Klasse: Kletterrose, öfterblühend
Züchter: Jackson & Perkins 1954
Abstammung: Sport von Blaze
Synonym: New Blaze
Höhe: 250—300 cm

Die scharlachroten, mittelgroßen, gefüllten, kaum duftenden Blüten entsprechen im Aussehen weitgehend der bekannten 'Paul's Scarlet Climber', jedoch remontiert diese Sorte. Sie wächst stark, mit kräftigen Trieben und hat gesundes, mittelgrünes Laub.

Casino

Klasse: Kletterrose, öfterblühend
Züchter: S. McGredy 1963
Abstammung: Coral Dawn × Buccaneer
Synonym: Gerbe d'Or
Höhe: 200—300 cm

Die teehybridartigen Blüten sind edel, groß, gefüllt und duften. Das dunkle Gelb des Knospenstadiums wird beim Erblühen leuchtend zitronengelb. Die Pflanzen wachsen kräftig, mäßig kletternd und haben großes, glänzendes dunkelgrünes Laub.

Coral Dawn

Klasse: Kletterrose, öfterblühend
Züchter: Boerner — Jackson & Perkins 1952
Abstammung: (New-Dawn-Sämling × unbenannte gelbe Teehybride) × unbenannte orangerote Polyantha
Höhe: 250—300 cm

Korallenrosa Blüten stehen einzeln und zu mehreren zusammen. Sie sind groß, edel geformt, gefüllt und duften. Der Wuchs ist kräftig, gut verzweigt, das glänzend dunkelgrüne Laub lederig und gesund.

Dortmund

Klasse: Kordesii-Hybride, öfterblühend
Züchter: W. Kordes' Söhne 1955
Abstammung: Sämling × *Rosa kordesii*
Höhe: 200—300 cm

Rot mit weißem Auge leuchten die großen, einfachen, schalenförmigen Blüten, die in großen Rispen zusammenstehen und sehr haltbar sind. Die sehr wüchsigen, kletternden Pflanzen haben stark glänzendes dunkelgrünes und gesundes Laub.

Golden Showers

Klasse: Kletterrose, öfterblühend
Züchter: W. Lammerts — Germain's 1956
Abstammung: Charlotte Armstrong × Captain Thomas
Höhe: 200—250 cm

Goldgelb, später verblassend. Aus edel geformten Knospen entwickeln sich große, halbgefüllte, schalenförmige Blüten, die einzeln oder zu mehreren stehen und sehr intensiv duften. Der Wuchs ist mäßig, die Triebe haben wenig Stacheln, das Laub ist glänzend dunkelgrün, gesund. Auch als Strauchrose zu verwenden. (Farbbild 65)

Goldstern

Klasse: Kletterrose, öfterblühend
Züchter: M. Tantau 1966
Abstammung: Goldjuwel × Zitronenfalter
Höhe: 200—300 cm

Goldgelbe, große, gefüllte Blüten stehen einzeln und zu mehreren zusammen. Die Pflanzen wachsen aufrecht, buschig, gut verzweigt, robust mit üppigem glänzend dunkelgrünem, gesundem Laub.

Grand Hotel

Klasse: Kletterrose, öfterblühend
Züchter: S. McGredy 1972
Abstammung: Schlössers Brillant × Gruß an Heidelberg
Höhe: 200—250 cm

Meist zu mehreren stehen die leuchtend scharlachroten Blüten. Sie sind groß, edel geformt, gefüllt, ohne Duft. Der Wuchs ist buschig, gut verzweigt, mit reichlich glänzend dunkelgrünem Laub. Starker Hagebuttenansatz. Wird auch als Strauchrose verwendet.

Gruß an Heidelberg

Klasse: Kletterrose, öfterblühend
Züchter: W. Kordes' Söhne 1959
Abstammung: Sparrieshoop × Minna Kordes
Synonym: Heidelberg
Höhe: 200—300 cm

Feurigrot, nicht verblassend. Die großen Blüten haben eine edle Form, sind gut gefüllt und gut haltbar. Etwas duftend. Die Pflanzen blühen reich und auch gut nach. Der Wuchs ist stark, aufrecht, das Laub groß, dunkelgrün. Auch als Strauchrose verwendbar. (Farbbild 64)

Ilse Krohn superior

Klasse: Kordesii-Hybride, öfterblühend
Züchter: W. Kordes' Söhne 1964
Abstammung: Sport von Ilse Krohn
Höhe: 200—300 cm

Reinweiße Blüten kontrastieren mit glänzend dunkelgrünem Laub. Die Blüten sind groß, stark gefüllt, gut geformt und duften. Die reichblühenden Pflanzen wachsen kräftig.

Iskra

Klasse: Kletterrose, öfterblühend
Züchter: Meilland 1970
Abstammung: Danse des Sylphes × Zambra
Synonym: Sparkling Scarlet
Höhe: 200—250 cm

Scharlachrote, halbgefüllte, mittelgroße Blüten stehen zu mehreren und in großen Blütenständen. Kaum duftend. Die Pflanzen sind wüchsig, kräftig, aufrecht, das Laub dunkelgrün. Auch als Strauchrose verwendbar. (Farbbild 62)

New Dawn

Klasse: Wichuraiana-Hybride, öfterblühend
Züchter: Bösenberg — Somerset Rose Nurs. 1930
Abstammung: Sport von Dr. W. van Fleet
Synonym: Everblooming Dr. W. van Fleet
Höhe: 300—400 cm

Blaßrosa. Große, gefüllte Blüten stehen zu mehreren zusammen. Nach dem ersten Hauptflor erfolgt eine geringere Nachblüte. Duftend. Der Wuchs ist stark, kletternd, frosthart, das Laub glänzend dunkelgrün, mit guter Krankheitsresistenz. Die Sorte war die erste öfterblühende Kletterrose.

Paul's Scarlet Climber

Klasse: Wichuraiana- oder Multiflora-Hybride, einmalblühend
Züchter: W. Paul 1916
Abstammung: unsicher: Paul's Carmine Pillar × Soleil d'Or oder Rêve d'Or
Synonym: Schadaurose
Höhe: 400—500 cm

Leuchtend scharlachrot. Unter den einmalblühenden Sorten ist sie mit Abstand führend. Die mittelgroßen, halbgefüllten Blüten stehen zu mehreren in Büscheln. Die Sorte ist sehr reichblühend, die Blütezeit hält oft vier Wochen an, manchmal blühen die Pflanzen etwas nach. Der Wuchs ist kräftig, aufrecht, das Laub gesund. Ohne Duft.

Rote Flamme

Klasse: Kletterrose, einmalblühend
Züchter: W. Kordes' Söhne 1967
Abstammung: Flammentanz × unbekannt
Höhe: 300—400 cm

Die dunkel blutrot gefärbten Blüten sind groß, edel, gefüllt. Die Sorte wächst stark, buschig, mit glänzend dunkelgrünem, gesundem Laub.

Schwanensee

Klasse: Kletterrose, öfterblühend
Züchter: S. McGredy 1968
Abstammung: Memoriam × Gruß an Heidelberg
Synonym: Swan Lake
Höhe: 200–300 cm

Weiße Blüten, in der Mitte leicht rosa überlaufen. Die Blüten sind groß, edel, gefüllt, haltbar, wenig duftend und stehen zu mehreren zusammen. Der Wuchs ist kräftig, aufrecht, mit reichlich mittelgroßem, glänzend dunkelgrünem Laub. Auch als Strauchrose verwendbar. (Farbbild 63)

Sympathie

Klasse: Kletterrose, öfterblühend
Züchter: W. Kordes' Söhne 1964
Abstammung: Wilhelm Hansmann × Don Juan
Höhe: 300–400 cm

Kräftig samtig dunkelrot sind die großen, edlen, gut gefüllten, duftenden Blüten, die meist zu mehreren zusammenstehen. Auffallend sind bei starkem Wuchs die steifen, dicken Triebe, die üppig mit glänzend dunkelgrünem, gesundem Laub besetzt sind.

Strauchrosen

Bischofstadt Paderborn

Klasse: Strauchrose, öfterblühend
Züchter: W. Kordes' Söhne 1964
Abstammung: Korona × Spartan
Höhe: 100–150 cm

Leuchtend zinnoberscharlach. Einfache, schalenförmige Blüten, die nicht duften, werden in großer Zahl ausgebildet. Der Wuchs ist kräftig, gut verzweigt, mit glänzend tiefgrünem, gesundem Laub.

Chinatown

Klasse: Strauchrose, öfterblühend
Züchter: Poulsen 1963
Abstammung: Columbine × Cläre Grammerstorf
Synonym: Ville de Chine
Höhe: 150–200 cm

Die großen, gefüllten Blüten stehen zu mehreren und in großen Rispen zusammen. Sie sind gelb, zuweilen am Grunde rosa, ältere Blüten außen rot werdend. Duftend. Die Pflanzen

wachsen kräftig, buschig, verzweigt, mit großem dunkelgrünem, gesundem Laub.

Conrad Ferdinand Meyer

Klasse: Rugosa-Hybride, öfterblühend
Züchter: Dr. Müller 1899
Abstammung: Gloire de Dijon × Duc de Rohan × *Rosa rugosa germanica*
Höhe: 200–300 cm

Silbrigrosa. Große, stark gefüllte Blüten, die sehr intensiv duften. Nach der sehr zeitigen Hauptblüte gering nachblühend. Wuchs kräftig, aufrecht, viel Stacheln. Das Laub ist dunkel, sehr gesund. (Farbbild 66)

Decor Arlequin

Klasse: Strauchrose, öfterblühend
Züchter: Meilland 1977
Abstammung: [(MEIalfi × Zambra) × (MEIfan × Suspense)] × Arthur Bell
Synonym: Meilland Decor Arlequin
Höhe: 150–200 cm

Erdbeerrot mit gelber Mitte sind die großen, halbgefüllten, schalenförmigen, offenen Blüten. Ohne Duft. Die Pflanzen wachsen sehr stark, aufrecht, mit dunkelgrünem, etwas glänzendem und gesundem Laub.

Decor Rose

Klasse: Strauchrose, öfterblühend
Züchter: M. L. Meilland 1976
Abstammung: (MALcair × Danse des Sylphes) × [(MEIalfi × Zambra) × Centenaire de Lourdes]
Synonyme: Meilland Decor Rose, Anne de Bretagne
Höhe: 100–150 cm

Die großen, halbgefüllten, schalenförmigen Blüten sind karminrosa. Ohne Duft. Der Wuchs ist sehr kräftig, aufrecht mit reichlich halbmattem, bronzegrünem, gesundem Laub.

Dirigent

Klasse: Strauchrose, öfterblühend
Züchter: M. Tantau 1956
Abstammung: Fanal × Karl Weinhausen
Synonym: The Conductor
Höhe: 150–200 cm

Halbgefüllte, mittelgroße, glühend blutrote Blüten stehen in großen Rispen zusammen. Sie duften nicht. Die Sorte wächst kräftig, breitbuschig, aufrecht mit reichlich großem, lange rötlichgrünem, dann dunkelgrünem, gesundem Laub.

Elmshorn

Klasse: Lambertiana-Hybride, öfterblühend
Züchter: W. Kordes' Söhne 1951
Abstammung: Hamburg × Verdun
Höhe: 150—180 cm

Hellrot. Die kleinen, gefüllten Blumen stehen in großen Rispen. Reichblühende Sorte mit gutem Herbstflor. Der Wuchs ist breit und geschlossen, das Laub ist reichlich, glänzend frischgrün, gesund.

Feuerwerk

Klasse: Strauchrose, öfterblühend
Züchter: M. Tantau 1962
Abstammung: nicht angegeben
Synonym: Magneet
Höhe: 100—150 cm

Feurigorange sind die mittelgroßen, schalenförmigen, halbgefüllten Blüten, die in Rispen zusammenstehen. Die Sorte wächst stark, buschig, aufrecht, mit reichlich glänzend frischgrünem, gesundem Laub.

Fontaine

Klasse: Strauchrose, öfterblühend
Züchter: M. Tantau 1969
Abstammung: nicht angegeben
Synonym: Fountaine, Fountain
Höhe: 150—200 cm

Leuchtend samtig dunkelrot. Die Blüten sind groß, teehybridartig, gut gefüllt, duftend und stehen zu mehreren zusammen an kräftigen, dicken Trieben. Wuchs kräftig, buschig, aufrecht, mit großem, dunkelgrünem Laub.

Frühlingsgold

Klasse: Pimpinellifolia-Hybride, einmalblühend
Züchter: W. Kordes' Söhne 1937
Abstammung: Joanna Hill × *Rosa pimpinellifolia hispida*
Synonym: Spring Gold
Höhe: 200—250 cm

Hellgelb. Die großen, fast einfachen Blüten entfalten sich bereits Ende Mai und halten sich lange. Die Pflanzen wachsen kräftig, buschig, etwas überhängend und sind sehr reichblühend. Sehr frosthart. Das Laub ist matt, hellgrün, sehr gesund.

Händel

Klasse: Strauchrose, öfterblühend
Züchter: S. McGredy 1965
Abstammung: Columbine × Gruß an Heidelberg
Höhe: 100—150 cm

Eine Farbenrose mit dunkelrosa bis hellrotem Petalenrand, zur Mitte fast weiß werdend. Die Blüten sind groß, gut geformt, gefüllt. Die Sorte bildet große, gut verzweigte, aufrechte Büsche mit glänzend dunkelgrünem Laub. (Farbbild 67)

Hansa

Klasse: Rugosa-Hybride, öfterblühend
Züchter: Schaum & Van Tol 1905
Abstammung: nicht angegeben
Höhe: 150—200 cm

Die rötlichvioletten Blüten sind groß, halbgefüllt und duften stark. Im Spätsommer und Herbst schmücken zahlreiche große rote Hagebutten. Der Strauch wächst kräftig, breit aufrecht mit typischem Rugosa-Laub.

Ilse Haberland

Klasse: Strauchrose, öfterblühend
Züchter: W. Kordes' Söhne 1956
Abstammung: Obergärtner Wiebicke × Gloria Dei
Höhe: 100—150 cm

Kräftig karmesinrosa. Sehr große, gefüllte und duftende Blüten entwickeln sich aus dicken, eiförmigen Knospen. Die Pflanze wächst stark, aufrecht, gut verzweigt, das Laub ist sehr groß, dunkelgrün, gesund.

Lichtkönigin Lucia

Klasse: Strauchrose, öfterblühend
Züchter: W. Kordes' Söhne 1966
Abstammung: Zitronenfalter × Climbing Cläre Grammerstorf
Höhe: 150—200 cm

Leuchtend zitronengelb. Große, gefüllte Blüten stehen zu mehreren zusammen und duften angenehm. Der Wuchs ist stark, aufrecht, gut verzweigt mit lederartigem, gesundem, glänzend dunkelgrünem Laub. (Farbbild 68)

Robusta

Klasse: Rugosa-Hybride, öfterblühend
Züchter: W. Kordes' Söhne 1979
Abstammung: Sämling × *Rosa rugosa*
Höhe: 150—200 cm

In der Mitte der offenen, einfachen, dunkelroten Blüten leuchten gelbe Staubgefäße. Die Sorte wächst kräftig, aufrecht, gut verzweigt mit stark bestachelten, braunroten Trieben. Das reichlich vorhandene Laub ist groß, glänzend dunkelgrün und gesund.

Schneewittchen
Klasse: Moschata-Hybride, öfterblühend
Züchter: W. Kordes' Söhne 1958
Abstammung: Robin Hood × Virgo
Synonyme: Iceberg, Fée des Neiges
Höhe: 100—120 cm

Eine Strauchrose, die vielfach als Beetrose verwendet und bei entsprechendem Schnitt nicht zu hoch wird. Aus spitzen Knospen entfalten sich große, gefüllte, nicht duftende, reinweiße Blumen, die in großen Blütenständen zusammenstehen. Die sehr reichblühenden Pflanzen wachsen kräftig, breit aufrecht. Das Laub ist frischgrün, glänzend, gesund, die Triebe sind wenig bestachelt.

Shalom
Klasse: Strauchrose, öfterblühend
Züchter: Poulsen 1972
Abstammung: Korona-Sämling × Korona-Sämling
Höhe: 150—200 cm

Große, stark gefüllte Blüten stehen zu mehreren zusammen. Sie behalten bis zum Verblühen ihre leuchtend orangerote Farbe. Duftend. Die Sorte wächst aufrecht, kräftig mit starken Stielen, gut verzweigt, das große Laub ist dunkelgrün.

Stadt Rosenheim
Klasse: Strauchrose, öfterblühend
Züchter: W. Kordes' Söhne 1961
Abstammung: Spartan × Korona
Höhe: 100—150 cm

Kräftig lachsorange, nicht verblassend. Die Blüten sind groß, teehybridartig, gefüllt und stehen zu mehreren in Rispen zusammen. Die Pflanzen wachsen buschig, aufrecht, gut verzweigt und haben reichlich gesundes, glänzend dunkelgrünes Laub.

Westerland
Klasse: Strauchrose, öfterblühend
Züchter: W. Kordes' Söhne 1969
Abstammung: Friedrich Wörlein × Circus
Höhe: 100—150 cm

Eine sehr farbenfreudige Sorte. Die gelben Knospen haben rote Streifen, aus ihnen entfalten sich Blüten in Gelb mit Orange. Sie sind groß, halbgefüllt und duften stark. Der Wuchs ist breitbuschig, stark, mit reichlich großem, glänzend dunkelgrünem Laub.

Zwergrosen

Baby Maskerade
Züchter: M. Tantau 1955
Abstammung: Peon × Masquerade
Synonyme: Baby Carnaval, Tricolor
Höhe: 30—50 cm

Ein ähnliches Farbspiel wie bei 'Masquerade' ist hier bei dieser Zwergrose vorhanden. Die Knospen sind gelb mit rotem Rand, die Blüten anfangs gelb, später rot werdend, im Verblühen verblassend. Die Blüten sind klein, halbgefüllt, sternförmig, teils zu vielen in einem Blütenstand vereinigt. Der Wuchs ist buschig, aufrecht, das Laub klein, dunkelgrün, mit guter Krankheitsresistenz.

Guletta
Züchter: de Ruiter 1977
Abstammung: Rosy Jewel × Allgold
Höhe: 30—40 cm

Aus kleinen, spitzen Knospen entfalten sich die halbgefüllten, kräftig zitronengelben Blüten, die in Rispen zusammenstehen. Die Pflanzen wachsen buschig, kompakt, zwergig mit reichlich zierlichem, kleinem, glänzend dunkelgrünem Laub.

Meillandina
Züchter: Meilland 1977
Abstammung: Rumba × (Dany Robin × Fire King)
Höhe: 25—30 cm

Die kleinen, rosettenartigen, gut gefüllten Blüten sind johannisbeerrot mit gelber Mitte und duften nicht. Die Sorte wächst buschig, zwergig, gedrungen mit kleinem, etwas mehltauempfindlichem Laub.

Minijet
Züchter: Meilland 1977
Abstammung: (Mon Petit × Perla de Montserrat) × Seventeen
Höhe: 30—50 cm

Die kleinen, schalenförmigen, halbgefüllten Blüten sind hellrosa gefärbt und duften nicht. Die Pflanzen wachsen aufrecht, gedrungen und haben kleines, halbmattes, bronzegrünes Laub.

Scarletta

Züchter: de Ruiter 1972
Abstammung: nicht angegeben
Höhe: 30—40 cm

Leuchtend geraniumrot, nicht verblassend. Die kleinen, gefüllten schalenförmigen Blüten stehen in Rispen zusammen und entfalten besonders bei warmer Witterung ihre volle Pracht. Die Sorte wächst stark verzweigt, kompakt, buschig mit reichlich kleinem, etwas glänzendem, frischgrünem Laub. (Farbbild 77)

Starina

Züchter: Meilland 1968
Abstammung: (Dany Robin × Fire King) × Perla de Montserrat
Höhe: 30—50 cm

Die Sorte hat lachsrote, mittelgroße, edel geformte, gefüllte Blüten mit leichtem Duft. Sie wächst gleichmäßig, buschig, gedrungen, mit kleinem, glänzend grünem, gesundem Laub.

White Gem

Züchter: Meilland 1978
Abstammung: Darling Flame × Jack Frost
Höhe: 25—30 cm

Eine weiße Zwergrose mit kleinen, stark gefüllten, nicht duftenden Blüten. Die Pflanzen wachsen kräftig, buschig, gedrungen mit kleinem, halbmattem, mittelgrünem Laub.

Zwergkönig 78

Züchter: W. Kordes' Söhne 1978
Abstammung: Lilli Marleen × Zwergrosensämling
Höhe: 30—40 cm

Leuchtend blutrot. Die mittelgroßen Blüten sind gefüllt, duften nicht, sie stehen zu mehreren zusammen. Die Pflanzen sind kompakt, buschig, mit starken Trieben und glänzend dunkelgrünem, gesundem Laub.

Zwergenfee

Züchter: W. Kordes' Söhne 1979
Abstammung: Zwergrosensämling × Träumerei
Höhe: 30—40 cm

Die mittelgroßen, gefüllten Blüten sind kräftig

orangerot und stehen zu mehreren in Rispen. Der Wuchs ist buschig, geschlossen, niedrig, das Laub klein, glänzend frischgrün.

Bodendeckende Rosen

Fru Dagmar Hastrup

Züchter: Poulsen 1914
Abstammung: nicht angegeben
Synonyme: Dagmar Hastrup, Frau Dagmar Hartopp
Höhe: 50—70 cm

Eine niedrigbleibende *Rosa-rugosa*-Sorte mit großen, einfachen pastellrosa Blüten, in deren Mitte die gelben Staubgefäße leuchten. Frühblühend und duftend. Vom Sommer an sind Blüten und zahlreiche leuchtendrote Früchte nebeneinander zu finden. Die Pflanzen wachsen breitbuschig, niedrig, sie sind sehr frosthart mit gesundem, frischgrünem Rugosa-Laub. (Farbbild 70)

Heideröslein—Nozomi

Züchter: Onodera 1968
Abstammung: Fairy Princess × Sweet Fairy
Höhe: 20—40 cm

Eine Vielzahl kleiner, wenig gefüllter Blüten in zartem Perlmutterrosa, das später fast weiß wird, überzieht die Pflanzen. Dem ersten Hauptflor folgt kaum ein Nachflor. Der Wuchscharakter entspricht einer kletternden Zwergrose, mit kriechenden, niederliegenden Trieben, die bis mehr als 150 cm Länge erreichen können. Das Laub ist zierlich, klein, dunkelgrün. (Farbbild 72)

Max Graf

Züchter: Bowditch 1919
Abstammung: Rosa rugosa × Rosa wichuraiana
Höhe: 25—30 cm

Ganz flach niederliegend kriechen die 2 m Länge und mehr erreichenden Triebe. Die einmalblühende Sorte hat angenehm rosafarbene Blüten mit gelber Mitte, sie sind mittelgroß, einfach, offen. Das glänzend dunkelgrüne Laub ist völlig gesund und färbt sich im Herbst leuchtend gelb. (Farbbild 71)

Moje Hammarberg

Züchter: Hammarberg 1931
Abstammung: nicht angegeben
Höhe: 100—120 cm

Eine öfterblühende *Rosa-rugosa*-Sorte mit stark duftenden, großen, gefüllten, dunkel violettroten Blüten. Die Pflanzen wachsen dicht, breit aufrecht mit typischer Rugosa-Bestachelung und entsprechender Belaubung. (Farbbild 69)

Rosa rugosa 'Repens'

Züchter: eingeführt vor 1903
Abstammung: Rosa arvensis × *Rosa rugosa*
Synonyme: Rosa rugosa repens alba, Rosa × *paulii*
Höhe: 50–70 cm

Die Triebe der einmalblühenden Sorte erreichen häufig 4 m Länge. Sie blüht einmal mit mittelgroßen, einfachen, propellerartigen weißen Blüten, die zu mehreren zusammenstehen. Der Wuchs ist sehr kräftig, besonders bei engem Stand treiben sich die Triebe erst hoch, bevor sie sich breit umlegen. Das Laub ist matt, frischgrün. (Farbbild 73)

Rote Max Graf

Züchter: W. Kordes' Söhne 1980
Abstammung: Rosa kordesii × Sämling
Höhe: 30–40 cm

Eine einmalblühende Sorte mit in Rispen stehenden, einfachen, mittelgroßen und etwas duftenden mittelroten Blüten mit heller Mitte. Der Wuchscharakter ist kriechend mit 1,5 bis 2 m langen Trieben mit reichlich lederigem, gesundem Laub.

Snow Carpet

Züchter: S. McGredy 1979
Abstammung: New Penny × Temple Bells
Höhe: 20–30 cm

Weiß sind die kleinen, dicht gefüllten und etwas duftenden Blüten, die offen die gelbe Mitte zeigen. Die Pflanzen wachsen zwergrosenartig, mit breit liegenden Trieben, mäßig stark wachsend. Das kleine Laub ist glänzend mittelgrün.

Swany

Züchter: Meilland 1977
Abstammung: Rosa sempervirens × Mlle. Marthe Carron
Höhe: 30–40 cm

Gefüllte, rosettenartige Blüten ohne Duft stehen in Büscheln zusammen und sind reinweiß. Der Wuchs ist breit, kriechend, das kleine Laub glänzend frischgrün. Öfterblühend.

The Fairy

Züchter: Bentall 1932
Abstammung: Sport von Lady Godiva
Höhe: 40–60 cm

Die Zwergwichuraianasorte hat rosafarbene, kleine, gefüllte Blüten, die zu vielen in Rispen stehen. Die Blütezeit beginnt relativ spät, hält dafür bis in den Spätherbst an. Die Pflanzen wachsen breit mit überhängenden Trieben, gedrungen, mit kleinem, glänzend frischgrünem, gesundem Laub.

Wildrosen

Obwohl die eigentlichen Rosenarten, die Wildrosen, nicht unmittelbar zu den Sorten gehören, ist es hier doch angebracht, die Haupteigenschaften der am häufigsten in Gärten und Anlagen zu findenden Arten aufzuführen.

Rosa canina L.

Die allbekannte Hecken- oder Hundsrose findet sich an vielen Stellen, sowohl angepflanzt als auch wild vorkommend. Die zahlreichen weißen bis rosa Blüten erscheinen im Juni, und im Herbst färben sich die 2 bis 3 cm langen Hagebutten rot. Die Sträucher werden bis 3 m hoch, die Zweige hängen etwas über. Die Art variiert sehr stark in Blütenfarbe, Wuchs und vielen anderen Eigenschaften. Ein Strauch oder eine Hecke aus der einfachen *Rosa canina* kann dort, wo der nötige Platz vorhanden ist, eine ausgezeichnete Wirkung haben.

Rosa glauca Pourr.

Obwohl dieser Name der botanisch richtige ist, ist er selbst den meisten Gärtnern kaum bekannt. Denn die Rotblättrige Rose geht noch immer unter dem Synonym *Rosa rubrifolia*. Das auffallendste an dieser Art sind die dunkel bräunlichroten Blätter, auch die schlanken Triebe sind braunrot gefärbt. Der Strauch wird etwa 3 m hoch und vor allem wegen seiner Farbwirkung zur Auflockerung von Gehölzgruppen gern eingesetzt.

Rosa multiflora Thunb.

Die aus Japan und Korea stammende Art wächst stark und bringt im Juni große Blütenstände mit zahlreichen zierlichen, etwa 2 cm großen weißen Blüten hervor. Bis zum Herbst entwickeln sich dann kaum erbsengroße, rote Früchte. Der Wuchscharakter ist kletternd, die Pflanzen werden bis 3 m hoch. (Farbbild 78)

Rosa nitida Willd.

Die wegen ihrer glänzend dunkelgrünen Blätter auch als Glanzrose bezeichnete Art stammt aus Nordamerika. Sie wird nur 50 bis 70 cm hoch und treibt viele Ausläufer. Die Blüten erscheinen im Juni/Juli. Sie stehen einzeln oder zu wenigen zusammen und haben eine rosa Farbe. Die erbsengroßen Hagebutten schmücken bis in den Winter, ebenso fällt die orangerote Laubfärbung im Herbst auf.

Rosa rubiginosa L.

Die auch unter dem Synonym *Rosa eglanteria* bekannte, im allgemeinen Sprachgebrauch als Weinrose, Schottische Zaunrose oder auch mit der im englischen Sprachgebiet üblichen Bezeichnung Sweet Briar bezeichneten Art ist durch das dunkelgrüne, stark apfelartig duftende Laub gekennzeichnet. Die stark bestachelte Pflanze wird 2 bis 3 m hoch, sie blüht im Juni hellrosa und ist im Herbst mit scharlachroten Früchten geschmückt.

Rosa rugosa Thunb.

Die Kartoffelrose hat ihren deutschen Namen wohl nach den großen, flach kugeligen Hagebutten bekommen, die im Herbst den Strauch schmücken und wegen der relativ großen Fruchtmasse gern wirtschaftlich verwendet werden. Aber auch durch die dicken, stark stachligen und borstigen Triebe, das typische dunkelgrüne und runzlige Laub, das im Herbst eine schöne gelbe Färbung annimmt, ist die Art nicht zu verkennen. Die Blüten sind auffallend groß, rosarot. Da die Art remontiert, sind nicht selten Blüten und Früchte an einer Pflanze zu finden. Der Strauch wird 1 bis 2 m hoch und wächst auch noch unter ungünstigen Bedingungen. (Farbbild 75)

Neben diesen Arten, die recht häufig angeboten werden, gibt es noch eine ganze Anzahl wertvoller und interessanter Arten. Einige sollen hier herausgegriffen werden, auch wenn sie nur selten erhältlich sind:

Rosa blanda Ait.

Nur in der Jugend hat diese Art einige wenige Stacheln, welche später zum größten Teil abfal-

len. Der Strauch wird bis 2 m hoch und hat schlanke, braune Triebe. Im Juni werden in Blütenständen 5 bis 6 cm große rosa Blüten gebildet, im Herbst kugelige rote Früchte. Dazu färbt sich das Laub wirkungsvoll rötlich.

Rosa foetida 'Bicolor' Herrm.

Die Kapuzinerrose, in England als 'Austrian Copper' bekannt, ist eine schon vor 1590 entstandene Mutation der Ausgangsart, die PERNET-DUCHER Ende des vorigen Jahrhunderts zur Züchtung benutzte und in deren Ergebnis die Lutea-Hybriden entstanden. Die einfachen offenen Blüten sind innen leuchtend orangerot, die Außenseite dagegen gelb. Der Busch wird bis etwa 1,5 m hoch. (Farbbild 74)

Rosa hugonis Hemsl.

Die Sträucher werden bis zu 3 m hoch, sind 2,5 m hoch. Die Blüten sind hellgelb, einfach und stehen einzeln an kurzen Seitentrieben. Die Hagebutten sind kugelig und von dunkel- bis schwärzlichroter Farbe. (Farbbild 76)

Rosa moyesii Hemsl. & Wils.

Die Sträucher werden bis zu 3 m hoch, sind locker gebaut und haben braunrote Triebe. Die großen, einfachen, meist zu mehreren stehenden Blüten sind dunkelweinrot und haben goldgelbe Staubgefäße. Später bilden sich krugförmige, große Hagebutten mit auffallend langem Hals und borstenartigen Haaren.

Rosa multibracteata Hemsl. & Wils.

Kleine hellrosa Blüten entwickeln sich im Juli an den bis 3 m hohen, locker wachsenden Pflanzen. Die zahlreichen Hagebutten reifen spät, sie sind rot, eiförmig und mit Borsten besetzt.

Rosa oxyodon Bois.

Meist wird diese Art unter dem Synonym *Rosa pendulina* var. *oxyodon* geführt. *Rosa oxyodon* wird 2 m und mehr hoch und hat rötliche Zweige. Die Blüten sind dunkelrosa und stehen zu mehreren zusammen. Die großen roten Früchte sind flaschenförmig.

Rosa sericea pteracantha Franch.

Die Stacheldrahtrose ist etwas für den Liebhaber von Besonderheiten. Auffallendstes Kennzeichen sind die sehr großen Stacheln, die in der Jugend leuchtendrot und lichtdurchlässig sind; besonders im Gegenlicht wirken sie. Der Busch wird etwa 2 m hoch und hat sehr kleine Fiederblätter. Im Mai kommen die zahlreichen kleinen, weißen Blüten, an denen auffällt, daß sie in der Regel nur 4 Blütenblätter haben, während normalerweise bei Rosen 5 Blütenblätter gebildet werden. Die Stacheldrahtrose wird meistens noch unter der Bezeichnung *Rosa omeiensis pteracantha* geführt.

Rosa setipoda Hemsl. & Wils.

Im Juni erscheinen an dem bis 3 m hohen, dichten Strauch bis 5 cm breite, rosa Blüten in großen Blütenständen. Im Herbst schmücken die vielen großen Früchte. Sie sind flaschenförmig und scharlachrot gefärbt.

Zusammenstellung der Rosensorten nach Farbgruppen

Aus der Sortenbeschreibung in alphabetischer Reihenfolge sind zwar zahlreiche Einzelheiten zu entnehmen, trotzdem möchten viele Rosenliebhaber einen schnellen Überblick über die in den verschiedenen Grundfarbgruppen zur Verfügung stehenden Sorten haben, um davon ausgehend die ihnen am meisten zusagenden Sorten auszuwählen. Aus diesem Grunde soll hier das beschriebene Sortiment nochmals nach diesem Gesichtspunkt zusammengestellt werden. Dabei müssen verständlicherweise alle Nuancen und Nebenfarben unberücksichtigt bleiben, und in Grenzfällen wird man auch geteilter Ansicht sein können, ob die eine oder andere Sorte in diese oder jene Gruppe gehört.

Teehybriden

Weiß

Evening Star	Virgo
Pascali	

Gelb

Aalsmeer Gold	Mabella
Adolf Horstmann	Peer Gynt
Helmut Schmidt	Simona
King's Ransom	Sun King
Landora	Whisky

Gelb gemischt

Gloria Dei	Sutter's Gold

Aprikosenfarben gemischt

Ambassador	Lolita

Orange gemischt

Angelique	Fortuna
Ave Maria	Freude
Anne-Marie Trechslin	Königin der Rosen
Die Welt	Royal Dane
Folklore	

Orangerot

Alexander	Komet
Atoll	Lady Rose
Baccara	Prins Claus
Duftwolke	Roter Stern
Feuerzauber	Super Star
Herzog von Windsor	

Rosa

Ballet	Maria Callas
Carina	Pariser Charme
Eiffelturm	Piroschka
Esmeralda	Prima Ballerina
Flamingo	Silver Jubilee
Inka	Sylvia
Königliche Hoheit	

Rosa gemischt

Jessika	

Mittelrot

Alec's Red	Ilona
Antonia Ridge	Lusambo
Duftzauber	Melina
Galina	Pharaoh
Henkell Royal	

Dunkelrot

Bad Nauheim	Mildred Scheel
Burgund	Norita
Erotika	Papa Meilland
Hidalgo	Red Star
Karneol-Rose	Tatjana

Rot gemischt

Caribia	Piccadilly
Lustige	Rebecca
Neue Revue	

Fliederfarben

Blue Parfum	Silver Star
Mainzer Fastnacht	

Beetrosen

Weiß
Edelweiß

Gelb

Allgold	Golden Times
Arthur Bell	Polygold
Friesia	

Orange gemischt

Anabell	Marina
Belinda	Prince Igor
Esther Ofarim	Träumerei

Orangerot

Allotria	Neues Europa
Amsterdam	Orange Sensation
Chorus	Paprika
City of Belfast	Ponderosa
Cordula	Prominent
Irish Wonder	Rosi Mittermeier
Mercedes	Sarabande
Meteor	Schloß Mannheim
Molde	Tornado
Montana	Vatertag
Muchacha	

Rosa

Frau Astrid Späth	The Queen Elizabeth
Geisha	Rose
Irish Beauty	Sonia
Lapponia	Tip Top
Märchenland	Yesterday
Nirvana	

Rosa gemischt

Laminuette	Regensberg

Mittelrot

Alain	Muttertag
Bad Füssing	Olala
Fanal	Sanktflorian
Gruß an Bayern	Schweizer Gruß
Lilli Marleen	Topsi
Marlena	Travemünde

Dunkelrot

Dalli Dalli	Nina Weibull
Europeana	Pussta
Lavaglut	

Rot gemischt

Fantasia	Samba
Rumba	

Fliederfarben

Escapade	Shocking Blue

Kletterrosen

Weiß

Ilse Krohn superior	Schwanensee

Gelb

Casino	Goldstern
Golden Showers	

Rosa

Coral Dawn	New Dawn

Mittelrot

Blaze superior	Iskra
Dortmund	Paul's Scarlet Climber
Grand Hotel	Rote Flamme
Gruß an Heidelberg	Sympathie

Strauchrosen

Weiß
Schneewittchen

Gelb

Chinatown	Lichtkönigin Lucia
Frühlingsgold	

Orange gemischt
Westerland

Orangerot

Bischofstadt Paderborn	Shalom
Feuerwerk	Stadt Rosenheim

Rosa

Conrad Ferdinand Meyer	Decor Rose
	Ilse Haberland

Mittelrot

Dirigent	Hansa
Elmshorn	Robusta
Fontaine	

Rot gemischt

Decor Arlequin	Händel

Zwergrosen

Weiß
White Gem

Gelb
Guletta

Orangerot
Scarletta   Zwergenfee
Starina

Rosa
Minijet

Mittelrot
Meillandina   Zwergkönig 78

Rot gemischt
Baby Maskerade

Bodendeckende Rosen

Weiß
Rosa rugosa 'Repens'   Swany
Snow Carpet

Rosa
Heideröslein-Nozomi   Max Graf
Fru Dagmar Hastrup   The Fairy

Mittelrot
Moje Hammarberg   Rote Max Graf

Rosenkauf, Pflanzung und Pflege

Sortenwahl und Kauf

Die Menge der in diesem Buch beschriebenen Sorten wird den Anfänger vielleicht verwirren. Für den erfahrenen Rosenfreund ist es dagegen kein Problem, die Sorten zu finden, die er brauchen kann. Mancher nimmt es mit jedem Gärtner auf, wenn es um Sortenkenntnis geht. Das ist jedoch die Minderheit. Für die vielen Gartenfreunde, die sich jedes Jahr einige Rosen kaufen möchten, ist die Frage, welche Sorten für ihren Garten die richtigen sind, oft nicht leicht zu beantworten. Es gibt aber keine Allerweltssorten, die unter allen Umweltverhältnissen gut gedeihen. Vielmehr sind die besonderen Eigenschaften der Sorten zu beachten, es sind also die für den jeweiligen Standort geeigneten auszuwählen.

Welche Informationsmöglichkeiten hat der Gartenfreund? Eine große Anziehungskraft haben immer wieder Blumen- und Gartenbauausstellungen. Selten fehlen dort Schnittrosen. Die Rosen auf Ausstellungen stammen in der Regel aus der Kultur unter Glas und sind natürlich ausgelesen, das Beste vom Besten. Die vollendeten, edlen Blumen imponieren, und viele Besucher notieren sich die Sortennamen. Gehen sie jedoch mit ihren Wünschen in die Baumschule, müssen sie erfahren, daß manche dieser Sorten nur für die Kultur unter Glas, nicht aber für das Freiland geeignet ist.

Eine andere Möglichkeit der Information bieten die Kataloge der Baumschulen. Die darin angebotenen Sorten sind nur eine Auswahl aus dem Sortiment. Denn jede Baumschule führt nur die Sorten, für die sie die Vermehrungsrechte besitzt, nach denen die größte Nachfrage besteht und mit denen sie die Wünsche der Gartenfreunde am besten befriedigen kann. Bestimmte Hauptsorten werden in jeder Baumschule vermehrt, andere nur in einigen wenigen. Die Sortenbeschreibungen in den Katalogen der Baumschulen sind allgemein kurz und sachlich gehalten. Dennoch bleibt jede dieser in Katalogen enthaltenen Sortenbeschreibungen eine subjektive Einschätzung. Das ist leicht zu erkennen, wenn man in mehreren Katalogen die Beschreibung ein und derselben Sorte vergleicht.

Mancher Rosenfreund wünscht sich Kataloge, in denen jede Sorte im Farbbild darstellt wird. Die Abbildung einer oder auch mehrerer Blüten vermittelt aber lediglich eine Vorstellung der Form und der Farbe, sagt aber nichts über den Habitus des Strauches, über Reichblütigkeit, Gesundheit und andere Eigenschaften aus.

Am besten sieht sich der Gartenfreund daher die Rosen in natura an und trifft hierbei seine Wahl. In den Baumschulen stehen allerdings nur die einjährigen Okulate. Die nach Jahren voll entwickelte Pflanze zeigt oft andere Eigenschaften, jedenfalls in Höhe und Wuchs. Einmalblühende Kletterrosen und Strauchrosen blühen im ersten Jahr nicht.

Einen besseren Eindruck über das Aussehen der voll entwickelten Pflanzen kann man in Grünanlagen, Parken und Gärten gewinnen. Leider sind dort die Sorten nur selten mit Namen gekennzeichnet, und nur in Ausnahmefällen findet der Rosenfreund ein umfangreiches Sortiment und kann Vergleiche anstellen.

Die nächste Frage ist, wann man sich die Rosen ansehen soll. Wer wirklich einen Eindruck von einer Sorte gewinnen will, besichtige sie schon zur Zeit der ersten Blüte, zweite Junihälfte/Anfang Juli, nicht erst, wenn der Kauf getätigt werden soll, im Oktober oder November. Aber selbst mit einer einmaligen Besichtigung ist nichts getan. Ein Urteil über den Wert einer Rose kann man tatsächlich nur bei laufender Beobachtung und über mehrere Jahre fällen. Selbst Experten auf diesem Gebiet fällen ihr Urteil erst nach langer Beobachtung. Nicht ohne Grund werden Neuheiten mindestens zwei Jahre geprüft. Eine Sorte kann anfangs gut blühen, wird aber schnell krank, oder sie blüht nicht genügend nach, und was an Mängeln sonst noch auftreten kann.

Mancher Anfänger notiert sich bei seinen Beobachtungen mit ziemlicher Sicherheit die Sorten, die zum entsprechenden Zeitpunkt gerade in voller Blüte stehen, andere hält er für weniger schön. Sähe er sich die Sorte eine Woche früher oder später an, wäre sein Urteil gewiß anders ausgefallen. Wir sehen, es gibt keine sichere Methode, die den jeweiligen Verhältnissen am besten angepaßte Sorte auf den ersten Blick auszusuchen.

Haben wir aber endlich gewählt, ist zu klären, wie wir zu den gewünschten Rosen kommen.

Für die zahllosen Wünsche nach fünf, zehn, zwanzig oder auch nur eine Rose haben viele Baumschulen und Garten-Center Einkaufsmöglichkeiten geschaffen, in denen neben anderen Gehölzen auch Rosen verkauft werden. Die Rosen werden vielfach in Foliebeuteln verpackt, mit Farbbild und Pflanzanleitung angeboten.

Die Selbstbedienung oder Teilselbstbedienung ist wie in anderen Bereichen des Handels in den letzten Jahren zur bestimmenden Handelsform für die Befriedigung des Kleinbedarfs geworden. Bessere Verkehrsverbindungen erweitern den Bereich, aus dem die Käufer kommen. Immer mehr Käufer haben also die Möglichkeit, die Qualität direkt in der Baumschule zu prüfen und die Exemplare selbst auszuwählen.

Rosen werden im Herbst etwa von Ende Oktober bis zum Eintritt von Dauerfrost zum Verkauf angeboten und im Frühjahr etwa von Mitte März bis April. Außerhalb dieser Zeit werden in Container gepflanzte Rosen angeboten, aus denen sie mit Ballen und Laub unmittelbar am neuen Standort ausgepflanzt werden können. Solche Pflanzen sind natürlich teurer.

Wenn für größere Pflanzungen Rosen benötigt werden, sollte man sich rechtzeitig vor dem Kauf über die Liefermöglichkeiten informieren und frühzeitig bestellen. So geht man sicher, die erforderliche Stückzahl und die gewünschte Sorte zu bekommen.

Die Methodik des Verkaufs ist unterschiedlich. Während alle anderen Gehölze aus dem Freilandeinschlag verkauft werden können, sollten die Rosen nur aus einem Schuppen, also vom geschützten Lager genommen werden. Denn im Freien würden die Triebe sehr schnell austrocknen oder schrumpfen, selbst wenn die Rosen eingeschlagen sind. In einem zugfreien Raum können sie dagegen ohne Schaden auch längere Zeit mit bloßen Wurzeln liegen, wenn sie regelmäßig feucht gehalten werden.

Die Baumschulen versuchen nun auf die ver-

schiedenste Weise ihren Kunden, auch wenn sie keine Sortenkenntnis haben, die Wahl zu erleichtern. Durch entsprechende Etikettierung, Beschriftung oder Farbbilder wird informiert, auch werden Pflanz- oder Schnitthinweise gegeben, oft auf entsprechendem Merkblatt.

Noch einen Ratschlag, bevor die Auswahl getroffen wird: Es gibt Rosenfreunde, die glauben, sie müßten bei einem Bedarf von vielleicht 20 Rosen auch 20 Sorten haben. Sie wundern sich aber, wenn das Beet dann einen uneinheitlichen Eindruck macht und ohne besondere Wirkung ist. Man sollte deshalb je Sorte mindestens 3, besser 5 Stück pflanzen und dafür weniger Sorten verwenden. Das Gesamtbild gewinnt dadurch.

Wichtig ist, daß die Rosen gut eingepackt werden. Auch wenn der Weg bis nach Hause oder zum Garten nur kurz ist, sie sind stets gegen austrocknenden Wind zu schützen. Keinesfalls dürfen sie also auf dem Dach des Pkw oder auf offenen Ladeflächen eines Lkw transportiert werden.

Rosenfreunde, die keine Möglichkeit zum Direktkauf haben, sind auf den Versand angewiesen. Es empfiehlt sich, so zeitig wie möglich zu bestellen.

Der Rosenfreund wird sich vor Abgabe seiner Bestellung genau überlegen, welche Sorten und Mengen er braucht. Spätere Um- und Nachbestellungen machen, sofern sie überhaupt berücksichtigt werden können, sehr viel Arbeit und erhöhen die Gefahr der Irrtümer.

Bei der Aufgabe der Bestellung sollte genau angegeben werden, wohin die Rosen geschickt werden sollen. Viele Städte haben mehrere Bahnhöfe mit Expreßgutabfertigung, und kleine Orte haben keine Expreßgutstation. Wichtig ist auch die Angabe, ob nur die bestellten Sorten geliefert werden sollen oder bei einer fehlenden Sorte eine ähnliche als Ersatz geliefert werden kann. Es gibt Rosenfreunde, besonders solche, die ein Sortiment sammeln, denen nur an ganz bestimmten Sorten liegt, andere interessiert nur ein bestimmter Farbton oder ein besonderer Wuchstyp. Sind in der Bestellung Ersatzlieferungen nicht ausgeschlossen, wählen die Versandbetriebe beim Fehlen einer bestellten Sorte ähnliche Sorten aus.

Wer die Sorten nicht kennt, sollte seine Wünsche nach Farbe und Anzahl nennen und die Sortenwahl der Baumschule überlassen.

Ist die Sendung angekommen, wird der Rosenfreund als erstes prüfen, ob sie den Transport unbeschädigt überstanden hat. Mängel müssen sogleich bei der Übernahme bei der Bahn oder Post reklamiert werden. Das liegt im Interesse des Empfängers, denn die Rosen reisen auf seine Gefahr, sobald sie den Hof der Baumschule verlassen haben. Nach dem Öffnen des Ballens oder Kartons werden die Rosen herausgenommen und gleich auf Vollständigkeit geprüft. Sollten sich tatsächlich Abweichungen vom Lieferschein oder der Rechnung herausstellen und wirklich nicht noch eine Pflanze im Packmaterial versteckt sein, wird unverzüglich der Fehler beanstandet. Auch auf Trocken- und Frostschäden sollte die Sendung sogleich kontrolliert werden. Eine Kontrolle des Zustandes der Rosen ist sehr leicht durchzuführen. Die Rinde der Triebe ist im Normalfall glatt. Sind die Pflanzen trocken geworden, schrumpfen die Triebe, und die Oberfläche wird runzlig. Wenn diese Erscheinung nach einigen Stunden Einstellen in Wasser nicht verschwindet, muß man mit Schäden rechnen. Es läßt sich auch leicht feststellen, ob die Triebe gesund sind. Wird die Rinde oberhalb der Veredlungsstelle mit dem Fingernagel leicht angekratzt, erscheint darunter bei gesundem Gewebe eine weißliche bis hellgrüne Farbe. Abgestorbene Triebe sind braun bis schwarz.

Die Pflanzen werden zwar so verpackt, daß sie auch bei langem Transport keinen Schaden nehmen, trotzdem kommen sie gleich nach dem Auspacken für einige Zeit in einen Eimer Wasser, so daß sie sich wieder vollsaugen können.

Nun kann es vor allem im Herbst leicht vorkommen, daß die Sendung zwar bei günstigem Wetter abgeschickt wurde, aber während des Transportes ist plötzlich Frostwetter eingetreten. Der Ballen bzw. das Paket kommt, nehmen wir das Extrem an, völlig durchgefroren an. Das ist kein Grund zur Aufregung. Wenn auch die Rosen, wie bereits betont, dann sehr frostempfindlich sind, wenn sie im Freien lagern, geschieht ihnen im Ballen vorerst gar nichts. Die feste Verpackung wirkt nämlich so, als ob die Rosen gepflanzt wären. Und genausowenig, wie wir Rosen bei Frostwetter aus dem Boden nehmen würden, werden sie auch nicht in gefrorenem Zustand aus dem Ballen genommen. Sonst wären Schäden unvermeidbar. Der Ballen wird ungeöffnet in einen Raum gelegt, der Temperaturen wenig über dem Gefrierpunkt hat, nicht etwa in ein warmes Zimmer oder gar an den Ofen! Nach einigen Tagen ist der Ballen aufge-

taut und kann geöffnet werden. Der erfahrene Rosenfreund ist für solche Situationen gewappnet und hat auf alle Fälle im Garten vor Frosteintritt ein Stück Boden mit Laub o. ä. abgedeckt und kann dann seine Rosen, auch wenn sie sehr spät angekommen sind, leicht in den Boden bringen, der durch die aufgebrachte Isolierschicht nicht so schnell einfriert. Im allgemeinen treten fast in jedem Herbst kurze Frostperioden auf, nach deren Abklingen die Rosen dann noch vor Eintritt des wirklichen Winters gepflanzt werden können.

Bevor wir zur Pflanzung kommen, noch einige Bemerkungen zu der immer wieder gestellten Frage: Herbst- oder Frühjahrspflanzung? Sowohl das eine wie das andere ist möglich, jede dieser beiden Methoden hat ihre Vor- und Nachteile. Die Herbstpflanzung hat den großen Vorteil, daß die Rosen noch im Herbst mit der Wurzelbildung beginnen und dadurch gegenüber den im Frühjahr gepflanzten Rosen im nächsten Jahr einen merklichen Vorsprung in der Entwicklung aufweisen. Die Differenz des Blühbeginns im ersten Jahr zwischen Herbst- und Aprilpflanzung beträgt etwa 10 Tage. Die Bildung neuer Wurzeln findet nicht etwa nur bei den sehr zeitig im Herbst gepflanzten Rosen statt. Die Ansicht vieler zaghafter Gartenfreunde, es könne für eine Pflanzung zu spät sein, ist falsch. Wer Spaß daran hat, kann seine Rosen ohne Schaden noch zu Weihnachten pflanzen, vorausgesetzt natürlich, daß der Boden nicht gefroren ist. Lediglich der gefrorene Boden und die Tatsache, daß die freiliegenden Wurzeln nicht der Kälte ausgesetzt sein dürfen (also auch nicht in den Schnee legen!), begrenzen die Pflanzmöglichkeit. Der einzige Nachteil der Herbstpflanzung besteht darin, daß in einem strengen Winter Ausfälle eintreten können. Aber das kann ebenso ein Jahr später geschehen. Wer der Baumschule das Risiko der Überwinterung lassen möchte, kauft im Frühjahr ein, wobei er allerdings einen höheren Preis zahlt. Dafür hat man mit Sicherheit die gesunde Pflanze, die allerdings gegenüber einer im Herbst gepflanzten im ersten Jahr etwas zurückbleibt.

Pflanzung

Der Rosenfreund hat natürlich längst, bevor er seine Rosen kauft, festgelegt, wohin sie kommen sollen, und den Boden entsprechend vorbereitet. Die Ansprüche der Rose haben wir schon bei der Anzucht behandelt. Auch die fertige Pflanze gedeiht am besten in einem tiefgründigen, humosen, nährstoffreichen Boden, der keine Verdichtungen aufweist. Die meisten Gartenböden sind schon über viele Jahre gepflegt und verbessert worden, so daß es dort kaum zu Schwierigkeiten kommt. Bodenverbesserung mit Komposterde oder gekalktem Torf wirkt in den meisten Fällen positiv.

Bei leichten Sandböden erhöht der Torf die Wasseraufnahmefähigkeit, in schweren Böden fördert er die Durchlüftung. Mineralischen Dünger oder frischen Mist vertragen die Rosenwurzeln nicht, deshalb haben sie bei der Pflanzung nichts zu suchen. Als Standort wählt man eine sonnige Stelle im Garten. Auf Nordseiten, unter Bäumen oder im Schattendruck von Bäumen oder Gebäuden werden die Rosen nie ihre volle Schönheit entfalten können. Pflanzstellen mit sehr starker Rückstrahlung, etwa unmittelbar vor Südwänden, sind auch nicht ideal, weil die Rosen dort von manchen Schädlingen und Krankheiten häufiger befallen werden.

Der Standort darf zwar nicht zugig sein, aber auch nicht jede Luftbewegung ausschließen.

Einige Zeit vor der Pflanzung wird der Boden tief gelockert, möglichst zwei Spaten tief, ohne aber dabei den Mutterboden nach unten zu bringen. Die tiefe Lockerung ist wichtig, weil die Rosenwurzeln sehr weit vordringen. Tiefen von mehr als 1 m sind keine Seltenheit. Die Lockerung muß rechtzeitig vorgenommen werden, damit der Boden noch Zeit zum Setzen hat. Vor dem Pflanzen muß man sich über die nötigen Pflanzenabstände klarwerden. Auf den ersten Blick scheint das eine Sache für Fachleute zu sein: so viele Klassen und noch viel mehr Sorten mit unterschiedlichen Wuchseigenschaften. Alles muß natürlich berücksichtigt werden. Grundsätzlich sollte man nicht zu weit pflanzen, wenn eine gute Wirkung entstehen soll. Im Sommer soll ein geschlossenes Laubdach entstehen, das den Boden schattig hält, wodurch die Feuchtigkeit besser gehalten und das Bodenleben gefördert wird. Außerdem wird dadurch viel Unkraut unterdrückt. Bei zu enger Pflanzung allerdings behindern sich die Pflanzen gegenseitig.

Bei Buschrosen, gleichgültig, ob es sich um Teehybrid- oder Beetrosensorten handelt, liegen die besten Pflanzentfernungen bei 30 bis 35 cm, bei sehr stark wachsenden Sorten auch bei 40 cm. Bei einer Reihenpflanzung kommen demnach etwa 3 Rosen auf den laufenden Meter, bei Beetpflanzungen muß man mit 8 bis 10 Stück je Quadratmeter rechnen.

Richtiger Pflanzenabstand ist Voraussetzung für das gute Aussehen einer Pflanzung. Er wirkt sich auch auf Wachstum, Krankheitsanfälligkeit und nicht zuletzt auf die Winterverluste aus. Versuche mit Dichten von 5 bis 12 Stück je m² zeigten eindeutig, daß gute Ergebnisse erst bei etwa 9 Pflanzen/m² erreicht werden konnten, bei sehr starkwüchsigen Sorten wie 'Gloria Dei' auch schon bei 7 Pflanzen/m².

Kletterrosen werden ebenso häufig zu eng gepflanzt wie Buschrosen zu weit. Sie brauchen zu ihrer vollen Entfaltung Platz, und zu enger Stand gibt bald ein unentwirrbares Durcheinander. Man muß sich dabei natürlich auch nach der unterschiedlichen Wüchsigkeit der Sorten richten. Die öfterblühenden und Climbing-Sorten sind allgemein nicht übermäßig starkwüchsig, trotzdem möchten sie einen Abstand von 1,50 m haben. Bei starkwachsenden Sorten, die besonders unter den einmalblühenden zu finden sind, soll der Abstand bis 2 m betragen. Auch Strauchrosen benötigen zur Entwicklung ihrer vollen Schönheit ausreichend Platz. Deshalb wird man ihnen mindestens 1,0 bis 1,5 m Abstand zugestehen müssen. Die Zwergrosen brauchen dagegen nicht viel Platz, sie können im Abstand von 20 bis 25 cm gepflanzt werden. Stammrosen möchte man eine Pflanzentfernung von 70 bis 100 cm einräumen, sofern sie nicht überhaupt für Einzelstellung vorgesehen sind.

Die Rosen werden möglichst bald nach der Ankunft bzw. nach dem Kauf gepflanzt. Ist das nicht möglich, oder handelt es sich um größere Mengen, die nicht auf einmal zu bewältigen sind, werden sie vorläufig tief eingeschlagen, nachdem die Bündel geöffnet wurden. Die Wurzeln müssen alle guten Kontakt zur Erde haben, damit sie nicht austrocknen, deshalb darf das Festtreten nicht vergessen werden.

Kommen die Rosen zum Pflanzen, ist dafür zu sorgen, daß sie auch jetzt nicht austrocknen. Deshalb empfiehlt sich öfteres Überbrausen oder Abdecken der feuchten Pflanzen mit Säcken oder Matten, wenn die Pflanzen einige Zeit liegen müssen. Unmittelbar vor dem Pflanzen werden die Wurzeln leicht zurückgeschnitten. Das geht sehr schnell mit ein bis zwei Schnitten einer Gartenschere. Genaues Arbeiten oder Behandlung der einzelnen Wurzeln ist gar nicht

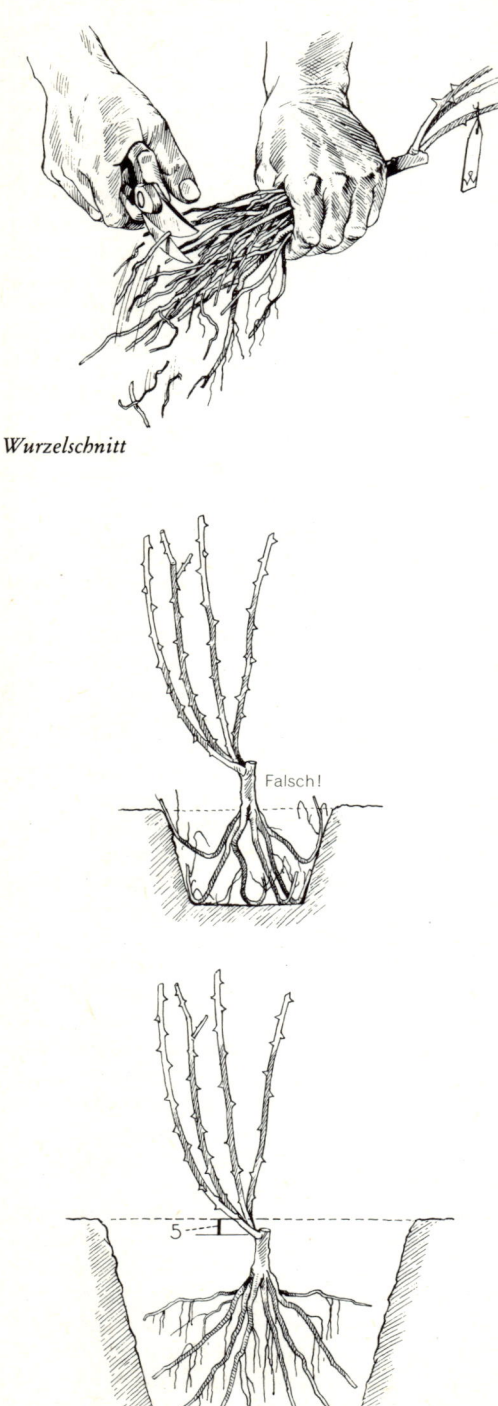

Wurzelschnitt

Falsch!

5

Beim Pflanzen ist auf die richtige Pflanztiefe zu achten.

nötig. Nur beschädigte Wurzeln werden sorgfältig glattgeschnitten. Der vielfach empfohlene Wurzelschnitt, bei dem die Schnittflächen nach unten zeigen sollen und der den Schnitt jeder einzelnen Wurzel erfordert, ist nicht nötig. Der Wurzelschnitt erleichtert das Pflanzen, zu starker Schnitt hat aber nur Nachteile. In den Wurzeln sind Reservestoffe, die für die weitere Entwicklung benötigt werden, und je stärker die Wurzeln geschnitten werden, um so mehr werden den Pflanzen diese Reserven genommen. Außerdem produziert die Wurzel Wachstumsregulatoren, Gibberelline und Cytokinine, deren Bildung bei starkem Rückschnitt ebenfalls reduziert wird. Das Pflanzloch muß so breit und tief ausgehoben werden, daß die Wurzeln nach allen Seiten genügend Platz haben und nicht etwa umgebogen werden. Ganz besonders ist auf die richtige Pflanztiefe zu achten, denn die Rose macht hier — entgegen der Regel bei allen anderen Gehölzen — eine Ausnahme. Die Veredlungsstelle soll etwa 5 cm *unter* die Erdoberfläche kommen. Die Rose wird dann in das Pflanzloch gehalten, und zwar möglichst etwas tiefer, als sie später stehen soll. Die ausgeworfene Erde kommt wieder in das Pflanzloch. Dabei ist dafür zu sorgen, daß keine Hohlräume entstehen und die Wurzeln allseitig von Erde umgeben werden. Bei anfangs etwas tieferem Halten kann die Pflanze nun etwas gerüttelt und gleichzeitig nach oben gezogen werden. Hierbei wird die Erde noch besser verteilt. Werden mehrere Rosen gepflanzt, kann zum Füllen des Pflanzloches auch der Aushub des nächsten verwendet werden, wodurch das Tempo des Pflanzens erheblich zunimmt. Ist das Loch gefüllt, wird die Rose mit dem Absatz kräftig angetreten, um festen Stand und einwandfreien Bodenschluß der Wurzeln zu erreichen bzw. Veränderungen durch nachträgliches Setzen des Bodens zu vermeiden. Unmittelbar nach der Pflanzung werden die Rosen angehäufelt. Das gilt sowohl für Herbst- als auch für Frühjahrspflanzung. Diese Maßnahme ist nötig, um Wasserverluste durch Verdunstung zu vermeiden, die bekanntlich erst ersetzt werden können, wenn neue Wurzeln gebildet sind. Im Herbst stellt das Anhäufeln gleichzeitig den Winterschutz dar. Beim Anhäufeln wird die Erde der Umgebung zur Pflanze gezogen, bis etwa eine Höhe von 20 cm erreicht wird. Bei sehr enger Pflanzung wird das allerdings problematisch, weil gar nicht so viel Erde zur Verfügung steht, wenn nicht die Wurzeln

Festes Antreten sichert den Bodenschluß.

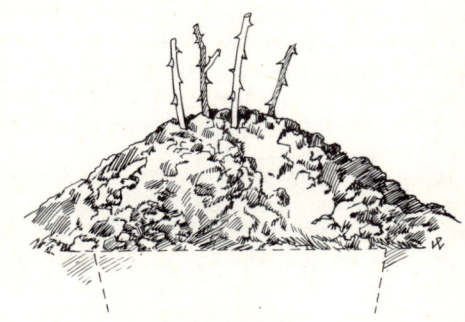

Nach dem Pflanzen angehäufelte Rose

freigelegt werden sollen. Hier hilft man sich am besten durch Aufbringen von Komposterde oder Torf.

Bei Frühjahrspflanzung wird nach etwa 14 Tagen wieder abgehäufelt, bei Herbstpflanzung im Frühjahr zu einem Termin, zu dem keine stärkeren Fröste mehr zu erwarten sind. Für das Abhäufeln wählt man möglichst einen trüben, ruhigen Tag, um den Pflanzen die Umstellung zu erleichtern und damit sie nicht gleich voller Sonneneinstrahlung ausgesetzt sind.

Bei der Pflanzung von Stammrosen sind einige Besonderheiten zu beachten. Weil der dünne Stamm die Krone nicht selbst tragen kann, brauchen Stammrosen einen kräftigen Pfahl. Er muß so lang gewählt werden, daß er nach dem Einschlagen noch bis in die Krone reicht. Diese Länge ist unbedingt erforderlich, weil er sonst zwar den Stamm stützt, bei Sturm aber die Krone ausbrechen kann. Der Stützpfahl wird

bereits in das Pflanzloch gesetzt, bevor die Rose hineinkommt. Pflanzt man die Rose zuerst und schlägt den Pfahl nachträglich ein, besteht die Gefahr, daß dabei Wurzeln beschädigt werden. Noch etwas ist vor dem Pflanzen der Stämme zu beachten. Da wegen der Höhe der Pflanzen ein Anhäufeln wie bei den Buschrosen beim besten Willen nicht möglich ist, werden die Stämme umgelegt. Jeder Stamm hat am Grund eine Schnittstelle, die bei der Anzucht der Wildstämme entsteht. Zum Niederlegen muß der Stamm immer über diese Schnittstelle hinweg gelegt werden. Wird er nach der anderen Seite gebogen, bricht er mit ziemlicher Sicherheit aus. Man muß also bereits beim Pflanzen wissen, in welcher Richtung genügend Platz bleibt, um den Stamm niederlegen zu können, und in diese Richtung die Schnittstelle bringen. Um das Niederlegen zu erleichtern, werden die Stämme gleich etwas schräg in diese Richtung gepflanzt. Sofort nach dem Pflanzen, gleichgültig ob im Herbst oder im Frühjahr, wird der Stamm umgelegt. Die Krone wird bis zur Erde hinabgedrückt und Erde darüber geworfen. Bei Frühjahrspflanzung kann der Stamm nach etwa 2 bis 3 Wochen wieder hochgenommen werden. Beim Anbinden an den Stützpfahl ist darauf zu achten, daß besonders unmittelbar unter der Krone fester Halt gegeben ist.

Zur Pflanzung gehört aber auch der Pflanzschnitt. Zum Schnitt der Wurzeln war bereits etwas gesagt worden. Auch die oberirdischen Teile müssen geschnitten werden, um das Gleichgewicht zwischen Wurzeln und Trieben herzustellen. Von der Baumschule werden die Rosen zwar meist mit eingekürzten Trieben geliefert, das hat aber nichts mit dem Pflanzschnitt zu tun. Dieser Schnitt muß durchgeführt werden, um das Anwachsen zu sichern. Wird er unterlassen, treiben die Pflanzen, indem sie die Reserven verbrauchen, bis zu einem gewissen Stadium, dann jedoch können die Wurzeln für die weitere Ernährung noch nicht genügend Wasser

Stammrosen werden niedergelegt und die Krone mit Erde bedeckt.

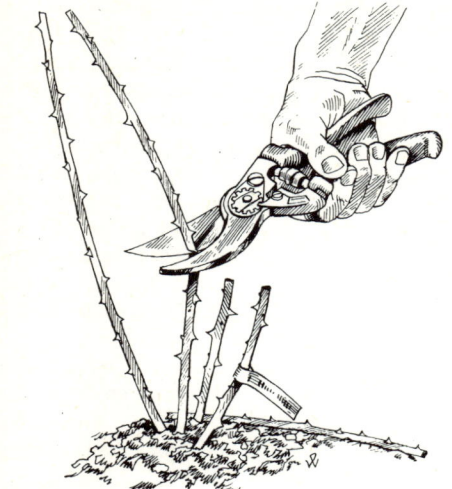

Pflanzschnitt bei Teehybriden und Beetrosen

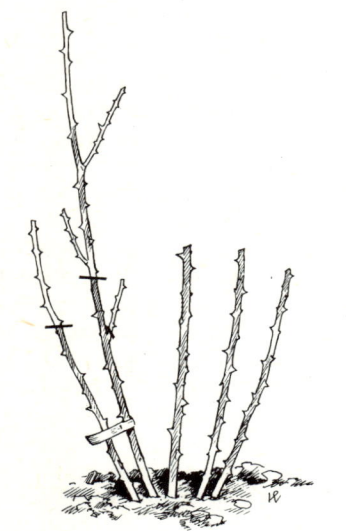

Pflanzschnitt bei Kletter- und Strauchrosen

oder ungenügend ausgeführten Pflanzschnitt. Schließlich muß der Pflanzschnitt durchgeführt werden, um einen guten Pflanzenaufbau von unten her zu sichern. Fehlt er, treiben die Pflanzen aus den oberen Augen aus, und die Folge ist ein Übergewicht der oberen Regionen, der gewünschte Aufbau von unten ist dann kaum noch zu erreichen.

Der Pflanzschnitt erfolgt, gleichgültig ob im Herbst oder Frühjahr gepflanzt wurde, erst im Frühjahr. Im Herbst darf er nicht durchgeführt werden, weil sonst die Gefahr besteht, daß der Frost in die frischen Schnittstellen eindringt und die Pflanzen stark oder vollkommen zurückfrieren.

Im Frühjahr kann der Rückschnitt gleich beim Pflanzen durchgeführt werden oder auch nach dem Abhäufeln. Stammrosen sollte man allerdings immer erst nach dem Aufnehmen schneiden. Wird schon vorher zurückgeschnitten, ist die Krone zu klein, und sie wird durch die aufgehäufelte Erde nicht so belastet, daß sie am Boden bleibt.

Auf jeden Fall muß also die Schere ihr Werk tun, auch wenn es schwerfällt. Buschrosen, sowohl Teehybriden als auch Beetrosen, und Stammrosen werden sehr kurz zurückgeschnitten. Man läßt ihnen je Trieb nur 3 bis 5 Augen. Kletter- und Strauchrosen bleiben etwas länger, sie werden auf 6 bis 8 Augen zurückgeschnitten. Werden die Rosen bei der Pflanzung richtig behandelt und wird der Pflanzschnitt durchgeführt, treiben sie bald kräftig aus.

Pflege

Die austreibende Rosenpflanze benötigt für ihre gute Entwicklung Pflege. Zuerst wäre hier die Bodenbearbeitung zu nennen. Lockerer, gut durchlüfteter Boden ist Voraussetzung für gutes Gedeihen. Dafür muß in erster Linie die Handhacke sorgen. Der Boden wird regelmäßig flach gehackt. Tiefe Lockerung schadet, weil dabei die Wurzeln beschädigt werden können. Besonders wichtig ist die Lockerung nach Regen oder dem Bewässern, jedoch erst dann, wenn der Boden etwas abgetrocknet ist und krümelt. Sind die Rosen so dicht gepflanzt, daß das Laubdach den Boden weitgehend deckt, bleibt die Lockerung viel länger wirksam. Es wird die sogenannte Schattengare gefördert. Durch die Lockerung bleibt viel Wasser erhalten, die Durch-

und Nährstoffe aufnehmen, und es kommt zum Welken und Absterben der Pflanzen. Immer wieder gibt es unerfahrene Rosenfreunde, denen es leid tut, die starken Rosentriebe gewaltsam zu kürzen. Sie sagen, wenn sie die Folgen solcher Unterlassung erleben, daß die Pflanzen doch so gut ausgetrieben hätten und dann aus unerklärlichen Gründen plötzlich eingegangen seien. Die Ursache liegt ganz einfach im nicht lüftung ist besser, das Bodenleben kann sich aktiv entwickeln, und nicht zuletzt wird bei der Bodenbearbeitung das Unkraut bekämpft. Viel Arbeit kann man sich durch Bodenbedeckung ersparen. Hierfür kommen verschiedene Materialien in Betracht. Am saubersten sieht eine Bodenbedeckung mit Torf aus. Nach einer Kalkgabe von etwa 3 kg kohlensaurem Kalk je Kubikmeter wird der Torf in einer Stärke von 3 bis 5 cm auf den Boden aufgebracht. Wenn er schon im Winter zum Anhäufeln benutzt wurde, wird er im Frühjahr nur gleichmäßig verteilt. Diese Schicht hält den Boden locker, erhält Wasser und Luftaustausch und wirkt zusätzlich dem Unkraut entgegen.

Die Fragen der chemischen Unkrautbekämpfung und ihre Möglichkeiten wurden schon bei der Anzucht der Rosen ausführlich besprochen. Sie brauchen deshalb hier nicht wiederholt zu werden. Das gleiche trifft für die Düngung zu. Mit richtigen, ausgewogenen und nicht zu spät durchgeführten Düngungsmaßnahmen lassen sich Wachstum und Blüte fördern. Ein Zuviel kann nur Schaden anrichten.

Die Rose hat einen sehr hohen Wasserbedarf. Er ist aber sehr unterschiedlich im Jahresablauf. Die größten Wassermengen werden in den Zeiten benötigt, in denen das stärkste Wachstum stattfindet, also beim Austrieb im Frühjahr, wenn die Triebe und Blattmassen gebildet werden, und nach der ersten Blüte, wenn der zweite Austrieb in Gang kommen soll. Fehlt der Rose zum Austrieb ausreichend Wasser, kann sie auch nicht ausreichend Nährstoffe aufnehmen. Die Triebe bleiben dann dünn, die Blüte wird schon auf sehr kurzen Stielen gebildet, sie ist klein und oft wenig gefüllt. Meßreihen zeigten, daß allein die Verdunstungsverluste der Rosen vom Austrieb bis zur vollen Blattentwicklung auf das 8- bis 9fache ansteigen. Größere Wassermengen im Spätsommer und Herbst sind nicht von Vorteil, denn dadurch kommt das Wachstum nicht zur Ruhe, und die Pflanzen werden unausgereift vom Winter überrascht. Fehlt während der Wachstumsperiode ausreichend Wasser, so muß durch entsprechende Wassergaben nachgeholfen werden. Dabei nützt es sehr wenig, wenn die Rosen jeden Tag nur etwas naßgespritzt werden und der Boden vielleicht gerade angefeuchtet wird. Besser sind kräftige Gaben. Der Boden muß richtig durchfeuchtet werden. Dazu sind etwa Niederschlagsmengen von 20 mm oder 20 Liter je Quadrat-

meter erforderlich. Wieviel Gießkannen dafür erforderlich sind, kann man sich leicht ausrechnen. Mit einem Regner ist das Bewässern einfacher, man wird ihn meist 1,5 bis 2 Stunden an einer Stelle stehenlassen müssen. Diese Mengen reichen dann ohne natürlichen Regen gut für 8 bis 14 Tage.

Die Frage nach der besten Tageszeit für das Bewässern wird häufig gestellt. Einige Kriterien scheinen sich zu widersprechen: Einmal macht die Rose keine Ausnahme von der Regel, daß Bewässerung bei starker Sonneneinstrahlung nicht günstig ist. Wird tagsüber bewässert, soll das Laub bis zum Abend wieder abgetrocknet sein, um dem Krankheitsbefall keinen Vorschub zu leisten. In einem Vergleich verschiedener Bewässerungsmethoden und -zeitpunkte schnitt die Beregnung während der Nachtstunden in Hinsicht auf Gesundheit der Pflanzen und Wachstum am besten ab. Die Nachtberegnung war auch besser als Wassergabe direkt an die Wurzeln, ohne das Laub zu benetzen. Der Widerspruch zur Regel des trockenen Laubes in der Nacht ist nur scheinbar. Solange die Beregnung stattfindet, können keine Pilzsporen auf dem Laub keimen bzw. werden sie sofort abgespült, und mit beginnendem Tag trocknet das Laub sehr schnell wieder ab.

Zur Pflege der Rosen gehört die laufende Beseitigung der entstehenden sogenannten Unterlagentriebe. Diese entwickeln sich aus dem Wurzelhals oder den Wurzeln der Unterlage. Sie fallen durch ihre starke Wüchsigkeit, von der Edelsorte abweichende Triebfarbe, Bestachelung, Laubgröße, Anzahl der Fiederblätter oder Laubfarbe auf. Sie nehmen der Edelsorte Nährstoffe, die sie zu ihrer vollen Entwicklung braucht, und können, wenn sie nicht entfernt werden, die Sorte eines Tages vollkommen unterdrücken. Für ihre Beseitigung ist es zuerst nötig, die Entstehungsstelle freizulegen. Stammen sie vom Wurzelhals, ist noch recht schnell heranzukommen. Entwickeln sie sich aus den Wurzeln, muß man sich mit dem Handspaten vorsichtig Platz machen, ohne andere Wurzeln dabei zu verletzen. Danach werden diese Triebe an ihrer Entstehungsstelle sauber abgeschnitten. Wer glaubt, mit dem Abschneiden an der Erdoberfläche Ruhe zu haben, täuscht sich. Nach kurzer Zeit kommen an der gleichen Stelle nicht ein, sondern drei oder vier oder noch mehr solche Triebe zum Vorschein, und jetzt wird das Beseitigen schon wesentlich schwerer, weil sich der stehengebliebene Stumpf nicht nur verzweigt, sondern auch erheblich verdickt hat.

Bei den Teehybriden- und Beetrosensorten ist das Erkennen der Wildtriebe im allgemeinen kein Problem. Schwieriger wird das schon bei einigen Kletter- und Strauchrosensorten. Hier muß man teilweise sehr genau hinsehen, um die Unterschiede im Laub und Trieb zu bemerken und die Wildtriebe rechtzeitig zu finden. Bei einiger Übung gelingt das auch. Vor allem bei den einmalblühenden Sorten ist genau aufzupassen, weil sonst bis zum folgenden Jahr die Wildtriebe stärker als die Sorte sein können und plötzlich statt der erwarteten Sorte die Unterlage als einfache weiße oder rosa Wildrose blüht.

Auch bei Stammrosen treten Wildtriebe auf. Dabei ist zu beachten, daß hier nur die Krone „echt" ist. Alle am Stamm auftretenden Austriebe müssen möglichst frühzeitig entfernt werden. Sind diese jung, genügt ein einfaches Abstreifen, später, wenn die Unterlagentriebe schon größer und verholzt sind, muß mit dem Messer gearbeitet werden. Eine weitere Pflegemaßnahme ist das fortlaufende Entfernen abgeblühter Blüten und Blütenstände. Viele Beetrosensorten sind heute bereits so weit durchgezüchtet, daß sie sich nach dem Verblühen selbst putzen, d. h. die Blütenblätter abwerfen. Bei vielen Teehybridensorten und auch einer Anzahl Beetrosen bleiben die Blütenblätter jedoch hängen und bieten dann keinen schönen Anblick. Dann muß man etwas nachhelfen. Auch bei Sorten, die einen starken Hagebuttenansatz aufweisen, ist das Ausschneiden nötig. Wenn Hagebutten angesetzt werden, geht ein großer Teil der Kraft der Pflanzen dorthin und fehlt natürlich für den neuen Durchtrieb und neue Blüten. Beim Ausschneiden der verblühten Blumen wird nun nicht etwa der ganze Trieb entfernt. Es würde viel zu lange dauern, bis sich neue entwickelt hätten, außerdem würde der Pflanze mit den Blättern ein großer Teil ihrer Assimilationsfläche genommen. Mit der Blüte wird der Pflanze nur ein Teil vom Trieb, und zwar ein Stück mit dem ersten oder zweiten voll entwickelten Blatt unter der Blüte genommen. So wird ein schneller Neuaustrieb und ein baldiger Flor erreicht. Zusätzlich kann der Austrieb gefördert werden, wenn nach dem Entfernen der Blüte das oberste Blatt einschließlich Blattstiel sauber abgetrennt wird, ohne das Auge dabei zu beschädigen. Vom Blatt geht eine gewisse Hemmwirkung aus, die damit aufgehoben wird.

In welch starkem Maße der Rosenfreund den Blühverlauf seines Rosenbeetes beeinflussen kann, sei an folgenden Zahlen verdeutlicht. Bei guten Wachstumsbedingungen wurden die abgeblühten Blüten mit unterschiedlicher Stiellänge entfernt. Beim Wegschneiden von 2 Laubblättern entwickelte sich die nächste Blüte innerhalb von 3 Wochen. Wurden 4 Laubblätter mit der Blüte entfernt, dauerte die Zeit bereits rund 6 Wochen, und wurde der halbe Trieb mit weggeschnitten, wie es leider noch manchmal empfohlen wird, brauchten die Pflanzen 8 Wochen bis zur nächsten Blüte. Dies sollte man sich vor Augen halten, wenn es um Entnahme von Schnittblumen mit möglichst langen Stielen geht.

Stets ist auf Krankheiten und Schädlinge zu achten. Die erste Vorbeugungsmaßnahme gegen Krankheit ist die Wahl eines Standorts, der der Rose alles bietet, um gut wachsen und blühen zu können, dazu ausreichend Nährstoffe und Wasser. Jeder Faktor, der die Pflanze schwächen kann, setzt auch meist die Widerstandsfähigkeit gegenüber Krankheiten herab. In jedem Fall empfiehlt es sich, bereits rechtzeitig und regelmäßig gegen die wichtigsten Krankheiten, Sternrußtau und Echten Mehltau, und gegen schädigende Insekten vorzugehen, zumindest aber eine „Gartenapotheke" der wichtigsten Pflanzenschutzmittel zu haben.

Im Kapitel über Krankheiten und Schädlinge sind die wichtigsten Feinde der Rose mit ihren Schadbildern zusammengestellt und jeweils einige Bekämpfungsmöglichkeiten angegeben.

Winterschutz

Im Spätherbst tritt die Frage des Winterschutzes an den Rosenfreund heran. Wenn auch die Züchter in den letzten Jahrzehnten in ihrem Bemühen um die Winterhärte der Rose große Fortschritte verbuchen konnten, ist ein Verzicht auf Schutzmaßnahmen unter unseren klimatischen Verhältnissen noch nicht möglich. Bei diesem Problem geht es keineswegs nur um die Folgen tiefer Temperaturen. Ganz im Gegenteil, nicht selten überstehen Rosen in Gebieten mit starken Wintern die kalte Jahreszeit besser als in Gebieten mit milderen Temperaturen. Die Problematik wird noch schwieriger, wenn man sich vor Augen hält, daß die Rose aus zwei Pflanzen – der Unterlage und der Edelsorte – besteht und die Winterfestigkeit beider eine Rolle spielt. Was nützt es, wenn die Edelsorte überlebt und die Unterlage erfriert oder umgekehrt. Beide, die Kombination beider, muß durch den Winter kommen. Es ist scheinbar ganz aussichtslos, in diese Angelegenheit Licht zu bringen, wenn man Untersuchungsergebnisse sieht, bei denen die überall als recht frostempfindliche Unterlage bekannte *Rosa multiflora* ausgerechnet bei Frostversuchen etliche Minusgrade mehr vertrug als eine ganze Anzahl von Edelsorten.

Diese Problematik wird erkennbar, wenn man sich von der Vorstellung löst, daß Winter nur mit Kälte zu tun haben. Die Winterhärte umfaßt eine ganze Reihe von Faktoren. Es beginnt mit dem Ausreifen im Herbst. Nur Pflanzen, die rechtzeitig mit dem Wachstum abschließen und festes Gewebe ausbilden können, werden nicht schon vom ersten starken Frost geschädigt. *Rosa multiflora* hat eine lange Vegetationszeit und kommt deshalb wahrscheinlich im Herbst nicht rechtzeitig zur Ruhe, und im Frühjahr ist sie zu zeitig wieder aktiv, so daß hierin die Ursache für Ausfälle durch Früh- oder Spätfröste zu suchen ist, weniger in niedrigen Temperaturen allein. Die Temperaturen allein sagen also noch nichts über die Frostgefährdung aus. Ein starker Barfrost, also ohne Schnee, hat viel schlimmere Wirkung als ein ebenso starker bei geringer Schneedecke, und sei sie nur 1 bis 2 cm hoch. Eine solche Schneeschicht isoliert und „hält warm". Es kommt dann zwar an der Schneegrenze häufig zu Schäden, aber darunter bleiben die Pflanzen gesund, und sie können im Frühjahr neu austreiben.

Nicht selten treten im Spätwinter schon Perioden mit relativ hohen Temperaturen auf, die dazu führen können, daß die Rosen ihre Ruheperiode beenden. Das wird äußerlich nicht sichtbar, denn der Austrieb folgt erst viel später. Treten nun plötzlich wieder stärkere Fröste auf, kommt es zu großen Ausfällen. Ebenso gefährlich sind im Spätwinter die großen Temperaturdifferenzen, die dadurch entstehen, daß die Sonne höher steht und die Pflanzen durch die Strahlung erwärmt werden, während in der Nacht der Kaltlufteinfluß aber noch ungebrochen ist. Kommt dazu noch Wind, wird es für die Rosen gefährlich. Denn Sonne und Wind entziehen den oberirdischen Teilen der Pflanze Wasser. Der Boden ist aber noch gefroren, und die Wurzeln können kein Wasser aufnehmen. Die Folge ist, daß die Rosen vertrocknen. Trei-

ben sie im Frühjahr nicht aus, meint mancher, sie seien erfroren; tatsächlich sind sie aber vertrocknet.

Es ist also nicht richtig, die Begriffe *Winterhärte* und *Frostresistenz* nur auf die Temperatur zu beziehen, und es ist kaum sinnvoll, wenn Temperaturen als Schadgrenze für einzelne Sorten angegeben werden. Eine Sorte kann an einem Standort unter bestimmten Bedingungen sicher solche angegebenen Temperaturen überstehen, unter anderen Bedingungen verträgt sie vielleicht viel niedrigere, oder aber sie wird schon bei wenigen Minusgraden geschädigt. Man muß von der Pflanze ausgehend mindestens drei Faktoren unterscheiden: Die *Frühfrostfestigkeit* kennzeichnet das Vermögen der Pflanze, schnell abzuhärten bzw. auch ohne besondere vorbereitende Abhärtung die ersten Fröste zu überstehen; die *Winterfrostfestigkeit* sagt aus, in welchem Maße Pflanzen im Ruhezustand tiefe Temperaturen vertragen, sie ist also mit der Winterhärte identisch, und schließlich die *Stabilität der Frosthärte,* welche darüber Auskunft gibt, wie die Pflanzen ihre gewonnene Härte auch bei wechselhafter Witterung, also bei zwischenzeitlichen Wärmeperioden bewahren. In gebirgigen Lagen oder unter kontinentalem Klimaeinfluß kommt es vor allem auf die Winterhärte an, in den Gebieten mit stark wechselnden Witterungsperioden auf die Frühfrostfestigkeit und ganz besonders die Stabilität der Frosthärte. 'Super Star' als viel verwendete Teehybride ist recht empfindlich, ganz besonders stark ist sie durch Frühfröste gefährdet, sogar noch stärker als die als relativ frostempfindlich bekannte gelbe 'Spek's Yellow'. Bei Kenntnis derartiger Sorteneigenheiten kann man sehr gut spezielle Empfehlungen für alle klimatischen Bedingungen ableiten.

Betrachten wir nun die verschiedenen Maßnahmen, die uns helfen, die Rosen gut über den Winter zu bringen. Sie setzen schon bei der Pflanzung ein. Indem wir die Veredlungsstelle einige Zentimeter unter die Erdoberfläche bringen, sind die unteren Augen stärkerem Frost und Temperaturschwankungen entzogen, und selbst wenn oberirdisch alles erfroren ist, kann der Durchtrieb wieder von unten her erfolgen. Es gibt Rosenfreunde, die ihre Rosen entsprechend tief gepflanzt haben und seit vielen Jahren nicht anhäufeln, sie haben keine größeren Schäden gehabt. Diese Methode mag in einigen Gebieten Erfolg bringen, in anderen kann sie jedoch zu Fehlschlägen führen; sie kann also nicht allgemein empfohlen werden.

Die weitere Vorbereitung auf den Winter liegt in der Kulturführung. Rechtzeitiges Beenden der Düngung, verminderte Stickstoff- und betonte Kalium-Gaben erhöhen die Frostresistenz. Im Versuch wurde eine Rosensorte unterschiedlich mit Stickstoff gedüngt, einmal rechtzeitig beendet und einmal sehr hohe Gaben und über den normalen Zeitpunkt hinaus. Bei −15 °C erfroren von den normal gedüngten Pflanzen 20 %, von den zu stark und spät gedüngten 50 %.

Im Spätsommer sollte auch nur noch wenig oder besser gar nicht mehr geschnitten werden. Denn der folgende Neuaustrieb kann nicht mehr rechtzeitig ausreifen und erfriert.

Schließlich spielt auch der Pflanzenschutz eine erhebliche Rolle beim Erreichen einer möglichst hohen Frostresistenz. Wie stark sich das fehlende Laub, z. B. durch vorzeitigen Blattfall infolge Sternrußtaubefalls, auf Frostschäden auswirken kann, verdeutlicht dieses Beispiel: In dem oben bereits zitierten Versuch, bei dem gesunde Pflanzen bei −15 °C zu 20 % erfroren, betrug der Ausfall von Pflanzen, die bereits im August kahl waren, 87 %, bei solchen, die im September entlaubt waren, immer noch 37 %! Hier zeigt sich der Wert gesunder Pflanzen und die positive Wirkung von Pflanzenschutzmaßnahmen.

Für den unmittelbaren Winterschutz werden die Buschrosen im Spätherbst angehäufelt. Das darf keinesfalls zu früh erfolgen; die Rosen sollen erst etwas abgehärtet sein und einige Minusgrade hinter sich haben. Vor November wird nicht angehäufelt, dann aber jedenfalls vor dem Eintritt starken Frostwetters. Beim Anhäufeln wird die Erde zwischen den Pflanzen zu den Rosen hingezogen, ohne daß dabei die Wurzeln freigelegt oder gar beschädigt werden. Ist die Pflanzung so dicht, daß nicht genügend Erde zur Verfügung steht, kann zum Anhäufeln auch Torf oder Komposterde verwendet werden.

Deckreisig kann ebenfalls gute Dienste tun. Hierbei muß aber vor einem Zuviel gewarnt werden. Wer es zu gut meint, erlebt Enttäuschungen. Eine zu dicke und dichte Schicht Reisig, auch Stroh oder Schilf, schließt die Luftzufuhr ab, und die Triebe beginnen zu faulen. Außerdem können die Mäuse in einen solchen Unterschlupf ziehen und die Rinde der Rosentriebe abfressen, so daß die Pflanzen eingehen.

Etwas mehr Aufwand erfordert der Winterschutz von Stammrosen. Sie sind frostempfindlicher als die Buschrosen. Der beste Winterschutz wird durch das Niederlegen erreicht. Bereits beim Pflanzen war darauf geachtet worden, in welche Richtung der Stamm umgelegt werden soll. Um das Umlegen zu erleichtern, wird der Stamm an der Seite, nach der er umgelegt werden soll, vorsichtig bis zur Wurzel freigegraben.

Danach wird der Stamm vom Stützpfahl gelöst, und die vorhandenen weichen Triebe und Knospen werden weggeschnitten, weil sie sonst faulen würden. Dann wird die Krone bis zum Boden gebogen. Dabei ist immer auf die Zapfenstelle am Wurzelhals zu achten. Der Stamm darf nur über die Schnittstelle gebogen werden. Wird er von ihr fortgedrückt, bricht er sehr leicht aus. Das Biegen läßt sich erleichtern, indem man dabei gleichzeitig am Stamm zieht, allerdings nicht so stark, daß der Stamm gleich aus der Erde gerissen wird. Schließlich wird der Stamm mit einer Astgabel festgesteckt, so daß er flach am Boden bleibt, und Krone und Stamm werden mit Erde bedeckt. Ab und zu kann man auch sehen, daß für die Krone ein Loch gegraben ist, in das sie dann hineingedrückt wird, und die ausgehobene Erde wird zum Bedecken genommen. Das ist falsch, weil hier das Schmelz- und Regenwasser nicht genügend abziehen kann und die Gefahr der Fäulnis an den Trieben erhöht wird.

Nun mag mancher Leser sagen: Der Winterschutz nach dieser Methode läßt sich vielleicht in den ersten Jahren nach der Pflanzung durchführen, mit der Zeit wird der Stamm aber stark und weniger elastisch, was dann? Solange es möglich ist, soll wenigstens die Krone bis zum Boden gebogen und mit Erde bedeckt werden. Der Stamm bei älteren Pflanzen, der dann einen großen Bogen bildet, läßt sich nicht mehr zum Boden drücken. Er muß aber auch einen Winterschutz erhalten. Am besten wird er mit Fichtenreisig, Schilf oder Stroh eingebunden. Ganz alte Stämme vertragen auch das Biegen nicht mehr. Sie müssen stehend über den Winter kommen. Natürlich werden Stamm und Krone mit dem genannten Material eingebunden. Vorher möchte aber geprüft werden, ob der Stützpfahl kräftig und nicht etwa schon morsch ist. Denn im Winter muß der Stamm die auf dem Schutzmantel ruhende Schneelast tragen.

Manche Rosenfreunde glauben, in den großen

Foliesäcken eine ideale Überwinterungsmöglichkeit für die Stammrosen gefunden zu haben. Die Arbeit damit ist ja auch so bequem: Der Sack wird über die Krone gezogen und zugebunden. Bei aller Wertschätzung der Kunststoffe, hier sind sie doch nicht am rechten Platz. Die Rosenfreunde merken es im nächsten Frühjahr, wenn unter dem Foliesack nur noch die abgestorbene Krone zum Vorschein kommt. Hat diese aber überlebt, dann kann man wohl kaum behaupten, daß es auf Grund des Winterschutzes geschah. Die Folie ist für unseren Zweck in mehrfacher Hinsicht ungeeignet. Vor allem hat sie ein sehr geringes Wärmehaltevermögen. Folie wirkt nicht, wie etwa Glas, ausstrahlungshemmend. Außerdem schließen die Säcke die Kronen für mindestens 4 Monate weitgehend von der Außenluft ab. Die Pflanzen brauchen aber den Luftaustausch. Denn trotz der Ruheperiode arbeiten sie etwas. Die größte Belastung der Pflanze kommt aber im Spätwinter. Die kräftiger werdende Sonne scheint auf die Folie, und im Sack bildet sich ein regelrechtes Gewächshausklima. Die Folge ist, daß die Rosen mit dem Austrieb beginnen. Dazu fehlt ihnen aber das nötige Wasser und der Nachschub an Nährstoffen; denn der Boden ist noch gefroren. Eine Pflanze, die ihre Ruheperiode beendet hat, ist aber viel weniger frosthart. Die Folge ist, daß die Rosen vertrocknen oder in den kalten Nächten erfrieren; die Folienhaube hat also mehr geschadet als genützt. Der vernünftige Rosenfreund wird sich deshalb vor solchen lebensgefährlichen Experimenten hüten.

Ist der Winter vorbei, muß man an das Entfernen des Winterschutzes denken. Der Termin ist dabei von großer Wichtigkeit. Denn wird der Schutz zu zeitig entfernt, können Spätfröste schwere Schäden verursachen; wird er zu lange belassen, treiben die Pflanzen schon, und die frischen Austriebe werden mit abgebrochen. Der Winterschutz wird deshalb entfernt, sobald keine starken Fröste mehr zu erwarten sind; das wird meist etwa Ende März sein. Wie beim Abhäufeln nach der Pflanzung wird dazu ein möglichst trüber Tag gewählt, denn die Triebe stellen sich nur langsam um.

Das Abhäufeln muß sehr vorsichtig geschehen, damit keine Triebe abbrechen. Die Stammrosen werden am besten erst einige Tage später wieder angebunden, so kann sich der Stamm erst einmal in halber Höhe halten und wird nicht gleich in die senkrechte Richtung gezwängt.

Schnittmaßnahmen

Nach dem Abhäufeln werden die Rosen zurückgeschnitten. Viele Rosenfreunde fühlen sich bei dieser Arbeit nicht sicher, sie glauben, die Aufgabe nicht fehlerfrei lösen zu können. Die Ursache hierfür liegt in der verwirrenden Darstellung dieser Arbeit in der älteren Literatur.

Die Folgen unsachgemäßen Schnittes werden in einem Buch aus dem Jahre 1847 beklagt: „Daher wird auch nicht wohl eine andere Blume so vielfältig rücksichtslos und schonungslos behandelt, so ganz gegen alle gesunden Regeln zur langsamen Schwindsucht verdammt oder oft gar schnell gemordet, wenigstens verkrüppelt."

Über die Notwendigkeit des regelmäßigen Schnittes besteht wohl kaum ein Zweifel. Denn nur die geschnittenen Rosen können kräftigen Wuchs und gut entwickelte Blüten hervorbringen.

Die Durchführung des Pflanzschnittes war schon bei den Pflanzarbeiten erörtert worden. Wir brauchen hier also nur den jährlichen Rückschnitt zu beschreiben. Bei diesem Rückschnitt sind die Besonderheiten der Rosenklassen, die Wirkung des Eingriffs und auch der Zweck, den die Rose erfüllen soll, zu beachten. Keineswegs ist es so, daß die Rosen jedes Jahr und in jedem Falle sehr stark zurückgeschnitten werden müssen. Mit einigen wenigen Grundregeln beherrschen wir den Schnitt und seine Wirkung.

Starker Rückschnitt bewirkt, daß aus den wenigen verbleibenden Augen wenige, starke und lange Triebe entstehen.

Schwacher Rückschnitt bewirkt den Austrieb zahlreicher, dafür aber schwächerer und kürzerer Triebe.

Voraussetzung für schwachen Rückschnitt ist allerdings, daß der Frost einen genügend langen Trieb übriggelassen hat.

Beim Schnitt ist deshalb zuerst alles alte, erfrorene und abgestorbene Holz bis zum Ansatz zu entfernen.

Triebe, die nur teilweise erfroren sind, werden mindestens bis ins gesunde Holz zurückgeschnitten. Das liegt oft weiter zurück als es scheint. Nur wenn die Rinde grün und Holz und Mark weiß oder weißlichgrün sind, ist weit genug zurückgeschnitten worden. Oft erscheint der Trieb äußerlich gesund, das Mark aber ist bräunlich. Manchmal kommt es an solchen Stellen sogar noch zu einem Austrieb. Dieser geht jedoch bald ein.

Nach der Beseitigung des toten Holzes ist der Busch oft schon wesentlich lichter geworden. Bei älteren Rosen jedoch bleiben meist noch stark verzweigte Pflanzen übrig. Als nächstes werden deshalb alle schwachen Triebe entfernt oder, wenn die Pflanze nicht viele Triebe aufweist, sehr stark zurückgeschnitten, um sie zu kräftigerem Austrieb anzuregen. Sind dann immer noch zu viele Triebe vorhanden, wird die Anzahl der starken Triebe vermindert, wobei vor allem solche entfernt werden, die in die Mitte der Pflanze wachsen und einen gleichmäßigen Aufbau beeinträchtigen könnten. Wichtig ist, daß das Grundgerüst, also die aus dem Wurzelhals entspringenden Triebe erhalten bleiben. Die verbleibenden Triebe werden nun entsprechend der gewünschten Verwendung zurückgeschnitten.

Bei den einzelnen Rosenklassen sind hierbei einige Besonderheiten zu beachten.

Teehybriden werden im allgemeinen auf 3 bis 6 Augen zurückgeschnitten. Sollen die Pflanzen für den Blumenschnitt genutzt werden, erfolgt der Rückschnitt auf 3 bis 4 Augen. Bei günstigen Standortverhältnissen ist es aber möglich, die Pflanzen auch für die Schnittblumengewinnung höher aufzubauen.

Beetrosen stehen meist in Gruppen zusammen. Daraus ergibt sich, daß zumindest die Pflanzen einer Sorte auf gleiche Höhe geschnitten werden, um zur Blütezeit ein einheitliches Bild zu haben. Sie werden auf 3 bis 6 Augen zurückgeschnitten. Starkwüchsige Sorten läßt man länger, die dünn- und vieltriebigen Sorten werden dagegen kurz geschnitten. Aber auch hier können mehr oder weniger Augen belassen werden. So wirken einzeln stehende Pflanzen vielleicht bei einem höheren Aufbau besser, es können dann 6 bis 8 Augen belassen werden. In solchen Fällen können sich bei den entsprechenden Sorten Büsche von 1 m Höhe oder noch mehr entwickeln.

Bei den Kletterrosen werden häufig Fehler gemacht. Einen Rückschnitt wie bei den Teehybriden und Beetrosen gibt es hier nicht. Die einmalblühenden Sorten bilden ihre Blüten erst an Kurztrieben, die sich an den vorjährigen Langtrieben bilden. Häufig kann man erleben, daß in Unkenntnis dieser Eigenschaft, auf Grund derer die Sorten erst im zweiten Jahr nach der Pflanzung blühen können, viel zuviel

geschnitten wird. Weil sie im ersten Jahr nicht geblüht haben, schneidet sie der Unerfahrene wieder zurück und hofft, daß es nun klappen möge. Er ahnt nicht, daß er der Pflanze die Voraussetzung für die Blüte im nächsten Jahr genommen hat. Deshalb: Schere weg von den Langtrieben! Nur altes, abgetragenes Holz, tote und zu dünne Triebe werden entfernt, alles andere bleibt. Die öfterblühenden Sorten einschließlich der Climbing-Sporte werden ebenfalls nur wenig geschnitten. Neben der Entfernung des alten und erfrorenen Holzes werden nur die Triebspitzen bis zu den obersten voll entwickelten Augen weggenommen.

Ähnlich sind die Verhältnisse bei den Strauchrosen. Die einmalblühenden Sorten blühen am vor- und mehrjährigen Holz. Deshalb darf auch hier nur abgestorbenes und altes Holz entfernt werden, wenn man sich nicht um den Blütenflor bringen will. Die öfterblühenden Sorten, besonders aus der Gruppe der Lambertiana, können etwa um ein Drittel der Trieblänge zurückgesetzt werden.

Zwergrosen werden ganz kurz zurückgeschnitten, um sie zu kräftigem Neuaustrieb anzuregen.

Für Stammrosen werden meistens Teehybridensorten verwendet. Im Prinzip gelten hier dieselben Regeln wie dort, nur wird der Schnitt etwas schärfer durchgeführt, um eine zu große Ausdehnung und ein zu großes Gewicht der Krone zu vermeiden, denn zu schwer geworden, kann sie leicht abbrechen! Bei den Hänge- oder Trauerrosenstämmen gilt dasselbe wie für Kletterrosen. Besondere Aufmerksamkeit ist hier aber dem rechtzeitigen Auslichten zu widmen, damit die Krone nicht zu gewaltig wird und das elegante Aussehen erhalten bleibt.

Bei allen Rosen ist beim Rückschnitt darauf zu achten, daß das oberste verbleibende Auge nach außen zeigt. So entwickelt sich beim Austrieb ein lichter, lockerer Busch. Andernfalls würden die Triebe zur Mitte wachsen, sich gegenseitig das Licht nehmen und so auch keinen schönen Anblick bieten.

Noch eine weitere Besonderheit ist beim Rosenschnitt zu beachten. Im Gegensatz zu anderen Gehölzen, bei denen der Schnitt kurz über dem Auge durchgeführt wird, muß beim Rückschnitt der Rosen ein Stück Holz über dem Auge, mindestens 5 mm, stehenbleiben. Denn nach dem Schnitt trocknet der Trieb von der Schnittfläche her immer noch etwas zurück. Wird der Schnitt direkt über dem Auge ausgeführt, leidet dieses oder stirbt ab.

Zum Schluß wäre noch der richtige Zeitpunkt des Rückschnittes zu behandeln. Es ist natürlich verlockend, im Herbst zu schneiden, bevor der Winterschutz an die Reihe kommt. Die Folge wäre aber, daß der Frost in die frischen Schnittstellen eindringen könnte und die Triebe noch leichter zurückfrieren, wenn nicht gar vollständig erfrieren würden. Das Nachschneiden im Frühjahr wäre nicht zu vermeiden.

Gibt es keinen Winterschaden, treiben im Herbst zurückgeschnittene Rosen frühzeitig aus und sind dann stark spätfrostgefährdet. Wie sich Herbst- und Frühjahrsschnitt auswirkten, bewies ein Vergleich. Traten im Frühjahr keine Kälterückschläge ein, begannen die im Herbst geschnittenen Rosen etwa 5 Tage vor den im Frühjahr geschnittenen zu blühen. Aber nur unter diesen Voraussetzungen. Die Schädigung durch Spätfröste verzögerte dagegen die Blüte bei Herbstschnitt um 17 Tage, bei Frühjahrsschnitt um nur 2 Tage, so daß die im Frühjahr geschnittenen Rosen insgesamt zeitiger blühten.

Dazu kam, daß die im Herbst geschnittenen Rosen nur etwa 60 % der Blüten hervorbrachten, die sich bei Frühjahrsschnitt entwickelten. Man nimmt also besser die Behinderung durch die Triebe beim Anhäufeln auf sich und wartet mit dem Schnitt bis zum Frühjahr. War der Wuchs allerdings so stark, daß ein Hantieren zwischen den Pflanzen praktisch unmöglich wird, ist ein Zurückschneiden der längsten Triebe im Herbst auf ein erträgliches Maß unumgänglich.

Der richtige Zeitpunkt für den Frühjahrsrückschnitt liegt im allgemeinen in der zweiten Märzhälfte, wenn die Rosen abgehäufelt sind, aber noch bevor die Augen austreiben. Keinesfalls sollte der Rückschnitt bis nach Mitte April verschoben werden. Denn dann sind die Pflanzen schon sehr weit entwickelt, und der Rückschnitt würde zu einer wesentlichen Verzögerung der Entwicklung führen.

Wir sehen also, daß der Rückschnitt von jedem Rosenfreund fehlerfrei ausgeführt werden kann. Er muß nur um die Wirkung des Schnittes wissen, den Zweck beachten und mit Einfühlungsvermögen ans Werk gehen.

Rosenzüchtung

Züchtungsgeschichte

Heute gibt es eine kaum noch übersehbare Vielfalt an Rosenformen und -sorten, und eifrig streben die Züchter in aller Welt nach Neuem und noch Besserem. Ein Blick in die Geschichte läßt uns den Fortschritt und die Leistungen der Züchter ermessen.

Wir wissen, daß sich die Rose schon vor Millionen von Jahren zu entwickeln begann und daß der Mensch auf sie aufmerksam geworden sein mag. Es ist denkbar, daß er die Naturhybriden besonders beachtete und schließlich zu sich nahm und weiter kultivierte. Die rasche Entwicklung, die zu den heutigen Rosensorten führte, hat aber erst viel später begonnen. Viele vergangene Jahrhunderte brachten keine Fortschritte. So finden wir beispielsweise in einem um 1600 geschriebenen Kräuterbuch folgenden Satz:

„Der Teophrast ein Graecus Autor schreibet / Daß in Griechenlandt vmb die Stadt Philippi genant / ein art wachse / welche hundert Bletter hab."

Nach rund 1900 Jahren ist dieser Bericht also noch so aktuell gewesen, daß er in der Literatur zitiert wurde. Ein Zeichen auch, daß der Autor dieses Kräuterbuches eine solche Rose noch nicht zu Gesicht bekommen hatte. Aber selbst noch in den gärtnerischen Büchern des 17. Jahrhunderts und sogar des 18. Jahrhunderts werden bei der Aufzählung von Rosen meist nur Farben genannt und bestenfalls 50 bis 80 Sorten oder Formen aufgeführt. Um 1800 waren nur etwa 100 Rosensorten bekannt, die jedoch noch nicht aus bewußter Züchtungsarbeit stammten.

Immerhin muß man bedenken, daß die Vorgänge, die nach der Bestäubung stattfinden, nicht oder nur ungenügend bekannt waren. Noch vor reichlich 100 Jahren können wir dazu folgende, uns heute belustigende Erläuterung finden:

„Haben nun die Blumen ihre völlige Ausbildung erreicht und ihre Kronen dem Lichte erschlossen,
so reißt sich jener Staub der männlichen Geschlechtstheile, theils nach natürlichen Gesetzen von selbst, theils von äußerer Erschütterung veranlaßt, von seinen Trägern los, wird durch die Luft fortgeführt und von den feuchten Narben der Staubwege aufgenommen. Hier zerplatzen die einzelnen Kügelchen, aus welchen derselbe besteht; der sich dabei wahrscheinlich entwickelnde geistige Duft dringt durch den Hals (Griffel) nach dem untern Theile, welcher nachmals den Samenbehälter bilden soll, befruchtet da die vorhandenen Samenkörnchen und beendet hiermit das Begattungsgeschäft. Sobald dies geschehen, ziehen sich nach den befruchteten Theilen eine Menge Säfte hin, der Fruchtknoten schwillt an; indem alle Theile der Pflanze das Ihrige dazu beitragen (die Rinde, das einschließende Häutchen, das Bast, die fleischige Substanz und das Mark), die Samen selbst hervorzubringen, bildet sich die Frucht oder Samenkapsel, je nachdem sie, ihrer Beschaffenheit zufolge, einen oder den anderen Namen erhält."

Wir sehen, daß in diesem 1868 erschienenen Buch die Vorgänge bei der Befruchtung noch nicht wissenschaftlich erklärt werden können, ein „geistiger Duft" muß herhalten.

Die ersten einfachen Vererbungsregeln fand Gregor MENDEL zwar schon 1865, aber erst um 1900 wurden sie bekannt. Die Genetik ist also ein Kind unseres Jahrhunderts.

Bedenkt man, daß die theoretischen Kenntnisse fehlten, so erscheinen die züchterischen Leistungen vor 1900 in einem ganz anderen Licht, und wir müssen den Ergebnissen dieser Züchter Anerkennung zollen.

Obwohl weit über 100 Rosenarten bekannt sind, haben in der Züchtung bisher nur sehr wenige eine Rolle gespielt.

Bis zum 18. Jahrhundert können fast alle gefülltblühenden Rosen auf Formen von *Rosa gallica*, *Rosa × alba* und *Rosa damascena* zurückgeführt werden. Bis etwa um 1810 spielten diese die Hauptrolle. Die Formen der *Rosa gallica*, die als Essigrosen, Provins-Rosen oder Gallische Rosen bezeichnet werden, haben ranunkel-förmige bis schalenförmige rosa bis rote Blüten. Einige Formen wurden früher besonders für medizinische Zwecke kultiviert. Der Begriff Apothekerrose für die im 18. Jahrhundert vor allem südlich von Paris kultivierte *Rosa gallica officinalis* weist darauf hin.

Rosa × alba ist wahrscheinlich aus einer Kreuzung von *Rosa corymbifera* und *Rosa gallica* hervorgegangen. Aber auch eine Entstehung aus *Rosa damascena × Rosa canina* wird nicht ausgeschlossen. Die etwa 2 m hohen Büsche von *Rosa × alba* bringen im Juni gefüllte weiße Blüten.

Die Damaszenerrosen sind seit dem 16. Jahrhundert in Europa bekannt. Sie wurden als Kulturformen aus Kleinasien eingeführt. Unsicher sind Behauptungen, daß sie schon im 13. Jahrhundert durch Kreuzfahrer nach Frankreich kamen. Die Damaszenerrosen wachsen stark, haben lederartiges Laub und die Triebe sind meist stark mit großen, hakenförmigen Stacheln besetzt. Die Sorten sind rot, rosa oder weiß, teils auch gestreift, die Blüten nickend, die meisten duften, besonders im Verblühen. Es wird angenommen, daß sie auf einen Naturbastard von *Rosa gallica × Rosa phoenicia* und die zweimalblühenden auf *Rosa gallica × Rosa moschata* zurückgehen.

Unter den alten Rosenklassen müssen auch noch die ebenfalls aus dem Orient als kultivierte Form eingeführten Zentifolien *(Rosa centifolia)*, auch Provence-Rosen oder Kohlrosen genannt, erwähnt werden. Sie entstanden wahrscheinlich als Kulturform.

Der Wuchs ist strauchartig mit meist überhängenden Trieben. Die überwiegend rosa Blüten – das Farbspiel reicht von Weiß bis Dunkelrot – sind stark gefüllt, ballförmig, die Mitte ist vertieft. Man nimmt an, daß auch diese Art bereits ein Bastard, und zwar aus *Rosa gallica, Rosa moschata, Rosa phoenicia* und *Rosa canina* ist.

Eine Mutation der Zentifolie sind die sogenannten Moosrosen *(Rosa centifolia* var. *muscosa)*. Bei ihnen sind die Kelchblätter und der obere Teil des Blütenstieles dicht mit drüsenartigen Haaren besetzt, so daß diese wie bemoost erscheinen. Sie waren bereits 1696 in Südfrankreich in Kultur, dann erschien 1801 in England die 'Moss des Meaux' als Sport der rosafarbenen 'Rose de Meaux' (Sweet 1789) und 1843 die 'Unique Moss' von ROBERT als Sport der reinweißen 'Unique Blanche', die seit 1775 bekannt

war. Schon seit 1724 soll die reine Varietät *Rosa damascena* var. *muscosa* in England kultiviert worden sein. Vor allem in England und Frankreich waren die Moosrosensorten beliebt, in Deutschland hat besonders die weiße 'Blanche Moreau' (Moreau-Robert 1880) längere Zeit als Strauchrose eine gewisse Bedeutung gehabt.

Der eigentliche Beginn der Entwicklung unserer modernen Formen waren die Noisette-Rosen, Hybriden von *Rosa moschata* und *Rosa chinensis*, die 1802 in Amerika entstanden, 1814 nach Europa gebracht wurden und sich hier fast bis zum Ende des vergangenen Jahrhunderts halten konnten. Der Reisbauer John CHAMPNEY aus Charleston (Südkarolina) hatte diese beiden Arten miteinander gekreuzt und daraus die rosablühende 'Champney's Pink Cluster' erhalten, die 1811 in den Handel kam. Aus dieser rosa blühenden Sorte erzielte Philipp NOISETTE die weißrosa 'Blush Noisette' (1817), die dann als Noisetterose nach Frankreich kam. Die Noisetterosen *(Rosa × noisettiana)* haben meist einen starken bis kletternden Wuchs, sind jedoch gegenüber Witterungseinflüssen, vor allem Frost, sehr empfindlich. Ihre Farbskala reicht von Weiß bis Rosa und Gelblich; rote Farben sind nicht vorhanden. Viele haben für unsere Begriffe Wildrosencharakter. Sie entsprechen nicht mehr unseren Vorstellungen. Nach der Entstehung der Noisetterosen ging es im Verhältnis zur vorangegangenen Entwicklung nun rasch voran. Schlag auf Schlag entstanden neue Klassen, die heute allerdings längst wieder verschwunden sind, sich aber noch in den Stammbäumen unserer heutigen Sorten finden.

Im Jahre 1817 entstanden die Bourbon-Rosen *(Rosa × bourboniana)* aus *Rosa chinensis* ('Parson's Pink China' = 'Old Blush') und *Rosa damascena* var. *bifera*, zuerst ohne Zutun des Menschen. Der Direktor des Botanischen Gartens auf der Insel Réunion, die damals noch Ile de Bourbon hieß, fand diese Kreuzung zufällig und sandte Samen davon nach Frankreich, wo für die Nachkommen aus diesen Samen der Begriff Bourbonrosen entsprechend ihres Entstehungsortes geprägt wurde. Auch bei dieser Klasse ist der Wuchstyp nicht einheitlich, meist sind es stark wachsende bis kletternde Sorten mit überhängenden Trieben, die frostempfindlich sind, jedoch öfter blühen und stark gefüllte, flache bis rundliche Blüten haben.

Das Jahr 1820 war das Geburtsjahr der China-Hybriden oder Bengalrosen, auch Monatsrosen

genannt. Die eigentliche *Rosa chinensis semper-*
florens, auf die diese Klasse zurückgeht, ist
bereits 1733 erstmalig nach England gekommen.
Als Klasse mit verschiedenen Sorten wurde sie
aber erst 100 Jahre später bedeutsam. Die Sorten sind meist niedrig, haben gerade Triebe mit
grünem Holz und blühen mehrmals im Sommer
in rosa, roten und weißen Farben.

Die auch als *Rosa × odorata* bezeichneten
Teerosen kamen bereits als Kulturform aus
China, erstmalig 1752 nach Uppsala in Schweden, dann 1769 nach Kew in England. Eine rosablühende Form ('Hume's Blush') kam 1810,
eine gelbliche ('Park's Yellow Tea scented
China') 1824 nach England. Nach 1820 begann
die züchterische Arbeit mit Teerosen, vor allem
in Frankreich. Die ersten Teerosen waren für
die Züchtung kaum verwendbar, da sie weitgehend unfruchtbar waren. Erst ein Zufallssäm-
ling, die Sorte 'Devoniensis' (Forster 1838)
brachte hier eine Wende. Diese Sorte findet sich
daher auch in den meisten Stammbäumen unserer heutigen Teehybriden. Die Farbskala der
Teerosen umfaßt vor allem Weiß, Hellrosa bis
ins leicht Lachsrosa gehende und gelbliche
Töne. Die Blüten stehen meist zu zwei bis drei,
auch bis fünf zusammen. Bei vielen Sorten
hängt die Blüte über. Die heute nicht selten zu
hörende Ansicht, gelbe Rosensorten seien Teerosen, ist falsch. Einmal ist das gewünschte intensive Gelb bei den Teerosen überhaupt noch

nicht vorhanden — wir werden sehen, daß die
kräftiggelben Farben erst in unserem Jahrhundert in die Sorten gebracht werden konnten —,
zum anderen wären wohl alle, die heute eine
Teerose verlangen, entsetzt, wenn sie wirklich
eine solche bekämen. Die meisten echten Teerosen sind nämlich sehr wenig krankheitsresistent
und auch sehr frostempfindlich, da sie immer-
oder wintergrün sind, so daß es bei uns im Winter häufig starke Ausfälle gibt. Sie sind an sich
Kletterrosen mit langen, niederliegenden Trieben.

Mit der Entstehung der Teerosen war offensichtlich der Weg für die Entwicklung der modernen Rosenklassen noch nicht frei.

Erst einmal entstanden die im allgemeinen wesentlich wüchsigeren und öfterblühenden
Remontantrosen, die aus den China-Hybriden
und Bourbonrosen hervorgingen, aber auch andere Gruppen spielen mit hinein. Eine der ersten
Sorten dieser Klasse dürfte die rosafarbene 'La
Reine' von LAFFAY gewesen sein, die 1842 bekannt
wurde und als Grundform der Remontantrosen
gilt. Sorten dieser Klasse haben sich bis weit in
unser Jahrhundert halten können, es sei nur an
die weiße 'Frau Karl Druschki' (P. Lambert
1901) und die rote 'Fisher und Holmes' (E. Verdier 1865) erinnert, die sicher vielen älteren Ro-
senfreunden noch ein Begriff sind. Die meisten
Sorten waren jedoch recht empfindlich für Echten Mehltau und Rost. Ihre Bedeutung konnten

Die gedrungene Blütenform alter Rosenklassen mußte
der langgestreckten Form unserer modernen Sorten
(„Edelrosen") weichen.

43 'Muchacha', (Meilland 1977),
   Polyantha-Hybride

44

46

45

47

44 'Märchenland', (Tantau 1946),
Polyantha-Hybride

45 'Meteor', (W. Kordes' Söhne 1959),
Floribunda

46 'Nina Weibull', (Poulsen 1961),
Floribunda

47 'Nirvana', (Meilland 1977),
Floribunda

48

49

50

48 'Orange Sensation', (de Ruiter 1961),
   Floribunda
49 'Paprika', (Tantau 1958),
   Polyantha-Hybride

50 'Prince Igor', (Meilland 1970),
   Polyantha-Hybride

51

52

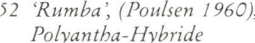

53

51 'Prominent', (W. Kordes' Söhne 1971),
   Floribunda

52 'Rumba', (Poulsen 1960),
   Polyantha-Hybride

53 'The Queen Elizabeth-Rose', (Lammerts 1954),
   Floribunda-Grandiflora

54 'Shocking Blue', (W. Kordes' Söhne 1975),
    Floribunda

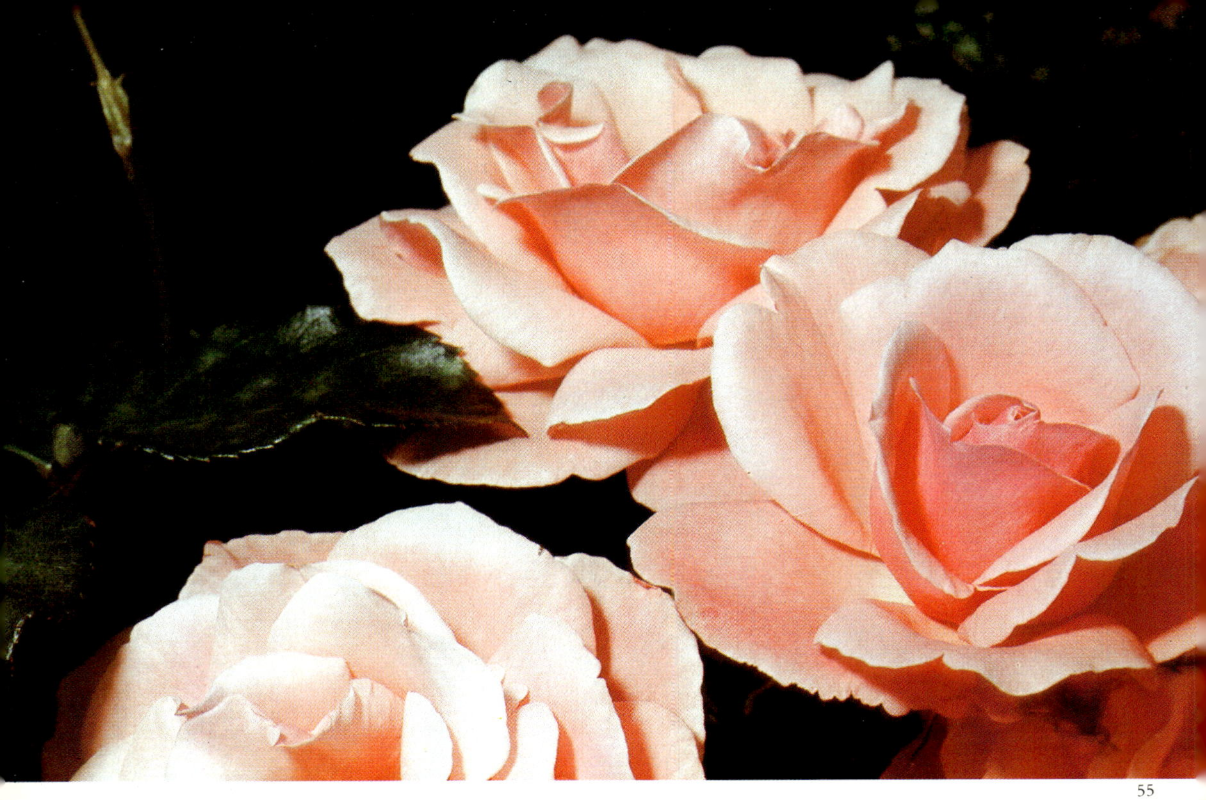

55

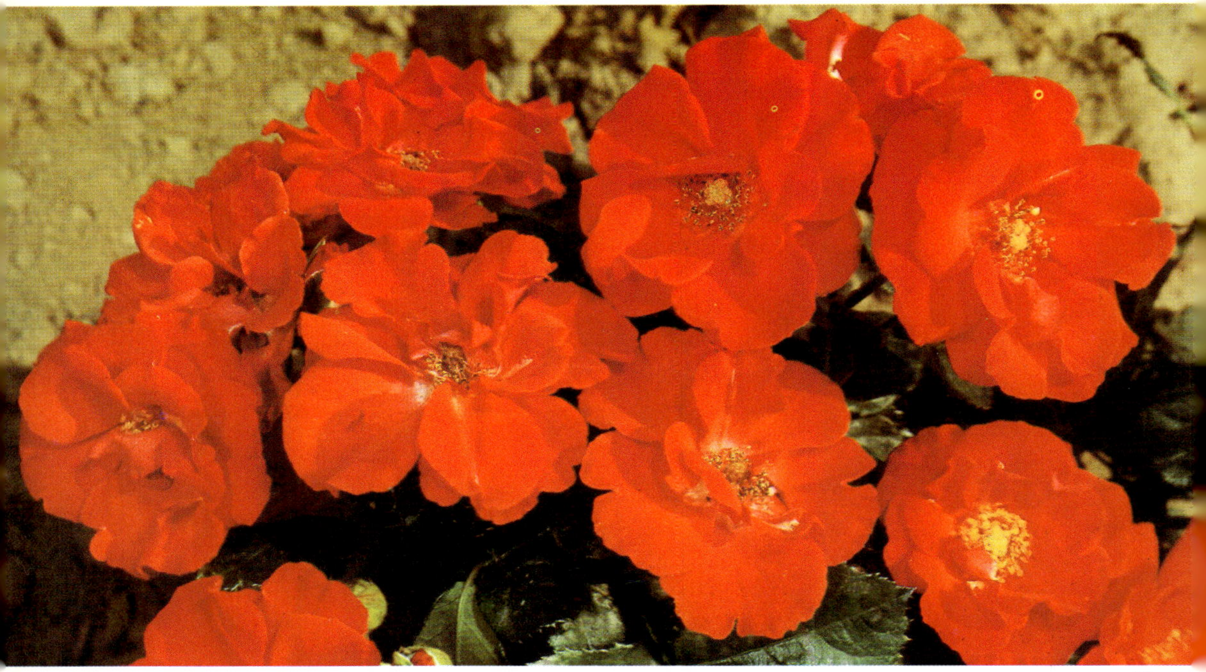

56

55 *'Sonia Meilland', (Meilland 1970), Floribunda*

56 *'Topsi', (Tantau 1971), Floribunda*

57 'Samba', (W. Kordes' Söhne 1964),
   Floribunda

58 'Tornado', (W. Kordes' Söhne 1973),
   Floribunda

59 'Vatertag', (Tantau 1959),
   Polyantha

60 'Träumerei', (W. Kordes' Söhne 1974),
   Floribunda

61 *'Yesterday', (Harkness 1974),*
Floribunda

sie so lange Zeit behaupten, weil sie als wertvolle Eigenschaften große Blüten, Reichblütigkeit und Härte aufwiesen.

Alle bisherigen Rosenklassen und die entsprechenden Sorten haben sich überlebt und werden nicht mehr kultiviert. Sie waren aber notwendig, und jede war ein Schritt auf dem langen Entwicklungsweg zu den Rosen, die wir heute kennen. Sie finden sich auch immer wieder als Vorfahren der modernen Sorten in deren Stammbaum wieder. Im Rosarium Sangershausen werden viele dieser alten Sorten noch erhalten und gepflegt.

Mit der Entstehung der Remontantrosen waren aber alle Voraussetzungen für die Entstehung der Teehybriden gegeben. Vor allem aus der Vereinigung von Teerosen und Remontantrosen entwickelten sich unsere Teehybriden. Sie vereinen in sich die edle Form der Teerosen und die Dauerblüte und Härte der Remontantrosen.

Als erste Teehybride wird meist die rosafarbene 'La France' des Züchters GUILLOT angesehen, die im Jahre 1867 in den Handel kam. Nach anderer Meinung haben als erste Teehybriden die beiden Sorten 'Lady Mary Fitzwilliam' und 'William Francis Bennet' des englischen Züchters Henry BENNET zu gelten, die 1882 bzw. 1884 in den Handel kamen. Heute steht jedenfalls fest, daß die beiden letztgenannten Sorten für die weitere Entwicklung von unschätzbarer Bedeutung waren, und es gibt kaum noch eine großblumige Sorte, unter deren Ahnen nicht eine der beiden Sorten zu finden ist. Die 'La France' hatte dagegen auf die spätere Züchtung kaum Einfluß. Die Entstehung der Teehybriden wird heute weiter zurückdatiert, und man sieht die 1815 in den Handel gekommene 'Brown's Superb Blush', eine einmalblühende und sterile Sorte aus 'Hume's Blush Tea scented China' und *Rosa gallica* als erste Teehybride an.

Der Wert von Neuheiten wird oft verkannt. Die neuen Teehybriden hielten selbst maßgebende Fachleute für wertlos und gaben ihnen keine Zukunft. Die weitere Entwicklung hat dieses Urteil nicht bestätigt. Mit der Geburt der Teehybriden war jedoch nicht der Name geprägt. Erst im Jahre 1893 wurde auf einer Ausstellung der Royal National Rose Society in England diese Bezeichnung verwendet.

Noch fehlten den Teehybriden aber die kräftiggelben, orange oder kupferfarbenen Töne. Die Voraussetzungen für diese Farben schuf der französische Züchter Josef PERNET-DUCHER. Er kreuzte nach vielen anderen erfolglosen Versuchen die Remontantrose 'Antoine Ducher' mit *Rosa foetida* var. *persiana* und erhielt davon im Jahre 1888 unter anderem einen anfangs nicht beachteten Sämling, der aber 1893 mit gefüllten, duftenden gelben Blüten die Aufmerksamkeit des Züchters erregte. Er brachte diese Rose im Jahre 1900 als 'Soleil d'Or' auf den Markt. Sie war Ausgangssorte der sogenannten Pernetiana-Rosen, die allerdings gegen Sternrußtau sehr anfällig waren. Diese Rosenklasse existiert heute nicht mehr, sie ist in den Teehybriden aufgegangen. Wir verdanken ihr aber einen großen Teil des umfangreichen Farbspiels unserer modernen Sorten, leider aber auch die Anfälligkeit mancher Sorten für Sternrußtau und außerdem die starke Bestachelung.

Hier ist ein Gedankensprung um einige Jahrzehnte zurück erforderlich, um auch die Geschichte der vielblütigen Rosen darzustellen.

In der zweiten Hälfte des 19. Jahrhunderts führten das Erbgut von *Rosa multiflora* und *Rosa chinensis*, wahrscheinlich sind auch die Teerosen beteiligt, zur Entstehung der Polyantharosen. Die 1875 in den Handel gekommene 'Ma Paquerette' dürfte die erste Sorte gewesen sein. Zu den ersten zählt auch 'Mignonette' (Guillot 1880), aus der über 'Gloire des Polyantha' (Guillot 1887) durch die Verbindung mit der aus Japan eingeführten 'Crimson Rambler' die Sorte 'Mme Norbert Levavasseur' (Levavasseur 1903) entstand. Sie ist im Stammbaum vieler Polyantharosen, Polyantha-Hybriden und Floribundarosen zu finden. Bei der Entwicklung der Polyantharosen und der späteren Polyantha-Hybriden müssen zwei Züchter genannt werden, die sich hierbei große Verdienste erworben haben: die Brüder Dines POULSEN und Svend POULSEN in Dänemark. Aus den Arbeiten von D. Poulsen ging unter anderem 1911 die wohl erste in großen Mengen vermehrte Polyantharose 'Rödhätte' hervor, die wieder Elternteil der später berühmten 'Joseph Guy' (Nonin 1921) war, welche teils noch heute bei älteren Menschen der Inbegriff der Polyantharose ist. Ein Sport von ihr, 'Frau Astrid Späth' (Späth 1930), findet sich noch heute im Angebot.

Durch Einkreuzen von Teehybriden entstanden um 1920 aus den Polyantharosen die Polyantha-Hybriden mit größeren Blüten. Die ersten Sorten dieser Klasse dürften 'Else Poulsen' und 'Kirsten Poulsen' (Svend Poulsen 1924) gewesen sein, die aus der Polyantharose 'Orleans

Rose' (Levavasseur 1909) und der Teehybride
'Red Star' (Verschuren 1918) hervorgingen.
Fortlaufende weitere Kreuzungen mit Teehybri-
den und auch Kletterrosen mit Teehybriden und
Lambertiana-Strauchrosen führten zu den immer noch an Bedeutung gewinnenden Floribundarosen. Dieser Begriff wurde im Jahre 1937
von NICOLAS geprägt. Durch diese vielfachen
Kreuzungen kommt auch der Duft in zahlreiche
vielblumige Sorten. An der Entwicklung dieser
Sorten hat der amerikanische Züchter Eugen S.
BOERNER großen Anteil gehabt.
Bei der Entwicklung der Floribundarosen sind
einige wichtige Sorten zu erwähnen. So ist die
Sorte 'Rosenmärchen' (Kordes 1940), die aus
der Strauchrose 'Eva' (Kordes 1933) und der
gelben Teehybride 'Duisberg' (Kordes 1933)
entstand, Ausgangspunkt für zahlreiche Polyantha-Hybriden und Floribundarosen geworden.
Auch 'Baby Château' (Kordes 1936), die ein El-
ter vieler Sorten ist, z. B. der ziegelroten 'Kordes' Sondermeldung' (Kordes 1950), wurde sehr
viel verwendet.
Die reinen Polyantha sind in den letzten Jahrzehnten stark in den Hintergrund getreten.
Durch die vielfältige Arbeit der Züchter in vielen Ländern sind die Übergänge zwischen Polyantha-Hybriden, Floribunda und den mit noch
größeren und edleren Blüten ausgestatteten Floribunda-Grandiflora sowie den Teehybriden so
verwischt, daß eine klare Trennung nicht mehr
möglich ist. Mehr und mehr zeichnet sich ab,
daß die Bemühungen der Züchter, die Vielblütigkeit der Polyantharosen mit der edlen Form
und der Blütenfüllung der Teehybriden zu vereinigen, Erfolg haben und diese neuen groß-
und vielblumigen Rosen in Zukunft große Bedeutung erlangen werden. Dabei hat es fast den
Anschein, als ob diese Entwicklung weniger auf
Kosten der vielblumigen Rosen als der Teehybriden, wie wir sie heute kennen, erfolgt.

Züchtung

Bisher ist laufend von der Züchtung und ihren
Ergebnissen die Rede gewesen, ohne daß gesagt
wurde, was unter diesem Begriff zu verstehen
ist. Aus den Ausführungen geht aber deutlich
hervor, daß jede züchterische Arbeit das Ziel
verfolgt, den Pflanzen, hier also den Rosen, die
Fähigkeit zu höherer Leistung zu geben, indem
ihre Eigenschaften, die im inneren Aufbau der

Pflanze begründet liegen, verbessert werden.
Das kann eine bessere oder neue Farbe, kräfti-
geres Wachstum, höhere Krankheitsresistenz
sein, um nur einige Beispiele zu nennen. Diese
Tätigkeit ist streng von der Anzucht zu trennen,
bei der es lediglich um die Vermehrung der bereits vorhandenen Arten und Sorten geht, bei
der also nichts Neues zu erwarten ist.
Manche Menschen sind der Ansicht, es müßte
doch eine Universalsorte geben, eine Rose, die
alle anderen in ihren Eigenschaften übertrifft,
und sie fragen: „Welche ist die schönste Rose?".
Diese Frage ist nicht zu beantworten. Denn die
Rose ist von Natur aus außerordentlich vielge-
staltig, und diese Vielfalt schließt eine „schönste" oder „Universalrose" von allein aus. Natürlich wird jeder Rosenliebhaber je nach Geschmack bestimmte Sorten vorziehen und andere wenig beachten. Das sind aber rein persön-
liche Ansichten. Und abgesehen davon gibt es
keine Rosensorte — und es wird sie auch nicht
geben —, die ganz ohne Fehler und Mängel ist.
Andernfalls könnten sich alle Züchter der Welt
zur Ruhe setzen, da es nichts mehr zu verbessern gäbe. Aber genau das Gegenteil ist der Fall.
Obwohl die Rosenzüchtung in den letzten vier
Jahrzehnten einen bis dahin nie gekannten Aufschwung genommen hat und enorme Fortschritte erreichte, nehmen viel weniger Menschen die Rose als ideale „Königin der Blumen"
hin, an die keine weiteren Forderungen zu stellen sind. Die Anforderungen sind noch schneller
als die Erfolge gewachsen, der Blick ist kritischer, es werden höhere Maßstäbe angelegt.
Immer wieder taucht die Frage auf, wieviel Sorten es überhaupt gibt und gegeben hat. Eine
exakte Antwort ist kaum möglich. Die Zahl läßt
sich nur ungefähr schätzen. In den dreißiger
Jahren hat sich August JÄGER die große Mühe
gemacht, alle bis etwa zum Jahre 1936 bekanntgewordenen Rosensorten in eine Liste aufzu-
nehmen. Seine Arbeit ergab ein umfangreiches
Rosenlexikon von rund 770 Seiten. In diesem
Buch sollen etwa 17 600 Rosensorten aufgeführt
sein. Genau nachgezählt hat sie wohl noch niemand. Bedenkt man, daß darin einige Lücken
sind und vor allem, daß jährlich etwa 200 Sorten
in aller Welt neu hinzukommen, so kann man
annehmen, daß die Zahl von 27 000 Sorten
heute weit überschritten ist. Es gibt keine andere
Zierpflanze, die in der Sortenvielfalt der Rose
auch nur annähernd gleichkommt. Am nächsten
kommen wohl die Dahlie und die Tulpe, bei de-

nen man vielleicht mit 10 000 Sorten rechnen kann, das sind weniger als die Hälfte. Niemand kennt mehr alle Rosensorten, viele existieren schon lange nicht mehr, aber viele waren doch ein kleiner Schritt auf dem Weg zu größerer Vollkommenheit.

Elternsorten

In der nur in groben Zügen dargestellten Züchtungsgeschichte fiel gewiß auf, daß häufig von einzelnen Sorten ein großer Aufschwung in der züchterischen Arbeit ausging, sie waren für Kreuzungen besonders geeignet und vererbten bestimmte wertvolle Eigenschaften weiter. Aus der Züchtungsgeschichte ging aber auch hervor, daß an der Entwicklung der Rose Züchter der verschiedensten Länder Anteil hatten. Beim Überblick der heutigen Rosenklassen, mit schon wieder Hunderten und Tausenden von Sorten, wird deutlich, daß viele Neuzüchtungen sehr schnell wieder verschwinden, andere erreichten Weltruhm, und nur wenige waren auch für die Weiterentwicklung von Bedeutung. Die Zeitspanne, die eine Sorte heute die Herzen der Rosenfreunde höher schlagen läßt, bevor sie zum alten Eisen kommt, ist auf Grund dieser schnellen Entwicklung sehr zusammengeschrumpft. Häufig sind Sorten, die bei ihrem Erscheinen als großer Fortschritt angesehen wurden, nach zehn oder fünfzehn Jahren überholt und veraltet. Sorten, die 25, 30 oder noch mehr Jahre Zuspruch finden, sind selten. Meist sind es Sorten, die einen Sprung in der Entwicklung auf eine höhere Stufe, also eine neue Qualität darstellen, an der alle anderen Sorten gemessen werden, denken wir nur an an 'Gloria Dei' (Meilland 1945).

Im Jahre 1935 brachte Kordes die auffallend stark duftende 'Crimson Glory' in den Handel. Auch wenn die modernen Maßstäbe heute dieser Sorte eine ganze Anzahl Mängel nachweisen, hat sie doch immer noch einen Platz im Sortiment behauptet und ist Ausgangspunkt für zahlreiche neue Sorten geworden. So finden wir die 'Crimson Glory' als Vater der Polyantha-Hybriden 'Fashion' und 'Frensham' sowie als Mutter von 'Ena Harkness' und 'Josephine Bruce'.

Die Nachkömmlinge von 'Gloria Dei' sind kaum noch zu zählen. Wir finden sie als Vatersorte von 'Coronado', 'Karl Herbst', 'Michèle Meilland' und 'Berlin', als Muttersorte von 'Grand Gala', 'Dame de Coeur' und 'Marcelle

Gret'. Sie ist aber auch in 'Super Star' als Vorfahr zu finden, und 'Desi' ist ein durch Röntgenstrahlen erzeugter Sport der 'Gloria Dei'.

Großes Aufsehen erregte 'Kordes' Sondermeldung' bei ihrem Erscheinen im Jahre 1950 wegen ihres neuartigen ziegelroten Farbtones. Wenn auch die Sorte inzwischen als überholt anzusehen ist, lebt sie doch in ihrer Farbe in ihren Kindern und Kindeskindern weiter, etwa in 'Baccara', 'Karl Herbst' und 'Feurio'.

Die Nachkommen der Sorte 'The Queen Elizabeth-Rose' sind Legion und eine ganze Reihe weiterer Beispiele ließe sich hier noch anfügen. Bei einer Untersuchung von 4302 Rosensorten bekannter Abstammung aus Einfachkreuzung, die in den Jahren 1951 bis 1980 in den Handel kamen, kristallisierte sich heraus, daß ein großer Anteil der Sorten auf relativ wenige, stark verwendete Elternsorten zurückgeführt werden kann. Das müssen nicht in jedem Falle auch Sorten sein, die im Anbau eine gleich große Bedeutung haben bzw. hatten. Es wurden 70 Sorten nachgewiesen, die 15 und mehr direkte Nachkommen hatten. Die Spitzensorten waren dabei:

'Gloria Dei'	mit 290 Sorten
'Kordes' Sondermeldung'	mit 174 Sorten
'The Queen Elizabeth Rose'	mit 157 Sorten
'Karl Herbst'	mit 80 Sorten
'Masquerade'	mit 80 Sorten
'Super Star'	mit 78 Sorten
'Circus'	mit 74 Sorten
'Fashion'	mit 74 Sorten
'Rosenmärchen'	mit 72 Sorten
'Crimson Glory'	mit 71 Sorten
'Duftwolke'	mit 67 Sorten
'Charlotte Armstrong'	mit 65 Sorten
'Little Darling'	mit 60 Sorten
'Chrysler Imperial'	mit 55 Sorten
'Ena Harkness'	mit 50 Sorten
'Spartan'	mit 49 Sorten
'Baccara'	mit 49 Sorten
'Goldilocks'	mit 49 Sorten
'Königin der Rosen'	mit 42 Sorten
'Prima Ballerina'	mit 42 Sorten

Da einige der aufgeführten Sorten schon älter waren, sind bei 'Gloria Dei' 22, bei 'Rosenmärchen' 7, 'Crimson Glory' 53 und 'Charlotte Armstrong' 14 weitere Sorten dazuzuzählen, die schon vor 1951 in den Handel kamen. Damit dürfte 'Gloria Dei' mit insgesamt 312 unmittelbaren Nachkommen in der Züchtungsgeschichte der Rosen die mit Abstand am häufigsten erfolgreich benutzte Elternsorte sein.

Weiter muß man berücksichtigen, daß eine ganze Reihe dieser Ausgangssorten wieder mit einem oder gar beiden Elternteilen auf diese Spitzensorten in der Verwendung für die Züchtung zurückgeht, so z. B. 'Fashion' auf 'Rosenmärchen' und 'Crimson Glory' oder 'Karl Herbst' auf 'Kordes' Sondermeldung' und 'Gloria Dei'. Die Verwendung der Sorten als Mutter- oder Vatersorte ist keinesfalls etwa gleichmäßig verteilt. Während einige Sorten in weitgehend gleichem Maße in beide Richtungen erfolgreich waren, wie 'Gloria Dei', 'Kordes' Sondermeldung' oder 'Karl Herbst', sind 'The Queen Elizabeth Rose', 'Masquerade', 'Duftwolke' oder 'Little Darling' vorwiegend als Muttersorte, 'Fashion' dagegen überwiegend als Pollenspender verwendet worden.

Die starke Ausnutzung bestimmter Elternsorten führt auch dazu, daß einzelne Kombinationen mehrfach zu neuen Sorten führten. Allein aus der Kreuzung 'Gloria Dei' mit 'Kordes' Sondermeldung' und umgekehrt gingen 21 neue Sorten hervor, aus der Kombination von 'Gloria Dei' mit 'Crimson Glory' und umgekehrt 14 Sorten.

Züchter und ihre Leistungen

In vielen Ländern bemühen sich zahlreiche Züchter mit unterschiedlichem Erfolg um neue und bessere Rosensorten. Allein die Zahl derer, deren Namen immer wieder im Zusammenhang mit neuen Sorten wiederkehren, ist schon sehr groß. Mit denen, die selten oder nur einmalig als Züchter erscheinen, weitet sich die Zahl noch wesentlich aus. Ohne Anspruch auf Vollständigkeit werden in „Modern Roses 8" mehr als 1700 Züchter und Betriebe, die Sorten in den Handel brachten, aufgeführt.

Eine Zusammenstellung ausgewählter Züchter kennzeichnet Zentren der Rosenzüchtung.

Belgien
Delforge, H.   Lens, L.

ČSSR
Urban   Večeřa, L.
Strnad

Dänemark
Poulsen

Bundesrepublik Deutschland
Kordes   Tantau, M.

Deutsche Demokratische Republik
Berger   Rupprecht, H.
Haenchen, E.   Schmadlak, J.

Frankreich
Combe, M.   Kriloff, M.
Delbard, G.   Laperrière, J.
Gaujard, J.   Meilland

Großbritannien
Dickson   le Grice, E. B.
Harkness

Indien
Pal, B. P.

Italien
Cazzaniga, F. G.   Mansuino, A.

Kanada
Eddie, J. H.   Svejda, F.
Skinner, F. L.

Neuseeland
McGredy, S.

Niederlande
Buisman, G. A. H.   Spek, J.
de Ruiter, G.   Verbeek, G.
Leenders, J.   Verschuren

Ungarische VR
Mark, G.

Portugal
Moreira da Silva, A.

Schweiz
Huber, R.

Sowjetunion
Besstschetnowa, M. Schtanko, I. I.
Klimenko   Suschkow, K. L.
Lempitzki, L. P.

Spanien
Camprubi, C.   Dot

USA
Armstrong, D. L.   Boerner, F. S.

Christensen, J.   Swim, H. C.
Lammerts, W. E.   Warriner, Wm. A.
Moore, R. S.   Weeks, D. L.
Morey, D.

Bei dieser Zusammenstellung stehen manche Namen für ganze Züchterfamilien. Zur Familie MEILLAND gehören z. B. Antoine, Francis, Marie-Louise und Alain, bei POULSEN wären Dines, Svend und Nils zu nennen.
Einige Züchter, die in der ganzen Welt bekannt sind, sollen hier mit einigen ihrer Schöpfungen genannt werden. Um dabei einer subjektiven Wertung aus dem Wege zu gehen, kommen wir vor allem auf die für den weiteren Züchtungsfortschritt wesentlichen Sorten zurück.
Eine sehr lange Tradition in der Rosenzüchtung hat die Firma W. KORDES' Söhne. Zahlreiche weltweit bedeutsame Sorten haben hier ihren Ursprung. Es sei nur an die Arbeiten an Strauchrosen, die auf der Grundlage von *Rosa pimpinellifolia* zu den 'Frühlings'-Sorten führten oder an die auf *Rosa kordesii* zurückzuführenden Kletterrosensorten erinnert. Für die weitere Züchtungsarbeit vieler Züchter war vor allem 'Kordes' Sondermeldung' als Grundlage für die vielen heute vorhandenen zinnoberroten Farbtöne von Bedeutung; 'Karl Herbst', die viele Merkmale ihrer beiden Elternsorten 'Kordes' Sondermeldung' und 'Gloria Dei' weitergab. Für die Beetrosenzüchtung war 'Rosenmärchen' von Bedeutung, und es sei an 'Crimson Glory', 'Königin der Rosen' oder 'Kordes' Perfecta' erinnert.
Mit dem Erscheinen der Sorte 'Super Star' von TANTAU im Jahre 1960 wurden Maßstäbe gesetzt und die Sorte selbstverständlich sehr stark für die weitere Züchtung genutzt. 'Duftwolke' trägt ihren Namen zu Recht, zumal dieses Merkmal auch recht sicher weitergegeben wird. Aber auch an Sorten, wie 'Prima Ballerina' oder die älteren Sorten 'Floradora', 'Tantaus Triumph' oder 'Fanal', soll erinnert werden.
Der französischen Firma MEILLAND gelang der Durchbruch mit 'Gloria Dei', die noch heute ihre Liebhaber findet, obwohl sie nun schon rund 40 Jahre alt ist. Ihre Wüchsigkeit und Gesundheit waren damals beispielgebend. Für die Hausrosen war 'Baccara', nicht zuletzt wegen ihrer guten Haltbarkeit, ein Meilenstein. Die für die Kultur unter Glas weltweit verbreitete 'Sonia Meilland' oder ältere Sorten wie 'Rouge Meilland', 'Charles Mallerin', 'Michèle Meilland',

'Cocorico', 'Alain' oder 'Zambra' sollten nicht vergessen werden.
Nach dem zweiten Weltkrieg begann in den USA in verschiedenen Betrieben die Züchtung in einem bis dahin nicht bekannten Umfang. Bei Jackson & Perkins, der größten Rosenschule der Welt, die jährlich bis etwa 18 Millionen Rosen heranzieht, arbeitete der 1967 verstorbene Eugen S. BOERNER, der mehr als 160 Sorten züchtete. Von seinen Sorten waren für die weitere Züchtungsarbeit vor allem 'Masquerade', 'Fashion', 'Spartan', 'Goldilocks', 'Ma Perkins' und 'Zorina' von Bedeutung.
Trotz kleinerer Sortenzahl sind die Arbeiten von Dr. W. E. LAMMERTS nicht weniger bedeutsam. Sein absoluter Spitzenerfolg dürfte in 'The Queen Elizabeth Rose' zu sehen sein. Weitere Sorten von ihm, die viel für die Züchtung verwendet wurden, waren 'Charlotte Armstrong' und 'Chrysler Imperial'.
Ebenfalls in den USA arbeitet H. C. SWIM. Von ihm können hier die Sorten 'Circus', 'Pink Parfait' und 'Montezuma' hervorgehoben werden.
Schließlich soll hier noch S. McGREDY erwähnt sein, der erst in Nordirland, jetzt in Neuseeland arbeitet und dem wir ebenfalls eine Vielzahl Sorten verdanken. Von den Sorten, die vor allem für die Züchtung von Bedeutung waren bzw. sind, können 'Arthur Bell', 'Orangeade', 'Irish Beauty', 'Piccadilly', 'Evelyn Fison' und 'Paddy McGredy' genannt werden.

Züchtungsziele

An eine Rosensorte werden viele Forderungen gestellt. Viele Eigenschaften werden als selbstverständlich hingenommen, und man merkt kaum, daß es eine Eigenschaft ist, die vielleicht auch anders sein könnte. Auf bestimmte Merkmale wird großer Wert gelegt, sie müssen voll oder in gewissen Grenzen erfüllt sein, andere sind wünschenswert, aber nicht zwingend notwendig. Für unterschiedliche Verwendungszwecke verschiebt sich auch die Bedeutung einzelner Merkmale. Wie andere Pflanzen müssen sich die Rosen und damit die Züchter den Problemen der gegenwärtigen und zukünftigen Entwicklung stellen. Mit zunehmender Intensivierung spielt die leistungsfähige Sorte eine immer größere Rolle. Neue Technologien und der mehr und mehr industriemäßige Charakter der Produktion stellen neue Forderungen. Das bedeutet, um nur einige Beispiele herauszugreifen, hohe Vermehrungsraten, Eignung für maschinelle Bearbeitung, Verträglichkeit gegenüber Herbiziden und Pflanzenschutzmitteln, positive Reaktion bei Anwendung von Wachstumsregulatoren, welche in Zukunft noch größere Bedeutung erlangen werden. Das bedeutet aber auch geringerer Arbeitsaufwand, und dazu gehören Merkmale und Eigenschaften wie gleichmäßige Qualität, Anspruchslosigkeit, Krankheits- und Witterungsresistenz, Selbstreinigung. Dem Rosenfreund mag diese Reihenfolge der Züchtungsziele befremdend klingen, denn ihn scheinen solche Fragen nicht zu berühren. Er hat aber Anteil, wenn daraus ein größeres Rosenangebot, eine bessere Qualität des Pflanzgutes oder der Schnittrosen erwächst. Er sieht die Ergebnisse züchterischer Arbeit, wenn Rosenpflanzungen in Städten und Gemeinden zunehmen, die bei geringer Pflege und selbst auf weniger geeigneten Standorten reich blühen und gesund sind, und schließlich auch, wenn er am Wochenende in seinem Garten das Rosenbeet prächtig blühend vor Augen hat, ohne viel Zeit aufgewandt zu haben.

Betrachten wir einige wichtige Eigenschaften und die damit verbundenen Forderungen und Wünsche.

Die Farbe ist bei der Rose von entscheidender Bedeutung. Eine Sorte, die zwar alle anderen Anforderungen erfüllt, aber nicht in der Farbe anspricht, wird wohl kaum Liebhaber finden. Von der Rose wird ein ansprechender, leuchtender Farbton verlangt, der sich auch bis zum Verblühen nur wenig, besser gar nicht verändert. Diese Forderung ist nicht immer leicht zu erfüllen: Man denke an das unangenehme Verblauen einiger roter Sorten bei ungünstiger Witterung und beim Verblühen oder das Verblassen gelber Sorten.

Einige Sorten verdanken allerdings gerade der Farbveränderlichkeit ihren Ruhm. Das Paradebeispiel dafür ist 'Masquerade', deren Blüten sich von Gelb über Rosa zu Rot verfärben. Viele Sorten vereinigen mehrere Farben oder unterschiedliche Schattierungen in ihren Blütenblättern. Modische Einflüsse und nationale Besonderheiten beeinflussen sehr stark, was als besonders wünschenswerte Farbtöne gesucht wird.

Es ist schwer, für die Bewertung von Blumenfarben exakte Maßstäbe zu finden. Die Bewertung erfolgt allein nach ästhetischen Gesichtspunkten, und weder Waage, Metermaß noch andere Geräte können dabei nützen.

Eine gute Sorte soll weitgehend widerstandsfähig gegenüber Krankheiten sein, vor allem gegen Sternrußtau und Echten Mehltau. Ein Rosenbeet, das Ende Juli oder Anfang August kahl dasteht, bietet keinen erhebenden Anblick. Wenn auch keine vollkommene Immunität zu erwarten ist, muß von den Züchtern doch verlangt werden, daß sie ihr Augenmerk auf eine größtmögliche Widerstandsfähigkeit richten. Lange Zeit verband sich die Vorstellung von glänzendem Laub mit hoher Resistenz, vielleicht inspiriert durch das Laub der 'Gloria Dei' und ihrer Nachkömmlinge. Mit dem matten Laub verschiedener neuer Sorten, die dennoch recht gesund sind, könnte gezeigt werden, daß die Sachlage nicht ganz so einfach ist.

Neben der Krankheitsresistenz soll die Rose aber auch winterhart sein. Auf diese Problematik, daß nämlich Kälteresistenz nicht gleich Kälteresistenz ist, wurde schon an anderer Stelle eingegangen. Gegen Witterungseinflüsse wird Unempfindlichkeit verlangt. Gerade bei uns wechseln häufig Perioden intensiver Sonneneinstrahlung mit solchen, in denen es tagelang regnet. Unter allen Bedingungen sollen aber die Blüten ansehnlich aussehen, sich sicher entfalten, und auch die Farbe soll nicht beeinträchtigt werden.

Für viele Rosenliebhaber ist wohl nach der Farbe der Duft eine wichtige Eigenschaft der Rose. Über die Duftbeeinflussung bestanden vor 240 Jahren noch sehr eigenartige Vorstellungen, wie wir in einem Gartenbuch von 1739 lesen können:

„Wegen des Geruchs ist zu observiren, daß zwar die Rosen an und vor sich selbst einen lieblichen und angenehmen Geruch haben, nichts destoweniger kann man solches doch verbessern, wenn man sie neben einen Ort pflanzet, allwo es nicht wohl riecht, nemlich an einem Ort, da es etwas stincket. Denn die Rose widerstrebet dem unangenehmen Geruch, und streuet ihren Geruch desto kräftiger aus... Nichts mehr aber stärcket und verbessert den Geruch derer Rosen, als wenn man Knoblauch bey dieselbe pflanzet, dann der Knoblauch hat einen Geruch, wofür denen Rosen widdert und eckelt, und eben daher geschiht es, wenn solche nahe dabey seyn, daß sie mit ihrem angenehmen Geruch wider den Gnoblauchs-Gestanck strebet, und ihren Rosen-Geruch desto stärker ausstreuet, und von sich spüren läßt."

Dieses Rezept aus einer Zeit, die noch keine

Kanalisation kannte, entbehrt natürlich jeder Wissenschaftlichkeit, aber wir erkennen daraus, daß die Rose ihres Duftes wegen gepflanzt wurde.

Unseren modernen Rosensorten wird oft der Vorwurf gemacht, daß sie nicht duften. Gewiß ist in der Vergangenheit dem Duft in der Züchtung sehr wenig Aufmerksamkeit geschenkt worden. In den letzten Jahrzehnten widmete man sich diesem Problem wieder mehr, ohne allerdings immer Erfolg zu haben. Und wer wird es dem Züchter einer Rose, die alle guten Eigenschaften aufweist, aber im Duft schwach ist, verübeln, daß er sie dennoch herausbringt. Andererseits wird kaum jemand eine Rose kaufen, die nur im Duft genügt, im übrigen aber versagt. Neben den oben behandelten Hauptforderungen gibt es noch eine ganze Liste von Wünschen, die eine Rosensorte erfüllen soll. So wird bei der Verwendung als Schnittrose lange Haltbarkeit in der Vase gefordert, die Füllung sei nicht zu stark, und die Knospe soll eine spitze Form haben und langsam, aber sicher erblühen. Es tut doch der Rose bei ihrer Verwendung als Schnittblume, besonders im Sommer, viel Abbruch, daß sie häufig schon nach wenigen Tagen welkt. Einige neuere Sorten, angefangen mit 'Baccara' und vor allem viele Floribundarosen, halten sich allerdings schon wesentlich länger. Die Blumengröße muß in angemessenem Verhältnis zur Stiellänge stehen. Für eine Schnittblume werden außerdem lange, feste Stiele, geringe Bestachelung, gesundes, elastisches Laub gefordert, und der Busch soll eine große Anzahl Schnittblumen bringen. Beim Blumenschnitt geht aber der Pflanze mit jeder Blume ein ganzer Trieb verloren. Die Erhöhung der Schnittleistung ist also nur über eine reiche Verzweigung von unten her und einen schnellen Durchtrieb zu erreichen. Für die Kultur unter Glas sind Anspruchslosigkeit gegenüber Licht und Wärme wichtig. Gute Kühl-, Lager- und Transportfähigkeit sind Forderungen, die dem Rosenfreund ebensowenig bewußt werden wie die nach gleichzeitigem Blütenflor oder Eignung für maschinelles Sortieren und Verpacken.

Bei den Beetrosen verlangen wir eine frühe und lang anhaltende Blütezeit, die sowohl durch lange Haltbarkeit der Einzelblüte als durch die ständige Entwicklung neuer Blüten zu erreichen ist. Nach dem Verblühen müssen sich die Pflanzen selbst reinigen, d. h., die Blütenblätter sollen von allein abfallen, und es sollen möglichst

keine Hagebutten angesetzt werden, denn es hat niemand Zeit, die abgeblühten Blütenstände mit der Schere zu entfernen. Ein dichter, buschiger Wuchs mit reichlich Laub, das den Boden möglichst deckt, ist für Gruppenrosen ebenfalls eine Grundforderung.

Nicht zuletzt stellen auch die Baumschulen Forderungen. Die Sorten müssen mit allen Unterlagen Verträglichkeit aufweisen und fest verwachsen. Sie müssen sich gut und leicht verzweigen, möglichst schon beim Austrieb. Auch der zweite Trieb soll sich sicher entwickeln. Ein hoher Vermehrungskoeffizient muß gesichert sein. Aufrechter Wuchs begünstigt die Bearbeitung und Vermarktung. Sicheres Anwachsen nach dem Verpflanzen muß gewährleistet sein.

Diese Vielzahl von Forderungen, die sich noch erweitern ließen, zeigt schon, daß die Rosenzüchtung nicht leicht ist und daß die Erfolge nur in zähem Bemühen gewonnen werden.

Züchtungsmethoden

Eigenartigerweise hängt der Züchtung auch noch in unserem ausgehenden 20. Jahrhundert ein Schleier des Geheimnisses an. Das hängt wohl damit zusammen, daß der Züchter während seiner Arbeit keine Zuschauer gebrauchen kann und erst das fertige Produkt an die Öffentlichkeit kommt. Tatsächlich ist die Züchtung eine sehr nüchterne, mit unendlich viel Kleinarbeit verbundene Tätigkeit, die, um zu Erfolgen zu kommen, wissenschaftlich fundiert sein muß.

Wenn wir etwas hinter die Kulissen schauen, können wir ermessen, welche jahrelange und mühevolle Arbeit hinter einer neuen Sorte steckt.

Bei Rosen kommen vor allem zwei Methoden der Züchtung zur Anwendung, die Kombinations- und die Mutationszüchtung. Die meist angewandte Methode der Rosenzüchtung ist die Kombinationszüchtung, die Kreuzung von zwei oder mehr Sorten und anschließende Auslese mit dem Ziel, bestimmte wertvolle Eigenschaften dieser Ausgangssorten zu kombinieren. Der Züchter versucht also, wertvolle Eigenschaften, die in verschiedenen Sorten vorhanden sind, in einer Sorte zu vereinigen.

Kombinationszüchtung

Versuchen wir einmal, die Entstehung einer neuen Sorte durch Kombinationszüchtung zu verfolgen. Bevor die praktische Durchführung beginnt, muß eine umfangreiche Vorarbeit geleistet werden. Als erstes muß festgelegt werden, welche Ziele erreicht werden sollen. Auch bei großem Umfang der Züchtung ist es nicht möglich, in alle Richtungen zu arbeiten, eine Abgrenzung ist unbedingt erforderlich. Dabei muß aber berücksichtigt werden, daß vom Beginn der Arbeiten bis zu dem Zeitpunkt der Herausgabe einer neuen Sorte sechs bis acht oder gar zehn Jahre vergehen. Hier beginnt schon die Schwierigkeit abzuschätzen, was nach dieser Zeit dem Geschmack der Rosenfreunde entspricht; bis dahin können die Anforderungen wesentlich andere als beim Beginn der Arbeit sein. In dieser Zeit haben aber auch andere Züchter weitergearbeitet, und es ist möglich, daß diese das erstrebte Ziel schneller oder besser erreicht haben. Von der Zielstellung ausgehend werden die Elternsorten ausgewählt. Hier gelten nicht nur die Maßstäbe der äußerlich sichtbaren Eigenschaften, die Interessen gehen wesentlich weiter: Der Züchter braucht gute Pollenspender, die viel und lebensfähigen Pollen bilden, Sorten, die leicht Hagebutten ansetzen und diese auch bis zur Reife ernähren. Zu den Vorarbeiten gehören Untersuchungen auf die verschiedensten Eigenschaften der Elternsorten, ob und in welchem Grade sie vorhanden sind und in welchem Maße sie vererbt werden. Die Kombinationseignung ist zu untersuchen und vieles andere mehr. Der Züchter versucht, sich von seinen Ausgangssorten einen Stammbaum zu erarbeiten, aus dem er ersehen kann, welche Sorten in den Ahnenreihen vorhanden sind. Auf Grund dieses Stammbaumes kann er gewisse Schlüsse auf die zu erwartenden Merkmale ziehen. Leider haben, vor allem früher, viele Züchter keine Abstammung angegeben, viele haben auch gar nicht darauf geachtet, so daß der Stammbaum solcher Sorten heute meist nicht mehr vollständig zu rekonstruieren ist.

Als Voraussetzung für eine erfolgreiche Tätigkeit benötigt der Züchter unter den klimatischen Bedingungen Mitteleuropas ein Gewächshaus. Der Samen der Rosenhybriden benötigt bis zur Reife mindestens fünf bis sechs Monate. Da im Freien die Rosen etwa Ende Juni blühen, würde das bedeuten, daß die Hagebutten erst Ende November oder Anfang Dezember geerntet werden könnten. Zu diesem Zeitpunkt würden sie aber schon durch Frost vernichtet sein.

Für die Kreuzungsarbeit selbst interessieren vor allem die Teile der Blüte, die sonst wenig beach-

tet werden. Die zahlreichen Staubblätter tragen die Pollensäcke, die den Pollen enthalten. Sie umgeben eine Anzahl Fruchtblätter, deren Fruchtknoten sich im Kelch der Blüte befindet. Beim Kreuzen kommt nun der Pollen einer Sorte auf die Narbe einer anderen. Damit dieser Vorgang aber auch wirklich so vor sich geht, wie er geplant ist, sind einige Vorbereitungen nötig. Die Rosen haben die Eigenschaft, daß der Pollen bereits stäubt, bevor sich die Blüte öffnet.

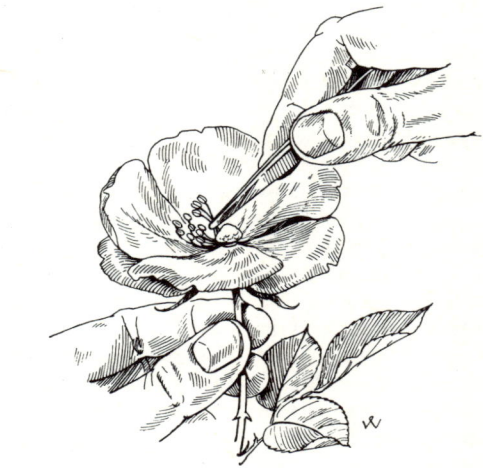

Die Staubbeutel werden entfernt.

Pollen der Vatersorte wird auf die Narbe gebracht.

Um aber eine Selbstbestäubung zu verhindern, muß der Züchter dem zuvorkommen. Die Blütenblätter werden beseitigt, um an die inneren Teile zu kommen, und dann sämtliche Staubbeutel entfernt. Diese Arbeit muß sehr gewissenhaft durchgeführt werden, denn ein einziger verbleibender kann die Selbstbestäubung durchführen. Von der anderen Sorte, die als Vatersorte benutzt werden soll, werden ebenfalls die Pollensäcke gesammelt. Wenn sie trocknen, reißen sie auf und geben den Pollen frei. Die Farbe des Pollens ist bei den meisten Sorten gelb, aber auch fast weißer, grünlicher und rötlicher Pollen ist nicht selten.

Nun muß darauf geachtet werden, wann die Narben der Muttersorte, d. h. der Sorte, die die Hagebutte bilden soll, reif sind. Manche Sorten scheiden dann ein klebriges Sekret aus, aber oft gibt es kaum ein Anzeichen für den richtigen Zeitpunkt der Bestäubung. Dann wird der Pollen auf die Narben gebracht.

Jede durchgeführte Kreuzung wird anschließend mit einem Etikett gekennzeichnet, auf dem eine Nummer vermerkt ist. In einem dazu geführten Buch werden hinter der Nummer die an der Kreuzung beteiligten Sorten aufgeführt, also z. B. 1229: 'Montezuma' × 'Baccara'.

Dabei kennzeichnet der zuerst aufgeführte Name die Muttersorte, der zweite die Vatersorte, von der der Pollen stammt. Das Multiplikationszeichen (×) verbindet die beiden bei der Kreuzung verwendeten Teile und zeigt an, daß es sich um eine Hybridisierung handelt. Diese exakte Buchführung ist Grundvoraussetzung für eine gute Arbeit.

Der auf der gefurchten Narbe liegende Pollen beginnt nun einen Pollenschlauch auszubilden, der durch den Griffel und Fruchtknoten bis zum Embryosack wächst, wo der im Pollenschlauch enthaltene generative Kern die Eizelle befruchtet. Damit erst ist die Möglichkeit der Entwicklung gegeben.

Die Träger der meisten Erbeigenschaften sind die sogenannten Chromosomen. Für die Rosen ist die Grundzahl der Chromosomen n = 7, d. h., die Zahl der Chromosomen ist immer ein Vielfaches von 7. Die meisten unserer heutigen Rosensorten, vor allem die Teehybriden und Floribunda, sind tetraploid, sie enthalten im Zellkern ihres normalen Gewebes jeweils 28 Chromosomen.

Damit nun aber bei der Befruchtung nicht immer eine Verdoppelung der Chromosomen

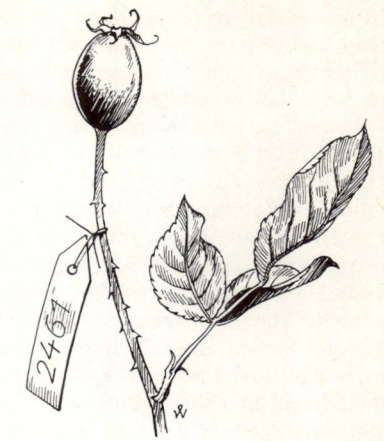

Hagebutte mit Etikett

stattfindet, wird bei der Entwicklung der Geschlechtszellen, das sind Pollen und Eizellen, eine sogenannte Reduktionsteilung durchgeführt, die dafür sorgt, daß in diesen Zellen nur noch die Hälfte der Chromosomen vorhanden ist, so daß bei der Vereinigung der beiden Geschlechtszellen wieder die normale Zahl erreicht wird. Bei einem großen Teil der durchgeführten Bestäubungen kommt es aus verschiedensten Gründen nicht zu einer Befruchtung, die erwarteten zukünftigen Hagebutten werden nach kurzer Zeit schwarz und fallen ab. Bei dem anderen Teil war die Arbeit nicht ganz vergebens, und es entwickeln sich bis zum Herbst Hagebutten. Dann aber kommen die nächsten Schwierigkeiten. Im Gegensatz zu den Wildrosen vertragen die Samen der Hybriden keinen Frost. Einesteils sollen die Hagebutten so lange wie möglich ausreifen können, andererseits müssen sie frostfrei gehalten werden. Je nach Witterung müssen sie also im Freiland etwa in der Zeit von Ende Oktober bis Anfang November geerntet werden, im Gewächshaus dagegen erst im Dezember. Bis zur Aussaat wird das Saatgut einige Wochen feucht und bei wenigen Graden über dem Gefrierpunkt gelagert, um so eine gewisse Stratifikationswirkung zu erreichen. Bei der Aussaat müssen die verschiedenen Kombinationen wieder sorgfältig getrennt gehalten werden.

Bald beginnt im Gewächshaus die Keimung. Die meisten Samen keimen im ersten Jahr, im Gegensatz zu vielen Wildrosenarten, die erst im zweiten Jahr keimen. Bei den Hybridrosen liegt meist nur ein geringer Teil der Samen über, das ist aber auch je nach Ausgangssorte unterschiedlich. Steht man dann vor dem Saatbeet, fällt vor allem auf, daß es einige Kombinationen gibt, von denen fast jedes Korn keimt, bei anderen aber läuft nicht eines oder nur sehr wenige auf. Bei der Aussaat gibt es aber noch keine sichere Möglichkeit festzustellen, welche Samen keimen werden und welche nicht. Die bekannte Schwimmprobe, nach der schwimmende Samen taub und die absinkenden lebensfähig sind, ist hier nicht hundertprozentig sicher. Auch die Größe der Samen, die sehr unterschiedlich sein kann, ist kein Anhaltspunkt. Es ist sogar so, daß kleine Samen oft sicherer und besser keimen als große. Der Züchter wird auch lieber 10 oder 100 Samen mehr aussäen als das Risiko eingehen, auch nur einen vorher wegzuwerfen, der dann vielleicht gerade das beste Ergebnis hervorbringen könnte.

Schon die aufgehenden Sämlinge sind in jeder Beziehung sehr unterschiedlich. Es finden sich große und kleine, solche mit auffallend dicken Keimblättern, andere bilden rötliche oder hellgrüne Laubblätter aus, einige sind nicht lebensfähig und sterben schnell wieder ab, wieder andere haben eine gestörte oder gar keine Chlorophyllbildung und sind auch nicht lebensfähig.

Alle Sämlinge sind auch durch die Keimlingskrankheiten gefährdet, die bei ungenügender Obacht sehr schnell um sich greifen und großen Schaden verursachen können.

Die Sämlinge bilden etwa fünf bis sechs Laubblätter und setzen danach meist schon die Blüte

Bewertung (Bonitur) der Neuzüchtungen

an, obwohl sie oft kaum 20 cm hoch sind. Bei guter Kulturführung beginnen die ersten schon acht bis zehn Wochen nach dem Auflaufen zu blühen. Damit beginnt für den Züchter meist eine große Zeit — der Enttäuschungen.

Die Forderungen an eine Rose haben wir bereits besprochen, und es ist verständlich, daß nur wenige diese Forderungen erfüllen. Bei den Sämlingen finden sich alle negativen Erscheinungen, wie unschöne Blüten, Blütenvergrünungen, unsaubere Farben, sehr starke Krankheitsanfälligkeit usw. Denn verständlicherweise werden nicht nur die guten, sondern ebenso die schlechten Eigenschaften vererbt. Nun muß entschieden werden, was wert ist, aufgehoben zu werden, und was vernichtet wird. Diese Beurteilung erfordert viel Erfahrung und Fingerspitzengefühl. Die kleinen Pflanzen mit höchstens stricknadelstarkem Trieb können doch gar keine Blüte hervorbringen, die der späteren in Größe und Qualität gleichkommt. Außerdem kommen diese Blüten unter dem Schutz des Gewächshauses zur Entwicklung, im Freiland herrschen später ganz andere Bedingungen. Das einfachste wäre, alle Sämlinge weiter zu beobachten. Wie soll das aber bei jährlich Tausenden von Sämlingen durchführbar sein! Die notwendige Folge ist, daß bereits bei der ersten Auslese bis zu 90 % und mehr dieser Sämlinge ausgeschieden werden müssen. Für den Rosenfreund sind das erschreckende Zahlen, zumal das erst der Anfang ist. Wenn aber wirklich nur das Beste und wirklich Neues übrigbleiben soll, ist ein so rigoroses Vorgehen unumgänglich. Aber der Leidensweg ist noch lange nicht beendet. Die verbleibenden Sämlinge werden gekennzeichnet und ihre Eigenschaften schriftlich festgehalten. Im Sommer werden etwa fünf Augen so veredelt, wie es bei der normalen Anzucht üblich ist, mehr gibt ein Sämling im ersten Jahr meist nicht her. Das Veredeln ist nicht ganz leicht, denn bei kaum stricknadelstarken Trieben sind die Augen sehr klein und kaum anzufassen. Auch hier muß wieder genau Buch geführt werden, damit es zu keinen Verwechslungen kommen kann. Im nächsten Jahr, das sind nun schon zwei Jahre nach der Bestäubung, sieht der Züchter das erste Mal, wie seine Sämlinge veredelt und im Freiland, sozusagen als „normale Rosen", aussehen. Da zeigen sich nun wieder die meisten als wertlos oder doch in einzelnen Eigenschaften mit so starken Fehlern behaftet, daß sie ausgemerzt werden müssen. Wieder sind es oft bis zu 90 %, die vernichtet werden müssen. Von den verbleibenden werden jetzt vielleicht 20 bis 30 Stück veredelt, damit sie in einem etwas größeren Bestand beobachtet werden können. Im nächsten Jahr zeigen wieder einige, daß sie den hohen Maßstäben nicht gerecht werden können, sie müssen ebenfalls verschwinden.

Der Leser wird jetzt fragen, ob denn am Ende überhaupt noch etwas übrigbleibt. Gewiß ist das der Fall, sonst kämen wir nie zu neuen Sorten. Es ist aber sehr leicht möglich, daß tatsächlich in einem oder dem anderen Jahr von Tausenden Sämlingen keiner so wertvoll ist, daß er den Ansprüchen genügt, und alle Arbeit war vergebens.

Mit dem schnellen Fortschritt ist es auch verständlich, daß die Auslese von Jahr zu Jahr härter wird, und ein Sämling, der heute noch Aussicht auf Erfolg hat, ist vielleicht in fünf Jahren nicht mehr zu gebrauchen.
Sehen wir uns einmal an, mit welchen Erfolgsziffern zu rechnen ist. Während in den dreißiger Jahren unseres Jahrhunderts noch mit ein bis zwei Neuheiten von 1000 Sämlingen gerechnet wurde, sind die Ansprüche so gestiegen, daß inzwischen bereits im Durchschitt nur von je 5000 bis 10 000 Sämlingen mit einer Sorte, die wirklich in den Handel kommt, zu rechnen ist. Die Firma Jackson & Perkins gibt eine Erfolgschance von 1:10 000 an. Der Züchter McGredy soll jährlich etwa 150 000 Sämling aufziehen, davon kommen fünf bis sechs Sorten in den Handel. Das entsprechende Verhältnis ergäbe eine Sorte von 30 000 Sämlingen. Die sowjetische Züchterin V. N. Klimenko gibt an, für 12 Sorten, die sich unter den verschiedenen Bedingungen der Sowjetunion bewähren, 1,5 Millionen Sämlinge ausgelesen zu haben, das heißt für eine Sorte 125 000 Sämlinge; ein Zeichen dafür, wie streng die Auslese vorgenommen wird.
Aus diesen Zahlen wird aber auch deutlich, welchen Aufwand die Rosenzüchtung erfordert und daß eine Rosensorte sehr viel Geld kostet. Wieviel eine neue Sorte an Kosten erfordert, wird zwar selten bekanntgegeben, und solche Werte sind auch skeptisch zu betrachten, wenn sie nicht näher erläutert werden. Amerikanische Veröffentlichungen nennen beispielsweise für eine Sorte einen Betrag von 50 000 $. Für eine andere Sorte wird sogar ein Aufwand von 5 Millionen Mark genannt. Große Züchtungsbetriebe verbrauchen jährlich Geldmittel, die in die Millionen gehen.

Mutationszüchtung

Unter Mutation versteht man das plötzliche erbliche Auftreten neuer oder veränderter oder das Ausbleiben bestimmter Eigenschaften. Mutationen treten bei Rosen meist ohne menschlichen Einfluß auf, sie können aber auch durch äußere Einwirkung, etwa durch Röntgenstrahlen oder Chemikalien, bewußt gefördert werden. Obwohl die Mutationszüchtung bei Rosen, zumindest die auf künstlicher Auslösung aufbauende, bisher kaum eine Rolle spielte, ist der Anteil der Mutationen im Sortiment nicht zu unterschätzen. Die am häufigsten beobachteten Veränderungen sind die kletternden Formen (Climbing) und die Farbveränderungen. Weniger häufig werden Veränderungen in der Blütenfüllung, der Blütenform, der Bestachelung und in der Veränderung einmalblühender Sorten zu öfterblühenden beobachtet. Viele der mutierenden Sorten brachten nur einen Sport hervor, es gibt aber auch einige mit ungewöhnlich hohen Mutationsraten. Man nimmt an, daß es sich hier um Mutationen in bestimmten Regulatorgenen handelt. Die führenden Sorten in dieser Hinsicht sind:

'Columbia'	mit 79 Sporten
(TH, Hill 1916)	
'Orléans-Rose'	mit 53 Sporten
(Pol, Levavasseur 1909)	
'Tausendschön'	mit 47 Sporten
(Mult-H, Kiese 1906)	
'Ophelia'	mit 43 Sporten
(TH, Paul 1912)	
'Talisman'	mit 38 Sporten
(TH, Montgomery 1929)	
'Garnette'	mit 22 Sporten
(Fl, Tantau 1947)	
'Mme E. Herriot'	mit 21 Sporten
(TH, Pernet-Ducher 1919)	
'Gloria Dei'	mit 20 Sporten
(TH, Meilland 1945)	
'Phyllis'	mit 19 Sporten
(Pol, Merryweather 1908)	
'Radiance'	mit 17 Sporten
(TH Cook 1908)	
'The Queen Elizabeth-Rose'	mit 16 Sporten
(Fl-Grandifl, Lammerts 1954)	
'Joseph Guy'	mit 16 Sporten
(Pol-H, Nonin 1921)	

Vielfach handelt es sich bei Rosen um sogenannte Periklinalchimären. Das bedeutet, daß die Veränderung (z. B. eine Blütenfarbenänderung) in nur einer Zellschicht hervorgerufen wird und diese Zellschicht die anderen unverändert gebliebenen Schichten überdeckt. Eine Folge dieser Erscheinung ist z. B., daß die neue Blütenfarbe nicht vererbt wird und daß bei einer Vermehrung durch Stecklinge die Ausgangssorte wieder zum Vorschein kommt.

Eine für die weitere Entwicklung bedeutsame Mutation war das bereits erwähnte Auftreten des Pelargonidin-Farbstoffes, durch den in der weiteren Züchtungsarbeit eine Verschiebung des Farbspektrums der Sorten eingeleitet werden konnte. Versuche zur künstlichen Auslösung von Mutationen hatten bisher wenig Erfolg, jedenfalls sind nur wenige so entstandene Sorten in den Handel gekommen. Erschwerend ist, daß die Mutationen ungerichtet auftreten, d. h., es lassen sich keine Voraussagen über die zu erwartenden Ergebnisse machen.

Wie häufig Mutationen auftreten, ist aus verschiedenen Untersuchungen deutlich geworden. In zwei systematischen Untersuchungen wurden insgesamt 16 187 Rosensorten mit bekannter Abstammung untersucht. Unter ihnen wurden 1652 Sporte, also im vegetativen Gewebe entstandene Mutationen gefunden, das sind rund 10 Prozent der untersuchten Sorten. Von diesen waren allerdings 489 oder fast 30 Prozent Kletterformen nicht kletternder Sorten. Bedingt durch das unterschiedlich starke Auftreten von Mutationen vereinigen 20 Spitzensorten rund 30 Prozent aller bekanntgewordenen Sporte auf sich. Sehr unterschiedlich ist die Häufigkeit der Mutationen in den verschiedenen Klassen:

Teehybriden
6209 Sorten, davon 871 Sporte = 14,0 %
Floribunda
1847 Sorten, davon 211 Sporte = 11,4 %
Polyantha
558 Sorten, davon 162 Sporte = 29,0 %
Kletterrosen
922 Sorten, davon 94 Sporte = 10,2 %
Strauchrosen
444 Sorten, davon 12 Sporte = 2,7 %
Zwergrosen
249 Sorten, davon 27 Sporte = 10,8 %

Heterosis

Die Heterosis, bei der Züchtung anderer Pflanzen von großer Bedeutung, wird bei Rosen bisher nicht bewußt genutzt. Sie ermöglicht nach Kreuzung von Inzuchtlinien in der ersten Generation oft eine Leistungssteigerung. Solche Linien sind bei Rosen nur schwer zu erzeugen. Dennoch finden sich mehrfach Hinweise auf Heterosis, insbesondere auf starke Wüchsigkeit, wo sich Inzucht in den vorangegangenen Generationen, etwa bei mehrfacher Verwendung eines Elters, auswirkt. Durch die vegetative Vermehrung der Rosen sind derartige Sorten leicht zu erhalten.

Sortenprüfung und Sortenschutz

Wir hatten bereits festgestellt, daß die Züchtungsarbeit mit erheblichem finanziellem Aufwand verbunden ist. Das ausgegebene Geld soll schließlich wieder eingenommen werden, also müssen die neuen Rosen verkauft werden. Dazu ist erst einmal zu entscheiden, welche der vom Züchter ausgelesenen Stämme nun wirklich eine Sorte werden sollen. Die Verfahrensweise ist in den Ländern unterschiedlich geregelt. Teilweise ist das der alleinigen Entscheidung des Züchters überlassen. Einige Züchter prüfen ihre Neuheiten in eigener Regie an verschiedenen Standorten national und international. Es gibt nationale und internationale Wettbewerbe auf freiwilliger Basis. Die Sieger werden mit Preisen, Medaillen oder Prädikaten wie „ADR-Rose" (Anerkannte Deutsche Rose) in der BRD oder „AARS-Rose" (All America Rose Selection) in den USA ausgezeichnet. Eine solche Auszeichnung stellt gleichzeitig eine gute Werbung für die Sorte dar.

Schließlich ist in einigen Ländern die Sortenprüfung gesetzlich geregelt und wird unter staatlicher Verantwortung oder Aufsicht durchgeführt. Daraus folgt, daß hier auch nur die Sorten, die in der Prüfung positiv abschneiden, in den Handel gebracht werden dürfen. Damit unterliegt die Einführung einer Sorte in den Handel nicht nur der Entscheidung des Züchters, sondern ist staatlich kontrolliert.

Trotz langwieriger Prüfung und des ehrlichen Bemühens aller Beteiligten ist es bei der Rose häufig wie mit modischen Dingen oder einem Schlager: Erst das Publikum entscheidet, ob aus der Sorte wirklich ein „Schlager" wird und dieser vielleicht sogar in die Spitzengruppe des Sortiments kommt. Die Gunst des Käufers ist durch keine noch so harte und ausgeklügelte Prüfung und Auslese abzuschätzen, diese Entscheidung behält er sich selbst vor.

Um die rechtliche Sicherung dieser mit hohem Aufwand erzielten Züchtungsergebnisse zu gewährleisten, gibt es ebenfalls unterschiedliche Verfahrensweisen. Das Ziel besteht in jedem Falle darin, daß niemand unberechtigt Nutzen aus der Arbeit eines anderen zieht.

Dazu besteht einmal die Möglichkeit des Warenzeichenschutzes. Damit ist der Name der Sorte geschützt, der Sortenname darf nur vom Rechtsträger verwendet werden. Jeder andere, der dazu nicht die besondere Genehmigung besitzt, macht sich daher strafbar, wenn er den geschützten Namen benutzt. Der Warenzeichenschutz kann für ein Land, für mehrere oder auch international angemeldet werden.

In einigen Ländern besteht die Möglichkeit, für Pflanzen Patente anzumelden, in anderen gibt es das nicht.

Der umfassendste und der Sache am weitesten entgegenkommende Schutz ist der in immer mehr Ländern mögliche Sortenschutz. Er sichert die Rechte des Züchters an seiner Sorte, die Vermehrungsrechte für andere sind über Vertrag zu regeln. Wichtig ist auch die mit enthaltene Regelung, daß sich der Sortenschutz auch auf Pflanzen und Pflanzenteile erstreckt, die nicht zu Vermehrungszwecken verkauft werden. Das bedeutet z. B., daß sich der Schutz auch auf die im Blumenladen angebotene Schnittrose bezieht. Eine Ausnahme bildet hierbei die Verwendung geschützter Sorten für wissenschaftliche Zwecke und zur Züchtung, weil sonst durch die Schutzbedingungen der weitere Fortschritt gehemmt würde.

Rosennamen

Hat eine neue Rose allen Prüfungen und kritischen Blicken standgehalten und soll auf den Markt gebracht werden, so muß sie natürlich einen Namen bekommen. Die Namensgebung ist nach internationaler Vereinbarung geregelt.

Es dürfen keine Namen gewählt werden, die schon für andere Sorten verwendet wurden oder die etwa mit botanischen Art- und Gattungsnamen verwechselt werden könnten. Sie dürfen nicht nur aus Zahlen und Buchstaben bestehen oder Anlaß für Ärgernis bieten, auch nicht die Möglichkeit der Entstehung falscher Vorstellungen offenlassen, besonders in bezug auf ihren Wert, die Eigenschaften oder ihre Herkunft.

Die Kontrolle über die Legitimität der Namen wird durch internationale Registrierstellen durchgeführt, für Rosen durch die „International Registration Authority for Roses" die in verschiedenen Ländern Registrierstellen unterhält, von denen aus die Anmeldungen schließlich bei der Zentrale in den USA zusammengefaßt werden.

Die Zahl der bereits vergebenen Namen geht in die -zigtausend. Kein Wunder, wenn die Namensgebung sehr oft auf Hindernisse stößt und bei der Suche nach guten Namen festgestellt werden muß, daß ein anderer schon viel eher den gleichen guten Gedanken hatte.

Interessant ist festzustellen, unter welchen Namen die Rosen in die Welt gehen. Früher wurden die Sorten häufig nach Generalen, Staatsoberhäuptern und Politikern bzw. deren Frauen benannt. Zu Hunderten geistern deshalb die Mesdames und Mistresses durch die Rosenwelt. Wie ehren heute große Humanisten, wie 'Alexander v. Humboldt' und 'Prof. A. Schweitzer'. Nicht selten finden wir Sorten, die Namen von Künstlern, wie 'Paul Robeson', 'Satchmo', 'Maria Callas', 'Sophia Loren' oder 'Maurice Chevalier', tragen. Naheliegend ist, daß der Züchter Sorten nach Personen aus seiner Verwandtschaft benennt, so hieß 'Gloria Dei' ursprünglich, und in Frankreich heißt sie heute noch 'Mme A. Meilland'; aber auch 'Michèle Meil-

land', 'Alain', 'Sonia' und 'Manou' gehören zur Familie. Namen aus Mythe, Sage und Geschichte, die zum Begriff geworden sind, wie 'Don Juan' oder 'Casanova', fehlen nicht. Selbst das Altertum ist mit 'Kleopatra', 'Pharaoh', 'Penelope' und dem Azteken 'Montezuma' vertreten.

Nicht selten weist der Name auf bestimmte Eigenschaften hin: Die 'Masquerade' verändert die Blütenfarbe, 'Virgo' (die Jungfrau) und 'Alaska' können nur weiß sein, der 'Schwarze Samt' ist zwar nicht schwarz, aber doch zumindest sehr dunkelrot, und der 'Zwergkönig' muß eine Zwergrose sein.

Daß es bei den Rosen nicht ohne Liebe geht, bedarf wohl keiner Erläuterung. Und so finden wir alles, beginnend bei 'Amor' über die 'First Love' (Erste Liebe) und das 'Rendezvous' zum 'Liebeszauber', dem 'Liebestraum', der 'Liebesglut' und der 'Brennenden Liebe' zur 'Dame de Cœur', es folgt 'Bridal Robe', das Brautkleid in 'Bridal White', und dann ist der Weg bis zu 'My Baby' nicht mehr weit.

Aber auch Namen von Tänzen wurden als Sortennamen gewählt. Wir finden 'Mazurka', 'Csárdás', 'Fandango', 'Farandole', 'Sarabande', 'Barcarole' und 'Polka' sowie 'Wiener Walzer', 'Tango', 'Paso doble' oder 'Rumba', 'Calypso', 'Charleston', 'Bossa Nova', 'Mambo' und 'Letkiss'.

Viele Sorten tragen Namen aus dem Bereich der Musik: Es gibt 'Jazz', 'Etude', 'Fugue', 'Serenade', 'Hymne', 'Ballet' und 'Symphonie', 'Prelude' und 'Intermezzo'. Man kann sich auch ein Orchester aus Rosennamen zusammenstellen, aus 'Fanfare', 'Trumpet', 'Tam Tam', 'Guitare' und natürlich dem 'Dirigent', auch wenn diesem die Besetzung etwas eigenartig erscheinen mag und er nicht recht weiß, welches 'Opus' er auf das Programm setzen soll.

Die vorgeschriebenen Tempi können bei 'Adagio' beginnen und sich über 'Allegretto' bis 'Allegro' und 'Vivace' steigern. Selbst das 'Arpeggio' fehlt nicht, und auch ein 'Dacapo' muß es geben. Daß die 'Opera' nicht zu kurz kommt, dafür sorgen 'Bajazzo', 'Rigoletto', 'Fidelio', 'Traviata' und 'Aida'.

Der Alkohol spielt eine beträchtliche Rolle. Das Angebot reicht vom 'Aperitif' mit 'Wermouth' zu 'Cognac', 'Brandywine', über 'Cherry Brandy', den 'Whisky' und 'Coctail' bis 'Pink Champagner' und 'Roter Champagner'.

An die Sorte 'Märchenland' können wir 'Dornröschen', 'Schneewittchen', 'Cinderella' (Aschenbrödel), 'Youki San' (japan. Frau Holle) und 'Ali Baba' anreihen. Seltener sind mahnende Namen wie 'Rose of Lidice' und 'Souvenir de Anne Frank'.

Städtenamen könnte man wohl seitenweise aufführen, dazu Landschaften und Gebäude wie 'Lausitz' oder 'Schloß Moritzburg'.

Sportliche Ereignisse hinterlassen mit 'Olympisches Feuer' oder 'Olympic Triumph' ihre Spuren, stürmische Ereignisse in 'Tornado' und 'Taifun'.

Die Namensgebung folgt auch der Weiterentwicklung von Wissenschaft und Technik. Mit 'Apollo', 'Raketa', 'Sputnik', 'Juri Gagarin', 'Valentina Tereschkowa' oder 'Lunochod' begibt sie sich auf das Gebiet der Kosmosforschung.

Diese Beispiele zeigen, daß es wohl kaum ein Gebiet gibt, aus dem nicht Begriffe für die Benennung von Rosen verwendet wurden. Überwiegend sind es, wie sollte man es bei der Rose auch anders erwarten, Begriffe, mit denen sich etwas Angenehmes verbindet. Daß es bei der Benennung von Rosensorten auch Geschmacklosigkeiten und Entgleisungen gibt, sei nur am Rande erwähnt.

Sortenschicksale

Unter den vielen Rosensorten sind einige bemerkenswert, weil sie die Verhältnisse ihrer Zeit widerspiegeln. So fand der Gartendirektor LELIEUR des französischen Königs 1812 einen wertvollen, öfterblühenden, hellroten Sämling, den er 'Rose Lelieur' benannte. Als 1814 Ludwig der XVIII. auf den Thron kam, verlangte dieser, daß diese Rose ihm zu Ehren umbenannt werde. So hieß sie also 'Rose du Roi'. Nun kam aber Napoleon für die bewußten hundert Tage aus der Verbannung zurück, und damit war natürlich die Königshuldigung nicht mehr tragbar, die Rose wurde umbenannt in 'Rose l'Empereur'. Doch nach der endgültigen Niederlage Napoleons hieß sie wieder 'Rose du Roi'. Nach England war sie unter dem sachlichen Namen 'Lee's Crimson Perpetual' eingeführt worden. 'Rose Lelieur' ist vermutlich die erste aus künstlicher Kreuzung entstandene Rose, und zwar aus der Portland-Rose und *Rosa gallica* 'Officinalis'.

Wie sich fehlende Schutzrechte und Geschäftemacherei auswirken, ist ebenfalls durch Beispiele zu belegen. Die während fast eines Jahrhunderts weltbekannte Sorte 'Maréchal Niel', die in den 50er Jahren des vorigen Jahrhunderts bei PRADEL entstand, wurde anfangs nur vereinzelt veredelt. Auf Ausstellungen, in denen sie gezeigt wurde, fiel sie zwar auf, sie kam aber zunächst nicht in den Handel. Schließlich erkannte VERDIER den Wert dieser Sorte und ließ über Bekannte alle existierenden Pflanzen aufkaufen, so daß im Jahre 1864 der Züchter selbst keine Pflanze mehr besaß. Jetzt wurde sie von VERDIER in den Handel gebracht. Über die weitere Verbreitung durch VERDIER gehen die Meinungen auseinander. So wird davon berichtet, daß er eine Pflanze der Sorte kostenlos allen Bestellungen beifügte, die seine gesamte Kollektion abnahmen. Diese Version ist aber sicher die geschmeichelte Umschreibung der wahrscheinlichen Praxis, daß die Kunden 12 Rosen zu erhöhtem Preis abzunehmen hatten, um zu einer 'Maréchal Niel' zu kommen. Gleichgültig, wie

der wahre Sachverhalt war, der Züchter ging in jedem Falle leer aus.

Auch anderen Züchtern ging es ähnlich; sie steckten viel Arbeit in die Züchtung, waren aber nicht geschäftüchtig genug, die Erfolge ihrer Arbeit in klingende Münze umzusetzen. Wir dürfen nicht mit heutigen Maßstäben messen, wenn wir lesen, daß durch gute Reklame von der Sorte 'Souv. de Pierre Notting' (Soupert & Notting 1902) im 1. Jahr rund 4000 Pflanzen zu guten Preisen abgesetzt werden konnten. Dagegen wurden wegen fehlender Reklame von der auch heute noch gepflanzten 'Conrad Ferdinand Meyer' (Müller 1899) nicht einmal 50 Stück verkauft! 2 Jahre danach führte eine Firma in Orléans einen Auftrag über 20 000 Pflanzen dieser Sorte für Amerika aus, wovon der Züchter wieder einmal nichts hatte.

Zufälle bestimmen in manchen Fällen die Entwicklung und zeigen, daß auch Züchter mit langjährigen Erfahrungen nicht vor Irrtümern sicher sind. Kaum eine Sorte, vor allem bei den Teehybriden, hat in ihren Vorfahren nicht *Rosa foetida* aufzuweisen. Welchem Zufall diese Entwicklung zu verdanken ist, zeigt das folgende Beispiel: Der französische Züchter PERNET-DUCHER kreuzte die Remontantrose 'Antoine Ducher' mit 'Persian Yellow' (*Rosa foetida persiana*). Da fast alle Sämlinge wertlos waren, verwarf er sie bis auf einen. Bei diesem fand er schließlich eine auffallend gute gelbe Blüte. Jedoch mußte er feststellen, daß diese Blüte nicht dem Sämling entstammte, sondern einer ganz schwächlichen Pflanze, die er beim Vernichten der übrigen übersehen hatte. Glücklicherweise, denn diesem gelben Sämling verdanken wir eine ganze Klasse, die Lutea-Hybriden, die als solche heute nicht mehr existieren, uns aber alle kräftig gelben, bronze- und kupferfarbenen Töne in das Sotiment gebracht haben.

Ein Beispiel für Fehleinschätzung ist die bekannte Sorte 'Garnette'. Dieser Sämling wurde 1938 bei TANTAU ausgelesen. Die Prüfung im Freiland verlief nicht positiv, unter anderem wegen des zu schnellen Durchtriebs der Augen. Dennoch kamen Reiser nach den USA, sie wurden unter Glas aufgepflanzt, und nun erst zeigte sich ihr Wert als hochproduktive kleinblumige Hausrosensorte. Die Sorte sowie eine Reihe ihrer Sporte und aus ihr weiterentwickelte Züchtungen begründeten ihren Siegeszug um die Welt als Hausrose und die Einführung der Floribundarosen in den Anbau unter Glas. So kehrte 'Garnette' über die Niederlande in das Ursprungsland zurück. Als Einführungsjahr wird 1947 angegeben, im Katalog des Züchters wird sie aber erstmals im Jahre 1952 angeboten.

Die sogenannte „Kleinste Rose der Welt", *Rosa rouletii (= Rosa chinensis* 'Minima'), hat ebenfalls eine bemerkenswerte Einführungsgeschichte. Während des ersten Weltkrieges, im Jahr 1917, findet der Colonel ROULET im Dorf Mauborget in dem Schweizer Jura am Fenster eines Gehöftes diese Zwergrose. Als Henri CORREVON, der durch ihn davon hörte, dort ankommt, ist das Dorf samt den Rosen abgebrannt. Von den Einwohnern erfährt er, daß im Nachbarort Onnens ebensolche Rosen stünden, wo er dann auch Stecklinge erhält, die er 1920 als *Rosa rouletii* einführt. Wahrscheinlich hat diese Rose auf den Fensterbrettern der Jurabauern seit der ersten Einführung rund 100 Jahre überdauert und ist dort bis zu ihrer Wiederentdeckung und Wiedereinführung durch H. CORREVON erhalten geblieben.

Eine sehr lebhafte Geschichte hat auch die Weltsorte 'Gloria Dei'. Der Sämling war bei MEILLAND in Frankreich ausgelesen worden. Im Krieg versuchte MEILLAND das Züchtungsmaterial zu retten, indem er Reiser an befreundete Betriebe in Deutschland, Italien und den USA

gab. Die Reiser wurden also in verschiedenen Ländern veredelt. Die Sorte gefiel und kam nach Kriegsende in allen diesen Ländern unter verschiedenen Namen in den Handel: in Frankreich selbst als 'Mme A. Meilland' nach der Mutter des Züchters Francis MEILLAND, in Deutschland als 'Gloria Dei', in Italien als 'Gioia' und in den USA als 'Peace'. Die amerikanische Namensgebung hat noch ihre besondere Bewandtnis. Ihren Namen erhielt die Sorte am Tag der Eroberung Berlins, der letzten Bastion des faschistischen Deutschlands durch die sowjetische Armee mit folgender Erklärung: „Wir sind überzeugt, daß die größte Rose unserer Zeit nach dem sehnlichsten Wunsch der ganzen Welt genannt werden sollte: Peace. Wir glauben, daß sie dazu bestimmt ist, als eine klassische Rose noch in den Gärten unserer Enkel und vieler nachfolgender Generationen zu bleiben. Wir wählen den Namen 'Peace', er soll daran erinnern, wie bitter schwer wir gelernt haben, daß der Frieden für alle Menschen immer lebensnotwendiger wird, daß die Menschheit ihn mit größerer Besonnenheit, Wachsamkeit und Vorsicht erhalten muß, als sie es bisher vermocht hat. In diesem Sinne geben wir dieser schönen neuen Rose — mit allen unseren Hoffnungen für die Zukunft – den Namen 'Peace'." Als die 49 Delegierten der 1. Zusammenkunft der Vereinten Nationen 1945 in San Francisco zusammenkamen, fanden die Delegationsleiter in ihren Hotelzimmern eine Rose der neuen Sorte 'Peace' mit dieser Botschaft vor: „This is the 'Peace' rose which was christened ... on the day Berlin fell. We hope the 'Peace' rose will influence men's thoughts for everlasting WORLD PEACE."

Farbe und Duft

Die Farbe der Rosenblüte entscheidet als erstes, ob wir für eine Sorte eingenommen sind oder sie ablehnen. Das, was wir als Farbeindruck mit den Augen aufnehmen, macht aber allen, die sich mit der Rose beschäftigen, oft große Schwierigkeiten. Es beginnt damit, daß beispielsweise zwei Blüten der gleichen Sorte im Farbton ziemlich stark voneinander abweichen können. Wir würden dies feststellen, wenn wir eine Blüte, die sich im Juli entfaltet hat, mit einer im September erblühten nebeneinander halten könnten. Aber schon, wenn die Pflanzen unterschiedlichen Boden- oder Klimabedingungen oder auch nur verschiedener Witterung ausgesetzt sind, variiert bei vielen Sorten die Farbe mehr oder weniger stark. Dazu kommt, daß eine Blüte meist im aufgeblühten Zustand anders aussieht als in der Knospe. Ja, wenn man genau hinsieht, wird man auch bei scheinbar einfarbigen Sorten feststellen, daß das einzelne Blütenblatt sogar Farbunterschiede von oben nach unten oder zwischen der Außen- und Innenseite aufweist. Hält man gar eine Blüte, die sich unter Glas entwickelt hat, gegen eine der gleichen Sorte aus dem Freiland, bezweifelt man oft, daß es Blüten einer Sorte sind. Es wirken weiter unterschiedliche Beleuchtungsbedingungen, Unterschiede in der Oberfläche des Blütenblattes, z. B. der Samtglanz, und selbst die Größe der Blüte ist für den Farbeindruck von Bedeutung.

Schwierig ist es sowohl für den Rosenliebhaber als auch für den Fachmann, sich auf Grund der Beschreibung einer Sorte die Farbe vorzustellen. Das Beschreiben von Rosenfarben ist nämlich sehr schwer. Man braucht nur einmal zu versuchen, die Farben von zehn nebeneinanderstehenden roten Rosensorten so zu beschreiben, daß sich jeder Leser ein genaues Bild davon machen kann. Eine solche Aufgabe ist kaum zu bewältigen. So ist es auch verständlich, daß beim Vergleich mehrerer Beschreibungen einer Sorte in Katalogen oder Büchern häufig sehr unterschiedliche Farbbeschreibungen zu finden sind.

Eine Möglichkeit, zu größerer Übereinstimmung zu kommen, ist die Verwendung von Farbkarten. Auf diesen sind die Farben in bestimmten Abstufungen aufgedruckt, so daß beim Vergleich mit der natürlichen Blütenfarbe eine bestimmte Farbbezeichnung gefunden werden kann.

Gerade bei den Rosen ist das Streben nach genaueren Farbunterscheidungen an Hand von Farbkarten schon recht alt. Der erste Versuch, eine Farbtafel zu entwickeln, geht auf das Jahr 1888 zurück. Diese Tafel enthielt 11 Farben in je 5 Stufen, also 55 Abstufungen und dazu 6 Verlauffarben. Etwa 50 Jahre liegen die Anstrengungen zurück, eine an das Ostwaldsche System angelehnte Farbtafel mit über 600 Farben zu drucken, auch waren Vorbereitungen für einen Rosenfarbenatlas getroffen, der 1200 bis 1500 Farbtöne erfassen sollte.

Heute werden die Horticultural Colour Chart (HCC) oder ihre Weiterentwicklung, die Farbkarten der englischen Royal Horticultural Colour Chart (RHC) und der Pflanzenfarbenatlas von BIESALSKI verwendet. Alle diese Farbkarten reichen jedoch besonders im dunkelroten Bereich für die Rosen bei weitem nicht aus.

Die Bestimmung mit solchen Hilfsmitteln ist zwar wesentlich genauer als eine verbale Beschreibung, in der allgemeinen Praxis können sie sich aber nicht durchsetzen. Denn wenn in einem Rosenkatalog statt der gewünschten Farbbezeichnung lediglich Buchstaben und Zahlensymbole angegeben wären, könnten sie dem Interessenten nur dann nützen, wenn er selbst im Besitz solcher Hilfsmittel wäre. Diese sind aber sehr teuer.

Eine weitere Methode der Farbbestimmung, die aber nur für den wissenschaftlichen Gebrauch in Frage kommt, ist die Reflexionsmessung. Hierbei wird das Blumenblatt mit einfarbigem Licht in verschiedenen Wellenlängen bestrahlt und der jeweils reflektierte Anteil gemessen. Werden die Werte in einem Koordinatensystem zusammengefaßt, in dem die Wellenlänge des Lichtes auf der x-Achse und der Prozentsatz des reflektierten Lichtes auf der y-Achse aufgetragen wurden, entsteht für jede Sorte eine typische Kurve. So reflektiert eine weiße Sorte in fast allen Bereichen einen hohen Wert, während eine dunkelrote Rose meist nur im langwelligen roten Bereich hohe Reflexionswerte aufweist. Ist das Rot nicht rein und zeigt vielleicht eine Neigung zum Verblauen, wird noch ein geringeres Maximum der Reflexion in diesem Wellenbereich auftreten. Anhand dieser Kurven kann man sehr gut und anschaulich Sortenunterschiede oder Farbveränderungen in der Entwicklung der Blüte feststellen und auswerten.

Mit Spektralphotometern wird die Blütenfarbe in drei Komponenten zerlegt. Einmal wird der tatsächliche Farbton, also die Grundfarbe bestimmt, weiterhin die Sättigung, die durch die Reinheit oder den Grauanteil der Farbe gekennzeichnet ist, und schließlich die Helligkeit der Farbe. Man kann also eine Farbe exakt mit drei Zahlenwerten festlegen, die allerdings dem Laien nichts sagen.

Eine sehr genaue Methode bei der Farbbestimmung ist die Chromatographie, als Papier- oder Dünnschichtchromatographie angewendet. Ein Extrakt der Blütenblätter wird auf einem Papierstreifen durch ein Lösungsmittel in seine Bestandteile getrennt, und nach entsprechender Behandlung lassen sich auch geringste Mengen von Inhaltsstoffen nachweisen. Damit werden also die Inhaltsstoffe, die die Farbe hervorrufen, bestimmt, so daß Farbunterschiede der Sorten einwandfrei festgestellt werden können. Für wissenschaftliche Zwecke und die Züchtung ist diese Methode sehr wichtig, für die Farbbeschreibung hat sie aber keine Bedeutung.

Bisher war immer die Rede davon, wie die Farben bestimmt und beschrieben werden, aber nicht, wie sie nun eigentlich zustande kommen bzw. was für Stoffe die Farbwirkung hervorrufen. Die meisten Farbstoffe der Rosenblüte sind sogenannte Vakuolen-Farbstoffe, also Farbstoffe, die im Zellsaft gelöst sind. Der überwiegende Teil gehört zur Gruppe der Anthocyane, von denen es eine ganze Anzahl chemisch ähnlich aufgebauter Verbindungen gibt. Sie gehören zu den Flavonen und sind verantwortlich für die Farbpalette von Rosa über Rot, Lila, Violett bis Blau. Bei den Rosen spielen davon vor allem Cyanin, Chrysanthemin, Pelargonin, Callistephin und Paeonin eine Rolle.

Leider ist es nicht so einfach, daß ein bestimmtes Anthocyan oder die Mischung mehrerer einen festgelegten Farbton ergibt. Eine ganze Reihe weiterer Faktoren beeinflussen die Farbwirkung der Anthocyane. Neben der Art und Menge der vorhandenen Farbstoffe spielen die Anwesenheit weiterer Farbstoffgruppen, vor allem von Carotinoiden und Flavonolen, eine Rolle, eine Reihe sogenannter Copigmente, die zwar selbst keine Farbe haben, aber auf die Färbung einwirken, weiter der pH-Wert des Zellsaftes, der die Anthocyane im sauren Bereich nach rot, im alkalischen Bereich nach blau färbt. Das Blau der Kornblume wird aber entgegen der eben aufgestellten Behauptung im sauren Bereich ausgelöst, aber durch eine Metall-Komplexbindung des Farbstoffes. Schließlich können noch hochmolekulare Kohlenhydrate die Färbung beeinflussen. Es konnte nachgewiesen werden, daß verstärkte Metallvorkommen im Boden Einfluß auf die Farbausbildung der Rosen haben: Kupfer führt zum Verblauen, Nickel hat eine Aufhellung der Blütenblätter zur Folge, und Mangan verändert Blauanteile zu Purpurrot.

Die Anthocyane sind alle chemisch sehr ähnlich aufgebaut. Sie unterscheiden sich nur am B-Ring.

Anthocyanidin

Pelargonidin — H, OH, H

Cyanidin — OH, OH

Delphinidin — OH, OH, OH

Paeonidin — OCH_3, OH, H

Petunidin — OCH_3, OH, OH

Während bei Pelargonin 2 Mol Glukose gebunden sind, besitzt Callistephin nur 1, ebenso besitzt Chrysanthemin gegenüber Cyanin bei sonst gleichem Aufbau nur 1 Mol Glukose. Delphinidin wird bei Rosen bisher vergebens gesucht, sein Vorhandensein wäre der Ansatzpunkt zur Züchtung wirklich blauer Rosen. Insgesamt gilt, daß mit zunehmenden OH-Gruppen die Blaufärbung zunimmt, andererseits mit zunehmenden Methylgruppen die Rotfärbung verstärkt wird. Neben diesen Verbindungen treten noch zwei Flavonolabkömmlinge, Kämpferol und Quercetin, bei Rosen auf.

Cyanin ist der am häufigsten auftretende Farbstoff; er kommt vor allem bei den meisten Wildarten vor. Durch diese Verbindung ist das häufige Verblauen der roten Sorten bedingt. Paeonin ruft ebenfalls ein Rot hervor, das aber reiner als das des Cyanins ist, es kommt aber selten vor.

Pelargonin ist der Farbstoff der heute so beliebten ziegelroten Sorten. Er trat erstmals bei den Polyanthasorten 'Paul Crampel' (Kersbergen 1930) und 'Gloria Mundi' (de Ruiter 1930) auf und trat mit 'Kordes' Sondermeldung' (Kordes 1950) seinen Siegeszug an. Diese Sorte ist auch in allen Sorten dieser Farbgruppe als Vorfahr zu finden. Durch zahlreiche Kreuzungen ist der Pelargonidin-Farbstoff von den vielblumigen Sorten auf die Teehybriden übertragen worden.

Mit der Einkreuzung von *Rosa foetida* um 1900 kam ein neuer Farbfaktor in das Sortiment. Hier wirkt das Karotinoid, das nicht zu den Vakuolenfarbstoffen, sondern zu Plastidenfarbstoffen gehört. Die Farbträger sind hier sogenannte Chromoplasten, die zum Zellplasma gehören. Zu dieser Farbstoffgruppe rechnet auch die rote Farbe der Hagebutten, die durch das Lycopin hervorgerufen wird, das mit dem Karotin chemisch sehr nahe verwandt ist. Durch das gleichzeitige Vorhandensein von Cyanin und Karotinoid in der Rosenblüte werden die zahlreichen orange Farbtöne, vor allem der Teehybriden, hervorgerufen.

Untersuchungen zum Farbstoffgehalt von Rosensorten zeigten ganz eindeutig, daß die alten Rosenklassen fast nur Cyanin, vereinzelt noch Chrysanthemin aufwiesen. Bei den untersuchten Teehybriden beschränkte sich der Anthocyangehalt noch bei mehr als 90 % nur auf Cyanin, 5 % hatten noch einen Pelargoninanteil und weniger als 1 % einen Paeoninanteil aufzuweisen. Bei den Floribundarosen sah das Verhältnis we-

sentlich anders aus: Hier hatten nur noch reichlich 40 % Cyanin allein aufzuweisen, aber mehr als 50 % hatten neben Cyanin noch Pelargonin und fast 5 % noch Paeonin. Bei den neuen Sorten, besonders auch den Teehybriden, wird sich das Verhältnis entscheidend verschieben. Anders sieht es beim Karotinoidgehalt aus, der über die Teehybriden in das Sortiment kam. Von den untersuchten Sorten hatten noch rund 30 % der Teehybriden, aber 62 % der Floribunda- und sämtliche Polyantharosen kein Karotinoid aufzuweisen. Nur 25 %, in neueren Untersuchungen 30 % der Teehybriden und nur 11 % der Floribundarosen hatten einen hohen Karotinoidgehalt. Ein Zeichen dafür, daß die Möglichkeiten der Farbentwicklung bei Rosen noch lange nicht ausgeschöpft sind.

Die bereits genannten Karotinoide kommen in der Hagebutte sehr reichlich vor. Bei *Rosa canina* konnten außer dem bereits genannten Lycopin eine ganze Reihe weiterer Karotinoide nachgewiesen werden, so Xanthophylle, Carotine, β- und γ-Carotin, Rubixanthin, Phytofluen, Lutein, Zeaxanthin, Lycoxanthin, Taraxanthin und Violaxanthin.

Häufig fragen Rosenliebhaber nach einer schwarzen, einer blauen oder einer grünen Rose. Am leichtesten läßt sich das Problem der grünen Rose erledigen. Die sogenannte „Grüne Rose" gibt es als *Rosa chinensis* 'Viridiflora'. Allerdings handelt es sich hier um eine Monstrosität und nicht um eine Rose mit grünen Blütenblättern. Das Wachstum dieser Art ist nur sehr spärlich. Es wurde festgestellt, daß diese Erscheinung auf Mikroorganismen, und zwar Mykoplasmen zurückzuführen und dementsprechend als Krankheit aufzufassen ist.

Die „Schwarze Rose" steht immer wieder einmal im Mittelpunkt des Interesses, zumal häufig Reklame damit gemacht wird. Gleich zu Anfang sei hier festgestellt, daß es eine schwarze Rose nicht gibt und auch gar nicht geben kann. Die schwarze Rose würde die Wärmestrahlen nicht reflektieren und sich daher so stark erwärmen, daß sie verbrennt. Alle Rosen, die als „schwarz" angeboten werden, sind immer nur dunkelrot. Die Sorte, die am häufigsten als „schwarz" bezeichnet wird, ist 'Nigrette' (Krause 1934). Aber dieser Name trügt: 'Nigrette' ist nur sehr dunkelrot; sie wächst schwach und blüht sehr spärlich, so daß sie von keiner Baumschule mehr angeboten wird. In Rosarien ist sie als als Kuriosum zu sehen.

Ähnlich verhält es sich mit der blauen Rose. Es gibt zwar eine Vielzahl sogenannter blauer Rosen, jedoch sind das meist mehr oder weniger leicht bläulich angehauchte Farbmischungen. Ein reines Blau, wie wir es beispielsweise vom Enzian her kennen, gibt es nicht. Für solche reinen Farben sind Farbstoffe wie Delphinidin oder Myricetin nötig, die es bei Rosen aber nicht gibt. Bei den älteren sogenannten blauen Sorten, wie 'Veilchenblau' (I. C. Schmidt 1909), handelt es sich um ein Verblauen des roten Farbtones von Cyanin, es entsteht ein stark verblauter Rotton, der aber ziemlich unsauber aussieht. Auch die modernen blauen Rosen sind vom reinen Blau weit entfernt, es sind mehr lavendelartige oder violette Farbtönungen. Das hier wirkende lavendelfarbene Pigment ist wohl noch nicht bestimmt worden. Jedoch führt auch dieser Weg nicht zum reinen Blau. Durch Züchtungsarbeit können die roten Beimischungen im Laufe der Zeit vielleicht eliminiert werden, am lavendelfarbenen Ton würde sich aber nichts ändern.

Wie die Farbe, so hat auch der Duft der Rose die Aufgabe, Insekten anzulocken, die die Bestäubung durchführen und damit die Voraussetzung für die Erhaltung der Art geben. Auf die Intensität des Duftes hat vor allem das Wetter einen starken Einfluß. Bei bewölktem, kaltem Wetter nimmt bei allen Sorten die Stärke des Duftes ab, oft ist der Duft dann kaum zu spüren. Ist die Witterung aber sonnig, vielleicht sogar etwas schwül, und regt sich kein Wind, spüren wir bei einer ganzen Anzahl von Sorten einen sehr intensiven Duft. Dennoch sehen wir eine Rose, vor allem eine großblumige, nur dann als vollendet an, wenn sie duftet.

Der Vorwurf, daß die modernen Rosen nicht duften, ist wohl auch weit übertrieben. In einer Untersuchung von mehr als 3500 Teehybridsorten kam man zu dem Ergebnis, daß zwar ein Anteil von etwa 25 % nicht oder nur sehr wenig duftet, immerhin aber 20 % der Sorten einen starken Duft aufwiesen. Beachtenswert ist, daß es bei Sorten, die im allgemeinen nicht oder nur wenig duften, manchmal Typen oder Pflanzen gibt, die einen relativ starken Duft hervorbringen. Bekannte Beispiele sind 'Virgo' und 'Ena Harkness'. Außerdem ist es wohl eine menschliche Eigenschaft, sich meist nur das Gute auf die Dauer zu merken, das weniger Gute gerät in Vergessenheit. Und so bleiben eben auch die alten, gut duftenden Sorten länger in Erinnerung als die früher auch vorhandenen zahlreichen nicht oder wenig duftenden Rosen.

Daß die Version der neuen nicht duftenden und der alten duftenden Rosen zum großen Teil eine bloße Behauptung ist, wird auch daraus deutlich, daß in der „Rosenzeitung" schon Ende des letzten Jahrhunderts über die neuen, nicht mehr duftenden Rosen geklagt wird. Nun, wenn das damals schon so war, ist doch wohl die Frage zu stellen, wer sich heute, nach 90 Jahren, noch immer an „früher" erinnern kann! Und noch etwas sollten wir bei dieser Gelegenheit bedenken: Die Menschen sind heute vielfach wesentlich mehr und stärkeren Düften und Gerüchen ausgesetzt als „früher". Die Folge ist, daß der Duft der Blumen als weniger stark empfunden wird oder aber das Geruchsempfinden vieler Menschen generell herabgesetzt ist, wie z. B. bei Rauchern gegenüber Nichtrauchern nachgewiesen ist.

Eins stimmt allerdings: unsere Polyantharosen und Polyantha-Hybriden duften fast alle nicht. Der fehlende Duft ist hier durch die Erbanlagen bedingt. Vielleicht gelingt es den Züchtern, auch in diese Gruppe den Duft einzukreuzen. Das ist allerdings nur mit Teehybriden möglich. Sorten, die besonders intensiv duften, gibt es im Sortiment eine ganze Reihe. Besonders viele sind unter den Teehybriden zu finden. Eine kleine Auswahl soll das verdeutlichen:

'Alec's Red'	'Papa Meilland'
'A. M. Trechslin'	'Pariser Charme'
'Carina'	'Royal Dane'
'Duftwolke'	'Sutter's Gold'
'Duftzauber'	'Tatjana'
'Erotika'	'Whisky'
'Mainzer Fastnacht'	

Von den Beetrosen können als Beispiele genannt werden:

'Arthur Bell'	'Irish Beauty'
'Escapade'	'Shocking Blue'
'Friesia'	

Auch unter den Strauch- und Kletterrosen sind solche mit markantem Duft zu finden wie z. B.

'C. F. Meyer'	'Golden Showers'
'Lichtkönigin Lucia'	'Sympathie'
'Westerland'	

Es gibt verschiedene Versuche, den Rosenduft zu beschreiben. Sie lehnen sich meist an Begriffe der Parfümerie an oder gehen vom Duft bestimmter Arten aus, z. B. vom „Damaszener-duft". Eine Arbeit unterscheidet 25 Duftarten und schreibt den Teehybriden sieben Elementar-duftstoffe zu, die als Rose, Kresse, Iris, Veil-chen, Apfel, Zitrone und Klee bezeichnet wer-den.

Uns bekannte Sorten werden wie folgt zugeord-net:

Rose: 'Ölrose von Kasanlak'
Rose und Klee: 'Chrysler Imperial',
  'Crimson Glory'
Rose und Kresse: 'Conrad Ferdinand Meyer'
Apfel: 'New Dawn'
Frucht (Quitte): 'Sutter's Gold'
Iris: 'Golden Showers', 'Geheimrat Duisberg'
Kresse: 'Dr. F. Debat'
Wein: 'Comtesse Vandal'
Apfel, Klee, Petersilie, Zitrone: 'Tallyho'
Farn, Moos: 'The Queen Elizabeth Rose'.

Die größte Duftvielfalt besteht bei roten Sorten, und hier bieten vor allem solche mit starken, samtartigen Blütenblättern die besten Voraus-setzungen für guten Duft. Weiße, gelbe und orange Sorten sollen meist einen weniger star-ken Duft haben. Aber auch hier bestätigen nur viele Ausnahmen die Regel. Der Duft, den wir empfinden, wird durch ätherische Öle hervorge-rufen, die in den Blütenblättern enthalten sind. Die Duftstoffe werden in den sogenannten Chloroplasten gebildet. Sie sind in der Pflanze als Glukoside vorhanden, welche nicht duften,

und werden erst durch die Einwirkung bestimm-ter Enzyme für unsere Nasen bemerkbar, wenn die Duftstoffe den auf der Blütenblattoberseite befindlichen Drüsen entströmen.

Die Stoffe, die wir als Duft wahrnehmen, kom-men aus verschiedenen Gruppen chemischer Verbindungen. Einige davon sind ungesättigte Alkohole (Geraniol, Nerol, Linalool, Farnesol), ungesättigte Aldehyde (Zitral), Phenole (Euge-nol) oder aromatische Alkohole (Phenyläthylal-kohol). Hauptbestandteil des Rosenduftes ist das Rhodinol. Es sind die gleichen Verbindun-gen, die wir im Rosenöl finden. Es muß jedoch betont werden, daß intensiver Duft keineswegs mit hohem Ölgehalt der Blütenblätter identisch sein muß. Außerdem ist der Duft auch innerhalb der Sorte nicht immer gleich. Er ändert sich im Laufe der Blütenentwicklung sowohl quantitativ als auch qualitativ.

Bei Untersuchungen verschiedener Rosensorten auf ihre Duftbestandteile konnte beispielsweise nachgewiesen werden, daß sich der Duft von 'Crimson Glory' (Kordes 1935) aus mindestens 28 Komponenten zusammensetzt. Hauptbe-standteil ist hier Citronellol. Bei der Sorte 'For-ever Yours' (Jelly 1964) konnten mindestens 37 Bestandteile festgestellt werden, deren Mi-schung den Duft der Sorte ausmachen. Hier sind es besonders β-caryophyllen und Gera-noil, die die Hauptkomponenten ausmachen. Wichtig ist für uns jedoch vor allem, daß der Rosenduft möglichst intensiv ist.

Verwendung der Rose

Es mag in der Entwicklungsgeschichte der Gartenarchitektur und auch der Rose selbst begründet sein, daß die Rosen heute in vielfältigerer Weise als früher verwendet werden. Noch vor 50 Jahren glaubte man, die Rose dürfe nur für sich allein und auf geometrisch angelegten Beeten stehen; das sei nötig, um ihrer Art gerecht zu werden.

Erst die Überzeugungsarbeit Karl FOERSTERS brachte einen Wandel in dieser Ansicht. Er war es, der eine Generation von Gartengestaltern davon überzeugte, daß die Rose auch in der Natur nicht für sich allein steht, sondern in Gemeinschaft mit anderen Pflanzen. Während der Schaffensperiode Karl FOERSTERS nahm die Rosenzüchtung einen gewaltigen Aufschwung. Es entstanden neue Rosenklassen, die der Verwirklichung seiner Gedanken regelrecht entgegenkamen. So zog die Rose mehr als bisher in den Park, in die öffentlichen Grünanlagen und in die Gärten ein.

Die Möglichkeiten der Gestaltung mit Rosen sind mit den im Sortiment vorhandenen Eigenschaften heute schier unerschöpflich, und sie werden bei weitem nicht voll ausgenutzt. Gewiß werden die Sorten entsprechend ihrer Blütenfarbe, ihrer Klassenzugehörigkeit und ihrer Wuchshöhe ausgewählt, die Gestaltungsmöglichkeiten sind damit aber nicht ausgeschöpft.

Wir kennen Arten und Sorten, die sehr früh zu blühen beginnen, erinnert sei an *Rosa hugonis* oder die 'Frühlings'-Sorten von KORDES; daß aber auch innerhalb der Rosenklassen, so bei den Teehybriden und Beetrosen, Differenzen allein im Blühbeginn bis zu teilweise 3 Wochen auftreten, wird nur selten berücksichtigt.

Auch die Blühdauer der Sorten ist unterschiedlich. Das gilt ebenfalls für die Reichblütigkeit, sei es zu einem bestimmten Zeitpunkt im Jahresverlauf oder als Gesamtsumme ausgedrückt. Betrachtet man die Reichblütigkeit im Verlauf der Blühperiode, ergibt sich eine typische Blühkurve. Allgemein wird im Freiland mit zwei Höhepunkten gerechnet, die sich auf den Zeitraum etwa der zweiten Junihälfte und Ende August bis Anfang September erstrecken und durch eine Periode geringerer Reichblütigkeit unterbrochen werden. Langjährige Beobachtungen beweisen, daß bei weitem nicht alle Sorten diesem Muster folgen. Die Blüh-Höhepunkte und -täler können zu unterschiedlichen Zeiten auftreten, verschieden stark ausgeprägt sein, bestimmte Sorten weisen regelmäßig überhaupt nur einen Höhepunkt auf, und wieder andere bringen sogar dreimal einen besonders reichen Flor. Je nach Absicht können durch die Ausnutzung dieser Merkmale bei einer entsprechenden Sortenzusammenstellung, beispielsweise bei gleichem Blühverlauf, besonders starke Höhepunkte herausgearbeitet oder bei unterschiedlichem Verhalten eine fortlaufende Blütezeit erreicht werden.

Diese wenigen Beispiele zeigen bereits deutlich, um wieviel sich die Palette der Gestaltungsmöglichkeiten mit Rosen erweitern läßt, daß zwei gleichfarbige Sorten bei weitem nicht immer gleich zu verwenden sein müssen und daß ein umfangreiches Wissen um die speziellen Sorteneigenschaften erforderlich ist, um sie voll nutzen zu können.

Rosen im Park

Während im Garten die architektonischen Linien vorherrschen, stellt der Park in den meisten Fällen eine Verbindung zur Landschaft dar; er soll eine von Menschenhand geschaffene Widerspiegelung der Natur sein. Im Park kann daher die Rose nur so verwendet werden, wie wir sie in der freien Landschaft antreffen. Dort finden wir sie als Hecke, am Feldrain, am Hang oder an Böschungen, an Waldrändern und in Waldlichtungen. Der naturnahe Charakter solcher Pflanzungen kann nur gewahrt bleiben, wenn die Sorten aus Rosenklassen gewählt werden, die den Wildrosen noch nahestehen. Dies bedeutet, daß Teehybriden nicht im Park verwendet werden. Andererseits können neben den Wildrosen Strauchrosen, welche auch als Parkrosen klassifiziert wurden, ohne weiteres gepflanzt werden.

Wildrosencharakter haben auch einige Sorten aus der Klasse der Kletterrosen. Während die Strauchrosen aufrecht wachsen, hängen viele Kletterrosen über. Sie können, sofern man ihnen keine Klettermöglichkeit bietet, zur Bekleidung von Bodenflächen verwendet werden. An Böschungen und an Hängen lassen sich mit ihnen besonders wirkungsvolle Effekte erreichen. Unter den Polyantharosen und Polyanthahybridrosen gibt es viele hochwachsende Sorten, die sich ohne weiteres auch in den Park eingliedern lassen.

Die Sortenwahl wird sich nach der Situation richten, wie geschlossene Hecke, Pflanzung vor Nadelgehölz- oder Laubgehölzgruppen, freistehende Gruppen, Einzelpflanzung, Hang- und Böschungspflanzung.

Rosen im Stadtbild

Die Gestaltung der Grünanlagen in den Wohngebieten wird sich nach der Architektur und dem für die Grünflächengestaltung zur Verfügung stehenden Platz richten. Für den Vorgarten des Einzelhauses, die Wohnzeile von eingeschossigen Bauten, bei Wohnblocks oder gar in der Nähe von Hochhäusern ergeben sich unterschiedliche Aspekte, aber in jedem Falle wird die Rose der dominierende Farbgeber sein.

Vom geometrischen Beet über die Einzel- und Gruppenpflanzung bis zur freien Anpflanzung sind je nach Raum- und Flächengestaltung alle Varianten möglich. Bei sehr großen Flächen sollte der freien Pflanzung nach naturnahen Motiven, ähnlich wie bei der Parkgestaltung, der Vorzug gegeben werden. Sonst kann auf das regelmäßig gestaltete Beet ebensowenig verzichtet werden wie auf die schmale Rosenrabatte.

Leider werden auch für große Rosenbeete noch vielfach Beetrosensorten verwendet, die während der Blütezeit eine gleichmäßige Höhe haben. Dies führt zu einer dem Teppichbeet ähnlichen Gestaltung und damit zu einer Farbfläche, die die einzelne Pflanze verschwinden läßt, besonders, wenn Rosen gleicher Höhe und Farbe ohne jegliche Unterbrechung zu Tausenden auf einer Fläche vereint werden. Bei solchen großen

Objekten ist es nötig, die Flächen durch Zwischenpflanzungen anderer Gehölze zu unterbrechen und aufzulockern. Der Effekt, den die Rosenmassen erzielen sollen, wird dadurch nicht gemindert; im Gegenteil, die Wirkung wird verstärkt, und man erreicht eine bessere Harmonie zu den Gebäuden. Während man bei verhältnismäßig kleinen Flächen Sorten wählen kann, die eine gleichmäßige, niedrige bis mittelhohe Wuchshöhe erreichen, sind für größere Flächen höher wachsende Sorten ungleicher Wuchshöhe erforderlich. So kann man den Eindruck eines Teppichbeetes vermeiden. In öffentlichen Grünanlagen werden außer den Strauch- und Kletterrosen die Polyanthahybridrosen und die Floribundarosen den Teehybriden vorgezogen. Das ist nicht etwa darin begründet, daß die Teehybriden die Schnittblumenliebhaber zum Mitnehmen reizen. Vielmehr wachsen Beetrosen buschiger, sie decken den Boden und blühen reicher und fast ununterbrochen während des ganzen Sommers. Viele Sorten stoßen die verwelkten Blütenblätter selbst ab. Dadurch werden die Pflanzen nicht unansehnlich, und die Arbeit des Entfernens der verblühten Blumen entfällt.

Rosen im Garten

Für den Garten können in diesem Rahmen noch weniger als für Park und Grünanlagen allgemeingültige Regeln gegeben werden. Lediglich einige Hinweise, wohin wir Rosen im Garten bringen können, sind möglich. Denn jeder Gartentyp dient einem anderen Zweck. Der Hausgarten verlangt eine andere Gestaltung als der Kleingarten, der nicht mit dem Haus in direkter Verbindung steht, oder als der Wochenendgarten. Bei der Anlage und Bepflanzung ist zu bedenken, welches Maß an Pflege vorausgesetzt werden kann.

Bei vielen Gärten wird in der Nähe des Gebäudes, am Eingangsweg oder an der Einfahrt eine regelmäßige Gestaltung gut wirken. Die Beete werden als Rechtecke angelegt, der Architektur des Gebäudes entsprechend, oder sie begleiten den Eingangsweg zum Haus hin. Ovale und runde Rosenbeete inmitten einer Rasenfläche, vielleicht sogar mit einem Kiesweg umgeben, sollten der Vergangenheit angehören, denn sie nehmen der Rasenfläche ihre Ruhe ausstrahlende Wirkung und verursachen einen wesentlich höheren Pflegeaufwand. Viele Gartenfreunde werden bemüht sein, die Rosenbeete repräsentativ zu gestalten und nutzen hierfür die Vielfalt der Rosen der verschiedenen Klassen.

Die Verwendung der Rosen als freiwachsende Schutzhecke ist noch viel zu wenig bekannt. Die botanischen Arten, die sogenannten Wildrosen, wie *Rosa canina, Rosa rubiginosa (R. eglanteria), Rosa rugosa* und *Rosa glauca (R. rubrifolia)*, sind dafür sehr gut geeignet. Sie bieten einen sicheren Schutz und erfreuen sowohl durch ihren Flor als auch im Herbst durch ihren Früchteschmuck. Bei richtiger Sortenwahl können auch Strauchrosensorten, einige Kletterrosensorten und selbst hochwachsende Sorten der Polyanthahybridrosen für freiwachsende Hecken verwendet werden. Die genannten Gruppen können aber auch an Stelle von Blütengehölzen verwendet werden. Während die Blütensträucher nur einmal im Jahr und nur kurzfristig blühen, können wir bei vielen Rosen mit einem mehrmaligen oder dauernden Flor rechnen.

Für Spaliere an Hauswänden und Lauben, für Pergolen und Zäune sind die Kletterrosen gut geeignet. Sie wirken auch sehr gut, wenn sie auf Böschungen wachsen oder über Mauern hängen, selbst im kleinen Garten.

Beetrosen werden, wie es der Name sagt, vorwiegend für die Beetbepflanzung eingesetzt. Doch soll der Name keine Begrenzung der Verwendung angeben, denn immer mehr finden sie Verwendung in der freien Pflanzung. Mit Beetrosen lassen sich starke und andauernde Farbeffekte erzielen. Unter den Beetrosen finden wir eine reiche Auswahl an Polyantharosen, Polyantha-Hybriden und Floribundarosen. Diese Rosenklasse wurde in den letzten Jahren stärker verwendet, nicht nur in Grünanlagen, sondern auch in Gärten. Ihre Beliebtheit verdanken die Beetrosen ihrer Gesundheit, Widerstandsfähigkeit, Wüchsigkeit, Reichblütigkeit und dem langen, fast ununterbrochenen Flor während des ganzen Sommers.

Mehr und mehr setzen sich die neuen Sorten aus der Gruppe der Floribundarosen durch. In diesen sind die guten Eigenschaften der Polyantha-Hybriden mit der eleganten Blütenform der Teehybriden vereinigt. Selbst die Blütengröße der Teehybriden ist bei den neuesten Sorten fast erreicht. Diese guten Eigenschaften, insbesondere aber ihre Reichblütigkeit und lang anhaltende Blütezeit begründen ihre Eignung für größere Gruppen und sorteneinheitliche Beete.

Wer ein repräsentatives Beet mit nur einer Sorte bepflanzt, kann der Wirkung sicher sein. Ein buntes Sortengemisch, vielerlei Farben und mancherlei Höhen wahllos nebeneinander, kann niemals zufriedenstellen. Die Verwendung nur einiger weniger Sorten, die Beachtung der Farbenharmonie und der Wuchshöhen erfordert viel Erfahrung.

Wesentlich schwieriger ist es, mit Teehybriden verschiedener Sorten eine einheitliche Wirkung zu erreichen. Denn jede Sorte hat ihre besonderen ausgeprägten Eigenschaften in bezug auf Wüchsigkeit, Höhe und Farbe. Außerdem haben die ausgesprochenen Schnittrosen unter den Teehybriden einen straffen aufrechten Wuchs, sie sind deshalb nicht geeignet, den Boden gut zu decken und kommen für eine dekorative Beetbepflanzung nicht in Frage.

Bei freier Pflanzung sollte man ebenso wie bei der Beetbepflanzung ein Vielerlei vermeiden. Denn ein guter Gesamteindruck kann nicht entstehen, wenn viele Sorten in einzelnen Exemplaren nebeneinander aufgereiht werden. Wer sammelt, sollte hierfür einen abseitsliegenden Gartenteil wählen. Im repräsentativen Gartenteil sollten Gruppen von wenigstens drei Exemplaren einer Sorte gepflanzt werden. Beetrosen und Teehybriden können dann beieinander stehen. Die Erfahrung macht auch hier den Meister.

Bei jeder Anlage ist von vornherein auf genügend große Abstände zwischen den einzelnen Arten zu achten. Der Garten wächst, und wir sollten diese natürliche Veränderung vorausschauend einplanen. Nicht für jede einzelne Pflanzenart oder Sorte kann eine genaue Anweisung gegeben werden, in welcher Entfernung sie zur anderen Pflanze stehen muß, zumal sich auch die örtlichen Boden- und Klimaverhältnisse und selbst die Pflege auf das Wachstum auswirken.

Selten ist der Gartenfreund bereit, zu dicht stehende Bestände auszulichten, um den verbleibenden Pflanzen bessere Entfaltungsmöglichkeiten zu verschaffen. Aber solcher Mut wird nicht unbelohnt bleiben. Nicht jede entfernte Pflanze muß auf dem Brennhaufen enden. Rosen lassen sich noch nach vielen Jahren verpflanzen, wenn sie stark zurückgeschnitten werden.

Stammrosen werden nicht in jeden Garten gepflanzt werden können. Gegenüber den Buschrosen haben sie mancherlei Vorteile. Die Blumen bieten sich dem Betrachter in Sichthöhe, und ihr Duft kann bequem genossen werden.

Vielfach haben die Blüten der Stammrosen eine größere Farbenintensität im Vergleich zu Buschrosen der gleichen Sorte. Die Erdbodenferne beugt dem Befall durch Sternrußtau bis zu einem gewissen Grade vor.

Stammrosen machen jedoch mehr Arbeit, besonders beim Überwintern, als die Buschrosen, für das Niederlegen muß auch genügend Platz sein.

Wie bei den Teehybriden ergeben sich auch bei den Stammrosen bei einer harmonischen Zusammenstellung mehrerer Sorten Schwierigkeiten. Denn auch auf dem Stamm entwickelt sich jede Sorte ihrer Eigenart entsprechend. Die unterschiedlichen Wuchshöhen können selbst bei einheitlicher Stammhöhe zu einem unruhigen Bild führen. Zu hohe Stämme stören das Gartenbild, besonders im kleinen Garten, und bringen die Blumen über die Augenhöhe hinaus.

Rosennachbarschaften

Als die Teehybriden noch den Garten beherrschten, wurden sie auf geometrischen Beeten zusammengepflanzt. Oft waren die Rosen dann die einzigen Blumen, sie hatten keine Verbindung zu anderen Pflanzen. Selbst die Beete in der Rasenfläche wurden durch Kieswege vom Rasen getrennt.

In den letzten Jahrzehnten erfuhr die Gartengestaltung einen grundlegenden Wandel. In dieser Zeit waren auch die Rosenzüchter erfolgreich und brachten die Polyantha-Hybriden und schließlich die Floribundarosen heraus. Diese neuen Rosen erlaubten eine ganz andere Gestaltung des Gartens. Jetzt verschwanden die abgezirkelten Beete, die Gärten wurden nun nach Naturmotiven frei gestaltet. Die Teehybriden waren hierfür nicht geeignet, ihnen fehlte zum großen Teil die Reichblütigkeit und die Dauer des Flors, wie sie Polyantha-Hybriden und Floribundarosen eigen ist. Diese neuen Rosen traten an die Stelle der Teehybriden.

Mit dieser neuen Gestaltungsrichtung trat aber das Problem der Benachbarung mit geeigneten Pflanzen auf. Man kam zu der Erkenntnis, daß Nachbarschaft nicht Gemeinschaft schlechthin sein kann. Die Ansprüche der Rosen an Umwelt, Boden, Ernährung, Winterschutz und sonstige Pflege sind gegenüber den Ansprüchen anderer Pflanzen verschieden.

Eine Benachbarung ist jedoch erforderlich, vor allem sind Pflanzen nötig, die vor den Rosen

blühen. Außerdem bedarf der Garten einer Begrenzung, einer lebendigen Umrahmung, ferner sind während der Rosenblüte Auflockerungen und Betonungen erwünscht. Reizvoll ist es, eine Komposition von Farben verschiedener Pflanzenarten und Rosen zu schaffen. Nicht zuletzt sind bodenbedeckende Pflanzen erforderlich, um kleine Flächen zu begrünen.

Grundsätzlich bedarf die Rose des grünen Hinter- und Untergrundes. Eine Umgebung von Zement und Steinen, sei es als Weg oder Einfassung, selbst der Kiesweg, ist nicht nur aus ästhetischen Gründen abzulehnen: Dieses Material erwärmt sich rasch und stark, kühlt aber auch ebenso rasch wieder ab. Dieser Einfluß starker Temperaturschwankungen begünstigt die Entwicklung mancher Pflanzenkrankheiten.

Bewährt hat sich die Verbindung Rose und Rasen. Das ruhige Grün des Rasens bildet einen Untergrund, auf dem der Flor voll zur Geltung kommen kann. Außerdem erzeugt der Rasen ein der Rose zusagendes Kleinklima.

Bei der Auswahl der Begleitpflanzen muß auf den zu gestaltenden Raum Rücksicht genommen werden. Für Park, Grünanlage und Garten sind jeweils andere Maßstäbe erforderlich. Rose und Begleitpflanzen müssen in jeder Hinsicht harmonieren. Die Rose muß jedoch stets vorherrschen. Auch darf sie weder bedrängt noch im Wachstum gehemmt werden. Schon bei der Pflanzung ist darauf zu achten. Auch dürfen die Blütenfarben der Rosen nicht mit denen der Gehölze oder Stauden übereinstimmen, keinesfalls dürfen Disharmonien entstehen. Stets soll die Rose die Tonangebende sein.

Die Nadelgehölze mit ihrem nuancierten, wohltuenden Grün sind für Rosengärten zu bevorzugen, besonders wenn es gilt, einen wirksamen Hintergrund zu schaffen. Vor einer Wand von Nadelgehölzen kommen blühende Rosen vorzüglich zur Geltung. Besonders reizvoll sind Taxushecken und Einzelexemplare dieses Gehölzes.

Nicht immer wird es möglich sein, Nadelgehölze zu verwenden. Dann kommen die Laubgehölze in Betracht, wächst doch die Wildrose meist in Nachbarschaft von Laubgehölzen. Auch hier sind die immergrünen Laubgehölze zu bevorzugen, denn von ihnen geht ein Fluidum der Ruhe aus. Die Blüten vieler dieser immergrünen Laubgehölze sind unscheinbar und klein, aber im Herbst und bis in den Winter sind einige Arten reichlich mit leuchtenden Früchten besetzt. Besondere Beachtung verdienen die niedrigen Arten unter den immergrünen Laubgehölzen, welche als Bodendecker, auch für kleinere Flächen, und zur Unterbrechung größerer Rosenpflanzungen heute unentbehrlich geworden sind. Auch heute wird vielfach noch die Meinung vertreten, daß Stauden nicht mit Rosen harmonieren. Diese Meinung resultiert noch aus der herkömmlichen Vorstellung, daß die Rose unbedingt allein stehen müsse, um zur Geltung zu kommen. Wie schon erwähnt, mag dies bedingt zutreffen für beetweise gepflanzte Teehybriden. Aber für die vielen in den letzten Jahrzehnten erschienenen Polyantha-Hybriden und Floribundarosen, welche der Gartengestaltung neue Wege und Möglichkeiten erschlossen haben, weil sie einen ganz anderen Wuchscharakter als die Teehybriden haben, sind Stauden als Nachbarn wohl geeignet, sie erhöhen die Wirkung der Rosen. Natürlich muß auch hier maßgehalten werden. Was wir durch die Pflanzung von Nadel- und Laubgehölzen aufgebaut haben, um die Rosen richtig zur Geltung zu bringen, dürfen wir nicht durch unüberlegte Staudenpflanzungen zerstören. Sofern es sich um bodendeckende Stauden, Einfassungen oder Arten handelt, die nicht zur Rosenblüte ihren Flor entfalten, dürfte es kaum Disharmonien geben. Schwierig ist es nur, wenn die Nachbarschaft beitragen soll, die Rosenfarben zu ergänzen oder gar besser zur Geltung zu bringen. Derartige Pflanzungen bedürfen sorgfältiger Überlegungen.

Auch hier sei nochmals erwähnt, daß eine Unterpflanzung mit Stauden wegen der für die Rose erforderlichen Pflegearbeiten nicht empfohlen werden kann. Auch regt die für die Rosen erforderliche stärkere Düngung die Stauden zu einem Wachstum an, das ihren arteigenen Charakter verwischt. Man achte auch auf genügende Abstände zu den Rosen. Anderenfalls werden diese überwuchert, oder man hat ständig damit zu tun, die Rosen freizuhalten.

Manche Gartenfreunde möchten Blumenzwiebeln zwischen die Rosen pflanzen, um im Frühjahr einen freundlichen Anblick zu haben. Auch davon sollte man Abstand nehmen; die Pflegearbeiten im Rosenbeet werden behindert, und eine Verletzung der Blumenzwiebeln ist nicht zu vermeiden. Tulpenzwiebeln könnte man allerdings wesentlich tiefer pflanzen, so daß sie bei den Bodenlockerungsarbeiten nicht gestört werden. Im Frühjahr hindern sie uns aber auf jeden Fall.

Als weniger störend mögen die Kleinblumenzwiebeln, wie Schneeglöckchen, Krokus und Scilla, noch angehen. Jedoch auch diese sind nicht als Ideallösung anzusehen. Auch soll man nicht außer Betracht lassen, daß alle diese Zwiebelgewächse nach dem Verblühen nicht zur Zierde des Gartens gereichen. Erst wenn das Laub vergilbt ist, können wir es entfernen. Bei vorzeitiger Entfernung des Laubes können diese Gewächse ihre Speicherorgane nicht genügend ausbilden, und im nächsten Jahr wäre kein reicher Blütenflor zu erwarten. Es ist jedoch ohne weiteres möglich, die Blumenzwiebeln auf einer nahe gelegenen Fläche unterzubringen. Auch kann man sie horstweise in den Rasen setzen. Es ist auch möglich, Blumenzwiebeln in Gemeinschaft mit bodendeckenden Laubgehölzen oder Immergrünen zu pflanzen.

Bewährte Rosennachbarn

Wenn nachfolgend diejenigen Pflanzen aufgeführt werden, die sich als Rosenbegleiter bewährt haben, so ist damit kein allgemeingültiges Rezept gegeben. Es kommt schließlich auf die Erfahrungen des Gestaltenden an. Mit dem Wachsen und Gedeihen der Pflanzen wird er erkennen, ob sich sein Plan verwirklichen läßt. Nicht beim ersten Mal wird es gelingen, die richtige Lösung zu finden. Aber das stetige Versuchen und Neugestalten schafft die richtige Gartenfreude.

Nadelgehölze

Von den *Abies* (Tannen) kommen für unsere Betrachtungen nur einige wenige in Frage:
Abies concolor, die Koloradotanne. So schön und eindrucksvoll die allein schon wegen ihrer blaugrünen Benadelung ist, im kleineren Garten kann sie kaum Verwendung finden. Denn ihr schöner pyramidaler Wuchs erreicht bei uns eine Höhe von über 25 m.

Andere *Abies* verlangen meist hohe Luftfeuchtigkeit, sind nicht unbedingt winterhart und industriefest und werden verhältnismäßig hoch.

Zwergformen, wie *Abies balsamea* 'Nana' und *Abies koreana,* seien lediglich erwähnt, sie sind sehr selten zu haben. Beide wachsen sehr langsam.

Chamaecyparis (Scheinzypresse) *lawsoniana* 'Alumii' ist weit verbreitet und beliebt; wegen des säulenförmigen Wuchses und der stahlblauen Färbung sehr wertvoll. Die Sorte eignet sich auch für hohe Hecken. Während die Äste an jungen Pflanzen aufstrebend sind, hängen sie an alten Pflanzen leicht über. In strengen Wintern besteht die Gefahr des Erfrierens.

Chamaecyparis nootkatensis 'Pendula' ist nicht als Heckenpflanze verwendbar, wirkt aber als Solitär durch seine während des ganzen Jahres frischgrüne Benadelung. Die Hauptäste stehen fast waagerecht zum Stamm, und die Seitenzweige hängen mähnenartig über. Dadurch wird eine sehr dekorative Wirkung erzielt. Diese Pflanze ist winter- und rauchhart. Sie wächst nicht allzu schnell. Es dauert geraume Zeit, bis sie eine Höhe von 5 m erreicht hat.

Chamaecyparis pisifera 'Plumosa' bildet schöne dichtgeschlossene Pyramiden. Die Wuchshöhe erreicht 5 bis 10 m. Die Benadelung ist federartig gekräuselt, dunkelgrün und winterhart.

Chamaecyparis pisifera 'Plumosa Aurea' ist eine gelbgefärbte Abart der vorgenannten. Beide eignen sich recht gut für Hecken, zumal sie auch starken Schnitt vertragen.

Chamaecyparis pisifera 'Squarrosa' wächst breit kegelförmig und kann bis zu 10 m hoch werden. Dieses Nadelgehölz verträgt auch Schnitt, wirkt aber besonders wegen seines lockeren Aufbaues.

Chamaecyparis obtusa 'Nana Gracilis' wird nur bis 2 m hoch und ist deshalb als Solitär auch im kleinen Garten verwendbar. Es ist eine sehr langsam wachsende Zwergform mit dunkelgrüner, fächerartiger Bezweigung. Die kleinen Zweige sind mitunter muschel- bis tütenförmig gedreht.

Unter den *Juniperus* (Wacholder) finden wir Arten, die sich für Hecken, zur Einzelpflanzung sowie als flachwachsende Bodendecker eignen.

Juniperus chinensis 'Hetzii' wird wegen ihrer intensiv blaugrünen Farbe geschätzt, welche effektvoll in der Rosennachbarschaft wirkt. Während des Sommers tritt das Grün immer mehr zurück und geht in Graublau über. Der Wuchs ist strauchig, die Äste streben nach allen Seiten auseinander. Diese Sorte ist auch für Hecken geeignet. Wirkungsvoller ist jedoch ein freiwachsendes Einzelexemplar in Rosennachbarschaft. Bei natürlichem Wachstum wird die Wuchshöhe kaum 2 m übersteigen.

Juniperus chinensis 'Pfitzeriana' ist sehr weit verbreitet, weil sie sehr widerstandsfähig und anspruchslos ist. Als freiwachsendes Gehölz erreicht sie eine Höhe bis zu 3 und 4 m, läßt sich aber durch Schnitt auf 2 m Höhe halten. Die Zweige sind frischgrün, leicht überhängend. Als Einzelpflanze ist sie sehr wirkungsvoll, sofern man ihr genügend Standraum läßt.

Juniperus communis 'Stricta', der irische Säulenwacholder, als aufstrebende, straff pyramidal wachsende Form, kann unter gewissen gestalterischen Voraussetzungen Verwendung finden, um vertikale Unterbrechungen zu erzielen. Die Benadelung ist blaugrün. Die schmalen Pyramiden werden 3 bis 5 m hoch.

Juniperus communis 'Suecica', der schwedische Säulenwacholder, wächst etwas breiter als *Juniperus communis* 'Stricta'. Sie hat leicht nickende Zweigspitzen und wirkt deshalb nicht ganz so streng. Die Benadelung ist hell- bis graugrün. Beide Sorten sind winterhart.

Eine langsamwachsende Sorte, die kaum eine Höhe von 2,50 m erreicht und sich als Solitär sehr gut eignet, ist *Juniperus squamata* 'Meyeri', der Blauzederwacholder. Sie ist wegen der blauweißen Benadelung und des langsamen Wachstums sehr beliebt. Der Wuchs ist aufrecht. Im Alter fällt der Strauch etwas auseinander und wird innen oft kahl. Dies läßt sich vermeiden, wenn ein leichter regelmäßiger Schnitt durchgeführt wird. Um wieder einen guten Austrieb zu erreichen, ist allerdings eine zusätzliche Dünger- und reichliche Wassergabe erforderlich.

Juniperus sabina 'Tamariscifolia', der Tamariskenwacholder, ist als flachwachsende Sorte, für größere Flächen auch als Bodenbedecker, anzusprechen. Sie ist sehr breitwüchsig, dehnt sich bis zu 2 m aus und wird 50 bis 100 cm hoch. Sie hat eine bläulichgrüne Benadelung, die auch im Winter farbbeständig ist.

Wirkliche Bodenbedecker sind die Kriechwacholder *Juniperus horizontalis* 'Glauca' und *Juniperus horizontalis* 'Prostrata'. *Juniperus horizontalis* 'Glauca' ist schön blau gefärbt, wird nur 20 bis 30 cm hoch und bildet im Alter bis zu 3 m breite Matten. *Juniperus horizontalis* 'Prostrata' liegt dichter dem Boden an und ist auf sandigen, leichten Böden von ausgesprochen kriechendem Wuchs. Dagegen neigt sie unter besseren Wachstumsbedingungen, auf schweren Böden, dazu, sich nicht dem Boden eng anzuschmiegen, sondern die Triebspitzen wachsen aufrecht. Trotzdem ist sie als Bodenbedecker auch dort wertvoll. Sie wird nur 10 bis 30 cm hoch und breitet sich bis zu 4 m aus.

Picea omorika, die Omorika- oder Serbische Fichte, besticht durch ihren schmalen, schlanken Wuchs. Die leicht überhängenden Zweige wirken locker. Die dichte, dunkelgrüne, unterseits silberweiße Benadelung ist unempfindlich gegen Industrieabgase und Rauch. Wenn dieser Baum, der verhältnismäßig hoch werden kann, auch als Heckenpflanze empfohlen wird, dann nur als freiwachsende, nicht geschnittene Hecke, sonst geht die Eleganz des Wuchses verloren. Freistehend kommt er jederzeit besser zur Geltung. Diese Fichte eignet sich als Zwischenpflanzung in Gruppen gepflanzt oder auch als Einzelexemplar in großen Rosenanlagen.

Picea pungens 'Glauca Koster', eine veredelte Blaufichte, welche von Laien auch irrtümlich als „Blautanne" bezeichnet wird, scheint wieder Modepflanze geworden zu sein. Dabei wirkt sie steif und starr und bekommt keinerlei Verbindung zu anderen Pflanzen. Auffallend sind die schönen silberblau gefärbten Nadeln, welche sehr lang sind und starr um die Ästchen stehen. Bei der Anpflanzung dieser oder ähnlicher Blaufichtensorten sollte man Vorsicht walten lassen, selbst wenn das Silberblau besticht.

Bei den Zwergfichten, wie bei den meisten Zwergformen der Nadelgehölze, sollte man darauf achten, daß man Pflanzen erhält, die aus Stecklingen gezogen worden sind. Bei veredelten Pflanzen kann sehr oft die Pflanze von der Unterlage so beeinflußt werden, daß der typische Zwergwuchscharakter nicht beibehalten wird.

Picea abies 'Echiniformis', die Igelfichte, wächst recht langsam und bleibt kissenförmig. Den deutschen Namen erhielt sie, weil sie wie ein zusammengerollter Igel wirkt. Sie wird bis zu 60 cm hoch.

Picea abies 'Maxwellii' ist eine dichtbezweigte, flachkugelige Zwergform. Die Benadelung ist frischgrün, die Zweige meist abstehend, kurz und dick. Sie kann bis zu 1 m hoch werden.

Picea abies 'Nidiformis', Vogelnestfichte, ist eine gleichmäßig flach oder nestförmig vertieft wachsende Zwergform mit hellgrüner Benadelung. Sie bildet dichte Kissen mit kurzen, fächerartigen waagerecht übereinanderstehenden Zweigen.

Picea glauca 'Conica', die Zuckerhutfichte, wächst schmal und regelmäßig kegelförmig. Der Wuchs ist sehr langsam, bis zu 1,5 und 2 m

hoch. Im Austrieb ist die Benadelung hellgrün und verfärbt sich später bläulichgrün. Leider leidet diese Pflanze leicht unter Roter Spinne. Bei guter Ernährung und reichlicher Wassergabe im Sommer läßt sich der Befall einschränken.

Kiefern können bei geschickter Anordnung eine gute Verbindung mit Wildrosen, Strauchrosen und selbst Polyanthahybriden geben.

Picea aristata, die Grannenkiefer, ist langsamwüchsig. Sie fällt durch die etwas gedrehten Nadeln und fuchsschwanzartig aussehenden Zweige auf. An den dunkelgrünen Nadeln finden wir oft weiße Harzausscheidungen. Sie ist ein interessanter und imposanter Einzelbaum.

Pinus cembra, die Zirbelkiefer oder Arve, muß freistehen. Sie verträgt keinen Druck durch andere Pflanzen. Es ist eine zierlich wirkende Kiefer. Der Wuchs ist dicht und schmalpyramidal. Die Benadelung ist von auffallend blaugrüner Färbung. Sie kann eine Höhe von 10 bis 20 m erreichen.

Pinus strobus, die Weymouthskiefer, hat sehr dünne, blaugrüne, zartwirkende Nadeln. Die Äste stehen regelmäßig quirlig und waagerecht ab. Im Jugendstadium wächst sie pyramidal, später oft eine breitausladende Krone bildend. Leider leidet diese Kiefer oft unter Blasenrost. Sie verlangt zum guten Gedeihen einen sandigen Lehmboden und reichlich Bodenfeuchtigkeit.

Als Heckenpflanzen kommen von den *Pinus* nur die *Pinus mugo* mit deren Varietäten in Frage.

Pinus mugo, die Bergkiefer, ist eine verhältnismäßig starkwüchsige Art, die 3 bis 5 m hoch werden kann. Die Äste sind breitverzweigt, aber auch oft niederliegend, der Wuchs ist strauchig.

Pinus mugo ssp. *mugo,* die Krummholz- oder Latschenkiefer, wächst zunächst dicht gedrungen, später wird sie aber auch locker und mitunter auch höher als 2 m.

Pinus mugo ssp. *pumilio* ist sehr niedrigbleibend und erreicht lediglich eine Höhe von nicht über 1 m. Der Wuchs ist strauchig, niederliegend, später bis zu 3 m ausladend. Diese Zwergkiefer hat sehr dichte und kurze Nadeln.

Die Eibe mit ihren Arten und deren Sorten ist geradezu prädestiniert für die Rosennachbarschaft wegen des besonders dunklen Grüns.

Taxus baccata, die Gemeine Eibe, ist als Solitär wie auch als Heckenpflanze zu verwenden. Sie verträgt einen strengen Schnitt, gedeiht auch noch gut im Schatten. Selbst Baumdruck verträgt sie noch, wenn sie genügend Wasser erhält.

Taxus baccata 'Erecta' ist eine breit pyramidal wachsende, aufwärtsstrebende Sorte mit dunkel- bis graugrüner Benadelung.

Taxus baccata 'Fastigiata' wächst säulenförmig. Die Nadeln sind schwarzgrün. Die Pflanze wird nicht höher als 3 bis 5 m.

Taxus baccata 'Fastigiata Aurea' wächst langsamer und wird nur 3 m hoch. Die Nadeln der jungen Triebe sind am Rande schön gelbgrün, vergrünen jedoch später.

Diese beiden Sorten haben die Neigung, im Alter oben auseinanderzufallen. Dies kann sich bei starkem Schneefall ungünstig auswirken, weil die Triebe dabei leicht ausbrechen können.

Taxus baccata 'Overeyndери' bildet breite, dichte Pyramiden und bleibt auch im Alter dicht geschlossen. Diese Sorte hat eine schöne dunkelgrüne Benadelung. Sie ist auch als Hecke geeignet.

Taxus cuspidata, die Japanische Eibe, ist eine Art, die wegen ihrer absoluten Winterhärte geschätzt wird. Die schöne, tiefdunkelgrüne Benadelung erscheint im Austrieb rötlichbraun. In unserem Klima wächst sie verhältnismäßig langsam und meist strauchig bis buschig. Auch in schattigen Lagen fühlt sie sich noch wohl. Als niedrigbleibende Hecke ist sie gut geeignet.

Tsuga canadensis, die Hemlockstanne, ist eine sehr schöne, wirkungsvolle Konifere. Sie hat eine feine, zierliche Benadelung mit leicht überhängender, lockerwirkender Bezweigung. Dieser Baum, der bis zu 15 m hoch werden kann, versagt in trockenem, heißem Klima. Er bedarf zur guten Entwicklung windgeschützter und feuchter Lagen.

Thuja occidentalis, der Abendländische Lebensbaum, ist wohl sehr anspruchslos, winterhart und gut für Hecken verwendbar. Ihre Benadelung wirkt oft graugrün.

Thuja occidentalis 'Columna' ist mit ihrer dunkelgrünen, glänzenden Benadelung wesentlich schöner als die Art. Diese schöne, schlanke, pyramidal wachsende Form behält auch im Winter ihre glänzendgrüne Farbe. Da die Säulenform auch im späteren Alter beibehalten wird, kann

man fast ohne Schnitt bei der Verwendung als Hecke auskommen.

Thuja occidentalis 'Aureospicata' ist eine vollständig winterharte Form, welche auch die strengsten Winter ohne Schäden überstanden hat. Sie ist von kräftigem Wuchs mit glänzendgrünem Laub und bronzegelben Spitzen. Als Hecke läßt sie sich gut in Form halten. Freiwachsend wird eine Höhe von 5 bis 10 m bei breitkegelförmigem Wuchs erreicht.

Laubgehölze

Nicht immer wird die immergrüne Konifere die Kulisse bilden oder als Einzelexemplar oder Gruppe die erwünschte Unterbrechung oder Betonung bringen können.

Aus der Vielfalt der Laubgehölze lassen sich ebenso ein wirkungsvoller Hintergrund, eine Umrahmung oder andere gestalterische Momente schaffen, und es gibt nicht nur ein einheitliches Grün, das Blattgrün des Sommers. Einige Arten oder Formen tragen gelbliches Laub, andere sind grüngelb gefärbt. Im Herbst sind es die reizvollen Herbstfarben vom Dunkelgrün über Gelb bis Rot und Rotbraun, die zu den Rosen interessante Farbabstimmungen schaffen. Selbst im unbelaubten Zustand sind einige Arten recht imposante Erscheinungen, die nicht nur das übliche braungraue Holz zeigen, sondern durch glänzendes Grün, sattes Gelb oder leuchtendes Rot auffallen und dadurch dem winterlichen Garten Farbe verleihen.

Der größte Teil der Blütensträucher sind Frühjahrsblüher. Sie blühen zu einer Zeit, da die Rosen noch mit ihrem Blühen auf sich warten lassen. Deshalb sind die Blütengehölze wertvolle Helfer, um das Blühen während einer langen Zeit im Garten zu schaffen. Die Zahl der sommerblühenden Gehölze ist verhältnismäßig gering. Aber gerade diese Sommerblüher und davon wieder insbesondere die Kleingehölze können schöne Farbkontraste zu den Rosen bieten und die Rosenblüte zur Geltung bringen.

Heckenpflanzen

Es gibt ausgesprochene Heckenpflanzen, die sich für einen strengen Schnitt eignen, wie Feldahorn, Hainbuche und Liguster. Aber auch viele Blütensträucher lassen sich in strengem Schnitt halten. Jedoch ist eine freiwachsende Hecke von Blütensträuchern wesentlich reizvoller. Die Auswahl unter den Laubgehölzen ist verhältnismäßig groß, um so schwerer ist auch die Auswahl zu treffen, zumal so vielerlei Gesichtspunkte zu beachten sind.

Bevor man eine Hecke pflanzt, sollte man sich darüber klarwerden, daß eine streng geschnittene Hecke jährlich mindestens zweimal geschnitten werden muß, damit sie nicht eines Tages von unten her verkahlt. Auch muß man im Falle geringerer Pflege damit rechnen, daß eine Hecke Ausmaße in Höhe oder Breite annimmt, die unser Gartenbild zerstört.

Acer campestre, der Feldahorn, ist eine vorzügliche Heckenpflanze, da es den Schnitt gut verträgt. Auch im Halbschatten gedeiht es noch. In gutem Gartenboden werden längere Trockenperioden ohne Schaden überdauert. Für reinen Sandboden ist Feldahorn aber nicht geeignet. Die mattgrünen Blätter verfärben sich im Herbst zu einem schönen Gelb. Als freiwachsendes Gehölz kann es sich zu einem ausgewachsenen Baum von 15 m entwickeln.

Carpinus betulus, die Weiß- oder Hainbuche, ist äußerst anspruchslos an den Boden, gedeiht in sonniger wie auch schattiger Lage. Für heiße, trockene Südhänge ist sie jedoch nicht geeignet. Die Herbstfärbung ist gelb. Sie gehört zu den wenigen Laubgehölzen, die das Laub in bräunlicher Färbung mitunter bis weit in den Winter behalten und damit lange Zeit einen Sichtschutz gewähren. Sie verträgt auch den stärksten Rückschnitt, der bis fast an die alten Stämme gehen kann, wenn man die Hecke verjüngen will. Selbstverständlich muß dann durch Wasser und Düngung im Frühjahr nachgeholfen werden.

Fagus sylvatica, die Rotbuche, unser bekannter einheimischer Waldbaum, läßt sich auch als Hecke verwenden. Das Laub entzückt wegen seines schönen Farbenspieles vom zartgrünen Austrieb bis zu den immer wieder überraschenden Varianten von Braun, Gelb und Rot im Herbst. Es bleibt verhältnismäßig lange an den Zweigen. Die Rotbuche liebt allerdings nur kalkreichen, lehmigen Boden.

Ligustrum vulgare, der Gemeine Liguster, ist der bekannteste Strauch für Hecken, der sich auch, weil er sehr viel Schatten verträgt, als Deckstrauch eignet. Im Juni oder Juli erscheinen die weißen Blütenrispen, später hat er schwarze Früchte. Alle Liguster vertragen starken Schnitt.

Ligustrum vulgare 'Atrovirens' wird bevorzugt. Denn es ist trotz des wintergrünen Laubes, das bis zum Frühjahr an der Pflanze haftet, vollkommen winterhart. Das Laub verfärbt sich im Laufe des Winters dunkelgrün bis purpurbraun. Auf *Ligustrum ovalifolium* sollten wir verzichten, da es strenge Winter nicht übersteht und stark zurückfriert. Es ist ohne weiteres durch *Ligustrum vulgare* 'Atrovirens' zu ersetzen.

Ligustrum vulgare 'Lodense' ist ein niedrigbleibender, nur 50 cm bis 100 cm hochwerdender Liguster, der dichtbuschig wächst. Er hat in der Frostwiderstandsfähigkeit und in der Belaubung dieselben Eigenschaften wie *Ligustrum vulgare* 'Atrovirens'.

Ribes alpinum, die Alpenjohannisbeere, ein bis zu 2 m hochwerdender Strauch, läßt sich für sonnige, wie auch für schattige Lagen sehr gut verwenden. Dieser Strauch ist ganz besonders geeignet für Hecken, die niedrig gehalten werden sollen.

Blütensträucher

Fast alle Blütengehölze gleichen sich im Verwendungszweck. Während sich ein Teil auch für geschnittene Hecken eignet, können viele als freiwachsende Blütenhecke angepflanzt werden. Selbstverständlich ist die Möglichkeit der Verwendung in Gruppen und als Einzelpflanze gegeben.

Um Enttäuschungen zu verhindern, sei ein kleiner Hinweis für die Schnittbehandlung der Blütengehölze gegeben. Wie bei allen Gehölzen ist ab und zu ein Auslichtungsschnitt oder Verjüngungsschnitt erforderlich. Dabei soll man aber beachten, daß viele Arten am mehrjährigen, andere am einjährigen Holz blühen. Dies muß unbedingt beachtet werden, damit man sich nicht um die Freude am Blühen bringt.

Die Winterblüher überraschen zu einer Zeit, da noch Schnee und Frost regieren, sie sollten daher im Garten nicht fehlen. Sie werden hier nicht erwähnt als Nachbarn der Rose, sondern als Gehölze, die das Blühen im Garten einleiten, sie sind das erste Vorspiel kommender Blütezeit.

Hamamelis, die Zaubernuß, mit den beiden Arten *H. japonica* und *H. mollis* blüht von Januar bis März. Die Blüten sind überraschend bizarr, die Blütenblätter beider Arten sind schmal und scheinen mitunter stark zerknittert. Die Blütenblätter bei *H. japonica* sind lebhaft gelb, der Kelch innen purpurviolett. Bei *H. mollis* sind die Blütenblätter goldgelb und am Grund rötlich. Die haselnußähnlichen Sträucher werden 2 bis 3 m hoch und vertragen auch etwas Halbschatten.

Jasminum nudiflorum, der Echte Jasmin oder Winterjasmin, blüht bei milder Witterung bereits im Dezember, sonst im Februar bis März. Die gelben Blütensterne fallen besonders auf, weil sie vor dem Laub erscheinen. Wegen der verhältnismäßig langen und dünnen, schönen grünen Triebe läßt es sich gut an Spalieren ziehen.

Nach den Winterblühern erscheinen die ausgesprochenen Frühjahrsblüher. Auf diese legen wir Wert, weil sie Farbe in den Garten bringen, noch bevor unsere Rosen blühen. Bei dieser Gruppe bedarf es deshalb keinerlei Vorsicht in bezug auf die Farbabstimmung zur Rose. Sie blühen in den Monaten März bis Juni.

Chaenomeles, Scheinquitte oder Japanische Quitte genannt, ist ein hervorragender, auffallender Frühlingsblüher. Die roten, rosa und auch weißen großen Blüten erscheinen vor oder mit den Blättern.

Chaenomeles japonica wird nur 1 m hoch, die Blüten sind ziegelrot.

Als *Chaenomeles × superba*-Sorten sind zu nennen 'Andenken an Carl Ramcke' mit auffallend großen leuchtend zinnoberroten Blüten, 'Crimson and Gold' mit dunkelroten Blüten und goldgelben Staubgefäßen und als schneeweiße *Chaenomeles speciosa*-Sorte 'Nivalis'.

Zu den beliebtesten Frühlingsblühern gehört zweifellos die Forsythie, das Goldglöckchen. Bisher galt als Favorit *Forsythia × intermedia*. Diese ist inzwischen durch wertvollere Sorten überholt.

Forsythia × intermedia 'Beatrix Farrand' hat tiefgoldene Blüten, welche größer sind als bei allen anderen Sorten und Arten.

Forsythia × intermedia 'Spring Glory' hat eine lichtgelbe bis grünlichgelbe Blütenfarbe. Ältere und vorjährige Triebe sind vollbesetzt mit diesen hellgelben Einzelblüten. Mitunter frieren die Triebspitzen etwas zurück, ohne daß dies dem Ansehen der Pflanze schadet.

Forsythia × intermedia 'Spectabilis' wird immer noch als eine der schönsten dunkelgelben Sorten betrachtet.

Forsythien lassen sich sehr gut als Hecke halten, jedoch sollte man der Pflanze wegen des besseren Aussehens eine gewisse Freizügigkeit lassen. Wesentlich schöner ist der freiwachsende Strauch. Wenn wir ständig, von Ende Dezember bis Ende März, blühende Forsythienzweige im Zimmer haben wollen, dann können wir in Abständen von 14 Tagen jeweils gut mit Knospen besetzte Zweige schneiden. Damit verbinden wir gleichzeitig einen Auslichtungs- und Verjüngungsschnitt und können das Wachstum zurückhalten, ohne daß wir die Forsythien zu einer strengen Hecke formieren. Auf den teilweisen Blütenflor, den wir im Zimmer vorwegnahmen, müssen wir dann im Frühjahr im Garten verzichten.

Cytisus praecox, der bekannte Gartenginster, wird höchstens 1,5 bis 2 m hoch. Die leicht überhängenden Zweige sind im April bis Mai über und über mit lichtgelben Blüten besetzt. Die streng duftenden Blüten sind jedoch nicht für Zimmerschmuck geeignet.

Cytisus scoparius. Die Hybriden haben Blüten in reinem Gelb, Gelb mit Braun, Goldgelb mit Purpurrot. Sie blühen in der Zeit von Mai bis Juni. Die Büsche werden bis zu 2 m hoch, leiden aber mitunter durch Frost, treiben aber nach dem dann erforderlichen Rückschnitt wieder aus.

Spiraea arguta ist Ende April bis Anfang Mai über und über mit kleinen weißen Blütchen besetzt. Die Bezweigung ist fein, die Blätter sind klein. Die Triebe hängen leicht über. Der Strauch macht einen zierlichen Gesamteindruck. Er erreicht nicht mehr als 1,5 bis 2 m Höhe.

Spiraea × vanhouttei blüht Ende Mai bis Anfang Juni und ist damit einer der Blütensträucher, deren Blütezeit noch mit dem Beginn der Rosenblüte zusammenfällt. Dieser bis zu 2 m hochwerdende Strauch blüht weiß, die Blütenzweige hängen über; sehr gut als freiwachsende Blütenhecke zu verwenden; robuster als *Spiraea arguta*.

Leider gibt es nicht allzu viele sommerblühende Laubgehölze, welche zur gleichen Zeit wie die Rosen blühen. Andererseits müssen wir hier eine strenge Auswahl treffen, um die rechten Rosen-

62 'Iskra', (Meilland 1970),
Kletterrose, öfterblühend

63

64

66

63 'Schwanensee', (McGredy 1968),
   Kletterrose, öfterblühend

64 'Gruß an Heidelberg', (W. Kordes' Söhne 1959),
   Kletterrose, öfterblühend

65 'Golden Showers', (Lammerts 1956),
   Kletterrose, öfterblühend

66 'Conrad Ferdinand Meyer', (Dr. Müller 1899),
   Strauchrose, öfterblühend

67 'Händel', (McGredy 1965),
Strauchrose, öfterblühend

68 'Lichtkönigin Lucia', (W. Kordes' Söhne 1966),
Strauchrose, öfterblühend

69 'Moje Hammarberg', (Hammarberg 1931),
Bodendecker

70 'Fru Dagmar Hastrup', (Poulsen 1914),
Bodendecker

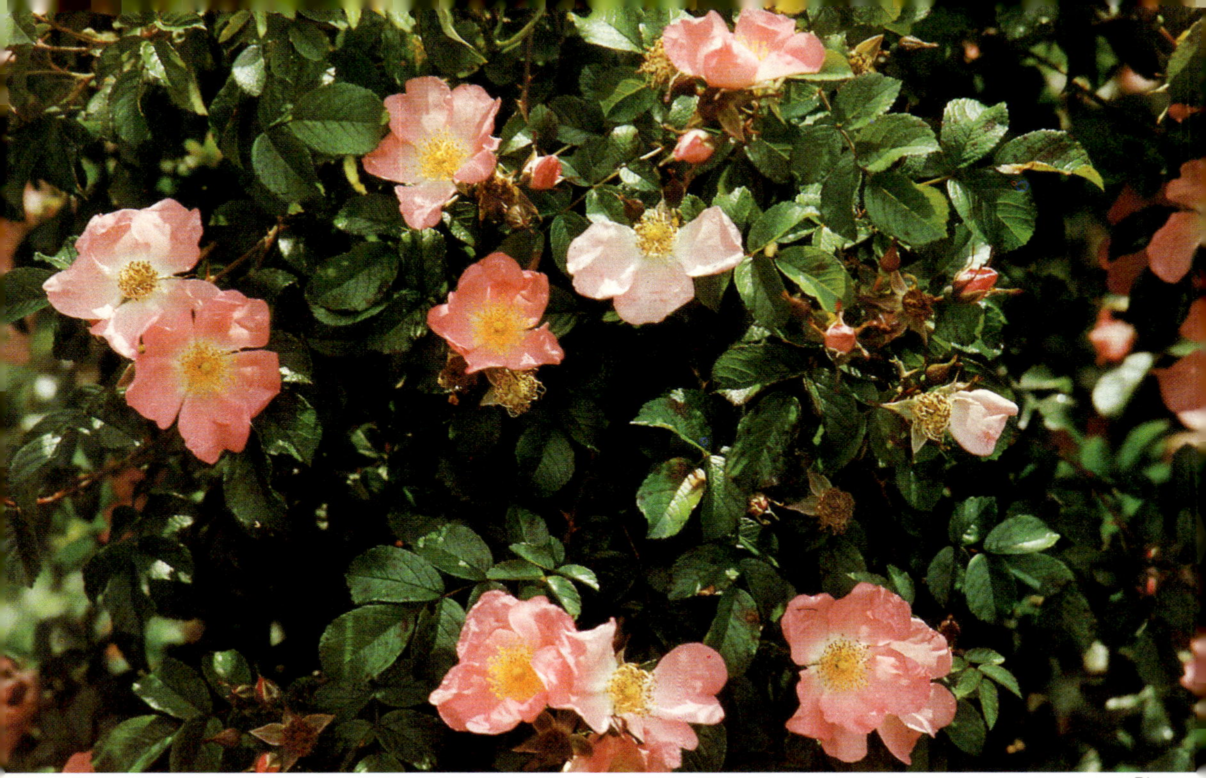

71

72

73

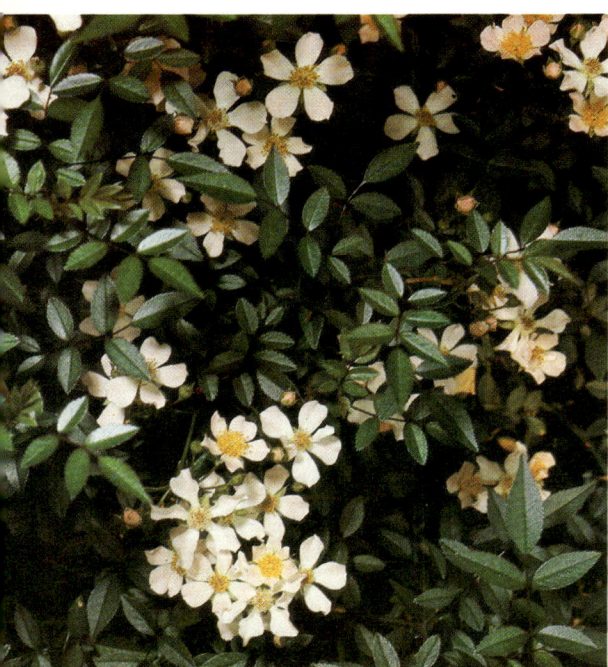

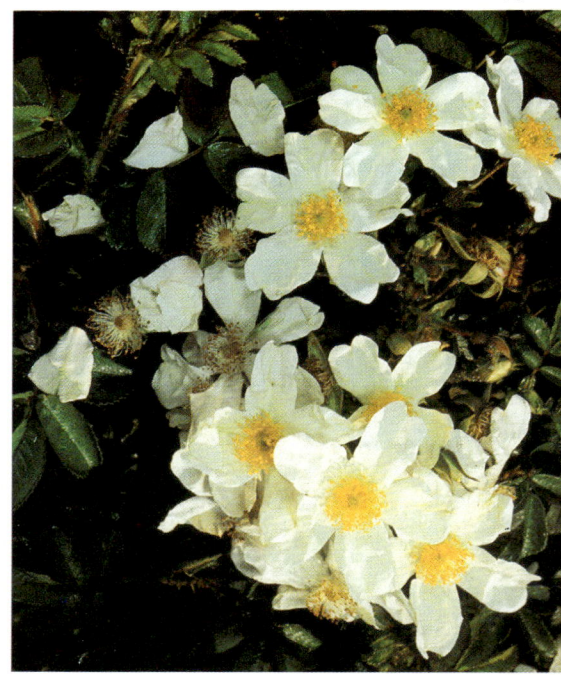

71 'Max Graf', (Bowditch 1919), Bodendecker

72 'Heideröslein-Nozomi', (Onodera 1968), Bodendecker

73 Rosa rugosa 'Repens', (eingeführt vor 1903), Bodendecker

74

75

77

74 *Rosa foetida 'Bicolor',*
   Kapuzinerrose

75 *Rosa rugosa,*
   Kartoffelrose

76 *Rosa hugonis,*
   Goldrose

77 *'Scarletta', (de Ruiter 1972),*
   Zwergrose

78

79

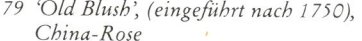

80

78 Rosa multiflora,
   Vielblütige Rose

79 'Old Blush', (eingeführt nach 1750),
   China-Rose

80 'Maiden's Blush', (Kew 1979),
   Alba-Hybride

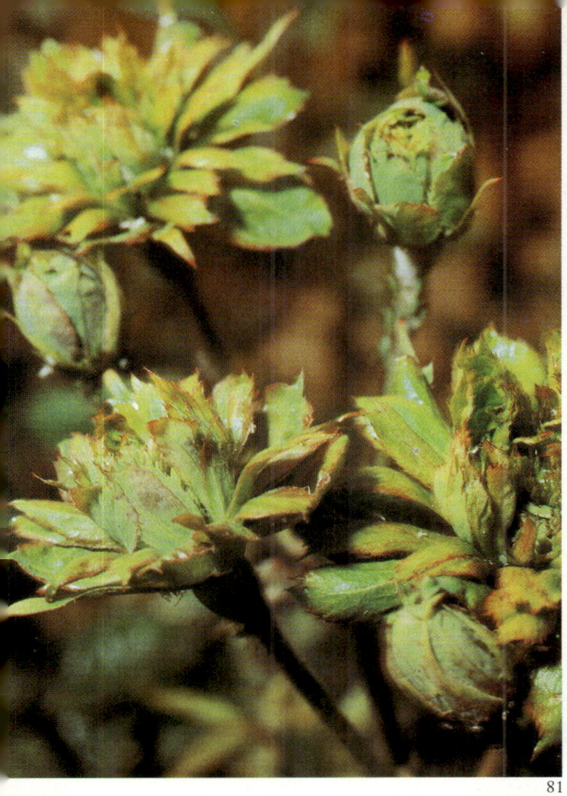

81

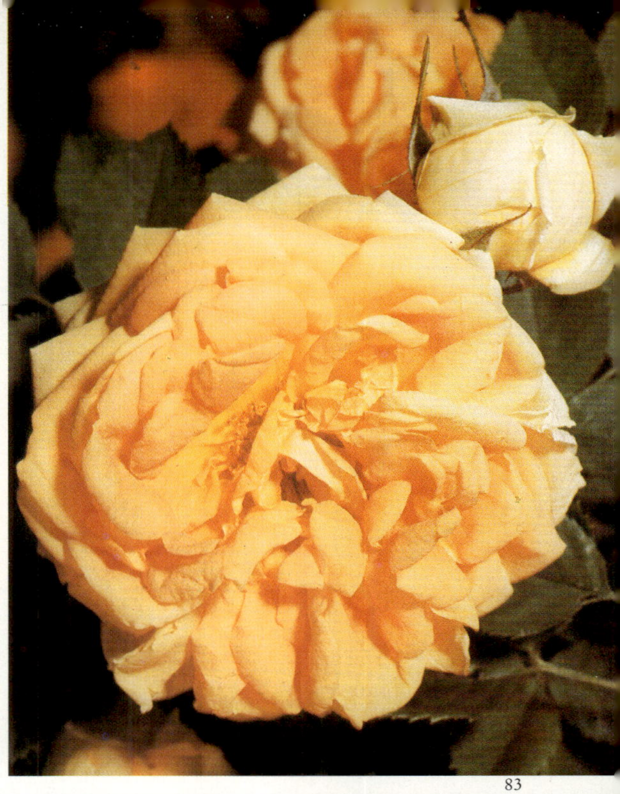

83

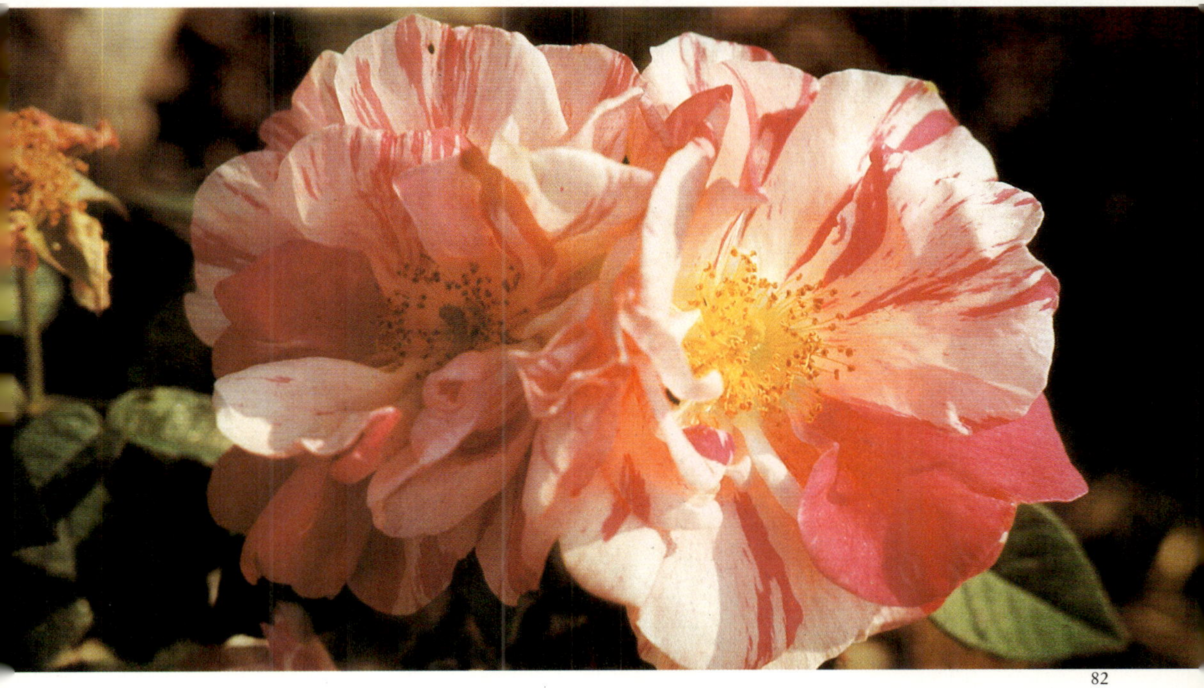

82

81 *Rosa chinensis 'Viridiflora', die „Grüne" Rose, (angeblich seit 1743 in Kultur)*

82 *Rosa gallica 'Versicolor', (1583 bei* CLUSIUS *aufgeführt)*

83 *'Soleil d'Or', (Pernet-Ducher 1900), Foetida-Hybride*

84 'Rose du Roi', (Lelieur 1815),
Portlandrose

begleitpflanzen aus dieser Kategorie zu finden. Einige wenige eignen sich als Begleitpflanzen sehr gut.

Caryopteris × clandonensis, die Bartblume, deren leuchtendblaue Blüten im Spätsommer, August bis Oktober, erscheinen, ist wegen ihrer späten Blüte besonders beachtenswert. Die schmalen graugrünen Blättchen sind grob gezähnt. Dieser kleinbleibende Strauch von höchstens 75 cm bis 100 cm Höhe friert allerdings öfters zurück, treibt aber nach Rückschnitt im Frühjahr wieder willig aus und blüht noch im gleichen Jahr. Das Laub duftet aromatisch. Winterschutz, durch Abdecken der Wurzelscheibe, ist ratsam.

Deutzia gracilis ist diejenige Deutzie, welche sich für die Rosennachbarschaft eignet. Es ist die zierlichste Art unter den vielen Deutzien. Sie wird 1 m hoch. Ende Mai bis Anfang Juni erscheinen die reinweißen Blüten an aufrechten Rispen. Deutzien sind besonders dankbare Blüher, wenn sie in sonniger Lage stehen. Die Pflanzen wirken jedoch verhältnismäßig steif. Das Auslichten der älteren Triebe ist unbedingt erforderlich, um die Pflanzen zu verjüngen.

Deutzia scabra 'Plena', eine Deutzie, die bis zu 3 m hoch werden kann, ist ein verhältnismäßig starkwüchsiger Strauch mit sehr dicht gefüllten Blüten, die innen weiß, nach außen aber kräftig rosa sind. Als Begleitpflanze kann dieser hochwachsende Strauch nur als Einzelpflanze oder Gruppe zur Unterbrechung größerer Rosenpflanzungen Verwendung finden.

Hydrangea arborescens 'Grandiflora' blüht sehr reichlich in großen weißen Blütenbällen in der Zeit von Juli bis Oktober. Diese „Schneeballhortensie" wird 1,5 m hoch, sie liebt windgeschützte Lagen, verträgt aber auch Halbschatten. Sie ist nicht zu verwechseln mit der Rispenhortensie, *Hydrangea paniculata* 'Grandiflora', die wesentlich höher werden kann, wenn sie nicht alljährlich zurückgeschnitten wird.

Hypericum sind dankbare Sommerblüher, die von Juli bis September durch ihre sehr schönen goldgelben Blüten mit vielen und langen Staubfäden auffallen.

Hypericum × moseranum wird bis zu 50 cm hoch.

Hypericum patulum var. *henryi* erreicht fast 100 cm.

Hypericum calycinum hat sich als Unterpflanzung und Bodenbedeckung unter höheren Ge-

hölzen und Koniferen sehr gut bewährt, zumal diese Art härter und widerstandsfähiger ist als die beiden anderen genannten. Eine gewisse Vorsicht ist jedoch geboten, da diese Art sehr stark Ausläufer bildet und besonders auf leichten Böden sehr schnell große Flächen überzieht.

Kolkwitzia amabilis wird bis 1,5 m hoch. Im Mai bis Juni scheinen die Sträucher mit ihren rosagetönten, glockenförmigen Blüten oft wie überschüttet. Der Blütenschlund der Einzelblüte ist gelb. Der Strauch ist vollkommen winterhart, bedarf sonniger Lage und liebt leichtere Böden.

Perovskia abrotanoides ist ein hervorragender Spätsommerblüher, der vom August bis September, mitunter bis in den Oktober hinein mit kleinen himmelblauen Blüten, die in Scheinähren zusammengefaßt sind, blüht. Dieser Strauch wird nur 50 cm hoch. Er friert mitunter stark zurück, treibt aber im Frühjahr nach erfolgtem Rückschnitt wieder aus und blüht wieder an den jungen Trieben. Die ganze Pflanze, insbesondere die grauweißfilzigen Blätter duften aromatisch. Bodenschutz ist empfehlenswert.

Philadelphus, der Falsche Jasmin, gehört zu den blütenreichsten und auch bekanntesten weißen Sommerblühern. Sofern wir diese meist stark duftenden Sträucher nicht als hohe Blütenhecke verwenden wollen, für die sich die hochwachsenden Arten, wie *Philadelphus coronarius* oder *Philadelphus virginalis* eignen, müssen wir zu den niedrigbleibenden Philadelphus-Lemoinei-Hybriden greifen. Bei diesen Hybriden, wie 'Dame Blanche', 'Erectus', 'Manteau d'hermine', handelt es sich um Sträucher, die nur 1 bis 1,5 m hoch werden.

Potentilla, die Fingersträucher mit erdbeerblütenähnlichen gelben Blüten, erfreuen von Mai/Juni bis zum September. Sie sind als Rosenpartner besonders geeignet.

Potentilla fruticosa 'Farreri' wird nur bis zu 1 m hoch.

Bis zu 1,5 m hoch wird *Potentilla fruticosa* 'Jackmann' mit tiefsattgelben, verhältnismäßig großen Blüten.

Als hervorragender Bodendecker hat sich sehr gut und schnell *Potentilla fruticosa* 'Arbuscula' eingeführt. Diese Sorte ist breitwachsend, fast kriechend und hat sehr große, hellgelbe Blüten, die fast den ganzen Sommer ununterbrochen erscheinen. Noch wesentlich besser ist die Sorte 'Jolina'.

Spiraea × bumalda 'Anthony Waterer' wächst niedrig und buschig bis zu 1 m hoch und blüht fast den ganzen Sommer, und zwar von Juli bis September in karminroten flachen Doldentrauben. Diese Sorte wird vielfach als niedrigbleibende Hecke verwendet, eignet sich aber auch sehr gut für kleine Gruppen und größere Flächen.

Symphoricarpos chenaultii 'Hancock', die Schneebeere. Diese Pflanzen bilden sehr bald eine kriechende, dem Boden aufliegende Decke. Gedeiht in trockenen wie schattigen Lagen. Nur 30 bis 60 cm hochwerdend.

Immergrüne Laubgehölze

Eine wichtige Gruppe der Rosenbegleitpflanzen bilden die immergrünen Laubgehölze. Wichtig sind sie, weil sie nicht nur während des Sommers ein verbindendes Grün aufweisen, sondern auch im Winter den Garten beleben. Ein großer Teil dieser Immergrünen bringt im Herbst schmückende Früchte, die allerdings auch der Vogelwelt als Nahrung dienen.

Während die halbhoch und höher wachsenden Immergrünen als Begleitpflanzen verwendet werden, dienen die niederen Arten mehr und mehr als Bodendecker. Es mag verschiedene Gründe gegeben haben, daß die immergrünen Laubgehölze bisher verhältnismäßig wenig im Garten und hier besonders als Begleiter für die Rosen Verwendung gefunden haben. Der Hauptgrund mag die Meinung sein, diese Gehölze seien bei uns nicht genügend widerstandsfähig, vor allem nicht frosthart genug. Wenn sich auch diese Ansicht auf Grund der Erfahrungen in strengen Frostwintern zum Teil geändert hat, so wird sie doch immer wieder neu auftauchen. Denn in ungünstigen Lagen oder an nicht zusagenden Standorten wird manches dieser immergrünen Laubgehölze oberirdisch zurückfrieren. Die meisten dieser Pflanzen setzen sich jedoch immer wieder durch, indem sie im Laufe des Sommers kräftig austreiben. Voraussetzung für ein gutes Gedeihen ist bei den meisten halbhohen und hohen immergrünen Laubgehölzen ein geschützter Standort. Freie Lage ist möglichst zu meiden. Der Frostschaden entsteht, wie bei den Nadelgehölzen, meist durch austrocknende, scharfe Winde und starke Sonneneinstrahlung bei Frostwetter oder gefrorenem Boden.

Diese Pflanzen verdunsten dann mehr Wasser als die laubabwerfenden Gehölze und vertrocknen eher, als daß sie erfrieren. Aus dem gefrorenen Boden können sie nicht den Wasserbedarf für die Verdunstung ergänzen. Wie auch bei den Nadelgehölzen muß man aber dafür sorgen, daß sie vor dem Einwintern genügend Feuchtigkeit bekommen. Notfalls ist ein stärkeres Wässern während der Monate September bis November erforderlich. Außerdem ist durch eine bodendeckende Laub- oder Torfschicht ein tiefes Gefrieren des Bodens zu verhindern.

Pyracantha, der Feuerdorn, sei als hochwachsendes immergrünes Laubgehölz besonders herausgestellt. Dieser Strauch ist deshalb so wertvoll, weil die glänzendgrüne Belaubung das ganze Jahr über zur Geltung kommt. Im Mai bis Juni ist er mit großen weißen Blütenrispen überschüttet. Sehr schön ist der Schmuck der roten bis orangeroten Früchte im Herbst.

Dieses Gehölz läßt sich in größeren Anlagen als freiwachsende Schutzhecke sehr gut verwenden. In kleineren und mittleren Gärten kann man es als Schutzhecke schneiden, da der Feuerdorn Schnitt recht gut verträgt. Im Jugendstadium mit Ballen gepflanzt, entwickeln sich die Pflanzen rasch.

Ältere Pflanzen lassen sich jedoch kaum mit Erfolg verpflanzen. Wegen seines dichten Wuchses und der dornigen Zweige ist der Feuerdorn zugleich ein gutes Vogelschutzgehölz.

Pyracantha coccinea und *Pyracantha coccinea* 'Lalandei' wachsen recht sparrig, deshalb sollte man dem auch gesünderen und widerstandsfähigen *Pyracantha coccinea* 'Kasan' den Vorzug geben. Es handelt sich um eine Sorte von aufrechtem, dichtem Wuchs, mit glänzender Belaubung. Sie zeichnet sich durch reichen Besatz mit leuchtendroten Früchten aus. Unter günstigen Standortverhältnissen erreicht der Strauch eine Höhe von 3 bis 4 m.

Viburnum rhytidophyllum ist ein hochwachsender, bis zu 3 m Höhe erreichender, immergrüner starkwachsender Strauch. Er sollte lediglich als Solitär Verwendung finden. Die breitlanzettlichen Blätter werden bis zu 25 cm lang. Sie sind dunkelgrün, stark gefurcht, unterseits graufilzig. Bei starkem Frost rollen sich die Blätter stark ein und hängen schlaff nach unten, wie wir es von den *Rhododendron* kennen.

Cotoneaster salicifolius var. *floccosus* ist ebenfalls eine als Einzelstrauch geeignete Pflanze mit lokkerem bis zu 2,5 m hohem Wuchs und leicht überhängenden Zweigen. Die schönen, immergrünen Blätter haben eine runzlige Oberseite, die Unterseite ist weißfilzig. Die hellroten Früchte haften bis Dezember an der Pflanze. In besonders strengen Wintern leiden die Blätter und werden braun.

Gute Zusammenklänge mit Rosen schaffen die immergrünen Berberitzen, die einzeln oder in kleinen Gruppen gepflanzt werden sollen. Für die Berberitzen gilt in besonderem Maße, was in bezug auf Standort und Pflege der immergrünen Laubgehölze gesagt wurde.

Berberis candidula wird kaum 40 cm hoch bei etwas niederliegendem Wuchs. Die 1 bis 2 cm langen Blätter sind auf der Oberseite glänzend grün, die Unterseite ist fast schneeweiß. Die goldgelben Blüten erscheinen im Mai bis Juni. Die Früchte sind purpurrot und leicht bereift.

Berberis gagnepainii hat interessante, dreiteilige lange Dornen. Die Blätter sind schmallanzettlich und werden bis 10 cm lang, sie sind wellig gezähnt. Die Blüten sind lichtgelb, erscheinen in Büscheln zu drei bis zehn Einzelblüten. Die Frucht ist blauschwarz bereift. Der Strauch erreicht eine Höhe von 1,5 bis 2 m.

Berberis julianae wird bis 2 m hoch. Die Blätter sind verhältnismäßig groß, bis 6 cm lang, oben dunkelgrün, unterseits heller. Die gelben Blüten sitzen zu Büscheln bis zu 15 Stück zusammen, sie erscheinen im Mai bis Juni. Die eilänglichen Früchte sind bläulichschwarz. Diese Art ist die widerstandsfähigste unter den immergrünen Berberitzen.

Berberis × stenophylla wirkt sehr elegant wegen ihrer leicht überhängenden Zweige. Die Blätter sind sehr schmal, meist nadelförmig und 3 cm lang. Im Mai und Juni sind die Triebe sehr reich mit orangegelben Blüten besetzt. Der Strauch wird 1,5 bis 2 m hoch.

Berberis verruculosa wird nur 50 bis 100 cm hoch. Die Blätter sind eielliptisch, bis 2,5 cm lang, oberseits glänzend dunkelgrün, unten blaugrün. Im Mai und Juni erscheinen die verhältnismäßig großen goldgelben Blüten. Die Früchte sind blauschwarz, bereift.

Mahonia aquifolium sollte für den kleinen Garten als Einzelpflanze oder für kleine Gruppen, in größeren Anlagen auch als Vor- und Unterpflanzung mehr Verwendung finden. Die Mahonie ist vollkommen anspruchslos an Boden und Lage, sie gedeiht ebensogut im Schatten und Halbschatten wie in sonniger Lage. Selbst als Unterpflanzung und im Wurzel- und Kronendruck älterer Bäume setzt sie sich durch. Bis auf gelegentliche Blattschäden in besonders harten Wintern ist sie widerstandsfähig. Die glänzendgrünen, wie lackiert aussehenden Blätter, sind ausgebuchtet und dornig gezähnt. Das Blatt hat eine gewisse Ähnlichkeit mit *Ilex* und wird deshalb von Laien auch vielfach als *Ilex* angesprochen. Die gelben Blüten der Mahonie erscheinen im Mai in ansehnlichen Trauben. Die Früchte sind blauschwarz und bereift. Die Pflanze erreicht eine Höhe von 1 m.

Immergrüne Bodendecker

Von den immergrünen Laubgehölzen kommen noch eine ganze Reihe bodenbedeckende flachwachsende in Betracht.

Bei den Blütengehölzen wurde bereits *Hypericum calycinum* erwähnt. Man zählt diese Pflanze auch zu den Immergrünen. In Anbetracht ihres beachtlichen Flors während der Rosenblüte haben wir sie hier nicht mit aufgeführt, denn die meisten immergrünen Bodendecker haben weniger auffallende Blüten oder blühen, bevor die Rosen ihren Flor entfaltet haben.

Cotoneaster adpressus ist ein kriechender oder niederliegender Strauch, der kaum 25 cm hoch wird. Da er im Verhältnis zu den anderen bodenbedeckenden Cotoneastern langsam wächst, sollte man diese Art nur für kleinere Flächen verwenden.

Cotoneaster dammeri liegt dem Boden vollkommen auf und bildet an den niederliegenden Zweigen schnell Wurzeln. Dadurch sorgt er für eine rasche dichtverzweigte Bodenbedeckung. Die Varietät *Cotoneaster dammeri* var. *radicans* mit breiteren und mehr glänzenden Blättern ist noch winterhärter als die Art, auch stärker im Wuchs.

Cotoneaster dammeri 'Skogholm' hat sich wegen seiner besonders guten Eigenschaften als Bodenbedecker sehr schnell eingebürgert und verbreitet. Diese Sorte ist sehr starkwüchsig, bringt Jahrestriebe bis zu 1 m Länge und ist besonders winterhart.

Ähnlich dieser Sorte, auch von flachem Wuchs, jedoch zunächst mit bogig überhängenden Zweigen, die sich aber später auch auf den Boden legen, ist die Sorte *Cotoneaster congestus* 'Jürgl'. Die kleinen sternförmigen Blüten erscheinen in großer Zahl. Dementsprechend ist auch der Fruchtbesatz, der bis spät in den Winter an den Pflanzen haftet.

Cotoneaster salicifolius 'Parkteppich' hat schmale, spitzlanzettliche Blätter. Die Zweige liegen flach auf dem Boden und überziehen rasch größere Flächen. Die Höhe ist kaum 20 cm.

Euonymus fortunei var. *radicans*, *Euonymus fortunei* var. *vegetus* und *Euonymus fortunei* 'Minimus' sind bekannte, altbewährte Bodendecker. Während der letztere eine ganz kleinblättrige Sorte mit frischgrünen hellgeaderten Blättern ist, die nur für kleinere Flächen in Frage kommen kann, sind die beiden ersteren auch für große Flächen gut geeignet. Sie sind vollkommen winterhart.

Lonicera pileata, eine niedrig bleibende, immergrüne Heckenkirschenart, ist vollkommen winterhart. Diese niedrige, breitwachsende Art wird kaum 50 cm hoch. Die ovalen Blätter sind dunkelgrün und lederartig. Die Blüten sind unscheinbar, dafür sind die Früchte durchscheinend dunkelviolett.

Bodendeckende Stauden

Acaena, das Stachelnüßchen, hat unscheinbare Blüten, reizvoll sind im August die kugelig-borstigen Blütenköpfchen. Für größere Flächen eignet sich *Acaena microphylla* mit braungrünen Blättern. Reizvoll mit seiner silbergrauen Belaubung ist *Acaena buchananii*. Diese Art bildet jedoch nicht so schnell Polster und sollte deshalb nur für kleinere Flächen Verwendung finden. Die Stachelnüßchen bilden dichte immergrüne Polster und eignen sich auch für Plattenwege, weil sie trittfest sind.

Antennaria, das Katzenpfötchen, ist ein guter Teppichbildner, aber nur für sonnige und trockene Lagen eignet es sich, sonst geht das Silbergrau verloren.

Antennaria dioica var. *borealis* (*A. tomentosa*) ist die widerstandsfähigste Art und hat auch größeres und silbrigeres Laub als die anderen Arten.

Armeria, die Grasnelke, bildet dichte, grasartige Polster. Die verschiedenen Sorten blühen im Mai bis Juni mit weißen bis kräftigrosa Blüten. Mitunter werden die Polster in der Mitte braun und müssen dann zu gegebener Zeit geteilt und

verpflanzt werden. Die einzelnen Polster grenzen sich zunächst voneinander ab, deshalb eignet sich diese Pflanze auch für Einfassungen.

Campanula, die Glockenblume. Von den niedrigen Arten ist es *Campanula portenschlagiana*, die als besonders guter Bodenbedecker anzusprechen ist und sich außerdem recht gut als Rosenbegleiter wegen des lang anhaltenden Blütenflores mit violetten Blüten eignet. Obwohl sie viele Ausläufer treibt, bildet sie einen dichten Busch.

Ceratostigma plumbaginoides, Bleiwurz, ist wegen der im September bis Oktober erscheinenden himmelblauen bis kobaltblauen Blüten sehr wertvoll. Die Rosennähe sagt ihm zu, weil es wie die Rosen kalkhaltigen, leichten Lehmboden und sonnige Lage liebt. Um Auswinterungsschäden zu vermeiden, ist leichter Schutz zu empfehlen.

Cotula, das Fiederpolster, hat seinen deutschen Namen von dem farnartigen Fiederlaub. Mit diesem bräunlichen Laub liegt sie ganz dicht am Boden auf und bildet einen Teppich, der die Fläche von Unkraut freihält. Für kleinere Flächen ist sie als Rasenersatz in sonnigen bis halbschattigen Lagen geeignet.

Erica herbacea (*Erica carnea*), die Schneeheide in den verschiedensten Sorten, eignet sich dort als Bodenbedecker, wo Strauchrosen, Kletterrosen und Polyantha-Hybriden in freier Pflanzung verwendet werden. Bevor die Rosen zur Blüte kommen, hat *Erica herbacea* längst ihren Blütenflor beendet, und das frische dunkle Grün sorgt für eine ruhige Grünfläche in Rosennähe, von der sich die Rosen sehr gut abheben.

Saxifraga, Steinbrech, in ihren moosartigen und polsterbildenden Formen, wird vielfach als Bodenbedecker, da sie verhältnismäßig schnell größere Flächen überziehen, verwendet. Der Steinbrech bevorzugt halbschattige Lagen und frischen durchlässigen Humusboden. In sonnigen Lagen brennen die festgeschlossenen Polster vielfach aus und bieten keinen guten Anblick. Andererseits will man auf die immergrünen und frischgrünen Polster nicht verzichten, zumal auch die weißen, rosa, roten und gelben verhältnismäßig großen Blüten bereits im April bis Mai, lange vor der Rosenblüte, Leben in den Garten bringen.

Sedum, die Fetthenne, liefert den wohl anspruchslosesten und ausdauerndsten Bodendecker unter den Stauden, der sich als Begleitpflanze für Rosen auch am besten bewährt hat, und zwar *Sedum spurium* 'Album Superbum'. Als Bodenbedecker ist diese Sorte allgemein bekannt und wegen ihrer Anspruchslosigkeit weitverbreitet. Mit Leichtigkeit können große Flächen begrünt werden, sei es in sonniger Lage oder im Halbschatten.

Thymus serpyllum, der Thymian, bekannt als Gewürzpflanze, bildet dichte Rasen auch in trockenen, sonnigen Lagen. Die kleinen Blüten wirken durch ihre Fülle, sie blühen im Juli bis September.

Veronica prostrata, ein Ehrenpreis mit schönen leuchtendblauen Blüten im Mai bis Juni, ist anspruchslos, wächst in trockenen Lagen und ist der bewährteste Bodenbedecker unter den Ehrenpreisarten.

Silbergraue unter den Stauden

Sie bilden als Rosenbegleiter eine besondere Gruppe. Die weißfilzig bis silbergrauen Blätter bringen Ruhe und Eleganz in den Rosengarten, das grüne Laub und die Farben der Rosen werden durch sie zur besonderen Geltung gebracht. Bei diesen Silbergrauen sind mitunter auch die Blüten eine wertvolle Bereicherung des Rosengartens, doch liegt die Betonung auf dem Silbergrau. Bei fast allen „Silberblättrigen" ist zu beachten, daß sie weder überdüngt noch allzu reichlich mit Wasser versorgt werden dürfen. Nur allzu schnell verwandelt sich sonst das Silber in ein Graugrün.

Acaena buchananii und *Antennaria dioica* var. *borealis* wurden bereits bei den bodenbedeckenden Stauden aufgeführt. Diese bodenbedeckenden silbergrauen Stauden fallen kaum auf, um so mehr sind die halbhohen und höheren beachtenswert.

Lavandula, der Lavendel, als aromatische Duftpflanze bekannt, paßt mit seiner silbergrauen Belaubung besonders gut zu Rosen. Er ist auch für größere Einfassungen verwendbar.

Von *Salvia*, dem Salbei, ist für freigestaltete Flächen das Silberblatt, *Salvia argentea*, recht wirkungsvoll. Die eirunden, dichtbehaarten Blätter glänzen silberweiß.

Santolina chamaecyparissus ist, wie auch *Lavandula*, unter die Halbsträucher zu zählen. Das feingefiederte Laub ist silbergrau behaart und aromatisch. Die kleinen Blütenköpfchen sind gelb. Für breitere Einfassungen ist diese Art genauso gut geeignet wie für Gruppen- und Flächenbepflanzung.

Stachys byzantina (*S. lanata*) mit weißfilzigen Blättern wird 30 cm hoch. Diese raschwachsende Staude ist für Gruppenpflanzungen, Einfassungen und auch für größere Flächen geeignet. Selbst in sehr trockenen Lagen verbreitet sie sich rasch.

Halbhohe und hohe Blütenstauden

Sie können bei geeigneter Auswahl durch ergänzende oder kontrastierende Farben die Rosen zu stärkerer Wirkung bringen. Besonders geeignet sind:

Achillea, die Schafgarbe, mit ihren fein gefiederten Blättern bietet in den höher wachsenden Arten anspruchslose Sommerblüher, die in den Monaten Juni bis September mit doldigen Blütenstauden in den Farben Weiß und Gelb blühen.

Achillea filipendulina mit einigen Gartenformen erreicht Höhen von 70 bis 120 cm.

Achillea ptarmica mit ihren Gartenformen erreicht nur etwa 50 bis 60 cm. Diese können jedoch zur Plage werden, weil sie sich durch queckenähnliche Ausläufer sehr schnell verbreiten.

Aster, hier ist die Staudenaster gemeint, ist eine Gattung, die sehr vielseitige Verwendungsmöglichkeiten bietet. Aus der Vielzahl der Sorten empfiehlt es sich, lediglich hellblau bis dunkelblau und reinweiß blühende auszuwählen. Die rosa und roten Farbtöne sollte man meiden.

Aster alpinus, die Alpenaster, ist der Frühlingsblüher und erreicht lediglich eine Höhe von 20 cm.

Aster amellus, die Bergaster, blüht in den Sommermonaten Juli bis September. Unter dieser Art gibt es mancherlei Sorten in Farbtönen, die wir für die Begleitpflanze gerne haben möchten. Die Höhe beträgt je nach Sorte 40 bis 60 cm.

Zu *Aster dumosus* gehören die niedrigeren Sorten, von 20 bis 50 cm Höhe, aus der Gruppe der Herbstastern. Sie eignen sich besser als die hochwachsenden Sorten der *Aster novae-angliae* oder *Aster novi-belgii*, die erst in den Monaten September bis Oktober blühen und Höhen von 80 bis 150 cm erreichen.

Chrysanthemum maximum, die Sommermargerite, von der sich vor allen Dingen die stark gefüllte 'Wirral Supreme' als gute Schnittblume eingeführt hat, ist sehr gut für Gruppenpflanzungen geeignet. Aber auch andere Sorten mit ihren großen weißen, auch halbgefüllten Blüten können als ruhende Pole die Farbwirkung der Rosen erhöhen. Die Blütezeit liegt in den Monaten Juli bis September. Wie bei vielen Stauden muß man hier aber besonders darauf achten, daß sie nach einigen Jahren umgepflanzt und dabei geteilt werden, weil sie sonst mitunter auswintern.

Delphinium, der Rittersporn, ist die Attraktion im Rosengarten. Er blüht in den Monaten Juni bis Juli. Einen zweiten Blütenflor, wenn auch nicht so reichlich, kann man im September erzielen, wenn die ersten Blütenstiele noch vor dem Samenansatz zurückgeschnitten werden. Unzählige Sorten in den vielfältigsten Farbabstufungen zwischen Hellblau und Tiefdunkelblau sind vor allen Dingen das Werk Karl FOERSTERS. Delphinium-Hybriden der Belladonna-Gruppe erreichen eine Höhe von 80 bis 120 cm, die der Elatum-Gruppe bis 200 cm.

Erigeron, der Feinstrahl, hat asternähnliche Blüten. Für unsere Zwecke können nur die Erigeron-Hybriden Bedeutung haben, welche die leuchtendblauen bis dunkelblauen Blüten in den Monaten Juni bis August entfalten.

Gypsophila, das Schleierkraut, mit der niedrigen Art *Gypsophila repens* von 10 bis 30 cm Höhe und der höheren Art *Gypsophila paniculata* und deren Sorten, gibt im Garten eine duftige, lockere Wirkung durch die schleierartig wirkenden weißen bis rosa Blütenrispen.
Die Sorten der *Gypsophila paniculata* eignen sich auch sehr gut zum Schnitt.

Viola cornuta, das Hornveilchen, blüht von Mai bis September, mitunter bis in den Oktober hinein ununterbrochen. Die Blüten sind den Stiefmütterchen ähnlich. Die dunkelblauen Sorten geben einen auffallenden Kontrast zu gelben Rosensorten, während die gelben Sorten jederzeit zu den rosa bis roten Rosensorten verwendbar sind.

Gräser

Gräser sind heute als Gestaltungselemente nicht mehr zu entbehren. Die winterharten Ziergräser sind unveränderte Wildpflanzen, deren Vielfalt zahlreiche Verwendungsmöglichkeiten zuläßt. Während die niedrigbleibenden, meist polsterbildenden Gräser auch als Bodendecker verwendet werden, lassen sich mit den höherwachsenden, einzeln oder in Gruppen gepflanzt, auflockernde Effekte erzielen.

Festuca, der Schwingel, ist als niedrigbleibendes Gras mit seinen Arten für unsere Zwecke gut geeignet. Von den verschiedenen Arten ist der Blauschwingel, *Festuca glauca (cinerea),* der am schönsten blaugefärbte und deshalb besonders wirkungsvoll. Wie fast alle *Festuca*-Arten wird er höchstens 20 bis 30 cm hoch. Da sich diese Arten nicht sehr stark ausbreiten und die einzelnen Pflanzen in Polstern zusammenbleiben, sollten uns die *Festuca*-Arten als niedrigbleibende Gräser genügen. Wir finden in diesen Arten auch die verschiedenen Farbabstufungen vom Frischgrün über Graugrün, Gelbgrün bis zum auffallenden Silberblau.

Helictotrichon sempervirens (Avena sempervirens), der Blauhafer, kann als das schönste mittelgroße Gras angesprochen werden. Über den blaubereiften Blättern stehen die blaßgelben Ähren, mit denen die Pflanze eine Höhe von 50 cm erreicht. Unter günstigen Bedingungen können die Pflanzen meterbreite Büsche bilden.

Pennisetum alopecuroides (compressum), das Federborstengras, ist ebenfalls ein sehr dekoratives Gras. Die Blätter sind schmal und graugrün. Die langen, dichten, walzenförmigen Ähren verfärben sich rotbraun. Die Höhe ist 80 cm. Dieses Gras gedeiht auf nährstoffreichen Böden, liebt Sonne und ist während der Trockenperioden für Zusatzbewässerung dankbar.

Sommerblumen

Sie sind wegen der jährlichen Anschaffungskosten kostspielig, zudem sehr arbeitsaufwendig wegen der alljährlichen Erneuerung. Man sollte darauf verzichten können, da die Stauden genügend Auswahl bieten.
Auf Gartenschauen werden öfters u. a. *Lobularia maritima* var. *benthamii* und Verbena-Hybriden als Rosenbegleitpflanzen verwendet.

Lobularia maritima var. *benthamii,* der Duftsteinrich, kann an Ort und Stelle ausgesät werden oder im März ins Frühbeet. Sie blüht von Juni bis September mit weißen Blütchen. Als niedrige Einfassung, aber auch für kleinere Flächen, auf denen sie dichte weiße Teppiche bildet, ist *Lobularia* geeignet. Als aufdringlich wird allerdings der Duft empfunden, er ist stärker als der Rosenduft.

Verbena-Hybriden, die Gartenverbenen, bieten viele Sorten zur Auswahl. Als Rosenbegleiter kommen jedoch nur die blauen und evtl. weißen Sorten in Betracht. Die Blütezeit liegt in den Monaten Juli bis Oktober.

Kletterpflanzen

Als Begleitpflanze für Rosen können nur einige wenige Clematis-Hybriden in Frage kommen. Und hiervon wiederum sind es nur blaublühende und weiße Sorten, die sorgfältig ausgewählt werden sollten.

Clematis × jackmanii ist die älteste der Clematis-Hybriden. Ab Juli blüht sie sehr reich bis Anfang September und bringt dann immer noch einzelne Blumen. Die Blüten sind dunkelblau mit violettem Einschlag. Wegen dieses Blütenreichtums, der großen Widerstandsfähigkeit und Frosthärte ist es die am häufigsten angepflanzte und damit die bekannteste Sorte.

'The President' blüht tiefdunkelblauviolett und ist reizvoll wegen der braunen Staubgefäße. Die Blütezeit ist im Juni und Juli und nach einer Ruhepause nochmals im Oktober.

'Prins Hendrik' ist sehr wirkungsvoll wegen seiner großen, leichtgewellten azurblauen Blüten und dunklen Staubgefäße. Diese Sorte blüht von Juni bis September, ist aber nicht vollkommen winterhart.

'Mme le Coultre' (Marie Boisselot) ist die bekannteste, sehr großblumige reinweiße Sorte, die von Juni bis August blüht.

Schnittrosenanbau

Über die Bedeutung und die Beliebtheit der Rose als Schnittblume brauchen wir uns wohl kaum zu unterhalten. Eine Erhebung bei Krankenhauspatienten, die nach den Blumen befragt wurden, die sie sich als Aufmerksamkeit zur Besuchszeit wünschen, ergab, daß sich mehr als die Hälfte für Rosen entschieden. Diese Meinung dürfte typisch sein, nicht nur im Krankenhaus. Das gleiche Bild zeigt sich auch beim Vergleich von Anbauerhebungen. Im internationalen Maßstab nimmt nicht nur die Anbaufläche der Rosen insgesamt zu, auch der Anteil gegenüber anderen Schnittblumen steigt ständig.

Weil die Schnittrose eine so große Bedeutung hat, wollen wir darstellen, welche Arbeit nötig ist, bis der Rosenstrauß im Blumengeschäft dem Kunden übergeben werden kann, welche Probleme und Schwierigkeiten bei der Kultur auftreten. Die Problematik der Rosen für den Blumenschnitt ist jedoch ein selbständiges Gebiet, daß eine ausführliche Abhandlung zu weit ginge, zumal damit nur der Fachmann, meist sogar nur der sehr spezialisierte zu tun hat und dieses Gebiet seine eigene umfangreiche Literatur aufweist. Wir wollen uns deshalb nur auf einige Grundzüge dieses großen Abschnittes beschränken, sozusagen nur einmal kurz hinter die Kulissen sehen.

Kultur im Freiland

Über Standortansprüche der Rose, wie Boden, Niederschlag, über ihre Behandlung bei der Pflanzung, Pflege, Düngung, Unkrautbekämpfung, Schnitt usw. ist in den vorangegangenen Kapiteln schon sehr viel gesagt worden. Im Prinzip kann auch ein Betrieb, der Schnittrosen im Freiland kultiviert, all diese Probleme nicht anders lösen. Änderungen gibt es natürlich in der Art und Weise der Durchführung der Arbeiten, einmal in Hinsicht auf Möglichkeiten der Rationalisierung und Einsparung an Arbeitszeit, andererseits in Hinsicht auf die Intensivierung,

die teilweise auch wieder einen höheren Arbeitszeitaufwand erfordert.

Durch das Pflanzen in Reihen, 90 bis 100 cm Reihenabstand und 25 bis 30 cm Pflanzenabstand in der Reihe, wird maschinelle Bearbeitung möglich. Düngung und Bewässerung werden intensiviert, der Dünger wird entsprechend der Aussage regelmäßiger Bodenanalysen und entsprechend der Jahreszeit gegeben und variiert.

Bei der Schnittblumengewinnung werden der Pflanze laufend ganze Triebe und damit ein großer Teil ihrer Assimilationsfläche genommen. Nur wenn alle Bedingungen einschließlich ausreichender Mengen aufnehmbarer Nährstoffe vorhanden sind, kann sie das bei guter Leistung durchhalten. Ständige Krankheits- und Schädlingsbekämpfung sind Voraussetzung für gesunde Schnittblumen. Im Großanbau kann nicht erst gewartet werden, bis Krankheiten oder Schädlinge auftreten. Hier wird ein Programm vorbeugender Maßnahmen durchgeführt. Große Spezialbetriebe führen bis zu 35 Spritzungen im Jahr durch. Im Großbetrieb greift man auch zu Pflegemaßnahmen, die dem Gartenfreund nahezu gewalttätig erscheinen. So gibt es Betriebe, die den Frühjahrsschnitt mit dem Silohäcksler durchführen, mit dem 1 ha Rosen in etwa 3 Stunden zurückgeschnitten werden kann. Die Rosen nehmen eine solche Behandlung, wie die Ergebnisse zeigen, keineswegs übel.

Die Unterlagenfrage für den Schnittblumenanbau ist etwas problematisch. Auch hier ergeben sich Unterschiede je nach Standort, so daß eine Unterlage, die sich an einer Stelle bewährt, an der anderen nicht ebenfalls gut sein muß. Recht gut werden im allgemeinen *Rosa canina* 'Inermis', *Rosa* × *pollmeriana*, *Rosa canina* 'Schmids Ideal' und *Rosa canina* 'Brög' beurteilt.

Nicht nur die Unterlagenart, auch die für die Anzucht der Rosen verwendete Unterlagenstärke hat große Bedeutung. Es ist nachgewiesen, daß stärkere Unterlagen sowohl höhere Erträge bringen als auch geringere Ausfälle während der Standzeit aufweisen. Es muß hier allerdings noch einmal betont werden, daß der Unterlageneinfluß nur für den Intensivanbau Bedeutung hat, bei dem es auf maximale Produktionsleistung ankommt und alle anderen Voraussetzungen optimal gestaltet werden können. Für den Schnittblumenanbau sind auch nicht alle Sorten geeignet. Sie müssen lange, gerade Stiele mit einer entsprechend großen Blume entwickeln, schnell nachtreiben, damit die Zwischenräume zwischen den einzelnen Floren nicht zu groß werden. Weiterhin müssen sie gesund sein und möglichst wenig bestachelte Triebe haben. Eine Idealsorte gibt es auch hier nicht, jede hat ihre Mängel.

Als Sorten für den Freilandschnitt können beispielsweise verwendet werden:

'Carina',	'Prominent',
'Carlita',	'Roter Stern',
'Galina',	'Sutter's Gold'.
'Mabella',	

Im Freiland gibt es zwei Hauptflore mit hohem Anfall an Blumen, die je nach Witterung und Standort etwa Ende Juni und im August liegen, dazwischen nimmt die Menge stark ab. Bei guter Witterung kann es Anfang Oktober noch einmal zu einem geringen Flor kommen. Während der Hauptblütezeit fallen von 1 ha Rosen täglich 3000 bis 4000 Blumen an, die geschnitten und vermarktet werden müssen. Je Pflanze können sortenabhängig 15 und mehr Blumen im Jahr geerntet werden, je Hektar kann dementsprechend mit 500 000 Blumen gerechnet werden.

Kultur unter Glas

Es ist nur zu verständlich, daß man sich bei der Beliebtheit der Rose nicht damit begnügen möchte, nur während der natürlichen Blütezeit blühende Rosen zu bekommen. Die reichliche Hälfte des Jahres sind im Freiland keine Rosenblumen zu schneiden. Und weil in dieses Halbjahr auch noch einige Monate fallen, in denen das Schnittblumenangebot auf Grund der natürlichen Bedingungen sowieso sehr beschränkt ist, fällt das Fehlen der Rosen noch mehr ins Gewicht. Die Möglichkeit, den Bedarf auch in den ungünstigen Monaten zumindest teilweise auszugleichen, besteht in unseren Breiten nur im

Anbau unter Glas oder Folie. Und gleich hier fallen wir über eine Unexaktheit im Sprachgebrauch. Vielfach wird der Begriff der Rosen„treiberei" benutzt. Die Rose läßt sich aber nicht treiben, sie kann sich nicht treiben lassen, weil die Voraussetzungen dazu fehlen. Tulpen oder Hyazinthen, die getrieben werden, haben bereits vor Beginn der Treiberei die Anlagen für Blätter und Blüten fertig, diese Organe sind vorhanden und werden durch Maßnahmen forciert, angetrieben. Sie wurden schon in der vergangenen Wachstumsperiode angelegt. Die Rose kann sie erst während des Wachstums entwickeln. Die Blüte ist anfangs noch gar nicht gebildet. Aus diesem Grunde kann man bei Rosen nur von einer „Kultur" unter Glas sprechen. Und weil wir bei Rosen eine Kultur vor uns haben, ist es auch nicht so ohne weiteres möglich, zu jedem gewünschten Termin beliebige Mengen zur Verfügung zu haben.

Die Rose ist eine recht anspruchsvolle Pflanze, was sich vor allem zeigt, wenn sie im Frühjahr oder sogar im Winter blühen soll. Sie benötigt zum Wachstum erst einmal Wärme. Diese läßt sich erzeugen und ist nicht das größte Problem, wenn man von der Kostenseite absieht. Anders ist es mit dem Licht. Und das ist in den Wintermonaten nur sehr begrenzt vorhanden, sowohl in der Länge des Tages als auch in der Intensität. Mit dem Licht sind wir bereits beim nächsten Problem angelangt, das davon sehr stark abhängt: der Bau des Gewächshauses. Es ist nicht möglich, Rosenkulturen unter Glas in kleinen Gewächshäusern ökonomisch durchzuführen. Nur in großen, luftigen Häusern mit gutem Lichteinfall ist das möglich. So haben die modernen Rosenhäuser Spannweiten von 12 m, besser noch 18 m. Durch diese Breite wird der Bau auch entsprechend hoch und garantiert den Pflanzen den notwendigen großen Luftraum. Die Häuser sind mindestens 50 m, vielfach 100 m lang. Sie haben sehr große Scheiben mit geringem Sprossenanteil, um jeden Lichtverlust zu verhindern. Die Häuser müssen gut lüftbar sein, entweder über eine große, durchgehende Firstlüftung oder durch Zwangslüftung mit Ventilatoren.

Der Boden erfordert große Aufmerksamkeit und gute Vorbereitung, denn die Rosen sollen immerhin eine ganze Reihe von Jahren darauf Höchstleistungen bringen. Er muß nährstoffreich, humos, leicht erwärmbar und darf nicht zu schwer sein. Vielfach wird ein Gemisch aus

Rosen unter Glas

Kieferntrockenrinde, Torf und Stalldung verwendet, dem entsprechende Mengen Dünger zugesetzt werden.

Das nächste Problem sind die Pflanzen. Hier gibt es drei Möglichkeiten für die Rosenkultur unter Glas. Da ist einmal der Bezug von Pflanzenmaterial aus der Baumschule. Weil bei der Anzucht in der Baumschule im allgemeinen nicht die speziellen Wünsche der Schnittblumenbetriebe berücksichtigt werden können, werden andere Möglichkeiten gesucht. So ist die zweite Variante die viel verwendeten Winterveredlungen, die häufig in den Betrieben selbst herangezogen werden. Sie ermöglichen einen Pflanzenaufbau nach den Erfordernissen der Schnittkultur und bringen trotzdem auch schon im ersten Standjahr einen, wenn auch geringen Ertrag. Eine dritte Möglichkeit des Pflanzgutbezuges setzt sich mehr und mehr durch: Für die Kultur unter Glas werden Okulate gleich im ersten Herbst nach der Veredlung gekauft und aufgepflanzt. In der Baumschule werden diese Pflanzen im Herbst des Veredlungsjahres, also ohne Austrieb, gerodet, die Wildkrone auf ein bestimmtes Maß zurückgeschnitten und so verkauft. Nach der Pflanzung im Gewächshaus treiben die Augen aus, und die Pflanzen können wie bei den Winterveredlungen so behandelt werden, wie es für die Kulturbedingungen unter Glas erforderlich ist.

Die Pflanzweiten unter Glas variieren je nach Sorte und Bedingungen etwa zwischen 25 cm × 25 cm bis 30 cm × 35 cm. Bei der Lichtgassenpflanzung werden von den vier Reihen je Beet jeweils zwei eng gepflanzt und da-

zwischen eine Lichtgasse gelassen. Je Quadratmeter Nutzfläche werden im Durchschnitt 11 bis 12 Stück gepflanzt, das sind je Quadratmeter Grundfläche 7 bis 9 Stück. Nach der Pflanzung wird der Boden mit gut verrottetem Mist oder gekalktem Torf abgedeckt. Diese Mulchschicht erspart weitgehend eine Bodenbearbeitung, wirkt sich positiv auf die Temperaturgestaltung und den Gasaustausch des Bodens aus und daneben dem Unkrautwuchs entgegen.

Zum Problem der Unterlagen gibt es auch keine einheitliche Meinung. Dabei spielen aber auch örtliche Bedingungen, Sorten und Kulturmethodik eine Rolle. Es werden verwendet die *Rosa canina*-Typen 'Inermis', die meist recht gut beurteilt wird, 'Brög', 'Schmids Ideal', auf schweren Böden *Rosa × pollmeriana* und verschiedentlich auch *Rosa dumetorum* 'Laxa'.

Ebensowenig wie es eine Idealunterlage gibt, kann eine Sorte für sich in Anspruch nehmen, alle Ansprüche zu erfüllen. Aber gerade die Sortenfrage ist sehr in Bewegung geraten. Während noch bis etwa zum Ende der fünfziger Jahre die Abkömmlinge der 'Columbia'- und 'Ophelia'-Klasse mit ihren meist als Sporte aufgetretenen Sorten das Feld beherrschten, sind sie jetzt sehr stark zurückgedrängt worden. Zu den Abkömmlingen von 'Columbia' (E. G. Hill 1916), die aus 'Ophelia' hervorging, gehören 'Better Times', 'Red Better Times', 'Perle von Aalsmeer', 'Velvet Times'.

Im internationalen Maßstab brachte 'Baccara' eine große Umstellung, weil die langen Stiele und besonders die auffallend lange Haltbarkeit der abgeschnittenen Blume für diese Sorte sprachen, obwohl der zahlenmäßige Ertrag nicht hoch ist. Für die höheren Gebrauchswerteigenschaften konnten jedoch bessere Preise erzielt werden.

Der nächste Umschwung begann kurz darauf in den sechziger Jahren, als sich die Floribundasorten in der Kultur unter Glas durchzusetzen begannen. Die kleine Blüte ist edel geformt, die Stiellänge relativ kurz. Ihre Haltbarkeit ist auffallend gut, 10 bis 12 Tage bei richtiger Behandlung sind keine Seltenheit. Die Floribundasorten nahmen einen derartigen Aufschwung, daß z. B. die holländische Statistik 1968 auswies, daß etwa ein Drittel der gesamten Anbaufläche von ihnen beansprucht wurde, die aber durch ihren höheren Ertrag je Flächeneinheit rund zwei Drittel des gesamten Aufkommens von der Stückzahl her ausmachten. Allein die Sorte 'Carol' umfaßte zeitweise ein Drittel des gesamten Angebotes! Nachteilig ist bei diesen Sorten der höhere Arbeitsaufwand, z. B. für das verstärkt notwendige Ausbrechen der Nebenknospen. In den letzten Jahren ist die Züchtungsarbeit an diesen Rosen sehr intensiv betrieben worden, und neue Sorten erreichen schon die Größe der Teehybriden.

Aus dem umfangreichen Angebot an Hausrosensorten seien als Beispiele genannt:

'Baccara',   'Mercedes',
'Golden Times',   'Motrea',
'Ilona',   'Sonia'.
'Marina',

Bei der sogenannten Normalkultur werden die Häuser, je nachdem, wann die Blüte beginnen soll, im Januar bis Februar angeheizt. Weil die Rosen aber nicht getrieben werden, beginnt man mit geringen Temperaturen von +8 bis 10 °C. Wichtig ist vor allem die Erwärmung des Bodens, damit die Wurzeln als Voraussetzung für die weitere Entwicklung zu arbeiten beginnen. Nach einigen Tagen wird auf 18 °C gesteigert, nachts werden 15 °C gehalten. Es gibt auch positive Ergebnisse, bei denen die Temperatur sofort auf 21 °C angehoben und nach etwa 3 Wochen auf 15 bis 17 °C abgesenkt wird. Starke Differenzen zwischen Tag und Nacht müssen unbedingt vermieden werden, der sonst auftretende Niederschlag fördert den Pilzbefall sehr stark. Die Pflegearbeiten konzentrieren sich besonders auf Wässern, Düngen, Schädlingsbekämpfung und nach dem Blütenansatz auf das Ausbrechen von Seitenknospen, um an jedem Stiel nur eine, aber große und voll entwickelte Blüte zu erhalten.

Je zeitiger angeheizt wird, um so mehr Brennstoff wird selbstverständlich benötigt. Wenn im Januar mit der Kultur begonnen wird, ist nach etwa 10 bis 12 Wochen mit dem ersten Flor zu rechnen. Bei späterem Anheizen verkürzt sich, bedingt durch die besseren äußeren Bedingungen, die Zeit bis zur ersten Blüte. Die Erhöhung der Temperatur verkürzt die Zeit bis zur Blüte. Die Sorte 'Baccara' benötigte beispielsweise vom Rückschnitt bis zur Blüte bei 12 °C 111 Tage, bei 15 °C nur noch 70 Tage, bei 18 °C nur 57 Tage. Außerdem stieg dabei die Zahl der Blüten im 1. Flor und im gesamten Jahr. Die Erhöhung der Temperatur von 15 auf 18 °C erhöhte den Ertrag um 30 %.

Bei guter Kultur bringen die Pflanzen im Jahr 5 Flore. Ein guter Ertrag wird mit etwa 140 bis 160 Blumen je m² angesetzt. Floribundasorten erreichen 240 bis 280 Blumen je m².

Schwankungen entsprechend den örtlichen Bedingungen und der Kulturführung treten hierbei natürlich auf.

Schwierigkeiten bereiten immer wieder die sogenannten Blindtriebe, die vor allem bei sehr zeitigem Kulturbeginn auftreten. Die Pflanzen bilden Triebe, die abschließen, ohne eine Blüte zu entwickeln. Sie bedeuten natürlich einen Verlust. Die Ursachen dieser Erscheinung sind nicht restlos geklärt. Bekannt ist, daß Sorteneinflüsse mitspielen und das Licht und die Temperatur einen großen Einfluß haben; während der Wintermonate ist das Lichtangebot sehr gering. Die Rosen bilden die ersten Blütenanlagen schon sehr zeitig, bei einer Austriebslänge von nur 8 bis 12 mm, bevor sich überhaupt ein Blatt entfaltet hat. Herrscht während dieser Phase, die mit dem Austrieb beginnt und bis zur fertigen Anlage aller Blütenteile in der Knospe dauert, besonders viel trübes Wetter ohne direkte Sonneneinstrahlung, kommt es zu verstärkter Blindtriebbildung.

Im Spätherbst wird mit dem letzten Flor die Wassergabe herabgesetzt und eine Ruheperiode im Winter von 5 bis 6 Wochen eingeschoben. Die Temperaturen werden bis zum neuen Kulturbeginn gerade so gehalten, daß das Haus nicht einfriert.

Vor der neuen Kulturperiode erfolgt der Rückschnitt. Auch hier gibt es recht verschiedene Meinungen. Es hat sich aber gezeigt, daß der Schnitt in das junge Holz des Sommers oder Frühsommers einem sehr starken Rückschnitt überlegen ist. Es wird auch versucht, mit der Heckenschere auf einheitliche Höhe zu schneiden.

Mit dem zunehmenden Übergang zur industriemäßigen Organisation der Produktion auch bei Hausrosen rücken die Probleme der Terminisierung der Kultur immer mehr in den Mittelpunkt des Interesses. Rosen lassen sich jedoch nicht in gleicher Weise wie viele andere Zierpflanzen in einen genau regulierbaren Rhythmus bringen, wie er mit Belichtung, Verdunkelung, Anwendung von Chemikalien praktiziert wird. Die Terminisierbarkeit beschränkt sich auf Veränderungen in der Kulturführung unter genauer Kenntnis und Ausnutzung der Sorteneigenschaften. Die einfachste Methode des Terminisierens ist das gestaffelte Anheizen. Im Abstand von 2 Wochen werden die Sätze angeheizt und bringen so gestaffelte Erträge. Je zeitiger das Anheizen begonnen wird, um so höher sind die Aufwendungen für Brennstoffe, die Gefahr der Bildung von Blindtrieben nimmt zu, und zusätzlich verlängert sich die Zeit bis zum ersten Flor.

Die zweite Möglichkeit besteht darin, noch möglichst spät im Jahr Rosen zu ernten, also die schnittblumenarme Zeit von der anderen Seite des Jahres her einzuengen. Dazu läßt man die Rosen im Sommer nach dem 3. Flor, von Mitte Juli bis Mitte August vier Wochen lang ausblühen, d. h., die Knospen werden nicht geschnitten und blühen an der Pflanze auf. Vor allem werden dazu Sorten benutzt, die im Sommer häufig Blumen schlechter Qualität bringen. Mitte August werden die Pflanzen egalisiert, d. h., die Triebe, die sich zuletzt entwickelt haben, werden um $1/4$ bis $1/3$ auf einheitliche Höhe zurückgeschnitten. Ende September muß der Flor dann einsetzen, um in der ersten Oktoberdekade zum Abschluß zu kommen. Durch Entfernen des obersten verbleibenden Blattes beim Schnitt wird der Neuaustrieb beschleunigt. Bis zu dieser Zeit reicht die Lichtintensität noch, um den neuen Austrieb zur Blüte kommen zu lassen, der dann etwa Anfang bis Mitte Dezember zu ernten ist.

Bei der sogenannten Dauerkultur haben die Pflanzen keine Winterruhe, es wird durchkultiviert. Der Rückschnitt erfolgt beim Blumenschnitt in den Monaten Dezember bis Februar. Eine Ruheperiode wird den Pflanzen im Juli/August gegeben, indem man in diesem Zeitraum die Blüten nicht erntet, sondern an der Pflanze aufblühen läßt. Diese Methode läßt sich nur mit der Sorte 'Perle von Aalsmeer' durchführen und kann auch nur zwei bis drei Jahre hintereinander ohne Minderung der Wuchskraft durchgehalten werden, dann muß wieder eine Winterruhe eingeschoben werden.

Beim Rosenanbau unter Glas, bei dem eine Anzahl von Wachstumsfaktoren reguliert werden können, spielt noch eine weitere Möglichkeit eine Rolle, die im Freiland nicht beeinflußt werden kann: Wenn alle Faktoren für die Rose weitgehend optimal gestaltet werden, reicht der normale Gehalt der Luft an Kohlendioxid nicht für das bestmögliche Pflanzenwachstum aus. Der normale Gehalt der Luft bewegt sich um 0,03 %. Durch Zuführung von Kohlendioxid im Gewächshaus wird der Gehalt bei entsprechen-

der Witterung auf 0,1 % erhöht. Bei richtiger Anwendung werden auch durch diese Maßnahme die Erträge erhöht.

In den Niederlanden wird seit einigen Jahren mit einer Methode experimentiert, die als „Strivetten" bezeichnet wird. Ihr Nutzen besteht vor allem darin, daß durch sehr hohe Flächenausnutzung in kurzer Kulturzeit ein hoher Ertrag erzielt wird. Dabei werden Stecklinge in Steinwollewürfel gesteckt. Durch Rolltische ist eine maximale Platzausnutzung gewährleistet. Die Ernährung der bewurzelten Stecklinge erfolgt durch Nährlösung. Die Pflanzen kommen ohne Verpflanzen zur Blüte, es werden nur ein oder zwei Blütenflore geschnitten. Dann wird ein neuer Satz vermehrt. Die Vorteile der Methode bestehen darin, daß die Höhe des Blütenertrages nur durch die Pflanzdichte bestimmt wird, die sehr hoch gehalten werden kann. Der Jahresertrag kann auf gleicher Fläche gegenüber der Normalkultur auf das Vier- bis Fünffache erhöht werden. Die Stiellängen sind zwar kürzer, aber einheitlicher, und die Blütezeit ist besser terminisierbar. Nicht zuletzt sinkt die je Blüte notwendige Heizenergie erheblich. Als Nachteile sind die relativ hohen Investitionen, die kürzeren Stiellängen und damit niedrigeren Erlöse je Blüte und schließlich die hohen Anforderungen an das Können des Kultivateurs anzusehen.

Kultur unter Folie

Auch Foliehäuser haben sich für Rosen als geeignet erwiesen. Wir finden sie sowohl als geheizte als auch ungeheizte Häuser. Allein durch das Überbauen mit Folie ohne Heizung verfrüht sich der erste Flor bis zu sechs Wochen gegenüber der Freilandblüte, d. h., der Ertrag beginnt Anfang Mai. Mit einer ganzen Reihe Sorten wurden sehr gute Erfolge bei dieser Kulturmethode erreicht. Bei Folie ist allerdings zu beachten, daß sie Abkühlung nicht wie Glas verzögert, sondern Wärme sehr stark abstrahlt und deshalb gegen Abkühlung nur relativ geringen Schutz bietet. Spätfröste können daher im ungeheizten Foliehaus leicht Schäden verursachen, u. U. ist Frostschutzberegnung auf die Häuser nötig. Andererseits erwärmen sich die Häuser bei Sonneneinstrahlung sehr stark. So wurden z. B. bei −6 °C Außentemperatur in einem Foliehaus in Ost-West-Richtung 20 °C Lufttemperatur gemessen. Starke Temperaturdifferenzen zwischen Tag und Nacht sind nicht zu vermeiden. Besondere Beachtung sind im Foliehaus der Lüftung und dem Abtropfen von Schwitzwasser zu widmen.

Vermarktung

Die Blumen sind ebenso wenig gleichmäßig wie die Pflanzen. Sie müssen deshalb sortiert werden. Neben der Sortierung nach verschiedenen Längen werden allgemeine Forderungen gestellt: „Blüten, Stiele und Blätter müssen frisch, gesund und frei von Beschädigungen und Schädlingen aller Art sein. Die Blüten müssen schnittreif sein, ihre Form und Farbe müssen der Sorte entsprechen. Der Stiel muß kräftig und gerade sein und die Blüten aufrecht tragen. Die Länge der Stiele muß zur Größe der Blüten in einem richtigen Verhältnis stehen."

Der Preis der Rosen aus Kultur unter Glas variiert selbstverständlich auch nach der Zeit des Angebotes. Da die Produktion einer Hausrose, die im März angeboten wird, wesentlich teurer ist als die, welche im August zum Verkauf gelangt, muß die erstere auch mit einem höheren Preis bezahlt werden.

Die Ernte und die Aufbereitung der Rosen für den Verkauf erfordern einen sehr hohen Arbeitsaufwand. Mehr als die Hälfte der Arbeitsstunden, die für die gesamte Rosenkultur benötigt werden, konzentrieren sich auf diese Arbeiten, wodurch in den Erntespitzen eine sehr große Arbeitsbelastung besteht. Um den Aufwand zu senken, wird versucht, das Sortieren mit Sortiermaschinen durchzuführen. Dabei werden die Rosen in Behälter eingelegt. Sie werden von einem Taster oder fotomechanisch abgetastet und entsprechend ihrer Länge in verschiedene Sammelbehälter abgekippt. Durch ein automatisches Zählwerk werden die Schalen beim Erreichen einer bestimmten Anzahl ausgestoßen, so daß das Bund nur noch zusammengebunden werden braucht. Während von Hand etwa 700 Stück in der Stunde sortiert werden, erreichen die modernen Maschinen bereits über 2000 Stück je Stunde.

Topfrosen

Ebenso, wie man ein blühendes Alpenveilchen im Topf kauft, um sich an der Blütenfülle zu erfreuen, kann man auch blühende Rosen im Topf erwerben. Die blühende Topfrose hat zwar ihre Liebhaber, sie hat sich aber bisher nie in größerem Umfang auf dem Markt durchsetzen können. Neu ist die Topfrose keineswegs. Um die Jahrhundertwende war es oft eine Remontantrose, die im Wintergarten zwischen Palmen und anderen Raritäten ihren Platz bekam. Sie diente der Repräsentation. All dies, die Verhältnisse der damaligen Zeit, jene Wintergärten und auch die Rosensorten haben dem Fortschritt weichen müssen. Die heute im Topf kultivierte blühende Rose ist eine andere, und sie hat neue Freunde. Sie bringt all denen, die Rosen lieben, eine Vorfreude auf die Rosenzeit ins Haus. Abgeblüht kann sie dann ausgepflanzt werden, sofern es die Jahreszeit erlaubt.

Häufig werden Zwergrosen in Töpfen angeboten. In diesen sogenannten Verkaufstöpfen wurden sie aus bewurzelten Stecklingen herangezogen und kultiviert. Alle übrigen Sorten werden allgemein als fertige Rosenpflanzen eingetopft und weiterkultiviert.

Für die Verwendung als Topfrose werden die Pflanzen meist auf *Rosa multiflora* veredelt, aber auch mit anderen Unterlagen wurden gute Erfolge erzielt.

Die Rosen werden im Spätherbst oder Anfang Januar getopft. Sie kommen mindestens in 14-cm-Töpfe in gute, lehmige Erde ohne zusätzliche Düngergaben, nachdem die Wurzeln einen Pflanzenschnitt erhielten. Die Triebe werden kräftig, auf 2 bis 4 Augen, zurückgeschnitten. Während früher empfohlen wurde, die Rosen langsam bei niedrigen Temperaturen zum Wachstum kommen zu lassen, soll die Kultur beim Ansetzen Anfang Februar sofort mit Temperaturen von +18 bis 20°C beginnen. Nach 2 oder 3 Wochen wird auf +17 bis 18°C gesenkt. Die Kulturführung mit hohen Anfangstemperaturen wirkt sich günstig auf einen gleichmäßigen Austrieb aus; das spätere Senken der Temperatur

fördert die Triebqualität und bewirkt eine intensivere Knospenfarbe. Es werden gleichmäßigere Pflanzen als bei der früher üblichen Temperaturführung erreicht. Niedrigere Temperaturen, +12 bis 15 °C, sind möglichst zu vermeiden, sie wirken sich in langsamem und vor allem ungleichmäßigem Knospenwachstum aus. Bei guter Pflege, Wärme und flüssigen Düngergaben entwickeln sich kräftige Pflanzen, die bald Knospen ansetzen und von der zweiten Aprilhälfte bis Anfang Mai zur Blüte kommen. Sobald die Knospen Farbe zeigen, wird die Temperatur auf +15 bis 16°C gesenkt, um die Pflanzen abzuhärten. An einem nicht zu warmen Standort im Zimmer können die blühenden Rosen dann lange Freude bereiten.

Ein Problem ist bei den Topfrosen noch zu bedenken. Die meisten unserer Sorten werden im Normalfall etwa 60 bis 80 cm hoch. Das sieht im Garten zwar schön aus, zumal, wenn eine Gruppe zusammensteht. Für eine Einzelpflanze im Topf kann das aber ein sehr nachteiliges Bild ergeben. Deshalb beschränkt sich das Angebot blühender Topfrosen auf relativ wenige Sorten. Es kommen nur solche in Frage, die von sich aus einen kurzen, gedrungenen, buschigen Wuchs aufweisen. Außerdem sollen sie viele Blüten hervorbringen. So kommen meist nur niedrige Polyantharosen oder Polyantha-Hybriden in die engere Wahl. Ganz besonders haben sich für Topfrosen dabei die Sorten vom 'Koster'-Typ herauskristallisiert. Daneben können für diese Zwecke Sorten, die nicht zu hoch werden, wie 'Carol', 'Garnette' und 'Gabrielle Privat' und neuere Sorten, wie z. B. die aus der 'Meillandina'-Serie, verwendet werden.

Aber selbst die nierigbleibenden Sorten werden im Topf, auch bedingt durch das geringe Lichtangebot im Frühjahr, oft noch zu lang. Die Erkenntnisse um die wachstumshemmenden Substanzen und ihre Anwendungsmöglichkeiten helfen auch hier weiter. Mit Hilfe bestimmter Chemikalien ist es möglich, die Pflanzen kurz und gedrungen zu halten, so daß sie schon rein

Wirkung wachstumshemmender Mittel bei Topfrosen; links unbehandelt, rechts gestauchter Wuchs durch CCC-Behandlung

äußerlich viel mehr ansprechen. Die Wirkung beruht immer darauf, daß die Internodien, das sind die Sproßabschnitte zwischen den Blättern, kürzer bleiben; die Blätter stehen enger zusammen, und es entsteht der Eindruck einer dichten, besseren Belaubung. Bei Rosen wird für diesen Zweck eine Verbindung benutzt, die unter der Bezeichnung CCC bekannt ist und chemisch Chlorcholinchlorid ist. Wenn die Rosen etwa 5 cm weit ausgetrieben sind, werden sie

mit einer 2%igen Lösung dieser Verbindung gegossen, ohne die Blätter zu benetzen, weil diese empfindlich mit Schäden reagieren. Jeder Topf erhält 100 ml. Durch diese recht einfache Behandlung wird die Gesamthöhe der Pflanze je nach äußeren Bedingungen und Sorten um ein Drittel bis zur Hälfte herabgesetzt. Positive Nebenerscheinungen sind ein gleichmäßiger Blühbeginn und erhöhte Blütenzahl sowie weniger Blindtriebe. Die höhere Blütenzahl darf bei Rosen allerdings nicht zu der Schlußfolgerung führen, daß durch CCC etwa der Blütenansatz gefördert würde. Der Blütenansatz beginnt nämlich bereits 8 bis 10 Tage nach Austriebsbeginn, so daß die viel später durchgeführte Behandlung zur Wuchsstauchung dann nichts mehr ändern kann. Die einzige Schlußfolgerung, die danach bleibt, ist die, daß der Anteil Blüten, der von den angesetzten wirklich ausgebildet wird, höher ist und nicht so viele Blütenansätze abgestoßen werden.

Die Blütezeit kann durch die Behandlung mit CCC allerdings um einige Tage verzögert werden, was man aber in Anbetracht der besseren Qualität gern in Kauf nimmt. Werden die Rosen weiterkultiviert, läßt die Wirkung des Stauchemittels nach gewisser Zeit nach, und der Neuaustrieb erreicht wieder die normale Wuchshöhe, wenn nicht eine neue Behandlung durchgeführt wird. Durch diese Behandlung ist es auch möglich, ansprechende Pflanzen von höher werdenden Sorten, besonders auch Teehybriden, im Topf zu kultivieren.

Schnittblumenbehandlung

Ein Strauß Rosen, als Aufmerksamkeit oder zu besonderem Anlaß als Geschenk überreicht, wird immer freudig entgegengenommen, und der Bedachte wird bestrebt sein, ihn solange als möglich frisch zu halten. Bei heißem Sommerwetter ist das aber nicht ohne weiteres möglich. Es gibt eine ganze Anzahl Menschen, die gerade deshalb andere Blumen der Rose vorziehen und glauben, die Rose halte sich in der Vase nicht lange. Gewiß, es gibt Blumen, die sich länger frisch halten. Vielfach liegt aber das schnelle Welken und Verblühen der Rosen an einer vorangegangenen fehlerhaften Behandlung.

Das Entfalten der Knospe und das Verblühen sind natürliche Vorgänge. Gerade diese Entwicklung macht aber den Reiz der lebenden Blüte aus. Die Natur soll deshalb auch nicht behindert, sondern nur gelenkt werden. Wer anderer Meinung ist, kann sich Kunstblumen in die Vase stellen, die nur hin und wieder abgestaubt zu werden brauchen. Die Rose blüht auch nicht etwa, um den Menschen zu gefallen. Zweck der Blüte ist es, die Insekten anzulocken, die das Bestäuben vollziehen und für die Erhaltung der Art sorgen.

Versuchen wir, uns in großen Zügen zu vergegenwärtigen, was in der Schnittblume vor sich geht, wovon wir allerdings nur die Auswirkungen zu spüren bekommen. Zuerst einmal ist die geschnittene Blume der Teil einer Pflanze, den wir mitten in einer Entwicklungsphase durch den Schnitt aus seinen natürlichen Verbindungen lösen. Sie ist kein Organ mit abgeschlossener Entwicklung, geschweige denn ein Dauerorgan. Die Blüte kann keine von Wurzeln aufgenommenen Nährstoffe mehr bekommen, der Austausch von Wirkstoffen mit den übrigen Teilen der Pflanze ist unterbrochen. Da ein eigener Stoffaufbau durch Assimilation nicht mehr möglich ist, kann die Blüte nur noch die eigenen Reserven veratmen. Es findet ein starker Abbau von Eiweißen und Kohlenhydraten statt, vor allem nach der Befruchtung. Für uns ist das sichtbar am Vergehen der Blüte. Der Gehalt an Au-

xinen ist zur Zeit der Blüte am höchsten, nach der Befruchtung sinkt er ebenfalls sehr schnell ab. Beim Veratmen entstehen Stoffwechselprodukte, die in der vollständigen Pflanze verarbeitet werden können, in der Schnittblume müssen sie sich notgedrungen ansammeln und führen schließlich zu einer Vergiftung, für uns auch wieder nur am Verblühen wahrnehmbar. Durch die Atmung besteht weiter die Gefahr, daß die Wasserabgabe höher ist als die Aufnahme und es deshalb zu Welkeerscheinungen kommt. Nur wenige Prozent Wasserverlust genügen.

Ob und wie lange eine Rose in der Vase ansprechend aussieht, hängt von einer ganzen Anzahl von Faktoren ab, die sich zumindest teilweise recht erheblich beeinflussen lassen. Wer seine Rosen im Blumengeschäft kauft, hat natürlich erst von dem Moment, da er den Strauß in der Hand hält, die Möglichkeit, etwas für ihre Haltbarkeit zu tun. Für den Gartenfreund, der die Rose selbst schneiden kann, beginnt die Einflußnahme viel früher, schon lange bevor er zum Messer oder zur Schere greift.

Betrachten wir einmal, welche grundsätzlich verschiedenen Dinge auf die Haltbarkeit einwirken können. Wir stellten die Behauptung auf, daß die Lebensdauer in der Vase schon vor dem Schnitt zu beeinflussen ist. Das beginnt bereits mit dem Kulturzustand und der Nährstoffversorgung der Rosenpflanzen. Blumen von wüchsigen, gesunden Pflanzen, die harmonisch und ausreichend, aber auch nicht zu stark gedüngt sind, werden sich besser ausnehmen als solche, die schon an der Pflanze nur mit Mühe zur Blüte kommen. Von den Nährstoffen hat vor allem eine ausreichende Kaliumversorgung einen positiven Einfluß, daneben wird diese Wirkung auch durch guten Kalkzustand des Bodens und Bor in optimalen Mengen unterstützt.

Nur bei Rosen unter Glas spielt die Begasung mit Kohlendioxid in den lichtarmen Monaten eine Rolle. Auch dadurch soll, neben der verbesserten Leistung der Pflanze, die Haltbarkeit erhöht werden.

Eine große Rolle für die Lebensdauer im abgeschnittenen Zustand spielt die Sortenwahl. In diesem Zusammenhang muß einmal darauf hingewiesen werden, daß keineswegs nur Teehybriden für die Vase geeignet sind. Wer einmal gefunden hat, welche wunderbare Wirkung von einer Vase mit wenigen Stielen einer Beetrose mit ihren Blütenständen, gleichgültig ob Polyantha-Hybride oder Floribundarose, ausgeht, wird immer wieder darauf zurückgreifen. Die meisten dieser Sorten halten sich auch wesentlich länger in der Vase als viele Teehybriden, und außerdem blüht eine ganze Anzahl von Knospen nach. Die edlen Teehybriden werden dennoch als Schnittblume ihre dominierende Stellung behaupten. Von diesen blühen besonders die sehr locker gefüllten meist schnell auf und werden unansehnlich. Neuere Züchtungen weisen vielfach auch eine sehr lange Lebensdauer als Schnittblume auf. Als Beispiel seien nur die Sorten 'Baccara', 'Super Star', aber auch viele neue zum Blumenschnitt geeignete Floribundarosen, die vor allem als Hausrosen Bedeutung haben, genannt.

Weiterhin ist der richtige Schnittzeitpunkt zu beachten. Wir werden Rosen nicht erst schneiden, wenn sie schon sehr aufgeblüht sind, da die Freude dann sicher nicht lange währt. Wird die Knospe zu zeitig geschnitten, blüht sie nicht auf.

Das ist aber auch nicht Sinn der Sache, da wir uns doch gerade an der Entwicklung, dem Entfalten der Blüte erfreuen wollen. So kommt es darauf an, das richtige Stadium zu erfassen. Im allgemeinen blüht die Rose sicher auf, wenn die Knospe voll entwickelt ist und voll Farbe zeigt, wenn die Kelchblätter umgeschlagen sind und sich das erste Blütenblatt zu lösen beginnt. Auch hier gibt es Sortenunterschiede. Schwach gefüllte Sorten lassen sich meist sehr früh schneiden, andere, wie z. B. 'Montezuma', müssen schon etwas weiter entwickelt sein, um sicher aufzublühen. Die Witterung spielt hierbei ebenfalls eine Rolle. Bei kaltem, feuchtem Wetter möchten die Blüten beim Schnitt schon weiter in ihrer Entwicklung sein, da sonst die Blütenblätter verkleben. An warmen, trockenen Tagen kann knospiger geschnitten werden.

Die nächste Frage ist die nach der günstigsten Tageszeit für das Blumenschneiden. Bisher war man der Ansicht, daß die Rosen am besten frühzeitig, wenn sie sich während der kühlen Nacht genügend Wasservorrat schaffen konnten, oder aber abends zu schneiden seien. Neuere Untersuchungen brachten aber diese Regeln ins Wanken und wiesen als beste Tageszeit den frühen Nachmittag aus, weil sie zu diesem Zeitpunkt den besten Nährstoffvorrat aufweisen.

Die Frage, an welcher Stelle geschnitten werden

Knospenentfaltung und Schnittreife
In diesem Stadium geschnitten, blühen die Knospen in der Vase nicht auf (links).
Bei warmer, trockener Witterung können die Knospen leicht gefüllter Sorten in diesem Stadium der Entfaltung geschnitten werden (Mitte).

Normaler Zeitpunkt für den Schnitt (Mitte)
Schnittreife bei sehr stark gefüllten, sich schlecht öffnenden Sorten und ungünstiger Witterung (rechts)

soll, ist vor allem für die Pflanze von großer Bedeutung. Wir müssen immer bedenken, daß wir mit jedem Blütenstiel, den wir schneiden, der Pflanze Assimilationsfläche, die sie zum weiteren Wachstum benötigt, entziehen. Wir werden deshalb den Stiel nur so lang schneiden, wie er wirklich benötigt wird. Es hat nicht viel Sinn, einen unendlich langen Stiel haben zu wollen, wenn die am Ende stehende Blüte in ihrer Größe vielleicht in gar keinem Verhältnis dazu steht. An der Pflanze muß ein gut ausgebildetes Auge stehenbleiben, das möglichst bald wieder austreiben kann. Wir werden also nicht bis ins alte Holz vom Vorjahr schneiden. Auch schneiden wir eine Pflanze nicht restlos zusammen, daß nur noch ein Häufchen Holz übrigbleibt. Eine so geschwächte Pflanze braucht sehr lange, bis sie sich wieder erholt und Blüten entwickeln kann. Ein oder zwei Stiele je Pflanze, von einer gut entwickelten Pflanze, können gern geschnitten werden, mehr aber lieber nicht. Bei Pflanzen, die intensiv für den Schnitt genutzt werden, und wenn entsprechende Kulturmethoden regelmäßig durchgeführt werden, ist das anders.

An dieser Stelle noch ein Hinweis für den Rosenfreund, der nach dem Blumenschnitt bald wieder den Neuaustrieb seiner Pflanzen sehen möchte. Auch wenn die Blumen so geschnitten werden, daß an der Pflanze ein oder mehrere kräftige Augen verbleiben, dauert es doch eine ganze Zeit, bis das oberste oder die obersten Augen wieder austreiben. In den Blättern befindet sich ein Hemmstoff, der dies Austreiben verzögert. Wird nun aber beim Schnitt das Blatt am obersten Auge mit entfernt, entfällt auch der hemmende Einfluß, und der Austrieb kann wesentlich schneller vonstatten gehen. Wichtig ist nur, daß das ganze Blatt samt Blattstiel sauber entfernt wird. Schon ein kleiner Rest des Blattes erhält die Hemmwirkung aufrecht.

Wir wollen nicht vergessen, an das Schnittwerkzeug zu denken. Eine scharfe Schere wird bei weitem nicht so starke Quetschungen wie eine stumpfe hervorrufen. Daß zerquetschte Zellen für die Wasseraufnahme kaum geeignet sind, braucht nicht näher erläutert zu werden. Günstig ist ein nachträglicher schräger Anschnitt der Stielenden, der die Wasseraufnahme durch die damit verbundene größere Oberfläche erleichtert. Wenn die Rosen geschnitten sind, kommen sie, wenn sie sich lange halten sollen, noch längst nicht in die Vase. Betriebe, die Schnittrosen kultivieren, geben ihre Blumen immer erst am Tage nach der Ernte zum Verkauf. Nach dem Sortieren und Bündeln werden die Rosen für mindestens 12 Stunden, meist über Nacht, in einen Kühlraum gebracht, wo sie bei ±0 bis 5 °C stehen. Diese Kur verbessert ihre spätere Haltbarkeit ganz außerordentlich. Während einer Rosenschwemme kann man auf diese Weise, dann allerdings bei nur +1 bis 2 °C, die Rosen sogar über längere Zeit, bis zu einer Woche, stehenlassen, ohne daß ihre Haltbarkeit beeinträchtigt würde. Mit weniger Aufwand läßt sich die Haltbarkeit zusätzlich verbessern, wenn die frisch geschnittenen Rosen für etwa 2 Stunden in einen kühlen Raum in etwa +40 °C warmes Wasser gestellt werden.

Eine Lagerung von Rosen, aber auch von anderen Schnittblumen, zusammen mit Obst sollte man vermeiden. Das vom Obst abgegebene Äthylengas wirkt beschleunigend auf den Blühprozeß, wir wollen den Ablauf der Entwicklung aber gerade möglichst verlangsamen.

Der Rosenliebhaber kommt auch in die Lage, daß er Rosen aus seinem Garten verschenken will, sie aber am Tage zuvor schneiden möchte. Er muß deshalb aber keineswegs einen Strauß aufgeblühter Rosen überreichen. Die Blumen lassen sich recht einfach frischhalten. Die geschnittenen Rosen werden eng in feuchtes Zeitungspapier eingewickelt und im kühlen Keller auf den Fußboden gelegt. Auch im Kühlschrank ist die Lagerung möglich, doch empfiehlt sich dann zumindest noch eine Umhüllung mit Folie, da die Kühlfläche sonst sehr stark die Feuchtigkeit an sich zieht, die wir der Rose aber gerade erhalten wollen. Die Folie tut auch gute Dienste, wenn der Weg vom Garten nach Hause sehr weit ist. In dieser Umhüllung halten sie sich auch ohne Wasser sehr gut frisch.

Stehen die Rosen schließlich in der Vase, läßt sich auch hier ihre Lebensdauer noch erheblich beeinflussen. Die einfachste Regel besteht darin, die Blumen nicht der Zugluft und direkter Sonne auszusetzen. Beides fordert der Rose erhöhte Verdunstung ab, die durch den Stiel nicht immer ausreichend nachgeschafft werden kann. Täglicher Wasserwechsel und frisches schräges Anschneiden der Stielenden tun ein übriges.

Noch nicht sehr lange ist die Tatsache bekannt, daß durch die Blätter, oder genauer gesagt, durch beschädigte Blätter die Haltbarkeit negativ beeinflußt wird. In den Blättern sind Hemmstoffe, Polyphenole, enthalten. Werden die Blätter beschädigt oder gequetscht, so treten diese

Hemmstoffe aus. Befinden sich nun diese Blätter im Wasser, entsteht bei Verbindung mit Sauerstoff, der sich im Wasser befindet, eine unlösliche Verbindung, die die Gefäße im Stengel verstopft und so zum Welken führt. Diesem Mangel kann jedoch vorbeugend leicht abgeholfen werden, wenn keine beschädigten Blätter ins Wasser gelangen oder von vornherein die Blätter an dem im Wasser stehenden Stengelteil entfernt werden. Daraus ergibt sich aber auch, daß beim Wasserwechsel abgestandenes Wasser günstiger als frisches ist, weil es nicht mehr so viel Sauerstoff enthält.

Mit verschiedenen Chemikalien wird versucht, der Entwicklung von Fäulniserregern im Wasser vorzubeugen, die die Gefäßbahnen der Blüten verstopfen und zum Welken führen können. Eine ganze Anzahl von Empfehlungen sind hierüber bekanntgeworden, viele raten zur Verwendung von Silbernitrat. Diese chemischen Verbindungen können ganz erheblich zur Verlängerung der Lebensdauer der Rose in der Vase beitragen.

Häufig, besonders bei Ausstellungen, wird eine nach den Bestandteilen unter der Bezeichnung AKN gehende Mischung verwendet, die sich jeder selbst leicht herstellen kann, da die Bestandteile in den meisten Drogerien erhältlich oder im Haushalt vorhanden sind.

In einem Liter Wasser werden aufgelöst:

Kalialaun	0,8 g
Kaliumchlorid	0,3 g
Kochsalz	0,2 g

Diese Mischung, mit der das Wasser nicht täglich gewechselt werden muß, wirkt sich sehr auf die Haltbarkeit der Rosen aus. Sie kann ebensogut bei anderen Schnittblumen angewendet werden. Eine Menge von 30 g Zucker trägt zusätzlich zur Verlängerung der Lebensdauer um 2 bis 3 Tage und zur Verbesserung der Blütenfarbe bei.

Eine andere Möglichkeit, die im allgemeinen aber der Laie nicht hat, ist die Verwendung von CCC zur Verbesserung der Haltbarkeit. Diese chemische Verbindung war schon bei den Möglichkeiten zur Erreichung gedrungener Topfrosen zur Sprache gekommen. Die Rosen werden für 14 bis 18 Stunden in Wasser eingestellt, dem je Liter etwa 10 bis 50 mg CCC zugesetzt wurde. Kommen sie anschließend in klares Wasser, ist ihre Haltbarkeit im Vergleich zu den nicht in dieser Weise behandelten besser.

Der Einsatz von Cytokininen zur Verbesserung der Haltbarkeit ist ebenfalls möglich, bisher aber kaum ökonomisch. Es sind Untersuchungen bekannt, nach denen sie entweder dem Wasser zugesetzt werden, oder die Blumen werden damit übersprüht. Die Wirkung besteht in der Hemmung des Eiweißabbaues der Schnittblume. Die Cytokinine sind in der Pflanze zur Zeit der Blütenöffnung natürlich vorhanden, da sie aber in der Wurzel entstehen, fehlen sie der abgeschnittenen Blüte. Weiter ist bei Rosen auch Hydroxychinolinsulfat eingesetzt worden. Neben der keimhemmenden Wirkung schließt es die Spaltöffnung der Blätter und vermindert damit den Wasserverlust.

Von der Industrie werden fertige Frischhaltemittel als Tabletten oder Pulver angeboten. Haltbarkeitsverlängerungen um mehr als ein Drittel wurden damit nachgewiesen.

Zum Schluß soll noch ein Problem angesprochen werden, das manchmal die Freude an der Rose stark trüben kann, oft aber leicht zu beheben ist: Die Blumen lassen plötzlich die Köpfe hängen. Vielleicht haben sie auf langem Transport kein Wasser gehabt, manchmal tun sie das auch scheinbar ohne ersichtlichen Grund in der Vase. Man braucht deshalb nicht gleich die Rosen wegzuwerfen. Mit dem einfachen Mittel des Anschneidens unter Wasser sind sie schnell wieder straff zu bekommen. In einer Schüssel mit Wasser werden die Stiele der welken Rosen mit einem scharfen Messer unter Wasser schräg angeschnitten und dann bis zum Erholen im Wasser gelassen.

Die Bedeutung des Anschneidens unter Wasser liegt darin, daß nach dem Schnitt vom Stiel Wasser angesaugt wird. Schneiden wir über Wasser an oder nehmen die Rosen unmittelbar danach heraus, kommt Luft in die Leitungsbahnen und die „Transportstrecke" ist wieder unterbrochen. Unter Wasser muß der Stiel Wasser ansaugen, und so erholt sich die Rose meist schon innerhalb einer halben Stunde. Sollte sie es wirklich nicht tun, wird die Prozedur noch einmal wiederholt. Schräg wird angeschnitten, um die wasseraufnehmende Oberfläche möglichst groß zu halten, so daß die Leitbündel das Wasser aufnehmen können.

Die Freude an einem Strauß Rosen in der Vase läßt sich also mit einfachen Mitteln wirkungsvoll verlängern. Die Rose ist daher keineswegs als eine nur sehr kurzlebige Schnittblume anzusehen. Schon das Beachten von Kleinigkeiten kann eine große Wirkung haben.

Krankheiten und Schädlinge

Die Rose wird von Krankheiten und Schädlingen nicht verschont. Einige treten fast regelmäßig auf, andere selten, die einen sind mit den zur Verfügung stehenden Mitteln und Möglichkeiten leicht in Schach zu halten, andere bereiten häufig große Sorgen. Es ist nicht möglich, alle eventuell auftretenden Schädigungen an der Rose ausführlich zu besprechen. Diejenigen, mit denen im Normalfall gerechnet werden kann, sind jedoch kurz beschrieben, und die möglichen Bekämpfungsmaßnahmen sind angeführt. Tritt ein Schaderreger auf, der nicht genau bestimmt werden kann, so kann sich der Gartenfreund an seinen Fachberater wenden, der meist Auskunft geben kann. In Zweifelsfällen stehen auch die Pflanzenschutzämter zur Verfügung. Bevor wir auf die einzelnen Krankheiten und Schädlinge eingehen, müssen noch einige Fragen, vor allem im Zusammenhang mit der Bekämpfung, erörtert werden. Die beste Maßnahme, Krankheiten vorzubeugen, ist die Sorge für möglichst günstige Wachstumsvoraussetzungen. Je besser diese erfüllt sind, um so weniger empfindlich sind die Rosen. Ist jedoch der Griff zum Pflanzenschutzmittel nötig, so denken wir immer daran, daß die meisten dieser Mittel Gifte sind. Dementsprechend ist auch vorsichtig mit ihnen umzugehen. Dazu gehören Aufbewahrung unter Verschluß, so daß keine Kinder diese Mittel erreichen können, keinesfalls Aufbewahrung in neutralen Behältern oder gar in Flaschen, in die sonst Lebensmittel gehören. Die auf den Packungen angegebenen Vorschriften sind genau zu beachten. Leere Packungen werden sofort vernichtet, nicht etwa fortgeworfen. Während der Arbeit nicht zu essen, rauchen oder trinken, sollte ebenso selbstverständlich sein wie gründliches Waschen nach dem Arbeiten mit diesen Mitteln. Schleimhäute oder offene Wunden sind ganz besonders gefährdete Stellen. Sollte es zu Vergiftungserscheinungen kommen, ist sofort ein Arzt aufzusuchen. Wer sich an diese Vorschriften hält, kann die Mittel ohne Gefahr anwenden.

Die meisten Pflanzenschutzmittel sind für ihre Anwendung in Wasser aufzulösen oder zu verdünnen. Die notwendigen Konzentrationen sind allgemein auf der Packung angegeben und sollten genau eingehalten werden. Niedrige Mengen wirken nicht oder nur ungenügend, höhere können zu Schäden an der Pflanze führen.
Beim Spritzen wird man so arbeiten, daß die Blätter nicht nur von oben, sondern auch von unten getroffen werden, da sich viele Schädlinge gerade dort aufhalten. Die Rosen brauchen nicht übermäßig stark gespritzt werden. Wenn die Flüssigkeit gerade herabzutropfen beginnt, ist genug getan. Beim Spritzen sollte man aber auch darauf achten, daß nicht der Wind die feinen Tröpfchen auf andere Menschen weht, auch soll man selbst nicht gegen den Wind spritzen. Außerdem muß auf die Nachbarkulturen geachtet werden. Abdriftende Mittel dürfen beispielsweise nicht auf benachbarte Erdbeeren oder Gemüsebeete kommen, die bald geerntet werden sollen. Pflanzenschutzmittel sollten auch nie in den Mittagsstunden mit starker Sonneneinstrahlung angewandt werden. Denn zu dieser Zeit ist die Gefahr von Schädigungen besonders groß.
Unter den Handelspräparaten gibt es eine ganze Reihe, die in praktischen Kleinpackungen für den Gartenfreund zur Verfügung stehen. Nicht alle Mittel werden für ihn jedoch erhältlich sein, allein schon wegen ihrer Giftigkeit.
Auch erscheinen laufend neue Mittel mit besseren Wirkstoffen im Handel. In der Fachsprache werden die Mittel entsprechend ihrem Anwendungsgebiet zu Gruppen zusammengefaßt: Durch pilzliche Erreger verursachte Krankheiten werden mit Fungiziden bekämpft, gegen Insekten verwendet man Insektizide, gegen Spinnmilben Akarizide.
Die Rosen sind sehr empfindliche Pflanzen, sie vertragen leider nicht alle Mittel ohne weiteres, also jederzeit und unter allen Bedingungen. Wenn also zur Bekämpfung von Schaderregern Mittel empfohlen werden, so ist das kein Frei-

brief für seine generelle Anwendung bei Rosen. Bekannt ist z. B., daß Schwefel und Schwefelmittel bei starker Sonneneinstrahlung und Temperaturen über 25 bis 28 °C leicht Verbrennungsschäden hervorrufen.

Auch reagieren die Sorten sehr unterschiedlich. Während die eine gute Verträglichkeit zeigt, nimmt eine andere das gleiche Mittel sehr übel. Es empfiehlt sich, bei der erstmaligen Verwendung eines Pflanzenschutzmittels probeweise ein kleines Stück zu behandeln, um bei eventuell auftretenden Schädigungen nur wenige Pflanzen und nicht etwa den ganzen Bestand zu gefährden.

Diese lange Vorrede soll keineswegs vor der Verwendung von Pflanzenschutzmitteln abschrecken, sie soll nur verhindern, daß ein Schaden durch einen anderen ausgetauscht wird.

Wenden wir uns nun den Krankheiten und Schädlingen zu und den Möglichkeiten, ihnen beizukommen.

Wurzelkropf

Krankheiten und Schädlinge an den Wurzeln

Wurzelkropf, Agrobacterium tumefaciens

Schadbild: An den Wurzeln oder am Wurzelhals befinden sich knollige Gebilde mit ungleichmäßiger Oberfläche, die teils recht erhebliche Ausmaße annehmen können. Die Bakterienkrankheit tritt bei *Rosa multiflora* häufiger als bei *Rosa-canina*-Unterlagen auf.

Bekämpfung: Eine Bekämpfung ist nur beim Pflanzen vorbeugend möglich, indem die Wurzeln in Lehmbrei getaucht werden, dem ein Pflanzenschutzmittel zugesetzt wird. Die Maßnahme wird jedoch beim Rosenfreund kaum zur Anwendung kommen, da diese Mittel sehr giftig sind und damit strengen Bestimmungen unterliegen.

Wurzelhalsfäule, Cylindrocladium scoparium

Schadbild: Am Wurzelhals oder Stammgrund, häufig an der Veredlungsstelle, bilden sich dunkle Faulstellen. Sie sind scharf abgegrenzt, breiten sich aber aus. Die Pflanzen kümmern, bis sie schließlich absterben.

Bekämpfung: Vernichtung kranker Pflanzen. Sehr feuchte Standorte fördern den Befall und sollten deshalb vermieden werden. Vorbeugend kann mit Fungiziden behandelt werden.

Wurzelälchen, Meloidogyne, Xiphinema, Pratylenchus

Schadbild: An den Wurzeln entstehen zahlreiche längliche knotige Anschwellungen, die meist nur wenige Millimeter groß sind, aber bis Walnußgröße erreichen können. Die Erscheinung wird durch etwa 0,5 bis 1 mm lange Fadenwürmer, die auch als Nematoden bzw. Älchen bezeichnet werden, hervorgerufen. Sie bohren sich in die Wurzel ein, worauf diese die erwähnten Gallen bildet und an dieser Stelle ihr Wachstum einstellt. Über der Schadstelle verzweigt sich die Wurzel, so daß bei starkem Befall ein dichtes Geflecht entsteht. Die Folgen von starkem Befall können Mangelsymptome durch unzureichende Wasser- und Nährstoffaufnahme, Kümmerwuchs, Welken und sogar Absterben der Pflanzen sein. Sekundär können durch Wunden Pilze und Bakterien eindringen. Das Auftreten der Älchen wird bei *Rosa multiflora* stärker als bei *Rosa canina* beobachtet.

Auch durch freilebende Wurzelälchen können Wachstumsstockungen hervorgerufen werden.

Wurzelälchen, starker Befall

Bekämpfung: Hygienische Maßnahmen durch Vermeidung der Verbreitung durch Erde, Geräte, Schuhe usw. Vor der Pflanzung Dämpfen der Erde oder chemische Entseuchung. Auch das Anpflanzen von *Tagetes patula* und *Tagetes erecta* wirkt gegen Nematoden, jedoch hat diese Möglichkeit zumindest für den Produktionsbetrieb keine praktische Bedeutung.

Engerlinge, Dickmaulrüßler
Schadbild: Die hinlänglich bekannten großen Larven fressen in der Erde an den Wurzeln und am Wurzelhals. Die Pflanzen welken und sterben bei starken Schädigungen schließlich ab.
Bekämpfung: In gefährdeten Gebieten können bereits vorbeugend vor dem Pflanzen dem Boden Streumittel zugesetzt werden. In stehenden Pflanzungen wird mit Insektiziden gegossen.

Wühlmaus, Arvicola terrestris
Schadbild: Diese Nagetiere, die auch an anderen Gehölzen sehr oft großen Schaden anrichten, fressen an den Wurzeln oft so stark, daß die gesamte Wurzel bis zum Wurzelhals fehlt. Die Pflanzen treiben dann im Frühjahr nicht aus bzw. welken und sterben ab und lassen sich ohne großen Widerstand aus der Erde ziehen. Am Wurzelhals sind die Spuren der Zähne zu erkennen.
Bekämpfung: Die sichere Bekämpfung der Tiere

ist nicht leicht. Es werden Gaspatronen verwendet oder die Abgase von Benzinmotoren in die Gänge eingeleitet, Fallen gestellt oder auch Köderpräparate ausgelegt.

Krankheiten und Schädlinge an Blättern, Trieben und Blüten

Sternrußtau, Marssonina rosae
Schadbild: Diese Pilzkrankheit ist wahrscheinlich die bekannteste und auch eine sehr auffällige Krankheit. Auf den Blättern, aber auch den Jahrestrieben und Petalen entstehen oft schon im Juli dunkelbraune bis schwärzliche runde Flecke, die häufig strahlig in das noch grüne Gewebe auslaufen. Die erkrankten Blätter werden sehr bald gelb und fallen ab. Da die Pflanzen vor allem bei zeitigem Befall noch einmal durchtreiben, entsteht zusätzlich die Gefahr, daß sie im Herbst nicht rechtzeitig das Wachstum beenden und entsprechend ausreifen. Durch die Krankheit wird die Stärkeeinlagerung im Herbst verhindert. Als Folge erfrieren sie im Winter. Unter den Sorten bestehen starke Unterschiede in der Empfindlichkeit. Jedoch treten oft bei gleichen Sorten auch örtlich starke Unterschiede in der Befallsstärke auf, die darauf zurückzuführen sind, daß der Pilz geographische Rassen ausbildet. Das Optimum für seine Entwicklung liegt bei 21 °C. Nasses Wetter und ungenügende Ernährung der Pflanzen, vor allem Kalium-Mangel, begünstigen den Befall. Zur Keimung benötigen die Sporen minde-

Sternrußtau

stens 90 % Luftfeuchte bzw. mindestens 7 Stunden lang feuchte Blätter. Aber auch bei Kälte überdauert Sternrußtau ohne Schaden. Bei −18°C war der Pilz noch nach 2½ Jahren voll lebensfähig.

Stammrosen werden oft weniger befallen, da bei ihnen die Gefahr der Verbreitung durch Spritzinfektion bei Regen geringer ist.

Bekämpfung: Gute, harmonisch abgestimmte Düngung und freier Stand auf gutem Standort wirken dem Befall entgegen. Im Garten kann durch Sammeln und Verbrennen des befallenen, am Boden liegenden Laubes dem Befall, vor allem auch im folgenden Jahr, vorgebeugt werden. Regelmäßige Spritzungen mit entsprechenden Fungiziden.

Echter Mehltau, Sphaerotheca pannosa
var. rosae
Schadbild: Auf der Blattoberseite bildet sich ein weißer bis grauweißer mehliger Belag, der schon bald bei der leisesten Berührung stark stäubt. Besonders gefährdet sind die jungen Blätter beim zweiten Durchtrieb im Sommer. Oft werden auch die Blütenkelche und Kelchblätter befallen. Die Blätter verkrüppeln und zeigen häufig im fortgeschrittenen Stadium ein mißfarbiges rötliches Aussehen. Besonders stark tritt die Krankheit bei starken Temperaturschwankungen zwischen Tag und Nacht auf, wenn sich durch die Abkühlung Wasser auf den Blättern niederschlägt.

Da das Pilzmyzel ohne Schaden überwintert,

kann die Krankheit sich schon sehr zeitig im Jahr bemerkbar machen. Naßkalter Standort und magere Böden wirken befallsfördernd und sind zu vermeiden bzw. zu verbessern. Außerdem darf nicht zu stark mit Stickstoff gedüngt werden. Häufiger Regen und Temperaturen über 30 °C hemmen dagegen die Entwicklung. Die ständige Bildung neuer biologischer Rassen führt dazu, daß ursprünglich kaum befallene Sorten plötzlich besonders stark erkranken können.

Bekämpfung: Mit Befallsbeginn einsetzend regelmäßige Spritzungen mit gegen Mehltau wirksamen Fungiziden.

Falscher Mehltau, Peronospora sparsa
Schadbild: Im Gegensatz zum Echten Mehltau findet sich hier ein grauweißer Belag auf der Unterseite der Blätter. Auf der Oberseite bilden sich schmutzig graubraune Flecken. Schließlich kommt es zum Welken der Blätter, und sie fallen ab. Falscher Mehltau tritt besonders bei Kultur unter Glas auf und wird durch starke Temperaturschwankungen gefördert. Die Verbreitung der Krankheit erfolgt vor allem durch Wind und Wasser. Die Optimaltemperaturen für das Sporenwachstum liegen bei 18 °C, über 26 °C und unter 7 °C können sie sich nicht halten.

Bekämpfung: Neben der Schaffung optimaler Kulturbedingungen kann vorbeugend mit Fungiziden gespritzt werden, wobei vor allem die Blattunterseiten mit behandelt werden müssen.

Rost, Phragmidium
Schadbild: Im Spätsommer bilden sich an den Blattunterseiten kleine, kaum stecknadelkopfgroße Flecken, die stark stäuben. Sie sind im Sommer orangefarben, zum Herbst hin dunkelbraun bis schwarz. An der Blattoberseite sind rötlich gelbe Flecken zu sehen, schließlich vergilben die Blätter und fallen vorzeitig ab. Im Frühjahr sind an den Trieben orangerote Schwielen zu finden. Das Auftreten von Rost wird bei ungenügender Kaliversorgung begünstigt. Es treten mehrere Arten auf. *Ph. mucronatum* befällt Sorten auf *Rosa canina* und *R. d.* 'Laxa', *Ph. tuberculatum* kann alle modernen Sorten, besonders auf *R. rugosa* befallen, *Ph. rosae-pimpinellifoliae* ist nur auf Sorten der Pimpinellifolia-Gruppe zu finden. Die Infektion fin-

Echter Mehltau

det bei Temperaturen zwischen 9 und 24 °C statt, es genügt, daß dazu die Blätter vier Stunden naß sind. Besonders wird der Befall bei nassem Wetter mit warmen Tagen und nebligen Nächten gefördert. Vernäßte, schlecht drainierte Böden tun ein übriges.

Bekämpfung: Im Winter sind die Rosen mit sogenannten Winterspritzmitteln, während der Vegetationszeit mit entsprechenden Fungiziden zu behandeln, besonders die Blattunterseiten. Große Standweiten, Vermeidung feuchter Lagen und betonte Kali-Düngung wirken vorbeugend.

Stengel- und Blütenfäule, Botrytis cinerea
Schadbild: Die Knospe und teils der Blütenstiel werden braun, entwickeln sich nicht weiter und werden mit einem grauen Schimmel überzogen. Der Pilz schädigt nur bei feuchter Witterung oder lang anhaltendem Regenwetter. Vorwiegend werden sehr stark gefüllte Sorten und solche mit weichen, empfindlichen Blütenblättern befallen. In der Baumschule tritt der Pilz bei der Überwinterung von Rosenpflanzen auf, die erst im Frühjahr verkauft werden sollen. Der graue Pilzrasen bildet sich an den Trieben.
Die Optimaltemperatur für die Entwicklung des Pilzes liegt bei 25 °C, er ist jedoch zwischen 0 und 40 °C aktiv.

Bekämpfung: Bei Rosen unter Glas kann durch entsprechende Regelung der Lufttemperatur und der Luftfeuchtigkeit dem Auftreten entgegengewirkt werden. Chemische Behandlung erfolgt mit speziellen Fungiziden.

Gnomonia rubi
Schadbild: Eine Krankheit, die bei der Kühlhauslagerung der Rosen in der Baumschule auftritt. Die Rindenkrankheit beginnt mit einer violett-schwärzlichen Färbung der Rinde an der Veredlungsstelle und führt zum Absterben der Pflanzen.

Bekämpfung: vorbeugend durch Einlagerung von bestem Pflanzenmaterial.
Die Krankheit wird gefördert durch ungenügende Holzreife. Vermeidung reifeverzögernder Faktoren wie sonnenscheinarmes Wetter, ungenügender Pflanzenabstand, unausgeglichener Nährstoffhaushalt, zu zeitige Rodung, Verletzungen, Frostschäden.

Rindenfleckenkrankheit, Rindenbrand, Coniothyrium wernsdorffiae, C. fuckelii
Schadbild: An den vorjährigen Trieben entstehen anfangs kleine, später größer werdende dunkle Flecken, die rötlich umrandet sind. Die Flecken trocknen ein, die Rinde platzt, bildet wulstige Verdickungen an den Rändern, und schließlich stirbt der über der Befallsstelle lie-

Botrytis

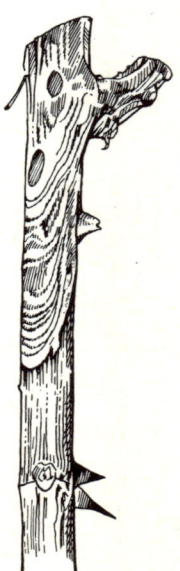

Rindenflecken-krankheit

gende Triebteil ab. Sehr starke Stickstoffdüngung begünstigt die Krankheit. Sorten auf *R. multiflora* werden stärker befallen.

Bekämpfung: Nur mäßige Stickstoffdüngung vornehmen, den Winterschutz erst möglichst spät geben und rechtzeitig wieder entfernen. Die befallenen Triebe werden ausgeschnitten und vernichtet. Zusätzlich können Fungizide eingesetzt werden.

Sphaceloma-Blattfleckenkrankheit, Sphaceloma rosarum
Schadbild: Auf den Blättern entstehen zahlreiche dunkle oder rote Flecke mit weißer oder grauer Mitte. Auch an den Trieben und Blütenstengeln können sie auftreten.

Bekämpfung: wie Sternrußtau

Wirtelpilz-Welke, Verticillium spec.
Schadbild: Wie der Name bereits sagt, ist die Krankheit durch Welken, das oft plötzlich im vollen Wachstum im Sommer auftritt, gekennzeichnet. Es tritt Blattfall auf, und die Triebe verfärben sich gelblich bis braun. Die Pflanzen werden über die Wurzeln befallen.

Bekämpfung: Beseitigung kranker Pflanzen, Wechsel der Anbaufläche, Bekämpfung von Unkräutern, von denen eine Anzahl als Wirtspflanze dient, Bodenentseuchung.

Blattläuse, Macrosiphon rosae und andere
Schadbild: Die kleinen, sich rasch vermehrenden Insekten, die fast alle Pflanzengattungen heimsuchen, verschonen auch die Rose nicht. Die meist grünlichen oder schwarzen Blattläuse sitzen häufig dicht zusammen und saugen, sie entziehen den Pflanzen wichtige Stoffe. Ihre Vermehrung wird besonders bei trockenem, warmem Wetter gefördert; kühle, nasse Witterung hemmt sie. Bei starkem Befall kann es zu Verkrümmungen und Verkrüppelungen von Trieben und Blättern kommen. Der von ihnen ausgeschiedene Honigtau ist wiederum Nährboden für Rußtaupilze, die sich darauf ansiedeln und die Pflanzen zusätzlich verunstalten. Da Blattläuse verschiedene Viruskrankheiten übertragen können, sind sie auch deshalb gefährlich.

Bekämpfung: Die Blattlausbekämpfung ist eigentlich kein Problem mehr. Insektizide machen ihnen sicher den Garaus. Ein Wechsel der Mittel erhöht die Sicherheit. Bei der Blattlausbekämpfung helfen auch natürliche Feinde, so die

Blattläuse

Schadbild der Rosenzikade

Marienkäfer und die Florfliegen und ihre Larven. Gefährlich ist es dagegen, wenn Vögel versuchen, die Blattläuse abzusammeln. Sie halten sich an den Trieben fest, welche dann häufig ausbrechen, vor allem bei Okulaten.

Rosenzikade, Typhlocyba rosae
Schadbild: Die Rosenblätter bekommen auf der Oberseite eine fast weiße Sprenkelung, die so stark werden kann, daß vom Blattgrün kaum et-

was übrigbleibt. Auf der Blattunterseite sitzen die grünlichweißen, länglichen Rosenzikaden, die beim Anstoßen der Blätter davonspringen oder abfliegen. Die Blätter können durch den Befall vorzeitig vertrocknen und abfallen. Besonders gefährdet sind Rosen an trockenen, stark sonnigen Standorten, z. B. Kletterrosen an der Südseite von Hauswänden.

Bekämpfung: Regelmäßige und rechtzeitig beginnende Spritzungen mit Insektiziden. Beim Spritzen sind vor allem die Blattunterseiten intensiv zu behandeln sowie bei bereits vorhandenem Befall auch der Erdboden in der Umgebung der Pflanzen, um herabgefallene Tiere mit zu erfassen.

Spinnmilben, Rote Spinne, Tetranychus urticae, auch Metatetranychus ulmae u. a.

Schadbild: Eine feine, gelbliche bis bräunlichgelbe Sprenkelung der Blätter, vor allem entlang der Adern, ist das Merkmal des Befalls der Roten Spinne. Die Blätter verdorren und fallen bald ab. Durch die Zerstörung des Chlorophylls nimmt die Assimilation ab, Dissimilation und Transpiration steigen. Die Sorten werden unterschiedlich stark befallen. Auf der Blattunterseite sind mit der Lupe die Spinnmilben in den verschiedensten Entwicklungsstadien zu erkennen. Besonders Standorte an Südwänden von Häusern sind gefährdet, wo trockene Luft und starke Temperaturdifferenzen auftreten. Die Entwicklungsgeschwindigkeit ist stark temperaturabhängig. Benötigt eine Generation bei 14 °C 5 bis 7 Wochen zur Entwicklung, ist es bei 24 °C nur noch 1 Woche, so daß unter Glas im Jahr 10 bis 20 Generationen zur Entwicklung kommen können.

Bekämpfung: Beseitigung von Blättern und Pflanzenresten. Unkrautbekämpfung, um zusätzliche Wirte zu beseitigen. Häufige Spritzung mit Akariziden oder höher konzentrierten systemischen Insektiziden, wobei wegen des schnellen Auftretens resistenter Stämme mit den Mitteln gewechselt werden sollte.

Rosentriebbohrer 1. Ardis brunniventris, 2. Monophadnus elongatulus

Schadbild: Die Spitzen der Triebe werden plötzlich welk, und die Blätter vertrocknen. Bei genauer Untersuchung findet sich am Trieb ein Bohrloch mit weißlichem Fraßmehl. Spaltet man den befallenen Trieb in der Mitte, so findet man

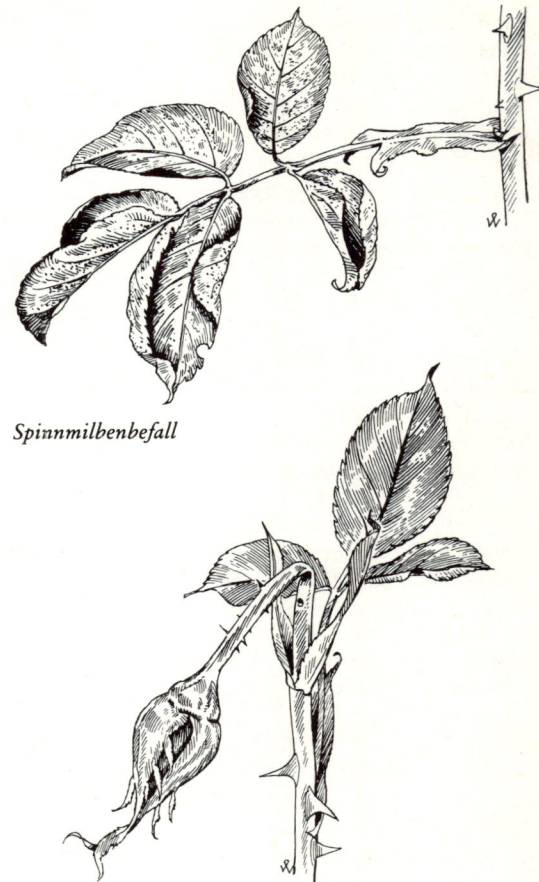

Spinnmilbenbefall

Schadbild des Rosentriebbohrers

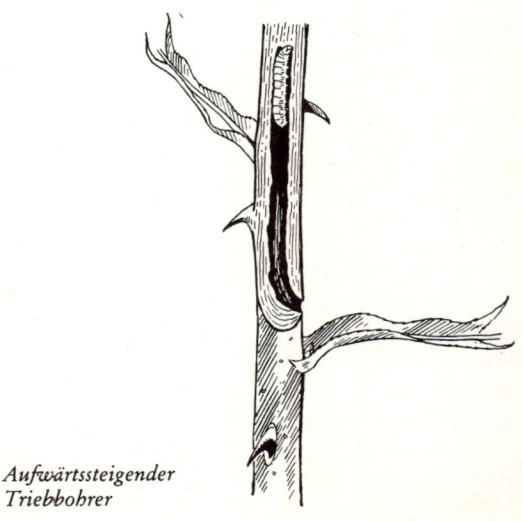

Aufwärtssteigender Triebbohrer

vom Loch an einen Gang, der entweder nach unten oder nach oben verläuft und an dessen Ende die Blattwespenlarven zu finden sind. Je nach Richtung des Ganges handelt es sich entweder um den Abwärtsbohrenden (1.) oder den Aufwärtsbohrenden (2.) Rosentriebbohrer.

Bekämpfung: Befallene Triebe werden bis in das gesunde Holz zurückgeschnitten und verbrannt. Auch vorbeugende und rechtzeitige Spritzungen ab Ende April mit systemischen Insektiziden sind wirksam.

Okuliermade, *Clinodiplosis oculiperda*

Schadbild: Bei diesem Schädling handelt es sich um eine Gallmückenart, die vor allem in Baumschulen gefürchtet ist. Die Mücke legt ihre Eier zu 5 bis 10, bevorzugt in der Dämmerung, an die frische Veredlungsstelle. Die daraus ausschlüpfenden Larven leben zwischen Veredlungsauge und der Unterlage und verhindern so das Anwachsen. Die Edelaugen vertrocknen, und darunter sind die kräftig rot gefärbten Larven zu finden. Ihr Auftreten ist gebietsweise sehr unterschiedlich. Auch Apfel, Birne, Pflaume, Pfirsich, Aprikose, Flieder dienen als Wirtspflanze.

Bekämpfung: Sauberes Verbinden der Veredlung, das den Schnitt vollständig und sicher verdeckt, ist wichtig. Anschließendes Anhäufeln der Veredlungsstelle mit Erde ist eine weitere Vorsichtsmaßnahme. Die Veredlungsstellen können auch vorbeugend mit Insektiziden bestäubt werden.

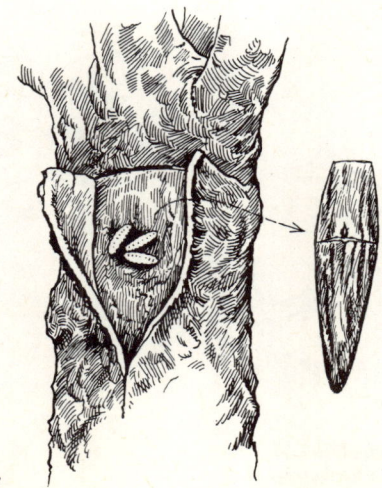

Okuliermade

Blattroll-Rosenblattwespe, *Blennocampa pusilla*

Schadbild: Das Auftreten der Blattroll-Rosenblattwespe ist nicht zu übersehen. Scheinbar ohne Grund rollen sich die Rosenblätter vom Rand zur Mitte zusammen und sehen nicht selten nur noch wie eine schmale Röhre aus. Beim vorsichtigen Auseinanderrollen der befallenen Blätter findet man kleine, gekrümmte, weißliche Larven. Im allgemeinen werden nur Rosen vom zweiten Standjahr an befallen. Okulate in der Baumschule und frisch gepflanzte Rosen sind zur Zeit der Eiablage meist in ihrer Blattentwicklung noch zurück und bleiben deshalb verschont. Auch die an befallenen Pflanzen später ausgebildeten Blätter sehen wieder normal aus.

Bekämpfung: Eine wirksame Bekämpfung ist nur vorbeugend möglich. Da die Eiablage bereits etwa ab Mitte Mai stattfindet, muß schon vor dieser Zeit wiederholt mit systemischen Mitteln gespritzt werden. Ist der Befall bereits eingetreten, kann mit systemischen Insektiziden behandelt werden, wodurch die Larven absterben, die unschönen Blattrollungen verschwinden dadurch aber nicht.

Nähfliege, Rosen-Bürstenhornwespe, *Arge rosae*

Schadbild: Die Wespe schädigt erst durch ihre reihenförmigen nahtähnlichen Einstiche in junge Triebe bei der Eiablage, die zur Krümmung der Triebe führen, später fressen die Larven an den Blättern vom Rande her und lassen häufig nur noch die Hauptrippen stehen. Während der Schädling heute relativ leicht bekämpfbar ist, führte er noch Ende des 19. Jahrhunderts im Bautzener Gebiet zum Zusammenbruch des Rosenanbaus.

Bekämpfung: Regelmäßige Behandlung der Pflanzen mit Insektiziden können dem Befall mit Sicherheit vorbeugen.

Blattwanzen, *Lygus-Arten*

Schadbild: An den Blättern treten eigenartige Beulen, wellige Verbildungen und Löcher auf und verunstalten sie auf diese Weise. Auch die Triebe können verkrümmt sein. Diese Erscheinungen sind die Folge der Saugtätigkeit von Blattwanzen. Im allgemeinen bekommt man sie nur zeitig frühmorgens oder bei feuchtem, kühlem Wetter zu sehen, wenn sie nicht voll beweglich sind.

Bekämpfung: Beim Auftreten von Wanzenschäden wird wiederholt mit Insektiziden behandelt.

Rosenäpfel, Schlafäpfel, Rhoditis rosae

Schadbild: Die sogenannten Schlafäpfel sind Gallen, die durch die Rosengallwespe hervorgerufen werden. Durch den Einstich in die jungen Triebe oder Blattanlagen entwickeln sich die Gallen, die an sich eine Zusammenballung zahlreicher mißgebildeter Blätter sind. Die Gallen treten an den Zweigen von Wildrosenarten auf, Rosensorten bleiben dagegen meist verschont. Die Gallen erreichen oft beträchtliche Größe und erscheinen wie mit Moos bewachsen. Ihre Farbe ist grün über braun bis rot. In den Gallen befinden sich zahlreiche weiße Larven.

Bekämpfung: Nur Abschneiden und Verbrennen der Gallen ist möglich, wenn sie einmal vorhanden sind.

Rosenwickler, Cacocia rosana und andere

Schadbild: Die Blätter und auch Blütenknospen an den Triebenden sind locker zusammengezogen und versponnen und werden von grünlichen Räupchen zerfressen.

Bekämpfung: Die Gespinste entfernen und vernichten. Spritzungen im Winter mit Obstbaumkarbolineum, um die überwinternden Eier zu vernichten oder bereits im April bis Mai, wenn die Raupen schlüpfen, mit Insektiziden behandeln.

Rosenkäfer, Cetonia aurata und andere

Schadbild: Der bekannte, etwa 2 cm große, grüngold glänzende Käfer frißt an Blütenknospen und zerwühlt sie.
Ebenso schädigen Gartenlaubkäfer.

Bekämpfung: Ablesen und Vernichten der Käfer ist die beste Methode, da bei Anwendung von chemischen Mitteln an deren Bienengefährlichkeit gedacht werden muß. Muß dennoch gespritzt werden, sind nur bienenungefährliche Präparate zu verwenden. Beide Käferarten stehen bedingt unter Naturschutz.

Blattschneiderbiene, Tapezierbiene, Megachile centuncularis

Schadbild: Das Insekt arbeitet aus den Blättern halbkreisartige Stücken heraus, die zum Nestbau verwendet werden.

Bekämpfung: Der Schaden tritt nicht sehr häufig auf, so daß im allgemeinen kaum eine Bekämpfung in Frage kommt. Sollte sie doch notwendig sein, kann mit den bei anderen Insekten empfohlenen Mitteln gearbeitet werden.

Schmetterlingsraupen, verschiedene Arten

Schadbild: Verschiedenste Arten von Raupen verschonen auch die Rosen nicht. Sie fressen an Blättern, Stengeln, Knospen und Blüten. Viel-

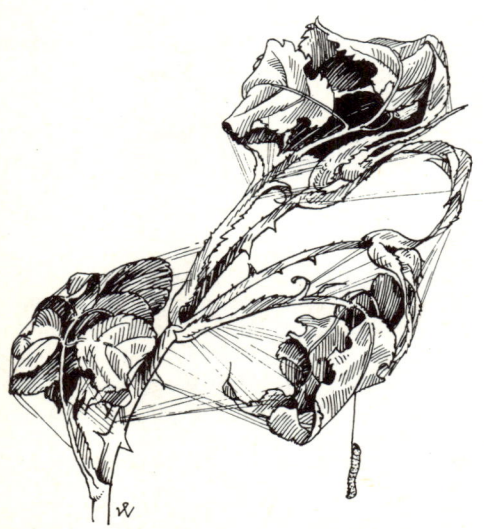

Rosenwickler

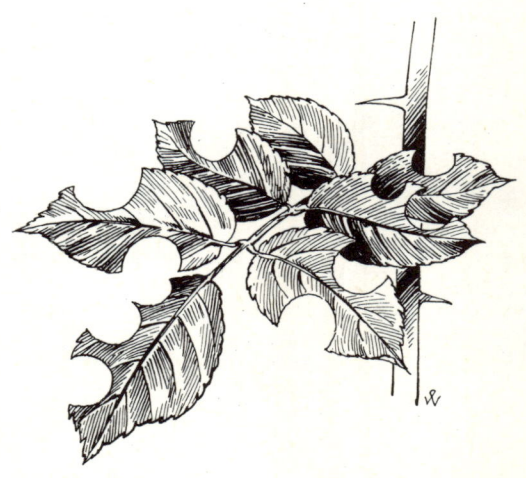

Schadbild der
Blattschneiderbiene

fach werden die Blüten von außen zur Mitte durchgefressen und Narben und Staubgefäße durch Fraß zerstört.

Bekämpfung: Spritzen oder Stäuben von Insektiziden.

Viruskrankheiten

Die sichtbaren Merkmale sind oft nicht eindeutig, sie variieren in Abhängigkeit von Jahreszeit, Art und Sorte, und sie sind nicht selten vollkommen verdeckt. Außerdem rufen oft andere Störungen äußerlich gleiche oder sehr ähnliche Merkmale hervor. Aus diesen Gründen ist die sichere Feststellung dieser Krankheiten nur durch bestimmte Verfahren möglich.

Rosengelbmosaik

Auf den Blättern treten sehr unterschiedliche Gelbfärbungen auf. Es können sich Aufhellungen an den Adern als Flecken, Linien, Halbringe oder in Eichenblattform und andere Formen bilden. Die Erscheinungen treten nicht bei jeder befallenen Pflanze und auch nicht an allen Blättern auf. Wirtschaftlich bedeutsam sind reduzierte Wüchsigkeit und Blütenverdrehungen, die sich unter Glas besonders auswirken. Bei 'Baccara' wurde bei befallenen Pflanzen 13,5 % Minderertrag nachgewiesen.

Rosenstrichelkrankheit

Diese noch bis in die sechziger Jahre nur aus den USA bekannte Viruskrankheit wurde inzwischen auch bei uns bei einer ganzen Anzahl Sorten als Ursache von Krankheitserscheinungen festgestellt. An den Blättern treten helle Flecke auf, die entlang den Adern zu aufgehellten Stükken werden können. Im späteren Stadium können diese Flecken von dunkleren Bändern umgeben werden. Auch an Trieben und Früchten sind Symptome zu finden.

Neben diesen Krankheiten sind noch das Rosenmosaik, das vielfach dem Rosengelbmosaik zugeordnet wird, die Rosenwelke, die aus Australien, Neuseeland und Italien bekannt ist, die Rosettenkrankheit aus den USA und die morphogene Virose aus der ČSSR bekanntgeworden. 1972 wurden in Kalifornien als „Leaf curl" und „Spring dwarf" bezeichnete Virosen beschrieben, die der Rosenwelke sehr ähnlich sein sollen.

Welche Viren diese Krankheiten auslösen, ist noch keineswegs eindeutig geklärt. Bisher wurden zwar eine ganze Anzahl Viren isoliert, die auch auf anderen Pflanzen auftreten, dabei ist aber noch nicht eindeutig, ob diese die Krankheitserscheinungen allein oder im Zusammenhang mit anderen auslösen.

Beim Erdbeerringfleckenvirus konnte nachgewiesen werden, daß auf *Rosa-rugosa*-Unterlagen durch den Befall bei der Veredlung 60 % Ausfall auftraten, die restlichen Pflanzen starben nach dem Verpflanzen ab. Bestimmte Sorten sind besonders anfällig. Das Tabakringfleckenvirus führt ebenfalls zu verringertem Veredlungserfolg, bei Unterlagensteckholz wird die Wurzelbildung verhindert. Durch das Prunus-Ringfleckenvirus nehmen Zahl und Qualität der Blüten bei der Kultur unter Glas ab.

Neben diesen Viren wurden das Apfelmosaik-Virus, Pfirsich-Mosaik-Virus, Pflaumenbandmosaik, Tomatenringfleckenvirus, Tabak-Strichel-Virus und das Arabis-Mosaik-Virus gefunden.

Auch in der Übertragung und Weiterverbreitung der Viruserkrankungen sind noch bei weitem nicht alle Fragen geklärt. Der Hauptverbreiter ist der Mensch bei der Vermehrung, da bei der Entnahme von Veredlungsreisern von kranken Pflanzen die daraus entstehenden Pflanzen auch wieder krank sind. Aber auch Älchen, Blattläuse und die Rosenzikade können als Überträger von Virosen in Frage kommen. Die wirtschaftlichen Auswirkungen der Virosen sind ebenfalls noch nicht restlos geklärt. Die angeführten Beispiele beweisen aber deutlich, daß diese Krankheiten nicht unterschätzt werden dürfen.

Bekämpfung: Die Bekämpfung der Viruskrankheiten ist in der Praxis nur vorbeugend möglich. Sie beginnt bereits mit der Bekämpfung von saugenden Insekten, wie Blattläusen und Zikaden. Sie geht weiter über gewissenhafte Auslese des Veredlungsmaterials, daß möglichst keine kranken Augen veredelt werden. Alles Material, was auch nur den Anschein einer Erkrankung aufweist, sollte nicht benutzt werden. Auch Nachveredlungen bei nicht angewachsenen Augen sollten nicht durchgeführt werden, da das erste Auge die Unterlage infiziert haben kann.

Durch die generative Vermehrung sind die Unterlagen weitgehend frei von den wichtigen Viren. Anders in Ländern, in denen die Unterlagen durch Steckholz vermehrt werden. Die kranken Unterlagen infizieren die Sorten. Aus diesem Grunde sind in Amerika sogar schon die

Neuheiten bei ihrer Einführung praktisch alle virusverseucht.

Für bereits kranke Pflanzen besteht die Möglichkeit der Virusfreimachung durch Wärmebehandlung und Sproßspitzenkultur, die sogenannte Meristemkultur. Diese Maßnahmen erfordern aber einen hohen Aufwand und entsprechende Ausrüstungen. Sie werden durchgeführt, um gesundes Ausgangsmaterial für die weitere Vermehrung zu erlangen. Bei zahlreichen anderen Gattungen konnten damit schon gute Erfolge erzielt werden.

Mykoplasmen

Bei einem Teil der lange zu den Virosen gezählten Krankheitserscheinungen konnten Mykoplasmen als Erreger festgestellt werden. Hierher gehört das Syndrom virusartige Welke, zu deren Symptomen Sterilität, Blattverbildungen, Einrollen der Blätter, Blattfall und Nekrose von oben nach unten gehören.

In Bulgarien konnten Mykoplasmen an Ölrosen und zahlreichen Sorten nachgewiesen werden. Auch die bereits genannte „Grüne Rose" hat Mykoplasmen als Ursache für ihre Eigenheit.

Sonstige Schädigungen

Außer den bisher beschriebenen Krankheiten und Schädlingen gibt es noch einige Erscheinungen, die auf andere Ursachen zurückgeführt werden müssen, aber trotzdem Kopfzerbrechen bereiten können. Teilweise wurden sie schon an anderer Stelle erwähnt, sie sollen hier jedoch noch einmal zusammengefaßt werden.

Bodenmüdigkeit

Das Problem der Bodenmüdigkeit hat schon vielen Gärtnern und Wissenschaftlern Sorgen bereitet. Stehen an einem Standort wiederholt Rosen, so zeigt sich bei Neupflanzungen eine abnehmbare Wuchskraft, den Pflanzen fehlt der kräftige Trieb, sie kümmern. Die Gründe für diese Erscheinung sind nicht geklärt, die Ansichten darüber gehen auseinander. So sollen Nematoden, das Fehlen von Spurenelementen im Boden oder Wurzelausscheidungen bzw. -rückstände von im Boden verbliebenen Wurzeln die Ursache dafür sein. Möglicherweise sind auch mehrere dieser Faktoren dafür verantwortlich.

Bekämpfung: Eine direkte Bekämpfung ist schwer möglich, da die genauen Ursachen unbekannt sind. Am besten ist der Bodenmüdigkeit aus dem Wege zu gehen, wenn Rosen nicht wieder auf den gleichen Standort gepflanzt werden, zumindest aber mehrere Jahre andere Kulturen auf dieser Stelle angebaut werden. Wirksame Gegenmaßnahmen sind auch eine gute Humusversorgung des Bodens oder ein mindestens dreijähriger Anbau von Kleegrasgemisch vor einer erneuten Bepflanzung. Außerdem kann auch eine chemische Bodenentseuchung durchgeführt werden. Dabei ist allerdings die Kostenfrage der begrenzende Faktor.

Frostschaden

Neben dem Zurückfrieren der Rosen im Winter, zu dem bereits angeführt wurde, daß durch entsprechenden Winterschutz sowie entsprechend abgestimmte Düngung mit nicht zu hohen und zu späten Stickstoffgaben und erhöhtem Kaliangebot oft schon viel erreicht werden kann, können auch noch Spätfröste schädigen. Zu dieser Zeit, etwa im Mai, haben die Rosen bereits ausgetrieben, die jungen Blätter sind aber noch sehr empfindlich. Durch Frost färben sie sich unregelmäßig rot, bei noch stärkerer Schädigung kommt es zu Kräuselungen und Verwerfungen, die später manchmal eine Ähnlichkeit mit dem Aussehen nach starkem Blattlausbefall haben, unter Umständen kommt es noch zu Absterbeerscheinungen von Blatteilen.

Eine Verhütung der Schäden ist aber praktisch nicht möglich.

Düngerschaden

Die Mineraldünger sind Salze. Werden sie in fester Form gestreut und bleiben Reste auf den Blättern liegen, so lösen sie sich entweder beim nächsten Regen oder schon durch selbsttätiges Aufnehmen von Wasser auf. Die Folge sind regelrechte Verbrennungsschäden auf den Blättern, wodurch Teile oder ganze Blätter absterben. Auch bei zu hoch konzentrierter Düngerlösung oder wenn der Dünger bei Flüssigdüngung nicht restlos gelöst ist, kann es zu den Schäden kommen. Durch exaktes Arbeiten lassen sich diese Schäden jedoch leicht vermeiden.

Nährstoffmangelerscheinungen und Überdüngung

Die Merkmale dieser Schädigungen wurden bereits im Abschnitt der Düngung behandelt.

Hagel und Sturm

Beide Witterungserscheinungen können die Rosen übel zurichten. Der Hagel zerschlägt Blätter und Blüten, schlägt sie ab und kann ganze

Pflanzen vernichten. Auch durch Sturm können große Schäden hervorgerufen werden. Durch Aneinanderschlagen werden ebenfalls Blüten, aber auch Blätter zerstört, und besonders bei Okulaten und nicht richtig angebundenen Stammrosen, bei denen der Haltepfahl nicht bis in die Krone hineinreicht, besteht die Gefahr des Ausbrechens der gesamten Edelkrone.

Sonnenbrand

Kommt nach langen Perioden feuchter, kühler Witterung ein plötzlicher Umschwung mit starker Sonneneinstrahlung, Wärme und geringer Luftfeuchtigkeit, kann es zu Brandschäden an den Blättern kommen. Teile oder ganze Blätter werden braun und verdorren. Meist tritt diese Erscheinung bei Rosen unter Glas auf, in un-günstigen Lagen kann sie jedoch auch im Freiland beobachtet werden. Der Schaden läßt sich vermeiden, wenn bei einem derartigen Wetterumschwung für genügend hohe Luftfeuchtigkeit gesorgt wird.

Blattfall bei Hausrosen

Vor allem im Knospenstadium wird plötzlich auftretender starker Laubfall beobachtet, wobei die Sorten unterschiedlich empfindlich sind. Die Ursachen sind Fehler in der Kulturführung. Zur Vermeidung des Schadens ist auf rechtzeitiges Lüften, Abtrocknen des Laubes vor der Nacht und rasches Abtrocknen der Bodenoberfläche nach dem Wässern zu achten, bei hoher Temperatur und Luftfeuchtigkeit führt plötzliches Lüften auch zu dieser Erscheinung.

Internationales Sortiment

Häufig werden in der Presse und anderen Veröffentlichungen Rosensorten ohne weitere Hinweise genannt. Aus dem Sortennamen allein ist jedoch sehr wenig zu entnehmen. Kann man aber nachschlagen und die Elternsorten, die Farbe und die Klassenzugehörigkeit erfahren und weiß Züchter und Erscheinungsjahr, so kann man sich ein Bild über die Sorte, ja teilweise sogar Vorstellungen über bestimmte Entwicklungstendenzen machen. Auch im internationalen Sortiment zeigt der hohe Anteil der Floribunda deren steigende Bedeutung. Allerdings muß wieder berücksichtigt werden, daß auf Grund der im englischen Sprachgebiet üblichen Zusammenfassung von Floribunda und Polyantha-Hybriden diese Einteilung übernommen werden mußte, da eine nachträgliche Unterteilung nicht möglich ist.

Ein Sortiment von 1000 Sorten, das hier etwa ausgewählt wurde, erscheint im ersten Moment sehr umfangreich. Sicher wird dieser und jener einzelne Sorten, die er für bedeutend hält, vermissen und andere dafür aufgeführt finden. Um eine Grenze zu finden, wurden hier nur solche Sorten aufgenommen, die in den vergangenen 20 Jahren in den Handel gekommen sind. Trotz des Umfangs kann die Auswahl jedoch nur einen relativ kleinen Ausschnitt bieten, wenn man bedenkt, daß jährlich etwa 200 neue Rosenarten in den Handel kommen.

Leider sind in den verschiedensten Veröffentlichungen die Angaben nicht immer genau und nicht in jedem Falle einheitlich. So gibt es Differenzen in der Klassenzuordnung, aber auch im Einführungsjahr und in der Angabe der Elternsorten. Wenn vorhanden, wurden die Angaben des Züchters als maßgebend angenommen. Die bereits ausführlicher beschriebenen Sorten werden hier nicht wiederholt.

In der Reihenfolge werden bei jeder Sorte aufgeführt: Sortenname, Klasse, Züchter sowie das Einführungsjahr. Danach folgt die Angabe der Elternsorten und schließlich die Blütenfarbe, ohne daß hier eine genaue Beschreibung möglich wäre. Wird eine Sorte unter mehreren Namen gehandelt, sind die bekannten Synonyme aufgeführt bzw. wird unter dem Synonym auf den Namen verwiesen, unter dem die Beschreibung aufgeführt ist. Für die zusammengestellte Sortenauswahl sind immerhin rund 100 Synonyme in Gebrauch.

Abraxas, Str-R, [VEG (S) Baumschulen Dresden 1973], rot

Abu, TH, [VEG (S) Baumschulen Dresden 1973], rosa

Accent, Fl, (Warriner 1977), Marlena × unbenannte Sorte, rot

Actrice, TH, (Verschuren 1966), Tzigane × Kordes' Perfecta, rot/hellrosa

Adagio, TH, (Lens 1971), Sämling × Uncle Walter, dunkelrot

Acagio, TH, (GPG „Roter Oktober" 1979), rot/weiß

Adair Roche, Fl-Grandifl, (McGredy 1968), Paddy McGredy × Femina-Sämling, rosa/silbrig

Adeline Genee, Fl, (Harkness 1967), Paddy McGredy × Sämling, gelb

Aenne Burda, TH, (Kordes 1973), Sämling × Gruß an Berlin, blutrot

Agéna, TH, (Delbard-Chabert 1966), Chic Parisien × (Michèle Meilland × Mme Joseph Perraud), lachsrosa

Age Tendre, TH, (Croix 1966), The Queen Elizabeth Rose × Spartan, rosa

Akito, Fl, (Tantau 1971), Zorina × Nordia, weiß

Aladin, Pol-H, [VEG (S) Baumschulen Dresden 1975], zinnoberrot

Alaska Centennial, Fl, (Morey 1967), Siren × Avon, dunkelrot

Alcmaria, Fl, (Verbeek 1971), rot

Alec Rose, Fl, (McGredy 1969), Hassan × John Church, scharlachrot

Alexandra, TH, (Kordes 1973), Königin der Rosen × Dr. A. J. Verhage, kupferorange

Allegretto, Fl, (Huber 1975), Duftwolke × Sutter's Gold, orangerot

Alliance, Fl, (Delforge 1966), Rosita × The Queen Elizabeth Rose, hellrot/rosa

Allspice, TH, (Armstrong 1977), Buccaneer × Gloria Dei, gelb

Alouette, Pol, (Delforge 1971), Ambassadeur Beart × Sämling, lachsorange, Synonym: Lark

Alpine Sunset, TH, (Cants of Colchester 1973), Grandpa Dickson × Dr. A. J. Verhage, cremefarben

Alte Liebe, TH, (GPG „Roter Oktober" 1974), Super Star × Miss Ireland, gelblich-rosa-rot

Altissimo, Kl, (Delbard 1966), Tenor × unbekannt, rot

Amanda, Fl, (Bees 1979), Arthur Bell × Zambra, gelb

America, Kl, (Warriner 1976), Duftwolke × Tradition, rosa

American Heritage, TH, (Lammerts 1965), The Queen Elizabeth Rose × Yellow Perfection, elfenbeinfarben zu lachs

American Home, TH, (Morey 1960), Chrysler Imperial × New Yorker, dunkelrot

America's Junior Miss, siehe: Junior Miss

Amiga Mia, Str-R, (Buck 1979), The Queen Elizabeth Rose × Prairie Princess, hellrot

Amorette, siehe: Amoru

Amoru, Z, (de Ruiter 1979), Rosy Jewel × Zorina, weiß, Synonyme: Amorette, Snowdrop

Andalusien, Pol-H, (Kordes 1977), Sämling × Zorina, rot

Angela's Choice, Fl, (Gobbee 1972), Dainty Maid × Anna Wheatcroft, rosa und karmin

Angel Face, Fl, (Swim 1968), (Circus × Lavender Pinocchio) × Sterling Silver, lavendelfarben

Angel Girl, TH, (Wyant 1973), Sport von Bel Ange, rosa

Anita Stahmer, Fl, (Kordes 1976), Sport von Zorina, rosa

Ann Aberconway, Fl, (Mattock 1976), Arthur Bell × Sämling, aprikosenorange

Anna Ford, Z, (Harkness 1980), Southampton × Darling Flame, orangerot

Anne Cocker, Fl, (Cocker 1970), Highlight × Königin der Rosen, ziegelrot

Anne Harkness, Fl, (Harkness 1976), [Bobby Dazzler × (Manx Queen × Prima Ballerina)] × (Chanelle × Piccadilly), gelb

Anneliese Rothenberger, siehe: Miss Harp

Ann Factor, TH, (Ellis u. Swim 1975), Duet × Jack O'Lantern, aprikosenfarben mit rot

Antigone, TH, (Gaujard 1969), Rose Gaujard × Guitare, gelb mit orangerot

Antigua, TH, (Warriner 1974), South Seas × Golden Masterpiece, aprikosenfarben

Anuschka, Fl, (Tantau 1977), orangerot

Anytime, Z, (McGredy 1973), New Penny × Irish Beauty, lachsrosa

Aorangi, Fl, (Murray 1979), Arthur Bell × Red Devil, cremefarben

Apache Tears, Fl, (Pikiewicz 1971), Karl Herbst × China Doll, cremefarben zu rosa

Apart, TH, (GPG „Roter Oktober" 1975), New Style × Gloria Dei, gelb bis purpurrot

Aperitif, Fl, (Boerner 1972), Sämling × Starbright, rosa

Apollo XI, Kl, (Leenders 1970), Golden Perfume × Sämling, gelb

Appreciation, TH, (Gregory 1971), The Queen Elizabeth Rose × Sämling, hellrot

Apricot Nectar, Fl-Gradifl, (Boerner 1965), Sämling × Spartan, aprikosenrosa

Apricot Silk, TH, (Gregory 1965), Souv. de J. Verschuren × unbekannt, aprikosenfarben

Aquarius, Fl-Grandifl, (Armstrong 1970), (Charlotte Armstrong × Contrast) × [Fandango × (Minna Kordes × Floradora)], rosa

Arabella, Str-R, [VEG (S) Baumschulen Dresden 1978], karminrot, Mitte hellgelb

Arabesque, Fl, (Sanday 1978), Gavotte × Super Star, rosa mit weißem Auge

Arakan, Fl, (Harkness 1968), Pink Parfait × Ivory Fashion, hellrosa

Arioso, TH, (Meilland 1970), (Paris Match × Baccara) × Marella, lachsrot

Arizona, Fl-Grandifl, (Weeks 1975), [(Fred Howard × Spek's Yellow) × Duisberg Nr. 5] — Selbstung, goldbronze

Arkansas, TH, (Weeks 1980), Sämling × Sämling, orangerot

Armilla, siehe: Cherry Vanilla

Arrogance, TH, (Poulsen 1970), Mischief × J. S. Armstrong, rosa

Arthur Bell, Fl, (McGredy 1965), Cläre Grammerstorf × Piccadilly, cremegelb

Arturo Toscanini, TH, (Meilland 1971), [(Rouge Meilland × Kordes' Sondermeldung) × Sutter's Gold] × [(Rouge Meilland × Kordes' Sondermeldung) × Suspense], krapprot, Synonym: Elegy

Aruba-Caribe, TH, (Boerner 1967), Diamond Jubilee-Sämling × Fashion-Sämling, rosa und elfenbein

Aspekt, Pol-H, [VEG (S) Baumschulen Dresden 1973], Alain × Highlight, blutrot

Athena, Fl, (Kordes 1981), weiß

Atlantis, Fl, (Harkness 1970), Orangeade × Lilac Charm, lila

Avandel, Z, (Moore 1977), Little Darling × New Penny, gelb

Avignon, Fl, (Cants of Colchester 1974), Zambra × Allgold, gelb mit rot

Babette, Fl, (Gaujard 1967), Sämling × Eminence, lavendelrosa

Baby Darling, Z, (Moore 1964), Little Darling × Magic Wand, orange

Babylon, TH, (Bees 1977), Super Star × Pink Favorite, rosa

Baby Pinocchio, Z, (Moore 1967), Golden Glow × Little Buckaroo, rosa

Baby Talk, Fl, (Weeks 1980), Plain Talk × Angel Face, rosa

Badener Gold, Fl, (McGredy 1974), goldorange

Bad Wörishofen, Pol-H, (Kordes 1972), Sarabande × Marlena, rot

Bagheera, Fl, (Kordes 1976), Nordia × Sämling, orangerot

Bahia, Fl, (Lammerts 1974), Rumba × Super Star, orange

Balalaika, siehe: Rote Caruso

Bambula, Fl, (Tantau 1969), lachsorange

Banbridge, Fl, (McGredy 1967), Mme L. Cuny × Cläre Grammerstorf, rot/gelb

Bangor, Fl, (Dickson 1972), Jubilant × Marlena, rosarot

Bantry Bay, Kl, (McGredy 1967), New Dawn × Korona, rosa

Baronne E. de Rothschild, TH, (Meilland 1968), (Baccara × Liebesglut) × Gloria Dei, rot

Basildon Bond, TH, (Harkness 1980), (Sabine × Circus) × (Yellow Cushion × Glory of Ceylon), aprikosenfarben

Basilika, TH, [VEG (S) Baumschulen Dresden 1981], rosa

Bastei, Str-R, (Schmadlak 1977), Parkdirektor Riggers × Pilurett, rot

Battle of Britain, TH, (Gandy 1970), Miss Ireland × Summer Sunshine, gelborange

Batumis vardi, TH, (Samcharadze-Merkvilišvili 1965), Rouge Meilland × Gloria Dei, dunkelrot

Beatrice, Fl, (McGredy 1968), Paddy McGredy × (Kordes' Perfecta × Montezuma), rosa

Belle of Punjab, Fl, (Pal 1980), Montezuma × Flamenco, rosa

Bellevue, TH, (Poulsen 1978), (Super Star × Piccadilly) × Fru Jarl, orange

Bengali, Fl, (Kordes 1966), Dacapo × Sämling, orange

Benvenuto, Kl, (Meilland 1967), (Alain × Guinée) × Cocktail, hellrot

Bermudiana, TH, (Boerner 1966), Golden Masterpiece-Sämling × Golden Masterpiece-Sämling, rosa

Bern, TH, (Huber 1975), Crimson Glory × Lilac Charm, kirschrot bis fliederfarben

Bernstein, Pol-H, [VEG (S) Baumschulen Dresden], Cognac × Allgold, bräunlichgelb

Berolina, Fl, (Kordes 1976), Mabella × Sämling, gelb

Beryl Wearmouth, Fl, (Harkness 1974), (Ann Elizabeth × Orange Sensation) × Flower Girl, rosa

Betsy Ross, TH, (Delbard 1973), (Gloria di Roma × La Vandoise) × Divine, karminrot, Synonym: La Passionata

Bewitched, TH, (Lammerts 1967), The Queen Elizabeth Rose × Tawny Gold, rosa

Bichette, TH, (Verschuren 1968), Diamond Jubilee × Sämling, rosa

Bienvenu, Fl, (Swim 1969), Camelot × (Montezuma × War Dance), orange

Big Splash, Kl, (Armstrong 1969), Buccaneer × Bravo, rosa

Bilitis, Fl, (Gaujard 1978), Tabarin × Golden Slippers, zinnober

Billionaire, TH, (Warriner 1973), Duftwolke × Proud Land, rot

Bing Crosby, TH, (Weeks 1980), Sämling × First Prize, orange

Birmingham Post, Fl, (Watkins 1968), The Queen Elizabeth Rose × Wendy Cussons, rosa

Bit O'Magic, Z, (Williams 1979), Over the Rainbow × Over the Rainbow, rosa

Black Fire, Pol, (Delforge 1969), Schweizer Gruß × Sämling, rot

Black Ice, Fl, (Gandy 1973), (Schneewittchen × Europeana) × Megiddo, dunkelrot

Black Lady, TH, (Tantau 1976), dunkelrot

Black Night, TH (Huber 1975), Duftwolke × Pharaoh, dunkelrot

Black Ruby, TH (Delbard 1965), Gloria Dei × Impeccable, dunkelrot

Blanik, TH, (Večeřa 1970), Queen of Bermuda × Super Star, rot

Blauwe Donau, Fl, (Verschuren 1973), Orangeade × Sterling Silver, mauve, Synonym: Blue Danube

Blessings, TH, (Gregory 1967), The Queen Elizabeth Rose × Sämling, rosa

Blickfang, Fl, [VEG (S) Baumschulen Dresden 1972], Dicksons Flame × Circus, ziegelrot

Blue Danube, siehe: Blauwe Donau

Blue Heaven, TH, (Whisler 1971), (Sterling Silver × Simone) × Saphire, purpurrosa

Blue Nile, siehe: Nil Bleu

Blue Parfum, Fl, (Tantau 1978), fliederfarben

Blue River, TH, (Kordes 1973), Mainzer Fastnacht × Silver Star, magenta

Bobbie Lucas, Fl, (McGredy 1967), Irish Beauty × Margot Fonteyn, orange

Bobby Dazzler, Fl, (Harkness 1972), (Vera Dalton × Highlight) × (Ann Elizabeth × Circus), rosa

Bob Hope, TH, (Kordes 1967), Friedrich Schwarz × Kordes' Perfecta, rot

Bonavista, Rug-Chin-Hybride, (Svejda 1977), Schneezwerg × Nemesis, rosa

Bon-Bon, Fl, (Warriner 1974), Bridal Pink × Sämling, rosa/weiß

Bond Street, TH, (McGredy 1965), Radar × The Queen Elizabeth Rose, lachsrosa

Bonfire, Fl, (McGredy 1971), Tiki × Variety Club, rot mit gelborange

Bonica, Pol-H, (Hill 1971), Seventeen × Jack Frost, weiß, Synonyme: Jeleight, Virgin

Bonjour, TH, [VEG (S) Baumschulen Dresden 1979], rot

Bonny, Z, (Kordes 1974), Zorina × Sämling, rosa

Bon Voyage, TH, (Delbard 1968), Michèle Meilland × Chic Parisien, rot/weiß, Synonym: Voeux de Bonheur

Border Gold, Fl, (Morey 1966), Allgold × Pigmy Gold, gelb

Bountiful, TH, (le Grice 1972), Vesper × Sämling, lachsrot

Brandy, TH, (Swim 1981), First Prize × Dr. A. J. Verhage, gelblich

Breath of Life, Kl, (Harkness 1981), Red Dandy × Alexander, aprikosenfarben

Brennpunkt, Pol-H, [VEG (S) Baumschulen Dresden 1972], Highlight × Dicksons Flame, ziegelrot

Brézilienne, Pol, (Delforge 1971), Schweizer Gruß × Ena Harkness, dunkelrot

Bridal Pink, Fl, (Boerner 1967) Summertime-Sämling × Spartan-Sämling, rosa

Bridal White, Fl, (Warriner 1970), Sport von Bridal Pink, weiß, Synonym: Tricia

Bride's White, Fl, (Mansuino 1968), Sämling × Sämling, weiß

Bright Smile, Fl, (Dickson 1980), Eurorose × Sämling, gelb

Brilliant Meillandina, Z, (Meilland 1980), orangerot

Bristol Post, TH, (Sanday 1972), Vera Dalton × Parasol, lachsrosa

British Columbia Centennial, TH, (Boerner 1971), Pink Masterpiece × Sämling, rosa

Buda, Fl, (Mark 1975), First Love × Garnette, rosa

Budateteny, TH, (Mark 1970), rosa

Burgund, TH, (Kordes 1977), Henkell Royal × Sämling, dunkelrot

Busy Lizzie, Fl, (Harkness 1970), (Pink Parfait × Masquerade) × Dearest, rosa

Butterfly Wings, Fl, (Gobbee 1976), Dainty Maid × Gloria Dei, hellgelb

Caid, Pol, (Delforge 1971), Orangeade × Sämling, orange

Cairngnom, Fl, (Cocker 1971), Anne Cocker × Arthur Bell, rot und gold

Caliente, Fl, (Warriner 1974), Sämling × Sämling, rot

Calgold, Z, (Moore 1977), Golden Glow × Peachy White, gelb

Camara, TH, (Delbard 1978), [(Chic Parisien × Super Star) × (Gloria di Roma × Impeccable)] × (Super Star × Samurai), orangerot

Camelot, Fl, (Swim 1964), Circus × The Queen Elizabeth Rose, lachsrot

Camphill Glory, TH, (Harkness 1981), Elizabeth Harkness × Grandpa Dickson, gelb

Camping, Fl, (Grabczewski 1965), Sport von Paul Crampel, dunkelrot mit heller Mitte

Canary, TH, (Tantau 1976), gelb

Canasta, TH, (Gaujard 1966), Karl Herbst × Miss Universe, rot

Can Can, siehe: Diorette

Candy Rose, Bodendecker, (Meilland 1980), rosa

Canterbury, siehe: Fidelity

Cappa Magna, Str-R, (Delbard-Chabert 1965), Tenor-Sämling, rot

Caramel Creme, TH, (Weeks 1980), (Sunbonnet × Mister Lincoln) × Oldtimer, gelb

Cara Mia, TH, (McDaniel 1969), Rouge Meilland × Sämling, rot

Carina Superior, TH, (Takatori 1978), Sport von Carina, weiß

Carinella, TH, (Vahldieck 1970), Sport von Carina, karminrosa, Synonym: Only You

Carlita, TH, (Kamrad 1975), Sport von Carina, lachsrosa, Synonym: Kamchim

Carola, TH, (Institut für Zierpflanzenbau Berlin-Köpenick 1964), Gloria Dei × Karl Herbst, rot

Caroline Davison, Fl, (Harkness 1979), Tip Top × Kim, rosa

Carol Jean, Z, (Moore 1977), Rosenmärchen × Little Chief, rosa

Caron, Fl, (Langdale 1972), Kordes' Perfecta × Saratoga, weiß und rosa

Carona, Fl, (Mink 1978), Sport von Motrea, rot

Carouge, TH, (Gaujard 1978), Marylene × Credo, dunkelrot

Carrie Corl, TH, (Germain's 1969), The Queen Elizabeth Rose × (The Queen Elizabeth Rose-Sämling × Rouge Meilland), rot

Cashmere, TH, (Weeks 1980), Tanya × Jack O'Lantern, aprikosenfarben

Cassandra, TH, (Dorieux 1967), (Karl Herbst × Ena Harkness) × (Christian Dior × Gloria Dei), rot

Cassie, Z, (Bennet 1979), Gene Boerner × Elfinesque, rosa

Castel, siehe: Versailles

Cayenne, TH, (Warriner 1976), South Seas × Sämling, orange

Cecil Beaton, Fl, (Gregory 1973), The Queen Elizabeth Rose × Sämling, rot

Century Two, TH, (Armstrong 1971), Charlotte Armstrong × Duet, rosa

Charisma, Fl, (Hill 1977), Gemini × Zorina, rot und gelb

Charles de Gaulle, TH, (Meilland 1974), (Mainzer Fastnacht × Prelude) × (Kordes' Sondermeldung × Caprice), fliederfarben

Charles Dickens, Fl, (McGredy 1970), Paddy McGredy × Irish Beauty, lachs

Charles Dillon, Fl, (Wood 1970), Orangeade × Piccadilly, rosa

Charlie Perkins, TH, (Zombory 1970), Carrousel × Circus, dunkelrot

Charlotte Elizabeth, Fl, (Norman 1965), Sämling × The Queen Elizabeth Rose, rosa

Charmante, TH, (Huber 1975), lachsrosa

Charme, Pol-H, (Institut für Zierpflanzenbau Berlin-Köpenick 1964), Fashion × Rote Rapture, lachsrosa

Charme de Vienne, siehe: Wiener Charme

Charming Vienna, siehe: Wiener Charme

Cheerio, Fl, (Cocker 1980), Anne Cocker × Belinda, gelb mit rot

Cherish, Fl, (Warriner 1980), Bridal Pink × Esther Ofarim, rosa

Cherry-Vanilla, Fl-Grandifl, (Armstrong 1973), Buccaneer × El Capitan, rosa mit cremegelb, Synonym: Armilla

Chester, Str-R, (Bees 1976), Zambra × Arthur Bell, gelb

Charugandha, TH, (Ind. Agr. Res. Inst. 1972), Delhi Princess × Eiffelturm, karmesinrot

Chatterbox, Fl, (Sanday 1973), Sarabande × Circus, orangerot

Chipie, Fl, (Poulsen 1978), [Irish Beauty × (Gruß an Heidelberg × Sämling)] × [Pernille Poulsen × (Danish Gold × Mischief)], aprikosenfarben

Chopin, TH, (Ellick 1968), Montezuma × Christian Dior, rot

Chorus Girl, Fl, (Robinson 1970), Highlight × Sämling, zinnoberrot

Chryzia, TH, (Wyant 1970), Chrysler Imperial × Lady Zia, hellrot

Ciel d'Or, siehe: Courvoisier

Cinerama, TH, (Herholdt 1966), Sämling × Tzigane, lachs/rötlichgelb

Citrina, TH, [VEG (S) Baumschulen Dresden 1981], gelb

Circe, Fl, (Gaujard 1978), Guitare × Prominent, orange

Circus Knie, TH, (Huber 1975), Moulin Rouge × Gloria Dei, gelb mit rosa

City of Belfast, Fl, (McGredy 1968), Evelyn Fison × (Circus × Korona) rot

City of Gloucester, TH, (Sanday 1969), Gavotte × Buccaneer, gelb

Clair de Lune, TH, (Gaujard 1967), Eminence × Viola, lavendelfarben

Clivia, TH, (Kordes 1979), lachsrosa

Coalite Flame, TH, (Dickson 1974), Duftwolke × Red Planet, geraniumrot

Coed, siehe: Evergold

Coeur d'Amour, siehe: Red Devil

Commanche, TH, (Swim 1968), Spartan × (Carrousel × Rouge Meilland), orangerot

Command Performance, TH, (Lindquist 1970), Super Star × Hawaii, orangerot

Compassion, Kl, (Harkness 1971), White Cockade × Prima Ballerina, lachsrot und goldgelb

Concertino, Fl, (Meilland 1976), (MEIohost × Fidelio) × MEIalfi × Zambra) × Marlena, orangerot

Concorde, siehe: Forever Yours

Confetti, Fl, (Armstrong 1981), Jack O'Lantern × Zorina, gelb zu rot

Congratulations, siehe: Sylvia

Constance, TH, (Tantau 1966), Fritz Thiedemann × unbekannt, orange

Contempo, Fl, (Armstrong 1971), Spartan × [Goldilocks × (Fandango × Rosenmärchen)], orange/gelb

Coppelia 76, Fl, (Meilland 1976), hellrosa

Copper Kettle, Fl, (Williams 1978), The Queen Elizabeth Rose × Golden Slippers, orange

Copper Pot, Fl, (Dickson 1968), Sämling × Spek's Yellow, kupferorange

Coral Bay, TH, (Swim & Weeks 1971), Sämling × Sämling, korallenorange

Coral Sunset, TH, (Boerner 1966), Garnette-Sämling × Hawaii, korallenrot

Coral Treasure, Z, (Moore 1971), Sämling × Little Buckaroo, korallenorange

Cordial, TH, (Verbeek 1965), Satisfaction × Sämling, rosarot

Cordon Rouge, Kl, (Combe 1970), orangerot

Cordula, Fl, (Kordes 1972), Europeana × Marlena, rotorange

Coronation Gold, Fl, (Cocker 1978), (Sabine × Circus) × (Anne Cocker × Arthur Bell), gelb

Corso, TH, (Cocker 1978), Anne Cocker × Dr. A. J. Verhage, orange

Cosima, Fl, (Tantau 1981), orange

Courvoisier, Fl, (McGredy 1970), Irish Beauty × Casanova, gelb, Synonym: Ciel d'Or

Coventry Cathedral, Fl, (McGredy 1972), (Little Darling × Goldilocks) × Irish Mist, lachs, Synonym: Houston

Crathes Castle, Fl, (Cocker 1980), Dreamland × Topsi, rosa

Crazy Quilt, Z, (Moore 1980), Little Darling × Sämling, rot mit weißen Streifen

Crested Jewel, Moosrose, (Moore 1971), Little Darling × *Rosa centifolia* 'Cristata', rot

Crimson Gem, siehe: Flammette

Crimson Wave, siehe: Imperator

Crispin-Morwenna, Fl, (Harkness 1980), [Vera Dalton × (Chanelle × Piccadilly)] × Little Buckaroo, rot

Crucenia, TH, (Harkness 1978), Alec's Red × Red Dandy, salmorange, Synonym: Hot Pewter

Cynthia, TH, (Warriner 1976), Bob Hope × Sämling, rot

Dame of Sark, Fl, (Harkness 1974), (Pink Parfait × Masquerade) × Tabler's Choice, orangerot

Dame Prudence, Str-R, (Austin 1969), Ivory Fashion × (Constance Spry × Ma Perkins), zartrosa/weiß

Dandy Dick, Fl, (Harkness 1967), Pink Parfait × Red Dandy, rosa

Danny Boy, Kl, (McGredy 1968), Uncle Walter × Milord, orangerot

Darling Flame, siehe: Minuetto

Day Dream, TH, (Armstrong 1969), Helen Traubel × Tiffany, rosa

Debbie, Z, (Moore 1966), Little Darling × Zee, gelb zu rosa

Dedication, Fl, (Harkness 1968), Pink Parfait × Circus, cremefarben

Deep Purple, Fl, (Kordes 1980), Zorina × Silver Star, mauve

Delphin, TH, [VEG (S) Baumschulen Dresden 1980], pastellila

Desi, TH, (Institut für Zierpflanzenbau Berlin-Köpenick 1964), Röntgensport von Gloria Dei, gelb, rot geflammt

Desparado, Fl, (Harkness 1968), Pink Parfait × Masquerade, gelb mit rosa

Devil Dancer, TH, (Hawker 1979), Sonora × Matangi, rot

Devotion, Fl, (Harkness 1971), Orange Sensation × Gloria Dei, rosa

Dewitschja Krasa, Fl, (Klimenko 1967), Super Star × Major Gagarin, rosa

Dezent, TH, [VEG (S) Baumschulen Dresden 1975], cremeweiß

Diana, Fl, (Tantau 1977), gelb

Diorette, Fl, (Jelly 1968), Sämling × Sämling, lachsrot, Synonym: Can Can

Diplomatka, Fl, (Klimenko 1967), Soraya × Sjurpris Juga, blutrot

Disco, Fl, (Harkness 1980), Alec's Red × Piccadilly, weiß mit rot

Disco, TH, (Weeks 1980), Sunrise-Sunset × Sämling, rot/cremeweiß

Diva, TH, (Poulsen 1977), Sonia × Gisselfeldt, dunkelrot

Dolly, Fl, (Poulsen 1978), (Nordia × The Queen Elizabeth Rose) × (Sämling × Mischief), gelb

Don Quichotte, Fl, (Robichon 1964), Charles Gregory × Marcelle Auclair, rot/hellgelb

Doris Tystermann, TH, (Wisbech 1975), Peer Gynt × Sämling, kupferorange

Dorothe, TH, (le Grice 1980), Grandpa Dickson × Dr. A. J. Verhage, gelb, Synonym: Midas

Dorothea Furrer, TH, (Huber 1979), Papa Meilland × Duftwolke, dunkelrot

Dorrit, Fl, (Sønderhousen 1968), Sämling × Folie d'Espagne, orangegelb

Double Delight, TH, (Swim 1976), Granada × Garden Party, weiß zu rot

Double Talk, Fl, (Weeks 1980), Plain Talk × Suspense, rot/cremeweiß

Douchka, Fl, (Lammerts 1967), Christian Dior × Rumba, rot, Synonym: Mary de Vor

Dr. Barnardo, Fl, (Harkness 1969), Vera Dalton × Red Dandy, rot

Dr. Darley, TH, (Harkness 1981), Red Planet × (Carina × Pascali), rosa

Dream Time, TH, (Bees 1977), Kordes' Perfecta × Prima Ballerina, rosa

Dr. R. Maag, TH, (Meilland 1979), gelb mit rot, Synonym: Souvenir de Rudolf Maag

Duchess of Kent, Fl, (Waterhouse 1968), Sport von Katharine Worsley, rot

Duftbella, Fl, (Hetzel 1973), Duftwolke × (Monique × Mardi Gras), dunkelrot

Duftgold, TH, (Tantau 1981), gelb

Duftwunder, TH, (Hetzel 1972), Duftwolke × Goldmarie, lachs

Dusky Red, TH, (Wyant 1972), Karl Herbst × Big Red, rot

Dutch Gold, TH, (Wisbech 1978), Peer Gynt × Whisky, gelb

Eagle, Kl, (Leenders 1970), Golden Perfume × Summer Perfume, rosa

Edda, Str-R, (Lundstad 1969), Lichterloh × Scharlachglut, rosarot

Edith Piaf, TH, (Verbeek 1964), Poinsettia × (Baccara × Sämling), purpurrot

Effekt, Fl, (GPG „Roter Oktober" 1975), Heinz Erhardt × Uncle Walter, dunkelrot

Eiko, TH, (Suzuki 1978), (Gloria Dei × Charleston) × Kagayaki, gelb

Elation, TH, (Jackson & Perkins 1973), Buccaneer × Sämling, gelb

Elbeglut, Pol-H, (Schmadlak 1978), Sämling × Marlena, rot

Elbegold, Pol-H, (Schmadlak 1974), Cläre Grammerstorf × Circus, gelb

El Cid, TH, (Armstrong 1969), Fandango × Roundelay, orangerot

El Dorado, TH, (Armstrong 1972), Manitou × Summer Sunshine, gelb mit rötlich

Electra, TH, (Boerner 1970), Eclipse × Sämling, gelb

Electron, siehe: Mullard Jubilee

Elegy, siehe: Arturo Toscanini

Elfinesque, Z, (Morey 1973), Little Darling × Golden Bantam, orange

Elida, Fl, (Tantau 1977), weiß

Elizabeth Fankhauser, TH, (Fankhauser 1965), Ma Perkins × Burnaby, rosa

Elizabeth Harkness, TH, (Harkness 1969), Red Dandy × Piccadilly, cremefarben

Elmira, Rugosa-Chinensis-Hybride, (Svejda 1977), Schneezwerg × Old Blush, rot

Embassy, TH, (Sanday 1967), Gavotte × (Magenta × Spek's Yellow), gelb mit karmin

Emily Post, TH, (Byrum 1974), Elternal Sun × Carina, rosa, Synonym: Omega

Emotion, Fl, (de Ruiter 1981), rotorange, Synonym: Präsident Kekkonen

Esperanza, Fl, (Delforge 1966), Donald Prior × Reverence, rot

Esztergom, Fl, (Mark 1975), Mrs. P. S. du Pont × Goldilocks, gelb

Eterna, TH, (Delbard 1978), [(Michèle Meilland × Carla) × (Dr. Schweitzer × Super Star)] × (The Queen Elizabeth Rose × Provence), hellrosa

Eternal Sun, TH, (Hill 1966), Sämling × Jacqueline orange

Eurorose, Fl, (Dickson 1973), Zorina × Redgold, bronzegelb mit rot

Eva, TH, (Vahldiek 1976), Sport von Carinella, rosa

Evangeline Bruce, Fl, (Dickson 1971), Königin der Rosen × Flower Girl, gelb mit rosa

Evening Star, TH, (Warriner 1974), White Masterpiece × Saratoga, weiß

Evergold, Fl, (Jelly 1969), Golden Garnette × Sämling, gelb, Synonym: Coed

Exalibur, Fl, (Harkness 1967), Vera Dalton × Woburn Abbey, rot

Eyecatcher, Fl, (Cants of Colchester 1976), Arthur Bell × Pernille Poulsen, rosa und gelb

Eyepaint, Str-R, (McGredy 1976), [[Little Darling × Goldilocks) × (Evelyn Fison × [Rosa coryana ×

Tantaus Triumph])] × Picasso, rot mit weißem Auge

Faberge, Fl, (Boerner 1969), Sämling × Zorina, rosa/lachsgelb
Fairy Changeling, Pol, (Harkness 1979), The Fairy × Yesterday, rosa
Fairy Dancers, TH, (Cocker 1969), Wendy Cussons × Diamond Jubilee, aprikosenfarben
Fairy Like, Pol, (Harkness 1979), The Fairy × Yesterday, rosa
Fairy Maid, Pol, (Harkness 1981), The Fairy × Yesterday, rosa
Fairy Moss, Z, (Moore 1969), (Rosenmärchen × William Lobb) × New Penny, hellrot
Fairy Prince, Pol, (Harkness 1981), The Fairy × Yesterday, rot
Fairy Queen, Fl, (Williams 1972), The Fairy × The Queen Elizabeth Rose, hellrosa
Fairy Red, Pol, (Harkness 1979), The Fairy × Yesterday, rot
Fairy Snow, Pol, (Harkness 1979), The Fairy × Yesterday, weiß
Family Circle, siehe: Zwemania
Fancy Lake, TH, (Patterson 1967), Sämling × The Queen Elizabeth Rose, rosa
Fashion Flame, Z, (Moore 1977), Little Darling × Fire Princess, orange
Fear Naugth, Fl, (Harkness 1968), The Queen Elizabeth Rose × Ena Harkness, rosa
Feria, TH, (Meilland 1968), (Grand Gala × Premier Bal) × Love Song, gelb
Feuerfunken, Str-R, (GPG „Roter Oktober" 1979), zinnoberrot
Feuerland, Fl, (Kordes 1978), Käthe Duvigneau × Topsi, orangerot
Feuerreiter, Pol-H, (Haenchen 1968), Alain × Oskar Scheerer, rot
Feuertaufe, Pol-H, (GPG „Roter Oktober" 1980), orange
Feybell, siehe: Rebell
Fidélio, Fl, (Meilland 1964), (Radar × Caprice) × Fire King, rot
Fidelity, Fl-Grandifl, (McGredy 1981), Kalahari × John Waterer, rot, Synonym: Canterbury
Fiesta Flame, Fl, (Sanday 1978), Sarabande × Ena Harkness, rot
Fiesta Gold, Fl, (Moore 1970), Golden Glow × Magic Wand, gelb
Fiona, Fl, (Kordes 1976), Sämling × Prominent, rot
Fiorella, siehe: Zwemania
Firelight, TH, (Kordes 1971), Schlössers Brillant × Orange Delbard, orangerot
Fire Princess, Z, (Moore 1969), Baccara × Eleanor, orangerot
Firlefanz, Str-R, (GPG „Roter Oktober" 1968), Masquerade × Sämling, gelb zu rot
First Federal Gold, TH, (Boerner 1967), Golden Ma-

sterpiece-Sämling × Golden Masterpiece-Sämling, gelb
First Federal's Renaissance, TH, (Warriner 1980), unbenannte Sorte × First Prize, rosa
First Prize, TH, (Boerner 1970), Enchantment-Sämling × Golden-Masterpiece, rosa
First Rose Convention, TH, (Hardikar 1978), Kronenbourg × Helen Traubel, dunkelrot
Flaming Peace, siehe: Kronenbourg
Flammette, Z, (de Ruiter 1974), Lilian × Pol-Sämling, tiefrot, Synonym: Crimson Gem
Fleet Street, TH, (McGredy 1972), Kronenbourg × Prima Ballerina, rosa
Florentina, TH, (Kordes 1973), Liebeszauber × Brandenburg, dunkelrot
Flower Girl, Fl, (Dickson 1964), Kordes' Perfecta × Montezuma, rosa/weiß, Synonym: Sea Pearl
Flower Show, siehe: Ginger Rogers
Flower Show, Fl, (Bees 1980), Duftwolke × Super Star, orangerot
Flower World, TH, (Warriner 1980), Baccara × South Seas, orangerot
Fontainebleau, TH, (Delbard 1967), Dr. A. Schweitzer × (Bayadere × Gloria di Roma), magentarosa
Forever Yours, TH, (Jelly 1964), Yuletide × Sämling, rot, Synonym: Concorde
Forsyte, TH, (Verbeek 1970), Miracle × Dr. A. J. Verhage, rosa
Fortissimo, Str-R, (GPG „Roter Oktober" 1974), Königin der Rosen × Uncle Walter, lachsrot
Forum, Fl, (Delforge 1969), Veronique × Kordes' Sondermeldung-Sämling, rot
Foxy Lady, Z, (Christensen 1980), Gingersnap × Magic Carrousel, rosa
Fragrance, TH, (Lammerts 1965), Charlotte Armstrong × Merry Widow, dunkelrosa
Fragrant Hour, TH, (McGredy 1973), Arthur Bell × (Spartan × Grand Gala), bronzerosa
Fragrant Star, Fl, (Northfield 1977), Masquerade × Spek's Yellow, gelb
Frankenland, Fl, (Tantau 1978), orange
Franklin Engelmann, Fl, (Dickson 1970), (Heidelberg × Sämling) × Schlössers Brillant, scharlachrot
Frank Naylor, Str-R, (Harkness 1978), (Orange Sensation × [(Little Lady × Lilac Charm) × (Mainzer Fastnacht × Magenta)] × (Cläre Grammerstorf × Frühlingsmorgen), rot mit hellem Auge
Fred Loads, Str-R, (Holmes 1968), Dorothy Wheatcroft × Orange Sensation, orangerot
French Lace, Fl, (Warriner 1982), Dr. Verhage × Bridal Pink, elfenbeinfarben
Frenzy, siehe: Prince Igor
Fresco, Fl, (de Ruiter 1968), Metropole × Orange Sensation, orange/gelb
Freudentanz, Fl, (Hetzel 1973), Duftwolke × Goldmarie, geraniumrot
Friendship, TH, (Lindquist 1978), Duftwolke × Maria Callas, gelb

Frigg, Str-R, (Lunstad 1969), Schneezwerg × *Rosa nitida,* lilarosa

Future, TH, (Warriner 1975), Sämling × Sämling, ziegelrot

Gabriella, Fl, (Berggren 1977), Sport von Mercedes, rot

Gala Day, Fl, (Watkins 1966), The Queen Elizabeth Rose × Dickson's Flame, ziegelrot

Galaty, TH, (Dot 1977), Super Star × Lola Montes, orangerot

Galaxy, Z, (Moore 1980), Fairy Moss × Fire Princess, dunkelrot

Galia, TH, (Meilland 1978), Interflora × Arturo Toscanini, hellrot

Galina, Fl, (VEG Zierpflanzen Erfurt 1976), Sport von Zorina, orangerot

Gallant, Fl, (Dickson 1968), Super Star × Barbecue, scharlachrot

Galway Bay, Kl, (McGredy 1966), Gruß an Heidelberg × The Queen Elizabeth Rose, lachsrosa

Garosi, TH, (Strnad 1976), Sport von Super Star, dunkelrot

Gay Gordons, TH, (Cocker 1969), Belle Blonde × Karl Herbst, orangegelb und rot

Gay Maid, Fl, (Gregory 1969), Masquerade × unbekannt, rot mit orangerosa

Gene Boerner, Fl, (Boerner 1968), Ginger × (Ma Perkins × Garnette Supreme), rosa

Georgia, TH, (Weeks 1980), Arizona × Sämling, aprikosenfarben

Geschwister Scholl, Pol-H, (GPG „Roter Oktober" 1973), Sämling × Schneewittchen, weiß

Gilbert Becaud, TH, (Meilland 1980), kupferfarben

Ginger Rogers, TH, (McGredy 1969), Super Star × Miss Ireland, lachsfarben, Synonyme: Flower Show, Salmon Charm

Gingersnap, Fl, (Delbard-Chabert 1977), Zambra × (Orange Triumph × Floradora), orange

Gisselfeld, TH, (Poulsen 1972), (Super Star × Champs Elysees) × Furore, dunkelrot

Gitta Grumer, siehe: Uwe Seeler

Glenfiddich, Fl, (Cocker 1976), Arthur Bell × (Sabine × Circus), bernsteingelb

Glengarry, Fl, (Cocker 1969), Evelyn Fison × Wendy Cussons, scharlachrot

Gloriette, Str-R, (Cocker 1979), rosa

Glorimontana, Pol-H, (de Ruiter 1974), orangerot

Goldbeet, Fl, (Noack 1974), Gloria Dei × Goldtopas, gelb

Goldbonnet, Str-R, (Harkness 1973), (Ann Elizabeth × Allgold) × Golden Showers, gelb

Gold Bunny, Fl, (Meilland 1979), Poppy Flash × (MEIridge × Allgold), gelb

Gold Coin, Z, (Moore 1967), Golden Glow × Magic Wand, gelb

Gold Dollar, TH, (Herholdt 1971), Sämling × Wiener Charme, gelb

Golden Bouquet, TH, (Gregory 1970), Gertrude Gregory × Sämling, gelb, Synonym: Vanda Beauty

Golden Coronet, Fl, (Morey 1967), (Lydia × Spek's Yellow) × Isobel Harkness, gelb

Goldener Reiter, Fl, (Haenchen 1969), Circus × Goldrausch, gelb

Goldenes Prag, TH, (GPG „Roter Oktober" 1966), Tzigane × Csardas-Sämling, gelb mit rot

Golden Gate, TH, (Warriner 1972), South Seas × King's Ransom, gelb

Golden Prince, siehe: Kabuki

Golden Times, TH, (Cocker 1972), Duftwolke × Golden Splendour, gelb

Goldmoss, Fl, (Moore 1972), Rumba × *Rosa-moschata*-Sämling, gelb

Goldspray, Fl, (Delforge 1971), Philippe × Spek's Yellow, gelb

Goldteppich, Pol-H, [VEG (S) Baumschulen Dresden 1972], Cognac × Allgold, gelb

Golestan, TH, (Meilland 1975), (Super Star × Super Star) × [(RIM 1020 × Rouge Meilland) × Kordes' Sondermeldung], orangerot

Gondul, Fl, (Lundstad 1969), Lichterloh × Lumina, rot

Good Life, Fl, (McGredy 1970), Irish Beauty × John Church, orangerot

Goya, Fl, (Bees 1976), Mildred Reynolds × Arthur Bell, weiß

Grace Abounding, Fl, (Harkness 1968), Pink Parfait × Circus, elfenbeinfarben

Grandessa, Kl, (Delbard 1976), rot

Grand Masterpiece, TH, (Warriner 1978), unbenannte Sorte × Tonight, rot

Grand Mogul, TH, (Delbard 1965), Sultane × Chic Parisien, rahmweiß

Grandpa Dickson, TH, (Dickson 1966), (Kordes' Perfecta × Gov. Braga da Cruz) × Piccadilly, gelb, Synonym: Irish Gold

Grand Prix, TH, (Delbard-Chabert 1968), Chic Parisien × [Grande Premiere × (Sultane × Mme Joseph Perraud)], korallenrosa mit ocker

Gran Parada, Fl, (Dot 1967), Golden Dot × (The Queen Elizabeth Rose × Zambra), gelb

Greensleeves, Fl, (Harkness 1980), (Rudolph Timm × Arthur Bell) × [(Pascali × Irish Beauty) × (Sabine × Violette Dot)], chartreusegrün

Guinevere, TH, (Harkness 1967), Red Dandy × Gloria Dei, rosa

Gypsy, TH, (Swim & Weeks 1972), [(Rouge Meilland × Chrysler Imperial) × El Capitan] × Comanche, orangerot

Gypsy Jewel, Z, (Moore 1975), Little Darling × Little Buckaroo, dunkelrosa

Hanaguruma, TH, (Teranishi 1974), Kordes' Perfecta × (Kordes' Perfecta × American Heritage), gelb

Happy Wanderer, Fl, (McGredy 1972), Sämling × Marlena, scharlachrot

Hargita, TH, (Mark 1976), Virgo × Tisza, weiß

Harlow, TH, (Cocker 1969), Duftwolke × Melrose, lachsrosa

Harmonie, TH, (Kordes 1981), Duftwolke × Uwe Seeler, rosa

Hawa Mahal, TH, (Harkness 1976), Duftwolke × Kordes' Perfecta, rosa

Heartbeat, Fl, (Dickson 1970), Castanet × (Cornelia × Sämling), lachsorange

Heaven Scent, Fl, (Poulsen 1968), Pernille Poulsen × Isabel de Ortiz, lachsrot

Heirloom, TH, (Warriner 1972), Säml. × Säml. lila

Helga, Fl, (de Ruiter 1975), Schneewittchen × Travesti, weiß

Hi-de-hi, Z, (McGredy 1981), Anytime × Otto Linne, rosa

High Summer, Fl, (Dickson 1978), Zorina × Ernest H. Morse, rosa, orange, gold

Himatsuri, TH, (Teranishi 1973), (Super Star × Karl Herbst) × Mainauperle, dunkelrot

Hocus-Pocus, Fl-Grandifl, (Armstrong 1975), Fandango × Simon Bolivar, orangerot

Hoosier Gold, Fl, (Byrum 1974), Lydia × Dr. A. J. Verhage, gelb

Hotel Royal, Kl, (McGredy 1980), rot

Hot Pewter, siehe: Crucenia

Houston, TH, (Weeks 1980), Summer Sunshine × Sämling, gelb

Houston, siehe: Coventry Cathedral

Hurrikan, Pol-H, [VEG (S) Baumschulen Dresden 1982], zinnoberrot

Iced Ginger, Fl, (Dickson 1971), Anne Watkins × unbekannt, hellorange/rosa

Ice White, Fl, (McGredy 1966), Mme L. Cuny × (Orange Sweetheart × Tantaus Triumph), weiß, Synonym: Vison Blanc

Idun, Fl, (Lundstad 1969), Schneewittchen × Fanal, rosarot

iga Erfurt, Pol-H, (GPG „Roter Oktober" 1966), Rosina × Cocorico, rosa

Illumination, Fl, (Dickson 1970), Cläre Grammerstorf × Happy Event, gelb

Imperator, Fl, (Meilland 1972), Zambra × [Sarabande × (Goldilocks × Fashion)], kardinalrot, Synonym: Crimson Wave

Indian Chief, TH, (Gregory 1967), Super Star × unbekannt, orangerot

Indian Song, siehe: Preciosa

Indira, Fl, (Mark 1971), Kordes' Sondermeldung × Tallyho × Valiant, rosa

Indira, TH, (Hetzel 1973), Baccara × Prima Ballerina, rosa

Interama, Fl, (de Ruiter 1976), Kolima × (Europeana × Kimono), dunkelrot, Synonym: Intruma

Intercell, siehe: Red Blanket

Intruma, siehe: Interama

Irina, Fl, (Grabczewski 1969), Super Star × Europeana, rot

Irish Gold, siehe: Grandpa Dickson

Irish Mist, Fl, (McGredy 1966), Orangeade × Mischief, lachsorange

Irish Rover, TH, (McGredy 1970), Violet Carson × Super Star, lachsfarben

Isis, Fl, (Mattock 1973), Vera Dalton × Sheperdess, weiß

Iskra, Fl, (Klimenko 1963), Kordes' Sondermeldung × Molodost Mira, rot

Ivory Tower, TH, (Kordes 1978), Königin der Rosen × King's Ransom, hellrosa

Izetka Köpenicker Sommer, Fl, (Institut für Zierpflanzenbau Berlin-Köpenick 1968), Goldilocks × Geheimrat Duisberg, gelb

Izetka Spreeathen, TH, (Institut für Zierpflanzenbau Berlin-Köpenick 1968), Poinsettia × Karl Herbst, rot

Izetka Spreezauber, Pol-H, (Institut für Zierpflanzenbau Berlin-Köpenick 1972), rot

Jadis, TH, (Warriner 1974), Chrysler Imperial × Virgo, rosa

Jaguar, Fl, (Spek 1977), Sport von Mercedes, rot

Jana, TH, (Cocker 1976), gelb

Janice, Z, (Moore 1971), (Rosa wichuraiana × Floradora) × Eleanor, rosa

Janira, TH, (Tantau 1974), lachsfarben/gelblich

Janos, Pol-H, [VEG (S) Baumschulen Dresden 1980], orangerot

Jan Spek, Fl, (McGredy 1966), Cläre Grammerstorf × Faust, gelb mit rosa

Jazz Fest, Fl, (Armstrong 1971), Pink Parfait × Garnette, rot

Jean Gaujard, TH, (Gaujard 1978), Canasta × Rose Gaujard, rot

Jeleight, siehe: Bonica

Jelico, TH, (Jelly 1973), Baccara × (Forever Yours × Sämling), zinnoberrot/karmesinrot

Jens Munk, Rugosa-Hybr, (Svejda 1974), Schneezwerg × Frau Dagmar Hartopp, rosa

Jofitali, Fl, (Witte 1974), Sport von Sonia, bengalrosa

John Cramphorn, Fl, (Kriloff 1980), orange

John Franklin, Str-R, (Svejda 1980), Lilli Marleen × Sämling, rot

John Waterer, TH, (McGredy 1970), Karl Herbst × Ethel Sanday) × Hanne, rosarot

Jolly Roger, Fl, (Armstrong 1973), Spartan × Angelique, orangerot

Josephine, Z, (Moore 1969), (Rosa wichuraiana × Carolyn Dean) × Jet Trail, weiß

Josephine Baker, TH, (Meilland 1973), Super Star × Papa Meilland, dunkelrot, Synonym: Velvet Flame

Jove, Fl, (Harkness 1968), Vera Dalton × Paprika, rot

Jubilant, Fl, (Dickson 1967), Dearest × Circus, karminrosa

Jubilar, TH, (Klimenko 1965), Karl Herbst × Sutter's Gold, rot

Judy Garland, Fl, (Harkness 1978), [(Super Star × Circus) × (Sabine × Circus)] × Pineapple Poll, rot mit gelber Mitte

Julie, TH, (Kordes 1970), Sämling × Red American Beauty, rot

Julischka, Fl, (Tantau 1974), rot

Juliska, Fl, [VEG (S) Baumschulen Dresden 1978], rot

June Aberdeen, Fl, (Cocker 1977), Anne Cocker × (Sabine × Circus), lachsfarben

Junior Miss, Fl, (Boerner 1964), Seventeen × Demure-Sämling, rosa, Synonym: America's Junior Miss

Kabuki, TH, (Meilland 1968), (Monte Carlo × Bettina) × (Gloria Dei × Soraya), gelb

Kaikoura, Z, (McGredy 1978), Anytime × Matangi, rot

Kalahari, TH, (McGredy 1971), Uncle Walter × (Hamburger Phoenix × Danse du Feu), lachsrosa

Kaleidoscope, Fl, (Fryer 1972), Circus × Redgold, orange mit gelb

Kalinka, Fl, (Meilland 1970), Zambra × [Sarabande × (Goldilocks × Fashion)], rosa, Synonym: Pink Wonder

Kamchim, siehe: Carlita

Kasbek, TH, [VEG (S) Baumschulen Dresden 1976], weiß

Kathleen Joyce, Fl, (McGredy 1970), Paddy McGredy × Ice White, rosa

Kathy, Z, (Moore 1970), Little Darling × Magic Wand, orangerot

Katrin, TH, (GPG „Roter Oktober" 1972), Sämling × The Queen Elizabeth Rose, rosa

Kerry Gold, Fl, (Dickson 1967), Circus × Allgold, gelb

Kerryman, Fl, (McGredy 1971), Mme Leon Cuny × Columbine, lachsrosa

Kim, Fl, (Harkness 1970), (Orange Sensation × Allgold) × Irish Beauty, gelb

King Arthur, Fl, (Harkness 1967), Pink Parfait × Highlight, lachsrosa

King of Hearts, TH, (McGredy 1968), Karl Herbst × Ethel Sanday, rot

Kiskadee, Fl, (Mc Gredy 1973), Cynthia Brooke × Arthur Bell, gelb

Königin der Gärten, siehe: Rote Caruso

Kolozsvar, TH, (Mark 1976), President Herbert Hoover × Carina, rosa

Kombination, Fl, [VEG (S) Baumschulen Dresden 1982], hellrot, Mitte weiß

Kontrast, TH, [VEG (S) Baumschulen Dresden 1981], rot/gelb

Korallowii Sjurpris, Fl-Grandifl, (Klimenko 1966), Kordes' Sondermeldung × The Queen Elizabeth Rose, rot

Krasnii Pilot, TH, (Klimenko 1967), Nocturne × Friedrich Schwarz, rot

Krimskaja Primadonna, TH, (Klimenko 1965), Kordes' Sondermeldung × Gloria Dei × Lunnaja Sonata, rosa

Kristall, Pol-H, (GPG „Roter Oktober" 1979), weiß

Kronenbourg, TH, (McGredy 1965), Sport von Gloria Dei, rot/gelb, Synonym: Flaming Peace

Kutno, Fl, (Wituszynski 1965), Sport von Margo Koster, rosa

Lady Like, TH, (Tantau 1971), Sämling × Super Star, dunkelorange

Lady X, TH, (Meilland 1966), Sämling × Simone, mauve

Lagoon, Fl, (Harkness 1970), Lilac Charm × Sterling Silver, lavendelfarben

Laguna, TH, (Kordes 1974), Hawaii × Orange Delbard, orangerot

Lake Como, Fl, (Harkness 1968), Lilac Charm × Sterling Silver, lila

Lakeland, TH, (Fryer 1976), Duftwolke × The Queen Elizabeth Rose, rosa

La Passionata, siehe: Betsy Ross

Lark, siehe: Alouette

La Sevillana, Fl, (Meilland 1978), (Jolie Madame × Zambra) × (Super Star × Rusticana), rot

Las Vegas, TH, (Kordes 1981), Ludwigshafen am Rhein × Feuerzauber, orange

Lavender Jewel, Z, (Moore 1977), Little Chief × Angel Face, lila

Lavender Lake, Z, (Moore 1968), Ellen Poulsen × Debbie, lavendellila

Lawinia, Kl, (Tantau 1980), rosa

Lea, Fl, (Tantau 1976), Sport von Laminuette, rot, zur Mitte weiß

Lemon Delight, Z, (Moore 1977), Fairy Moss × Goldmoss, hellgelb

Lemon Spice, TH, (Armstrong 1966), Helen Traubel × Sämling, hellgelb

Lemon Yellow, Fl, (Gandy 1977), Orange Sensation × King's Ransom, zitronengelb

Lena, TH, (de Ruiter 1981), Prins Claus × Summer Holiday, orangerot

Leigh-Lo, TH, (Harkness 1979), Elizabeth Harkness × Red Devil, bengalrot

Leprechaun, Fl, (Adams 1972), (Easter Parade × Masquerade) × Little Darling, gelb zu rot

Letchworth Garden City, Fl, (Harkness 1978), Sämling × (Circus × Mischief), rosa

Lichtblick, Str-R, [VEG (S) Baumschulen Dresden 1972], Gelbe Holstein × Gruß an Heidelberg, lachsrosa

Lieven Gevaert, TH, (Delforge 1974), Eurovision × Sämling, rot

Lifeboat Jubilee, TH, (Sanday 1973), Karl Herbst × (Karl Herbst × Crimson Glory), scharlach

Lifirane, Fl, (Zwemstra 1974), Sport von Sonia, neyronrosa

Little Chief, Z, (Moore 1971), Cotton Candy × Magic Wand, hellrot

Little Girl, Z, (Moore 1973), Little Darling × Westmont, lachsrosa

Little Jewel, Fl, (Cocker 1980), Wee Man × Belinda, rosa

Little Juan, Z, (Williams 1966), Juliette × Sämling, rot/hellrot

Little Lady, Fl, (Harkness 1967), Schneewittchen × Baby Faurax, weiß

Little Red Devil, Z, (Christensen 1980), Gingersnap × Magic Carrousel, rot

Lively Lady, Fl, (Cocker 1969), Irish Beauty × Super Star, hellziegelrot

Liverpool Echo, Str-R, (McGredy 1971), (Little Darling × Goldilocks) × München, lachsrosa

Lolita, TH, (Kordes 1972), Dr. A. J. Verhage × Königin der Rosen, kupferlachs

Looping, Kl, (Meilland 1977), [(MEIalfi × Zambra) × (MALcair × Danse des Sylphes) × (MEImick × Cocktail)] × Royal Gold, lachsrosa

L'Oreal Trophy, TH, (Harkness 1981), Sport von Alexander, orangerot

Lorna Doone, Fl, (Harkness 1970), Red Dandy × Lilli Marleen, karmesinscharlach

Lotte Günthart, TH, (Armstrong 1964), The Queen Elizabeth Rose × Bravo, rot

Louisiana, TH, (Weeks 1974), Sämling × Sämling, cremeweiß

Louvre, TH, (Delbard-Chabert 1967), Souv. de J. Chabert × (Walko × Souv. de J. Chabert), aprikosenfarben

Love, Fl-Grandifl, (Warriner 1980), unbenannte Sorte × Red Gold, rot

Love Affair, TH, (Jelly 1970), Sämling × Forever Yours, rot

Love Story, TH, (Tantau 1972), Carmen × Sophia Loren, orangerot

Ludmilla, TH, (Laperrière 1968), (Gloria Dei × Kordes' Sondermeldung) × Heure Mauve, lila

Ludwigshafen am Rhein, Fl-Grandifl, (Kordes 1975), Sämling × Pink Puff, rosa

Lulu, Fl, (Kordes 1973), Zorina × Sämling, orangerosa

Lunochod-1, TH, (Klimenko 1965), Karl Herbst × Sutter's Gold, rot und gelb

Lunnii Swet, TH, (Klimenko 1965), Vinzenz Bergers Weiße × (Alsace × Floradora), hellgelb

Lydia, Str-R, (Kordes 1973), Sämling × Circus, dunkelorange/gelb

Lysbeth-Victoria, Fl, (Harkness 1978), Pink Parfait × Nevada, hellrosa

Madhura, Fl, (Pal 1979), Kiss of Fire × Goudvlinder, gelb

Madoka, Fl, (Teranishi 1975), (Zambra × Gloria Dei) × Cherry Brandy, rot

Madras, TH, (Warriner 1981), Sämling × Sämling, rosa und gelb

Mädi, Pol-H, (GPG „Roter Oktober" 1969), Sarabande × Concerto, geraniumrot

Magic Carrousel, Z, (Moore 1972), Little Darling × Westmont, weiß mit rosa

Magic Mountain, Fl, (Armstrong 1973), Circus × Texan, gelb bis rot

Magic Touch, TH, (Golik 1974), Super Star × Queen of Bermuda, rosa

Magnet, Fl, [VEG (S) Baumschulen Dresden 1982], ziegelrot

Mainauperle, TH, (Kordes 1969), Sämling × Americana, dunkelrot

Maja Mauser, Fl, (Poulsen 1971), Evelyn Fison × Sämling, scharlachorange, Synonym: Skaggarak

Malaga, Kl, (McGredy 1971), (Hamburger Phoenix × Danse du Feu) × Copenhagen, rötlichrosa

Mala Rubinstein, TH, (Dickson 1971), Flower Girl × Duftwolke, rosa

Malcolm, TH, (Ellick 1979), Hector Deane × Chopin, karmin

Malindi, Fl, (Noack 1974), rot

Malmesbury, TH, (Sanday 1980), Vera Dalton × Parasol, gelb

Malysch, Fl, (Klimenko 1969), Sport von Mayday, karminrot

Mamaia, Pol-H, (GPG „Roter Oktober" 1972), Highlight × Oberbürgermeister Boock, orangerot

Mambo, Fl, (Swim & Weeks 1968), Charlotte Armstrong × Sämling, rot

Manjana, Fl, (de Ruiter 1969), Orange Sensation × (Pink Parfait × Lavender Pinocchio), rosa

Manou Meilland, TH, (Meilland 1979), (MEIgriso × Baronne E. de Rothschild) × (Ma Fille × Love Song), mauve

Manuela, TH, (Tantau 1968), Sämling × Dr. A. J. Verhage, karminrosa

Maona, Z, (McGredy 1977), Sämling × New Penny, rosa

Mauve Melody, TH, (Raffel 1962), Sterling Silver × Sämling, fliederfarben

Margaret Merril, Fl, (Harkness 1977), (Rudolph Timm × Dedication) × Pascali, weiß

Margaret Trudeau, siehe: Sweepstakes

Marie Antoinette, TH, (Armstrong 1968), The Queen Elizabeth Rose × Chrysler Imperial, rosa

Marion Harkness, TH, (Harkness 1978), (Manx Queen × Prima Ballerina) × (Chanelle × Piccadilly), gelb

Marjorie Fair, Str-R, (Harkness 1978), Prima Ballerina × Baby Faurax, rot mit heller Mitte

Martha Rice, Fl, (Raffel 1970), Super Star × Sweet Vivien, hellrot

Mary Barnard, Fl, (Sanday 1978), (Karl Herbst × Sarabande) × Ernest H. Morse, lachs

Mary de Vor, siehe: Douchka

Maryke-Marika, Fl, (Kordes 1973), Königin der Rosen × Zorina, orange

Marylka, Z, (Wituszynski 1967), Sport von Dorotte, rot

Mary Marshall, Z, (Moore 1970), Little Darling × Fairy Princess, orangerot

Mary Mine, Str-R, (Harkness 1971), The Queen Elizabeth Rose × Buccaneer, lachsrosa

Mascotte 77, TH, (Meilland 1977), [(Rouge Meilland

× Gloria Dei) × New Style] × Gloria Dei, gelb mit rotem Rand

Matangi, Fl, (McGredy 1974), [(Little Darling × Goldilocks) × [Evelyn Fison × (*Rosa macrophylla* × Tantaus Triumph])] × Picasso, rot und gelb

Matterhorn, TH, (Armstrong 1965), Buccaneer × Cherry Glow, weiß

Maturity, TH, (le Grice 1973), Duftwolke × Lively, rosa

Mazowsze, TH, (Grabczewski 1966), Marella × unbekannt, dunkelrosa

Maxi, Fl, (Mc Gredy 1971), [Evelyn Fison × (Tantaus Triumph × *Rosa macrophylla coryana*)] × (Hamburger Phoenix × Danse du Feu), rot mit weißem Auge

Medallion, TH, (Warriner 1973), South Seas × King's Ransom, aprikosenfarben, Synonym: Melonda

Megiddo, Fl, (Gandy 1970), Coup de Foudre × S'Agaro, orangerot

Meired, siehe: Visa

Melinda, Fl, (Mark 1969), Siegesperle × Fandango, weiß

Melonda, siehe: Medallion

Memento, Fl, (Dickson 1978), Bangor × Anabell, rosa

Memory Lane, Z, (Moore 1973), (Rosenmärchen × William Lobb) × Little Chief, rosa

Merci, Fl, (Warriner 1971), Sämling × Sämling, rot

Merlin, Fl, (Harkness 1967), Pink Parfait × Circus, rosa, gelb und rot

Michelle, Fl, (de Ruiter 1968), Sämling × Orange Sensation, lachsrosa

Midas, siehe : Dorothe

Mikolaj Kopernik, TH, (Wituszynski 1969), Carina × unbekannt, rosa

Milena, Fl-Grandifl, (Večeřa 1964), Sport von The Queen Elizabeth Rose, rosa

Minigold, Fl, (Tantau 1970), Whisky × Zorina, gelb

Minirosa, Z, [VEG (S) Baumschulen Dresden 1976], rosa mit weißem Auge

Minirot, Z, [VEG (S) Baumschulen Dresden 1976], rot mit weißem Auge

Minuetto, Z, (Meilland 1971), (Rimosa × Josephine Wheatcroft) × Zambra, orangerot, Synonym: Darling Flame

Mirato, Fl, (Tantau 1981), kupferorange

Miss All Australian Beauty, TH, (Armbrust 1969), Aztec × Impeccable, rot

Miss Harp, TH, (Tantau 1972), Piccadilly × Königin der Rosen, gelb, Synonyme: Oregold, Anneliese Rothenberger, Silhouette

Mistee, Z, (Moore 1979), Little Darling × Peachy White, weiß

Mister Lincoln, TH, (Swim 1964), Chrysler Imperial × Charles Mallerin, dunkelrot

Mistica, TH, (Dot 1966), Sterling Silver × Intermezzo, lila

Misty, TH, (Armstrong 1976), Mt. Shasta × Matterhorn, cremeweiß

Mme Bollinger, Fl, (McGredy 1972), (Little Darling × Goldilocks) × Bobbie Lucas, kupfrigrot mit gelb

Model of Perfection, Fl, (Dickson 1977), Zorina × Arthur Bell, gelb, rosa, orange

Molly McGredy, Fl, (McGredy 1969), Paddy McGredy × (Mme Léon Cuny × Columbine), rot/weiß

Mon Cheri, TH, (Christensen 1981), (White Satin × Bewitched) × Double Delight, rosa

Mon Chéri, TH, (Leenders 1970), Kordes' Perfecta × Tawny Gold, karminrosa/weiß

Moncton, Rugosa-Chinensis-Hybride, (Svejda 1977), Schneezwerg × *Rosa-chinensis*-Sorte, zartrosa

Mondial Pink, TH, (Hendrickx 1965), Sämling × Sämling, rosa mit gelb

Moon Maiden, Fl, (Mattock 1970), Fred Streeter × Allgold, gelb

Moonraker, Fl, (Harkness 1968), Pink Parfait × Highlight, cremefarben

Morden Cardinette, Fl, (Marshall 1980), Prairie Princess × [White Bouquet × (J. W. Fargo × Assiniboine)] × Adelaide Hoodless × [Kordes' Sondermeldung × (Donald Prior × Rosa arkansana)], rot

Morden Centennial, Str-R, (Marshall 1980), Prairie Princess × [White Bouquet × (J. W. Fargo × Assiniboine)], rosa

Morning Jewel, Kl, (Cocker 1968), New Dawn × Red Dandy, rosa

Mosaik, Pol-H, [VEG (S) Baumschulen Dresden 1978], gelb und rot

Mountbatten, Str-R, (Harkness 1982), Peer Gynt × [(Anne Cocker × Arthur Bell) × Southampton], gelb

Mr. Bert Homan, TH, (Leenders 1970), Kordes' Perfecta × The Queen Elizabeth Rose, lachsrosa

Mr. Chips, TH, (Dickson 1970), Grandpa Dickson × Miss Ireland, gelb mit rot

Mr. Faithful, Fl, (Harkness 1968), Pink Parfait × (Montezuma × Josephine Bruce), rosa

Mr. Standfast, TH, (Harkness 1968), Dr. A. J. Verhage × Kordes' Perfecta, cremefarben

Mullard Jubilee, TH, (McGredy 1970), Paddy McGredy × Prima Ballerina, hellrot, Synonym: Electron

My Dream, TH, (Winchel 1970), Pink Favorite × Karl Herbst, hellrot

Nadja, TH, (Institut für Zierpflanzenbau Berlin-Köpenick 1964), Gloria Dei × Karl Herbst, rot

Natali, Fl, (Tantau 1981), rosa

Natalie, Pol-H, (GPG „Roter Oktober" 1972), Masquerade × Concerto, gelb zu rot

New Love, TH, (Morey 1968), South Seas × Coronado, rot/gelb

News, Fl, (le Grice 1968), Lilac Charm × Tuscany Superb, rot

Nicoletta, TH, (de Ruiter 1969), Carla × Sämling, rosa

Nightingale, TH, (Herholdt 1970), Rina Herholdt × Tiffany, rosa

Night n'Day, TH, (Swim & Weeks 1968), (Minna Kordes × Chrysler Imperial) × Rouge Meilland, dunkelrot

Nil Bleu, TH, (Delbard 1981), (Holstein × Bayadere) × (Prelude × Saint Exupery), purpurrosa, Synonym: Blue Nile

Nil Desperandum, TH, (Ellick 1979), Gavotte × Montezuma, orange

Noblesse, TH, (Spek 1969), Coloranja × Coloranja, orangerot

Nordia, Fl, (Poulsen 1967), (Rosenmärchen × Rosenmärchen) × Elsinore, rot

Norris Pratt, Fl, (Buisman 1966), Mrs. Pierre S. du Pont × Marcelle Gret, gelb

Nottingham Forest, Fl, (de Ruiter 1971), Metropole × Diamant, rot mit weißen Streifen

Nova, Fl, (Harkness 1967), Ann Elizabeth × Paprika, orangescharlach

Nugget, Fl, (Warriner 1973), Yellow Pinocchio × Sämling, gelb

Obuda, Fl-Grandifl, (Mark 1975), Freiburg II × Mevr. v. Straaten van Nes, mehrfarbig

October, TH, (Weeks 1980), Sämling × Sämling, lachsorange

Odette, Fl, (GPG „Roter Oktober" 1972), The Queen Elizabeth Rose × Sämling, rosa

Oktjabrina, TH, (Klimenko 1965), Charles Mallerin × Chrysler Imperial, rot

Old Master, Fl, (McGredy 1973), Maxi × [Evelyn Fison × (Orange Sweetheart × Frühlingsmorgen)], rot mit weißem Auge/weiß

Olga Tschechowa, TH, (Cocker 1978), Northern Lights × Sämling, cremegelb

Olympic Torch, TH, (Suzuki 1966), Rose Gaujard × Crimson Glory, weiß und rot, Synonym: Sei-Ka

Olympic Triumph, Fl, (Dickson 1972), Shiralee × Apricot Nectar, rot und gelb

Olympisches Feuer, Fl, (Tantau 1971), Ahoi × Signalfeuer, orange

Omega, siehe: Emily Post

Omul, Str-R, (GPG „Roter Oktober" 1973), Wörlitz × Sämling, gelb

Only You, siehe: Carinella

Opa Pötschke, siehe: Precious Platinum

Operettenrose, siehe: Versailles

Opus, Pol-H, [VEG (S) Baumschulen Dresden 1977], paprikarot

Orange Goliath, TH, (Gandy 1978), Beauté × Serenade, orange

Orange Pixie, Z, (Moore 1977), Little Chief × Fire Princess, orangerot

Orange Vilmorin, siehe: Uwe Seeler

Orange Masterpiece, Fl, (de Ruiter 1970), Sämling × Orange Sensation, kupferorange/gelb

Orange Meillandina, Z, (Meilland 1980), Meichanso × (Meidacinu × Duchess of Windsor), orangerot, Synonym: Orange Sunblaze

Orange Silk, Fl, (McGredy 1968), Orangeade × (Ma Perkins × Kordes' Sondermeldung), zinnoberorange

Orange Sunblaze, siehe: Orange Meillandina

Oregold, siehe: Miss Harp

Orient Expreß, TH, (Wheatcroft 1978), Landora × Sämling, orange

Orion, Fl, (Harkness 1968), Pink Parfait × Red Dandy, scharlach

Otago, Z, (McGredy 1978), Anytime × Minuetto, rot

Ovation, TH, [VEG (S) Baumschulen Dresden 1977], hellrot

Ovation, TH, (Weeks 1978), First Prize × Sämling, orangerot

Over the Rainbow, Z, (Moore 1972), Little Darling × Westmont, rot und gelb

Overture, TH, (Huber 1975), Duftwolke × Ena Harkness, rot

Pacemaker, TH, (Harkness 1981), Red Planet × Wendy Cussons, rosa

Pamela, Fl, (Tantau 1981), rosa

Pamela's Choice, TH, (Bardills 1966), Sport von Piccadilly, gelb

Pania, TH, (McGredy 1968), Paddy McGredy × (Kordes' Perfecta × Montezuma), hellrosa

Panorama, TH, (Gregory 1973), The Queen Elizabeth Rose × Sämling, rosa, Synonym: Panorama Holiday

Panorama Holiday, siehe: Panorama

Paola, TH, (Tantau 1981), rot

Papagena, Fl, [VEG (S) Baumschulen Dresden 1975], rosarot, Mitte weiß

Paradise, TH, (Weeks 1978), Swarthmore × unbenannter Sämling, mauve

Parador, TH, (Meilland 1978), [(Zambra × Suspense) × King's Ransom] × (Kabuki × Dr. A. J. Verhage), gelb

Parfait, Fl, (Knight 1975), Sport von Laminuette, rot mit gelbem Grund

Paso Doble, Pol-H, (Meilland 1976), orangerot

Passion, Fl, (Leenders 1968), Prince Philip × Twilight, lilarosa

Pasteur, TH, (Gaujard 1978), Firmament × Femina, rosa

Patricia, Fl, (Kordes 1976), lachsrosa

Patio Jewel, Fl, (Williams 1975), Europeana × Angel Face, purpur

Patricia Hyde, Fl, (Harkness 1968), Ann Elizabeth × Red Dandy, rosa

Patrician, TH, (Warriner 1977), Duftwolke × Proud Land, rot

Pearl Drift, Str-R, (le Grice 1981), Mermaid × New Dawn, weiß

Pekinois, Pol, (Pekmez 1975), Marlena × Lampion, dunkelrot, Synonym: Tapis Afgan

Penny, Fl, (Sanday 1973), Sarabande × Circus, rot

Pepper Pot, Fl, (Fryer 1973), Circus × Sämling, rosenrosa/rot

Perfume Delight, TH, (Swim & Weeks 1973), Gloria Dei × [(Rouge Meilland × Chrysler Imperial) × El Capitan], rosa

Permoser, TH, (Institut für Obstbau Dresden-Pillnitz 1969), Röntgensport von Kordes' Perfecta, hellrot mit weißer Mitte

Persian Princess, Z, (Moore 1970), Baccara × Eleanor, korallenrot

Pest, Fl, (Mark 1975), Else Poulsen × Gloria Mundi, rot

Petite Folie, Z, (Meilland 1968), (Dany Robin × Fire King) × (Cricri × Perla de Montserrat), ziegelrot

Petito, Pol-H, [VEG (S) Baumschulen Dresden 1973], gelb

Philip Harvey, Fl, (Harkness 1972), Duftwolke × Circus, lachsrot

Phoenix, TH, (Armstrong 1973), Manitou × Grand Slam, kirschrot

Picasso, Fl, (McGredy 1971), Marlena × [Evelyn Fison × (Frühlingsmorgen × Orange Sweetheart)], rot mit weißem Auge/weiß

Picnic, Fl, (Warriner 1976), South Seas × unbekannt, rosa

Pilgrim, TH, (Armstrong 1970), [Fandango × (Minna Kordes × Floradora)] × Chrysler Imperial, dunkelrot

Pillow Talk, Fl, (Weeks 1980), Plain Talk × Angel Face, mauve

Pineapple Poll, Fl, (Cocker 1970), Orange Sensation × Circus, orange und rot

Pink Belle, TH, (Harkness 1973), Duftwolke × Irish Beauty, rosa

Pink Brocade, Fl, (Bees 1977), Spartan × Lilli Marleen, hellrosa

Pink Puff, Fl, (Boerner 1965), Rosenmärchen-Sämling × (Red Pinocchio-Sämling × Garnette), rosa, Synonym: Rosa Puder

Pink Ribbon, Z, (Moore 1966), (Rosa wichuraiana × Floradora) × Magic Wand, rosa

Pink Showers, kl. TH, (Verschuren 1978), Carla × Golden Showers, hellrosa

Pink Wonder, siehe: Kalinka

Pirate Gold, Fl, (de Ruiter 1972), Dr. A. J. Verhage × Sämling, gelb

Playboy, Fl, (Cocker 1975), City of Leeds × (Chanelle × Piccadilly), gelb, orange, rot

Podarok Anshele, TH, (Klimenko 1965), Josephine Bruce × Chrysler Imperial, rot

Poesie, siehe: Promise

Poiana, TH, (GPG „Roter Oktober" 1972), Gloria Dei × Spek's Yellow, gelb

Polina, TH, (Blaszczyk 1967), Bettina × unbekannt, gelb

Polynesian Sunset, TH, (Boerner 1965), Diamond Jubilee-Sämling × Hawaii, lachsrot

Pompadour, TH, (Murray 1978), Molly McGredy × Prima Ballerina, dunkelrosa

Pompon Rouge, Fl, (Delforge 1971), Révérence × Miracle, rot

Poppet, Fl, (Bees 1978), Spartan × Arthur Bell, hellrosa

Poppy Flash, siehe: Rusticana

Portrait, siehe: Stephanie de Monaco

Portrait, TH, (Meyer 1971), Pink Parfait × Pink Peace, rosa

Pot O'Gold, TH, (Dickson 1980), Eurorose × Whisky, gelb

Präsent, Fl, (Haenchen 1969), Highlight × Allgold, aprikosenfarben/gelb

Präsident Kekkonen, siehe: Emotion

Prairie Heritage, Str-R, (Buck 1979), (Vera Dalton × Prairie Princess) × (Apricot Nectar × Prairie Princess), rosa

Preciosa, TH, (Meilland 1972), (Radar × Karl Herbst) × Sabrina, kirschrot/gelb, Synonym: Indian Song

Precious Platinum, TH, (Dickson 1974), Red Planet × Franklin Engelmann, kardinalrot, Synonyme: Opa Pötschke, Red Star

Precilla, TH, (Kordes 1974), Peer Gynt × Sämling, gelb

Prekrasnaja Rossianka, TH, (Klimenko 1966), Rosa Vollendung × Friedrich Schwarz, rot

Pride of Oakland, Fl, (Lindquist 1976), Rosenmärchen × China Doll, rosa

Prince Igor, Fl, (Meilland 1970), (Sarabande × Dany Robin) × Zambra, kapuzinerrot zu goldbronze, Synonym: Frenzy

Princess Chichibu, Fl, (Harkness 1970), (Vera Dalton × Highlight) × Merlin, zweifarbig rosa

Princesse Margaret, siehe: Princess Margaret of England

Princess Margaret of England, TH, (Meilland 1968), The Queen Elizabeth Rose × (Gloria Dei × Michèle Meilland), phloxrosa

Princess Michael of Kent, Fl, (Harkness 1981), Manx Queen × Alexander, gelb

Princess Michiko, Fl, (Dickson 1966), Circus × Spartan, orange mit gelber Mitte

Prinsesse Margarethe, TH, (Poulsen 1963), The Queen Elizabeth Rose × (Kordes' Sondermeldung × Spek's Yellow), lachsorange

Priscilla Burton, Fl, (McGredy 1978), [Maxi × (Evelyn Fison × Orange Sweetheart × Frühlingsmorgen)] × (Little Darling × Goldilocks) × [Evelyn Fison × (Rosa macrophylla coryana × Tantaus Triumph) × (John Church × Irish Beauty)], karmin

Pristine, TH, (Warriner 1978), White Masterpiece × First Prize, weiß

Prof. Knöll, TH, (GPG „Roter Oktober" 1964), Letitia × Gloria Dei, rot

Prof. Oszkinis, TH, (Zyla 1971), Pharaoh × unbekannt, rot

Promise, TH, (Warriner 1976), South Seas × Gloria Dei, rosa

Promontor, TH, (Mark 1976), Sport von Budatétény, gelb

Proud Land, TH, (Morey 1969), Chrysler Imperial × Sämling, rot

Puerto Rico, siehe: Sable Chaud

Pygmae, Z, (Poulsen 1978), Anytime × Minuetto, orangerot

Rachel Bowes Lyon, Str-R, (Harkness 1981), Kim × [(Orange Sensation × Allgold) × Californica)], rosa

Radox Bouquet, Str-R, (Harkness 1980), (Alec's Red × Piccadilly) × [Southampton × (Cläre Grammerstorf × Frühlingsmorgen)], rosa

Rainer Maria Rilke, siehe: Uwe Seeler

Rakete, TH, (GPG „Roter Oktober" 1972), Sämling × The Queen Elizabeth Rose, rot

Rallye, Fl, (Delforge 1966), Cognac × Fashion, cognacfarben mit rosa

Rebell, TH, (Kordes 1971), Roter Stern × Brandenburg, orangerot, Synonym: Feybell

Red Ballerina, Str-R, (Fryer 1976), Prima Ballerina × Evelyn Fison, rot

Red Blanket, Str-R, (Ilsink 1979), Yesterday × Sämling, dunkelrosa, Synonym: Intercell

Red Chief, TH, (Armstrong 1967), Sämling × Chrysler Imperial, rot

Red Cushion, Fl, (Armstrong 1966), Circus × Ruby Lips, dunkelrot

Red Det, Z, (Cocker 1980), Bad Nauheim × Wee Man, rot

Red Devil, TH, (Dickson 1970), Silver Lining × Prima Ballerina, rot, Synonym: Coeur d'Amour

Red Fountain, Kl, (Williams 1975), Don Juan × Blaze, dunkelrot

Redgold, Fl, (Dickson 1967), [(Karl Herbst × Masquerade) × Faust] × Piccadilly, gelb und rot, Synonym: Rouge et Or

Red Lion, TH, (McGredy 1965), Kordes' Perfecta × Schlössers Brillant, rot

Red Masterpiece, TH, (Warriner 1974), (Siren × Chrysler Imperial) × (Carrousel × Chrysler Imperial), dunkelrot

Redonda, TH, (Patterson 1968), The Queen Elizabeth Rose × Rouge Meilland, rot

Red Petticoat, Fl, (Watkins 1967), Buisman's Triumph × Lilli Marleen, rot

Red Planet, TH, (Dickson 1970), Red Devil × (Sämling × Schlössers Brillant), karmesinrot

Red Queen, TH, (Kordes 1968), Königin der Rosen × Freiheitsglocke, rot

Red Reflection, TH, (Warriner 1975), Super Star × Living, rot

Red Ribbon, Fl, (McGredy 1979), rot

Red Rock, siehe: Lusambo

Red Star, siehe: Precious Platinum

Responso, Fl, (GPG „Roter Oktober" 1981), gelborange

Revolution, Pol-H, (GPG „Roter Oktober" 1972), Rudolph Timm × Feurio, orangerot

Ripples, Fl, (le Grice 1971), (Tantaus Überraschung × Marjorie le Grice) × (Sämling × Africa Star), helllila

Roaming, TH, (Sanday 1970), Vera Dalton × Super Star, rot

Robert F. Kennedy, Fl, (Williams 1968), The Queen Elizabeth Rose × Sumatra, korallenfarben

Rob Roy, Fl, (Cocker 1971), Evelyn Fison × Wendy Cussons, dunkelrot

Robert Stolz, Pol-H, (de Ruiter 1974), karmesinrot

Rocky, Fl, (McGredy 1979), Liverpool Echo × [Evelyn Fison × (Orange Sweetheart × Frühlingsmorgen)], rot

Roklea, TH, (Tantau 1975), orangerot

Roko-Rose Altenburg, Fl, (GPG „Roter Oktober" 1977), Königin der Rosen × Uncle Walter, zinnoberrot

Romantica 76, TH, (Meilland 1976), lachsrot

Romanze, Pol-H, [VEG (S) Baumschulen Dresden 1972], Märchenland × unbekannt, rosa

Rosamunde, Fl, (Kordes 1975), Sämling × Zorina, rosa

Rosa Puder, siehe: Pink Puff

Rose Parade, Fl, (Williams 1974), Sumatra × The Queen Elizabeth Rose, kardinalrot

Rosarium Uetersen, Kl, (Kordes 1977), Karlsruhe × Sämling, rosa

Rosa Sinfonie, Fl, [VEG (S) Baumschulen Dresden 1979], rosa

Rose Baby, siehe: Royal Salute

Rosendorf Schmitshausen, Kl, (Cocker 1977), Händel × Rob Roy, dunkelrot

Rosenfest, Kl, (GPG „Roter Oktober" 1981), purpurrot

Rosowaja Sorka, Fl, (Klimenko 1966), Pink Chiffon × The Queen Elizabeth Rose, rosa

Rosy Mantle, Kl, (Cocker 1968), New Dawn × Prima Ballerina, rosa

Rote Caruso, TH, (Kordes 1971), Ballet × TH-Sämling, dunkelrot, Synonyme: Balalaika, Königin der Gärten

Rouge Dorieux, TH, (Dorieux 1967), Ena Harkness × unbekannt, rot

Rouge et Or, siehe: Redgold

Royal Albert Hall, TH, (Cocker 1972), Duftwolke × Postillon, rot/gelb

Royal Canadian, TH, (Morey 1968), Sämling × Talisman, rot

Royal Salute, Z, (McGredy 1976), New Penny × Marlena, rosarot, Synonym: Rose Baby

Rubella, Fl, (de Ruiter 1972), Kimono × Lilli Marleen, tiefrot

Rubens, TH, (Gaujard 1978), Rose Gaujard × Miss France, rot

Rubinette, Fl, (de Ruiter 1971), (Mandrina × Baccara) × (Mandrina × Baccara), tiefrot

Rudola, Fl, (de Ruiter 1972), Dacapo × Kimono, geraniumrot

Russkii Suvenir, TH, (Klimenko 1964), Sterling Silver × Prelude, weiß und zartrosa

Rustica, TH, (Meilland 1980), cremeweiß, Synonym: Stadt Basel

Rusticana, Fl, (Meilland 1972), (Dany Robin × Fire King) × (Alain × *Rosa chinensis* 'Mutabilis'), orangerot, Synonym: Poppy Flash

Sable Chaud, Fl, (Delbard 1975), Zambra × (Orange Triumph × Floradora), kupferorange/gelb, Synonym: Puerto Rico

Sacramento, TH, (GPG „Roter Oktober" 1981), karminrot

Saga, Str-R, (Harkness 1972), Rudolph Timm × (Chanelle × Piccadilly), cremeweiß

Sahara, Fl, (Tantau 1966), gelb

Salmon Charm, siehe: Ginger Rogers

Salzajubiläum, Pol-H, (GPG „Roter Oktober" 1982), lachsrosa

Salzaperle, TH, (GPG „Roter Oktober" 1977), Duftwolke × Gloria Dei, rosa

Salzaquelle, TH, (GPG „Roter Oktober" 1977), Europeana × Piccadilly, amethystviolett

Samourai, TH, (Meilland 1966), (Rouge Meilland × Kordes' Sondermeldung) × Sutter's Gold, dunkelrot, Synonym: Scarlet Knight

Samptosa, Fl, (Institut für Obstbau Dresden-Pillnitz 1969), Schweizer Gruß × unbekannt, dunkelrot

San Antonio, TH, (Armstrong 1967), Roundelay × El Capitan, rot

Sandringham Centenary, TH, (Wisbech 1980), The Queen Elizabeth Rose × Baccara, lachsrosa

Sangria, Fl, (Meilland 1966), Fire King × (Rouge Meilland × Kordes' Sondermeldung), geraniumrot

Sans Souci, TH, (Hetzel 1972), Dr. A. J. Verhage × Sympathie, rosa

Santa Catalina, Kl, (McGredy 1970), Paddy McGredy × Gruß an Heidelberg, rosa

Santa Fee, TH, (McGredy 1967), Mischief × Super Star, lachsrosa

Sasad, TH, (Mark 1970), rosarot

Satchmo, Fl, (McGredy 1970), Evelyn Fison × Diamant, scharlachrot

Savannah, TH, (Weeks 1980), Sämling × Arizona, aprikosenfarben

Scarlet Knight, siehe: Samourai

Scarlet Meillandina, Z, (Meilland 1980), Meidanu × (Meidacinu × Duchess of Windsor), dunkelrot, Synonym: Scarlet Sunblaze

Scarlet Sunblaze, siehe: Scarlet Meillandina

Scarlet Sunset, Fl, (de Ruiter 1970), Orange Sensation × Sämling, orangerot

Scented Air, Fl, (Dickson 1965), Spartan-Sämling × The Queen Elizabeth Rose, lachsrosa

Scherzo, Fl, (Meilland 1974), Tamango × Prince Igor, ziegelrot

Schloß Dryburg, Kl, (GPG „Roter Oktober" 1969), Lydia × Le Rêve, gelb

Schloß Moritzburg, Pol-H, (Haenchen 1967), Donald Prior × unbekannt, rot

Schoolgirl, Kl, (McGredy 1964), Coral Dawn × Belle Blonde, orange

Schweizer Gold, TH, (Kordes 1975), Peer Gynt × King's Ransom, gelb

Schwarzer Samt, Kl, (Haenchen 1969), Alain × Oskar Scheerer, dunkelrot

Scrabo, Fl, (Dickson 1968), Celebration × Irish Beauty, lachsrosa

Seashell, TH, (Kordes 1977), Königin der Rosen × King's Ransom, lachsrosa

Secret Love, TH, (Armstrong 1973), Sämling × Sämling, tiefrot

Segesvár, Fl, (Mark 1976), Kordes' Sondermeldung × Rödhätte, rot

Sei-Ka, siehe: Olympic Torch

Selena 1, Str-R, (Klimenko 1968), Golden Masterpiece × Jaltinskoje Solnyschko, gelb

Semmelweis Ignác, Fl-Grandifl, (Mark 1976), The Queen Elizabeth Rose × Orange Glory, rosa

Seneca Queen, TH, (Boerner 1965), (Serenade-Sämling × Fashion) × Golden Masterpiece, rosa

Seven Seas, Fl, (Harkness 1971), Lilac Charme × Sterling Silver, lila

Shannon, TH, (McGredy 1965), The Queen Elizabeth Rose × McGredy's Yellow, rosa

Shepherdess, Fl, (Mattock 1967), Allgold × Gloria Dei, gelb

Shiralee, TH, (Dickson 1965), Sämling × Kordes' Perfecta, gelb mit orange

Shocking, Pol, (Hémeray-Aubert 1967), Schweizer Gruß × Alain, dunkelrot

Showtime, TH, (Lindquist 1969), Kordes' Perfecta × Granada, karminrosa

Shreveport, Fl, (Kordes 1981), Zorina × Uwe Seeler, orange

Shrubby Pink, siehe: Sunday Times

Sierra Sunrise, Z, (Moore 1980), Little Darling × Yellow Magic, gelb mit rosa

Sif, Kl, (Lundstad 1969), Traumland × Royal Gold, rotorange

Silent Night, TH, (McGredy 1969), Daily Sketch × Hassan, gelb mit rosa

Silhouette, siehe: Miss Harp

Silva, TH, (Meilland 1964), Gloria Dei × Confidence, rosa

Silver Charm, Fl, (le Grice 1968), Lilac Charm × Sterling Silver, bläulich

Silver Jubilee, TH, (Cocker 1978), (Highlight × Königin der Rosen) × (Parkdirektor Riggers × Piccadilly) × Mischief, rosa

Simon Dot, TH, (Dot 1978), Pharaoh × Rose Dot, rot

Simplicity, Fl, (Warriner 1979), Schneewittchen × Sämling, rosa

Sirenewii Kaskad, Fl, (Klimenko 1967), Lavender Lady × Violette Dot, lila

Sir Lancelot, Fl, (Harkness 1967), Vera Dalton × Woburn Abbey, gelb

Skaggarak, siehe: Maja Mauser

Skogul, Fl, (Lundstad 1969), Lichterloh × Lumina, hellrot

Sleepy Time, Z, (Moore 1973), Ellen Poulsen × Fairy Princess, lachsrosa

Smarty, Str-R, (Ilsink 1979), Yesterday × Sämling, hellrosa, Synonym: Intersmart

Snow Ballet, Str-R, (Clayworth 1978), Sea Foam × Schneewittchen, weiß

Snowdance, Fl, (de Ruiter 1971), Orange Sensation × Schneewittchen, weiß

Snowdrop, siehe: Amoru

Snowfire, TH, (Kordes 1970), Schlössers Brillant × Freiheitsglocke, rot/weiß

Soliman, TH, [VEG (S) Baumschulen Dresden 1975], karminrot

Solnetschnaja Gawrida, TH, (Klimenko 1966), Golden Masterpiece × Lydia, gelb

Solotoj Julilei, TH, (Klimenko 1965), Texas Centennial × Gloria Dei, goldorange

Soluschka, TH, (Klimenko 1967), Violette Dot × Sterling Silver, blaulila

Sommerlachen, Fl, (GPG „Roter Oktober" 1972), Sämling × Oberbürgermeister Boock, gelborange

Sommertag, siehe: Summer Holiday

Sonne der Freundschaft, Fl, (GPG „Roter Oktober" 1978), Sämling × Goldschatz, gelb, Synonym: Sonnenkönig

Sonnengold, Fl, [VEG (S) Baumschulen Dresden 1982], gelb

Sonnenkönig, siehe: Sonne der Freundschaft

Sonnenröschen, Fl, (Kordes 1978), Arthur Bell × Sämling, gelb

Sonoma, Fl, (Armstrong 1973), Sumatra × Circus, rosa

Southampton, Fl, (Harkness 1970), (The Queen Elizabeth Rose × Allgold) × Yellow Cushion, aprikosenfarben

Souvenir de Rudolf Maag, siehe: Dr. R. Maag

Späth's Jubiläum — Späth 250, Fl, (Kordes 1970), Castanet × Sämling, lachsorange

Spellbinder, TH, (Warriner 1975), South Seas × Sämling, elfenbein zu rot

Sphinx, TH, (Gaujard 1967), Rose Gaujard × Gail Borden, rosa

Spotless Gold, FL, (Semeniuk 1980), F₃ aus Goldilocks × Rosa rugosa (tetraploid), gelb

Spotlight, TH, (Dickson 1969), Sämling × Piccadilly, lachs und gelb

Springfields, Fl, (Dickson 1978), Eurorose × Anabell, orange-rotgold

Sputnik, TH, (Klimenko 1965), Kordes' Sondermeldung × Gloria Dei, karmin mit gold

Stadt Basel, siehe: Rustica

Stadt Darmstadt, Fl, (de Ruiter 1966), Schweizer Gruß × The Doctor, rot

Stadt Den Helder, Fl, (Interplant 1980), Amsterdam × (Olala × Diablotin), rot

Starglo, Z, (Williams 1973), Little Darling × Jet Trail, weiß

Start, Pol-H, [VEG (S) Baumschulen Dresden 1978], orange

Stella, Str-R, (Tantau 1979), rot

Stephanie de Monaco, TH, (Meilland 1973), dunkelrosa, Synonym: Portrait

Stephanie Diane, TH, (Bees 1971), Duftwolke × Cassandra, dunkelrot

Strawberry Ice, Fl, (Delbard-Chabert 1976), (Goldilocks × Virgo) × (Orange Triumph × Yvonne Rabier) × Fashion, cremefarben

Stroller, Fl, (Dickson 1968), Manx Queen × Happy Event, kirschrot/gelb

Stromboli, Fl, (Leenders 1970), Inge Poulsen × Happy Reed, rot

Sue Lawly, Fl, (McGredy 1980), [(Little Darling × Goldilocks) × [Evelyn Fison × (Rosa coryana × Tantaus Triumph)] × (John Church × Irish Beauty)] × [Evelyn Fison × (Orange Sweetheart × Frühlingsmorgen)], rot

Sue Ryder, Fl, (Harkness 1980), Southampton × [(Highlight × Königin der Rosen) × (Parkdirektor Riggers × Piccadilly)], bernsteingelb

Sugar Sweet, Fl, (Sanday 1973), Wendy Cussons × Prima Ballerina, kirschrot/gold

Summer Blossom, Fl, (de Ruiter 1972), Orange Sensation × Kimono, pelargonienrosa

Summer Days, TH, (Bees 1977), Duftwolke × Dr. A. J. Verhage, gelb

Summer Holiday, TH, (Gregory 1967), Super Star × unbekannt, zinnoberrot, Synonym: Sommertag

Summer Meeting, Fl, (Harkness 1968), Allgold × Circus, gelb

Summer Queen, TH, (Delforge 1964), Sport von The Queen Elizabeth Rose, hellrosa

Sunday Times, Fl, (McGredy 1971), (Little Darling × Goldilocks) × München, rosa, Syn.: Shrubby Pink

Sundowner, Fl-Grandifl, (McGredy 1978), Bond Street × Peer Gynt, aprikosenfarben

Sundra, Fl, (Gaujard 1968), Club × Lilli Marleen, dunkelrot

Sundream, Fl, (Leenders 1971), Inge Poulsen × Fiametta, lachsorange

Sundust, Z, (Moore 1977), Golden Glow × Magic Wand, gelb

Sunmaid, Fl, (Leenders 1970), Floriade × Allgold, lachsgelb mit rosa

Sunmaid, Z, (Spek 1972), gelb mit rot

Sunrise, TH, (Leenders 1966), Harlequin × Tawny Gold, lachsrot mit gelb

Sunrise-Sunset, TH, (Swim & Weeks 1971), Tiffany × (Sämling × Rouge Meilland), rosa

Sunset Jubilee, TH, (Boerner 1973), Kordes' Perfecta × Pink Duchess, rosa

Sunset Rider, TH, (Cocker 1981), (Sabine × Circus) × Landora, bräunlich

Sunset Song, TH, (Cocker 1981), (Sabine × Circus) × Landora, bräunlich

Sunsilk, Fl, (Fryer 1974), Pink Parfait × Redgold-Sämling, gelb

Sunsong, Fl-Gandifl, (Poulsen 1976), Folie d'Espagne × (Zambra × Danish Pink), orange

Sunspray, Z, (Armstrong 1981), Gingersnap × Magic Carrousel, gelb

Sunstrike, Fl, (Warriner 1974), Spanish Sun × (Buccaneer × Zorina), gelb

Superior, Fl, (le Grice 1969), Masquerade × Amberlight, orangegelb

Surya Kiran, Fl, (Pal 1979), Flamenco × Orangeade, orangerot

Susan Hampshire, TH, (Meilland 1974), (Monique × Symphonie) × Maria Callas, rosa

Suvenir Metschta, TH, (Klimenko 1969), Saint Exupery × Violette Dot, fliederfarben

Sweepstakes, TH, (McGredy 1978), Prima Ballerina × Ginger Rogers, orange, Synonym: Margaret Trudeau

Sweetheart, TH, (Cocker 1980), Peer Gynt × (Duftwolke × Gay Gordons), rosa mit gelb

Sweet Home, TH, (Meilland 1969), (Jolie Madame × Baccara) × (Baccara × Jolie Madame), rosa

Sweet Melody, Fl, (Leenders 1966), Tallyho × Leenders Flamingo, rosa/rot

Sweet Song, Fl, (Meilland 1971), Fidelio × Bettina, rosa

Syr, Str-R, (Lundstad 1977), Stadt Rosenheim × Sangerhausen, dunkelrot

Taconis, Fl, (de Ruiter 1968), Ruth Leuwerik × City of Nottingham, orangescharlach

Taifun, TH, (Kordes 1973), Königin der Rosen × Dr. A. J. Verhage, rosa, Synonym: Typhoon

Taiga, Fl, (Tantau 1972), Geisha × Junior Miss, rosa

Tamango, Fl, (Meilland 1967), (Alain × *Rosa chinensis* 'Mutabilis') × (Radar × Caprice), rot

Tam O'Shanter, Fl, (Cocker 1969), Orange Sensation × Circus, gelb mit rot

Tampico, TH, (Warriner 1976), South Seas × Hawaii, korallenrosa

Tanagra, TH, (Gaujard 1969), The Queen Elizabeth Rose × Super Star, orangerot

Taora, Fl, (Tantau 1968), Sämling × Super Star-Sämling, orange

Tapis Afgan, siehe: Pekinois

Taupo, Fl, (McGredy 1978), Liverpool Echo × Irish Mist, lachsrosa

Tchin Tchin, Fl, (Meilland 1978), (Sarabande × Dany Robin) × (Alain × Orange Triumph), rot

Tease, Fl, (Boerner 1967), Yellow Pinocchio × Fashion-Sämling, gelb

Tempo, Kl, (Warriner 1975), Climbing Ena Harkness × Sämling, rot

The Champion, TH, (Fryer 1977), Grandpa Dickson × Whisky, gelb

The Sun, Fl, (McGredy 1973), (Little Darling × Goldilocks) × Irish Mist, lachsorange

Tick-Tock, Z, (McGredy 1972), New Penny × Irish Beauty, lachsrosa

Timothy Eaton, TH, (McGredy 1968), Radar × Mischief, lachsrosa

Tiny Flame, Z, (Moore 1969), (*Rosa wichuraiana* × Floradora) × New Penny, orangerot

Tisza, TH, (Mark 1969), Planten un Blomen × Golden Masterpiece, rosa

Tocade, TH, (Meilland 1977), (Fred Howard × Spek's Yellow × Geheimrat Duisberg)-Selbstung, lachsorange

Tombola, Fl, (de Ruiter 1967), Amor × (Ena Harkness × Gloria Dei), rosa

Tony Jacklin, Fl, (McGredy 1972), City of Leeds × Irish Mist, korallenrot

Torchy, Fl, (Armstrong 1969), Heat Wave × Spartan, orange

Toro, TH, (Wyant 1972), Karl Herbst × Big Red, rot

Tosca, Fl, (Warriner 1972), Sämling × Ginger, orangerot, Synonym: Toscana

Toscana, siehe: Tosca

Touch of Venus, TH, (Armstrong 1971), [Fandango × (Minna Kordes × Floradora)] × Chrysler Imperial, weiß, rosa Mitte

Tourmaline, TH, (Delbard-Chabert 1965), Michèle Meilland × Chic Parisien, orangerosa

Town Talk, Fl, (Swim 1966), (Circus × Garnette) × Spartan, orangerot

Trade Wind, TH, (Abrams 1964), (Multnomah × Sämling) × (Carrousel × Sämling), dunkelrot/rosa

Travesti, Fl, (de Ruiter 1965), Orange Sensation × Circus, gelb zu rot

Tricia, siehe: Bridal White

Trinket, Z, (Moore 1965), (*Rosa wichuraiana* × Floradora) × Magic Wand, rosa

Trio, Fl, (Dickson 1966), Kordes' Perfecta × Shot Silk, gold und rosa

Triton, TH, (Dickson 1978), Königin der Rosen × Tzigane, gelb mit orange Rand

Trix, Pol-H, [VEG (S) Baumschulen Dresden 1980], orangegelb

Trocadero, TH, (Delforge 1964), Karl Herbst × Sämling, rot

Truly Yours, TH, (Robinson 1971), Miss Ireland × Stella, lachsrot

Trumpeter, Fl, (McGredy 1977), Satchmo × [Hamburger Phoenix × Danse du Feu × Evelyn Fison × (*Rosa macrophylla coryana* × Tantaus Triumph)], orangerot

T. V. Times, TH, (Dickson 1970), Gallant × (Schlössers Brillant × Sämling), karminrot

Tynwald, Fl, (Mattock 1979), Peer Gynt × Isis, weiß

Typhoon, siehe: Taifun

Typhoo Tea, TH, (McGredy 1974), Duftwolke × Arthur Bell, rot und silber

Tyrius, TH, (Gandy 1972), Bettina × Prima Ballerina, purpur

Ukrainotschka, Fl, (Klimenko 1966), Krimskii Notsch × Chrysler Imperial, dunkelrot

Unkrainskaja Melodia, TH, (Klimenko 1964), Klimentina × Sutter's Gold, gelb-rosa

Uncle Sam, TH, (Warriner 1965), Charlotte Armstrong × Heart's Desire, rosa

Undine, TH, (Institut für Zierpflanzenbau Berlin-Köpenick 1964), Karl Herbst × Gretel Greul, rot

Unn, Fl, (Lundstad 1972), Rimosa × Fidelio, rosa

Uwe Seeler, Fl, (Kordes 1970), The Queen Elizabeth Rose × Königin der Rosen, lachsorange, Synonyme: Gitta Grumer, Orange Vilmorin, Rainer Maria Rilke

Vanda Beauty, siehe: Golden Bouquet

Variant, Fl-Grandifl, [VEG (S) Baumschulen Dresden 1973], Karl Herbst × Circus, hellgelb zu rot

Varna, Str-R, (GPG „Roter Oktober 1979), orange-scharlach

Velvet Flame, siehe: Josephine Baker

Versailles, TH, (Delbard 1968), (The Queen Elizabeth Rose × Provence) × (Michèle Meilland × Bayadère), rosa, Synonyme: Castel, Operettenrose

Vesna, Fl-Grandifl, (Večeřa 1970), Sport von The Queen Elizabeth Rose, rot

Via Mala, TH, (Kordes 1977), Silver Star × Peer Gynt, weiß

Vienna Charm, siehe: Wiener Charme

Viking, TH, (Moro 1968), Volcano × Rouge Meilland, karminrot

Villa de Madrid, TH, (Dot 1965), Baccara × Gloria Dei, zinnoberrot

Vincent von Gogh, Fl, (Buisman 1969), Allotria × Hobby, rot

Vin Rose, TH, (Boerner 1969), Revelry × Hawaii, rosa

Violaine, TH, (Gaujard 1968), Eminence × Simone, lavendelfarben

Virgin, siehe: Bonica

Visa, TH, (Meilland 1972), (Baccara × The Queen Elizabeth Rose) × Lovita, rot, Synonym: Meired

Vision, TH, (Dickson 1967), Kordes' Perfecta × Gloria Dei, gelb und rosa

Vison Blanc, siehe: Ice White

Vivace, Fl, (Kordes 1974), Sport von Klaus Störtebeker, orangerot

Vivien Leigh, TH, (McGredy 1963), The Queen Elizabeth Rose × Schlössers Brillant, rot

Voeux de Bonheur, siehe: Bon Voyage

Vulkan, TH, [VEG (S) Baumschulen Dresden 1981], rot

Wanaka, Z, (McGredy 1978), Anytime × Trumpeter, rot

Wartburg, Str-R, (GPG „Roter Oktober" 1977), Leverkusen × Wörlitz, gelb

Wee Jock, Fl, (Cocker 1980), Bad Nauheim × Wee Man, rot

Weißes Meer, Fl, [VEG (S) Baumschulen Dresden 1975], weiß

Westbroekpark, Fl, (de Ruiter 1968), Orange Sensation × Kimono, orangerot

Western Sun, TH, (Poulsen 1965), Buccaneer × Goldene Sonne, gelb

Whisky, TH, (Delforge 1964), Cognac × Arc-en-Ciel, orangebräunlich

White Cockade, Kl, (Cocker 1969), New Dawn × Circus, weiß

White Love, TH, (Buisman 1978), Frau Karl Druschki × (Gloria Dei × Sämling), weiß

White Masterpiece, TH, (Boerner 1969), Sämling × Sämling, weiß

White Spray, Fl, (le Grice 1968), Sämling × Schneewittchen, weiß

Wiener Charme, TH, (Kordes 1963), Chantré × Goldene Sonne, orangebraun, Synonyme: Charme de Vienne, Charming Vienna, Vienna Charm

Wienerwald, TH, (Kordes 1974), Königin der Rosen × Sämling, rosa

Wind Song, TH, (Morey 1968), Royal Sunset × Sierra Sunset, orange

Wizo, TH, (Kriloff 1969), Super Star × (Gamine × Romantica), lachsrot

Worthwhile, TH, (le Grice 1973), Gavotte × Wiener Charme, orange

Yankee Doodle, TH, (Kordes 1976), Königin der Rosen × King's Ransom, rosa

Yellow Bird, TH, (McGredy 1973), Grisbi × Arthur Bell, gelb

Yellow Cushion, Fl, (Armstrong 1966), Fandango × Rosenmärchen, gelb

Yellow Pages, TH, (McGredy 1972), Arthur Bell × Peer Gynt, gelb

Yellow Ribbon, Fl, (Dickson 1977), Illumination × Stroller, gelb

Yellowstone, TH, (Weeks 1975), Sämling × Sämling, gelb

Yellow Wonder, siehe: Young Quinn

Young Quinn, TH, (McGredy 1978), Peer Gynt × Kiskadee, gelb, Synonym: Yellow Wonder

Young Venturer, Fl, (Mattock 1979), Arthur Bell × Cynthia Brooke, orangegelb

Yukon, siehe: Sun Valley

Zambra, Fl, (Meilland 1961), (Goldilocks × Fashion) × (Goldilocks × Fashion), orange mit gelb

Zansho, TH, (Takahashi 1978), Garden Party × Christian Dior, rot

Zingaro, Fl, (Sanday 1964), Masquerade × Kordes' Sondermeldung-Sämling, rot

Zita, Fl, (Delforge 1965), Amoureuse × Sämling, rot

Zola, Str-R, (Sanday 1979), Spek's Yellow × Magenta, gelb

Zoltan Kodaly, TH, (Mark 1970), dunkelrot

Zwemania, Fl, (Zwemstra 1974), Sport von Sonia, hell zinnober, Synonyme: Family Circle, Fiorella

Auswahl der verwendeten Literatur

ARISUMI, K.: Studies on the flower colours in Rosa with special references to the biochemical and genetic analyses and to the application of those results to practical breeding. Sc. Bull. of the Fac. of Agr. Kyushu Univ. 20 (1962/63), S. 131—149

BIEDENFELD: Das Buch der Rosen. Weimar 1847

BOESMAN, G.: Fysische kleurmeting bij rozenbloemen. Verh. van de rijksfaculteit der Landbouwwetenschappen te Gent, 164, Nr. 3

CARRIER, L. E.: Environment and rose hardiness. Proc. Am. Soc. hort. Sci. 61 (1953), S. 573—580

CHRISTOVA, D.: Virusno uvjachvane po rozata. Virusni bolesti po rastenijata (1974), 5, S. 77—87

COATS, A. M.: Garden shrubs and their histories. London 1963

COATS, P.: Roses. New York 1962

DÄHNHARDT, W. und KÜHLE, G.: Über den Einfluß verschiedener Rosenunterlagen auf Rosen-Standardsorten im Freiland. Arch. f. Gartenbau XI (1963), 4, S. 249—281

DARLINGTON, C. D. and WYLE, A. P.: Chromosome Atlas of Flowering Plants. London 1955

DARLINGTON, C. D.: Chromosomenbotanik, Stuttgart 1957

EDWARDS, G.: Mein Rosengarten, Radebeul 1967

ENGEL, P. V.: Der über die zwolff Monaten des Jahres verständige Garten-Meister. Leipzig und Wolfenbüttel 1751

GAULT, S. M., SYNGE, P. M.: The dictionary of roses in color. New York 1971

GLASAU, F.: Rosen im Garten. Hamburg und Berlin 1961

GORDON, J.: Pageant of the rose. 2. Aufl. 1961

HAVLU, J., JAŠA, B., KLIMEŠ, J.: Ruže — králova květin. Praha 1977

HESS, D.: Blütenfarbstoffe als Modelle für die Wirkungsweise von Genen. Umschau 64 (1964), 24, S. 758—762

HESSE, H.: Teutscher Gärtner… Königsberg und Leipzig 1740

HOFFMANN, L.: Resistenz bei Spinnmilben an Hausrosen — Problem im Anbau. Gärtnerpost 28 (1976), 9, S. 6

HOLLINGS, M.: The virus problem in flower crops. Sci. Horticult. 20 (1968), S. 47—56

HOLYCK, G.: Neu-vermehrtes vierfaches Gartenbuch… Frankfurt und Leipzig 1739

HORN: Genetische Ursachen der Variation bei Zierpflanzen. Gartenbauwissenschaft 33 (1968), S. 317—333

ISHEWSKI, S. A.: Rosy. Moskau 1958

JÄGER, A.: Das Rosenlexikon, Uftrungen 1936

KARRER, W.: Konstitution und Vorkommen der organischen Pflanzenstoffe. Basel und Stuttgart 1958

KESKEVIC, V.: Ruže. Prag 1963

KLIMENKO, V. N., KLIMENKO, S. K.: Rosy. Simferopol 1974

KORDES, W.: Das Rosenbuch. Hannover 1966

KOSMINSKII, I. I., VETSCHERJABINA, T. L.: Rosy v Leningrade. Leningrad 1972

KROON, G. H., ZEILINGA, A. E.: Apomixis and heterogamy in rose rootstocks (Rosa canina L.) Euphytica 23 (1974), S. 345—354

KRÜSSMANN, G.: Die Nadelgehölze. Berlin und Hamburg 1955

KRÜSSMANN, G.: Die Baumschule. 4. Aufl. Berlin und Hamburg 1976

KRÜSSMANN, G.: Die Laubgehölze. 3. Aufl. Berlin und Hamburg 1965

KRÜSSMANN, G.: Rosen, Rosen, Rosen. Berlin und Hamburg 1974

KUGLER, H.: Blütenökologie. Jena 1970

LEEMANS, J. A.: Rootstocks for roses. Boskoop 1964

LINDTNER, P., CHORVAT, F., ČEJKA, G.: Ruže a ich pestovanie. Bratislava 1971

LUNDSTAD, A.: Experiments with the 'New Dawn' climber rose of various origins. Meld. Norges Landbrukshøgsk. 44 (1965), 8

LUNDSTAD, A.: Klimaeinflüsse auf Okulation von Rosen. Meld. Norges Landbrukshøgsk. 51 (1972), 29

MARK, G.: Die Rose. Berlin 1962

MARLOW, H.: Chemische Unkrautbekämpfung. Erfurt 1972

MATTIOLUS, P. A.: Commentaria in Dioscuridem. o. O. um 1600

MAYAK, S., HALEVY, A. H., KALZ, M.: Correlative changes in phytohormones in relation to senescence processes in Rose petals. Physiol. Plant. Copenhagen 27 (1972), 1, S. 1—4

MCFARLAND: Modern Roses 8. Harrisburg, Penns. 1980

MCKELVIE, A. D., WALKER, K. C.: Germination of hybrid tea rose seed. J. hort. Sci. 50 (1975), 2, S. 179—181

MOE, R.: Kultur von Topfrosen nach neuen Erkenntnissen. Gartenwelt 71 (1971), 13, S. 295—300

MOE, R.: Rosen, Kulturtemperatur und Ölersparnis. Gartenwelt 74 (1974), 18, S. 401—403

MÜLLER, E. W.: Pflanzenschutz bei Blumen und Zierpflanzen. 5. Aufl., Berlin 1982

NOACK, E., KALLAUCH, W., v. HENTIG, W.-U.: Rosenkultur unter Glas und im Freiland. Berlin und Hamburg 1972

NOMEROW, B. A.: Sadovye Rosy. Moskau 1973

PENNINGSFELD, F.: Boden- und Nährstoffansprüche von Schnittrosen. Wiss. Z. Humboldt-Univ. Berlin, Math.-Nat. R. *17* (1968), Nr. 2, S. 261–265

RADKE, A.: Rosen aus Stecklingen. Gärtnerpost *32* (1980), 16, S. 12

RATHLEF, H. v.: Die Rose als Objekt der Züchtung. Jena 1937

REIMANN-PHILIPP, R.: Die Züchtung der Blumen. Berlin und Hamburg 1969

ROTHMALER, W.: Exkursionsflora für die Gebiete der DDR und der BRD. Kritischer Band, Berlin 1976

ROWLEY, G. D.: The experimental approach to rose breeding. Sci. Horticult. *18* (1966), S. 131–135

RUGE, U.: Das Frischhalten von Schnittblumen. Gartenwelt *76* (1976), 4, S. 63–65

RUPPRECHT, H.: Die Unterlagenwahl bei Rosen. NDO, *9* (1963), Nr. 11, S. 158–159, Beilage der Dt. Gärtnerpost (1963), Nr. 44

RUPPRECHT, H.: Zum Anbau von Schnittrosen im Freiland. Dt. Gartenbau *15* (1968), Nr. 8, S. 219–221

RUPPRECHT, H.: Über die Ertragsbeeinflussung bei Rosen unter Glas — (IV) Schnittmethoden. Dt. Gartenbau *15* (1969), Nr. 9, S. 241–245

RUPPRECHT, H.: Probleme der Winter- und Frühkultur von Rosen unter Glas. Dt. Gärtnerpost *21* (1969), Nr. 52, Beilage

RUPPRECHT, H., R. DITTRICH, J. WAGENKNECHT: Wege zur industriemäßigen Produktion von Rosen unter Glas und Plastfolie. Gartenbau *19* (1972), Nr. 5, S. 112–113

RUPPRECHT, H.: Zur Bestandsdichte von Hausrosen. Gartenbau *19* (1972), Nr. 5, S. 113–114

RUPPRECHT, H.: Zur industriemäßigen Rosenproduktion. Dt. Gärtnerpost *24* (1972), S. 9–10

RUPPRECHT, H.: Rosen unter Glas. 2. Aufl. Radebeul 1976

RUSU, V.: Cultura Trandafirilor. Bukarest 1973

SAAKOV, S. G.: Der Ursprung der Gartenrosen und die Arbeitsrichtung in ihrer Züchtung (Russ.). Moskau-Leningrad 1965

SAAKOV, S. G., RIEKSTA, D. A.: Rosy. Riga 1973

SAAKOV, S. G.: Wild- und Gartenrosen. Herkunft, Abstammung, Entwicklung, Verwendung. Berlin 1976

SHAHARE, M. L., SHASTRY, S. V. S.: Meiosis in garden roses. Chromosoma *13* (1963), S. 702–724

SAKAI, A.: The frost-hardiness of roses. I. Difference of grade of frost hardiness among rose varieties. J. horticult. Assoc. Japan *28* (1959), S. 310–316

SCHEUMANN, W. und HAENCHEN, E.: Prüfung der Frostresistenz von Rosensorten und -unterlagen. Gartenbau *20* (1973), 12, S. 371–372

SCHLEIDEN, M. J.: Die Rose. Leipzig 1873

SCHMELZER, K.: Die Viruskrankheiten der Rosen und ihre vorbeugende Bekämpfung. Dt. Gartenbau *12* (1965), 12, S. 312–316

STAHL, M., UMGELTER, H.: Pflanzenschutz im Zierpflanzenbau. Stuttgart 1979

SUSCHKOW, K., BESSTSCHETNOVA, M.: Rosy. Alma-Ata 1972

TAPOLOV, V., Die Kazanlak-Rose und die Rosenproduktion in Bulgarien. Plovdiv 1978

THOMMSEN, H.: Hagebutte und Carotinoide. Rosenblatt *16* (1975), 19

VĚCĚRA, L.: Ruže. Prag 1967

VRIES, D. P. de, van KEULEN, H. A., de BRUYN, J. W.: Breeding research on rose pigments. 1. The occurence of flavonoids and carotenoids in rose petals. Euphytica *23* (1974), 2, S. 447–457

WIZNER, K.: Róze w ogródku. Warschau 1970

WOESSNER, D.: Rosenkrankheiten, Stuttgart 1976

WOESSNER, D.: Gartenrosen. Stuttgart 1978

WULFF, H. F.: *Rosa kordesii*, eine neue amphidiploide Rose. Der Züchter *21* (1951), 4/5, S. 123

ZIESLIN, N., HALEVY, A. H.: Interaction between cytokinins and CCC in bud breaking, flower bud atrophy and the gibberellin content of roses. Z. Pflanzenphysiol. *77* (1976), 2, S. 160–166

Autorenkollektiv: Die Produktion von Zierpflanzen. Dt. Gärtnerpost *24* (1972) 23, Beilage, S. 1–12, Nr. 29, Beilage

Rosenjahrbuch, Jahrg. 1934 bis 1982

American Rose Annual, *48* bis *67* (1963–1982)

Sachwortverzeichnis